中华文化立场·全球传播视野

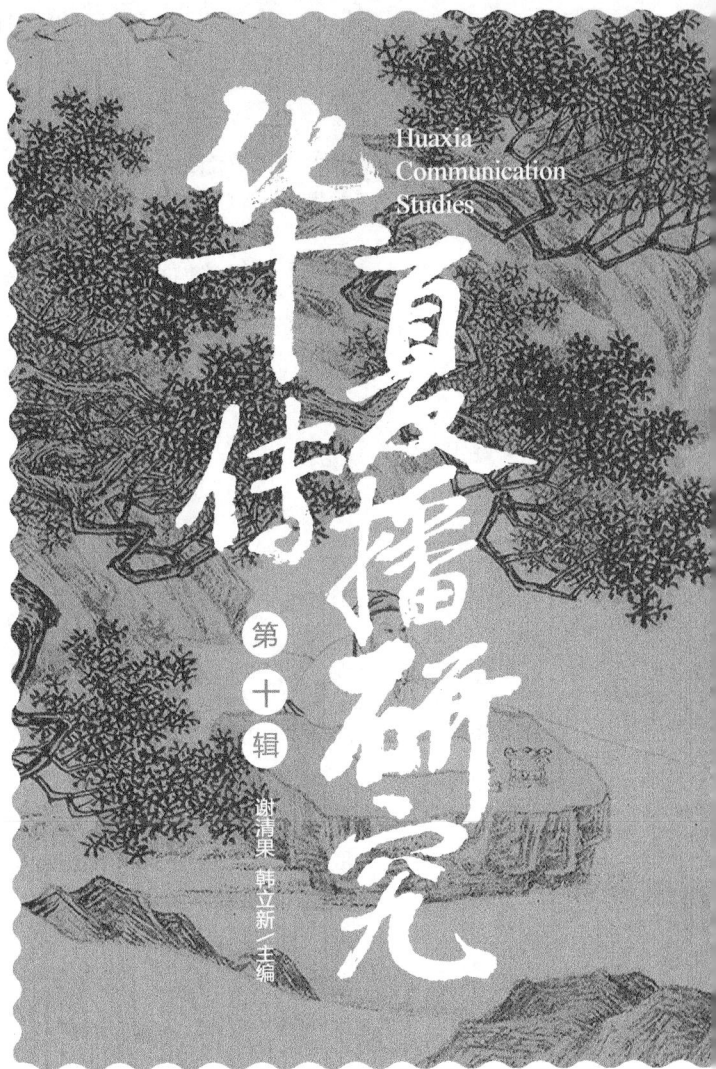

华夏传播研究

Huaxia Communication Studies

第十辑

谢清果 韩立新／主编

九州出版社 JIUZHOUPRESS｜全国百佳图书出版单位

图书在版编目（CIP）数据

华夏传播研究. 第十辑 / 谢清果，韩立新主编. --
北京：九州出版社，2023.2
ISBN 978-7-5225-1645-5

Ⅰ. ①华… Ⅱ. ①谢… ②韩… Ⅲ. ①新闻学—传播
学—中国—文集 Ⅳ. ①G219.2-53

中国国家版本馆CIP数据核字(2023)第025549号

**华夏传播研究（第十辑）**

| | | |
|---|---|---|
| 作　　者 | 谢清果　韩立新　主编 | |
| 出版发行 | 九州出版社 | |
| 责任编辑 | 肖润楷 | |
| 地　　址 | 北京市西城区阜外大街甲 35 号（100037） | |
| 发行电话 | (010)68992190/3/5/6 | |
| 网　　址 | www.jiuzhoupress.com | |
| 印　　刷 | 北京九州迅驰传媒文化有限公司 | |
| 开　　本 | 720 毫米 ×1020 毫米　16 开 | |
| 印　　张 | 24.5 | |
| 字　　数 | 380 千字 | |
| 版　　次 | 2023 年 2 月第 1 版 | |
| 印　　次 | 2023 年 2 月第 1 次印刷 | |
| 书　　号 | ISBN 978-7-5225-1645-5 | |
| 定　　价 | 76.00 元 | |

# 学术委员会

（以姓氏笔画为序）

# 编辑委员会

# 项目资助及成果

河北大学燕赵文化高等研究院重大委托项目"燕赵传播思想史研究"

国家社科基金资助项目："华夏文明传播的观念基础、理论体系与当代实践研究"（项目编号：19BXW056）

福建省高校人文社会科学研究基地"中华文化传播研究中心"建设成果

福建省学位办研究生导师团队"华夏文明传播研究团队"建设成果

福建省本科高校教育教学改革研究项目"华夏文明传播新理论体系、教学模式与实践探索综合改革研究"成果

厦门大学研究生课程思政"中国传播理论研究"课题立项建设成果

厦门大学一流本科课程"华夏传播概论"建设成果

厦门大学美育与通识教育中心重点课程"华夏文明传播"建设成果

厦门大学研究生教育精品课程"史论精解—传播（华夏传播史论）"建设成果

江苏宏德文化出版基金会资助

福建省首届网络教学名师支持计划建设成果

# 卷首语

## 将中国式现代化的中国故事讲好讲透

赵　晟*

Zhao Sheng

　　"中国式现代化"是党的二十大会议上最引人瞩目的话语创新之一。习近平总书记说："从现在起，中国共产党的中心任务就是团结带领全国各族人民全面建成社会主义现代化强国、实现第二个百年奋斗目标，以中国式现代化全面推进中华民族伟大复兴。"与此同时，习总书记还多次强调在当前的复杂形势下，要清醒认识国际国内各种不利因素的长期性、复杂性，妥善做好应对各种困难局面的准备，"最重要的还是做好我们自己的事情"。两相结合地看，需要做好我们自己的事情指的正是全方位地落实好中国式现代化。就我们所从事的新闻传播事业来说，当前的首要任务就是要将中国式现代化的历史使命、曲折征程与伟大成果凝练为好故事、好报道，通过各种媒体工具做好宣传工作，以期凝心聚力进一步铸牢中华民族共同体意识。另一方面，这也是我们统合国内人民群众的"四个自信"应对"两个大局"的最好依仗。当前的世界格局波谲云诡、暗流涌动，在许多政治经济学者看来"第三次世界大战"早已是正在进行时，以美国为首的一派势力正利用互联网媒介针对中国施加愈发肆意猖獗的认知战、思想战，其战场囊括从政治舆论到社会文化的方方面面，在不断撕裂社会共识、制造矛盾对立。面对这样的百年未有之大变局，"扎好篱笆"做好对内的舆论宣传与统一战线工作，是我们应对各种舆论攻势的最有效手段。此外，习总书记还说："中国式现代化是实现中华民族伟大复兴的根本之路，是中华民族的复兴路、富强路，是中国人民走向共同富裕的致富路，也是促进世界和平与发展的康庄大道。"可见讲好中国式现代化的中

---

　　* 作者简介：赵晟，广西师范大学文学院／新闻与传播学院专任教师，厦门大学博士后流动站与中盐金坛博士后工作站在站博士后，厦门大学文学（传播学）博士，华夏传播研究会常务理事。

国故事，也是面对世界构建起人类命运共同体叙事的可靠路径，更是与西方势力争夺国际话语权并击溃其颠覆图谋的最有力武器。一言以蔽之，将中国式现代化的中国故事讲好讲透，就是铸牢了中华民族共同体意识，更是真正实现了面向世界的中国式文明传播。

那么究竟应该哪些角度切入去讲好中国式现代化的中国故事呢？习近平总书记指出："我国现代化是人口规模巨大的现代化，是全体人民共同富裕的现代化，是物质文明和精神文明相协调的现代化，是人与自然和谐共生的现代化，是走和平发展道路的现代化。"我们学科的使命，正当从这五点概括出发，分别进行对应话语体系建构。话语当然可以通过多种途径建构，但出于前文述及的应对国内外"两个大局"的现实需要，笔者认为应当采取竞争性构建方法——即围绕五点概括指向的客观事实，用借鉴并超越西方式现代化所使用的概念来解释，在竞争性的中西对比中得到属于中国全新实践所对应的结论。通过打造融通中外的新概念、新范畴、新表述，来打造中国式现代化话语体系。

中国式现代化是人口规模巨大的现代化。近现代很长一段时间以来，国际社会所认知的现代化都是西方化的同义词或至少是近义词，换句话说只有亦步亦趋地模仿西方的政治经济体制，执行社会思想的改造方能实现现代化发展。但事实是西方式现代化的现有话语体系，是自其城邦制、小国寡民、单一民族文化等相关历史而来的。西方自身以"比较优势""市场经济""金融霸权"组成的西方式现代化话语，其形成的世界是人不断以肤色种族、性别对立、宗教背景而分裂的社会现实，是资产阶级隐没其中始终把持权柄，统治离散人口的世界。相比较而言，中国式现代化则是扎根于中国数千年广土巨族所形成的宏大叙事，是道德与规则协调统一的观念下形成的国家治理传统在新时代中国的重生。中国式现代化追求不断统一、凝聚一体的规模带来的巨量正面效应。在此巨大规模的持续性发展之内，必然蕴含着关于民族团结、协调发展、应对危机的种种智慧与相关表述符号，借助中国特有的传播媒介如金石刻印、家训书信、礼物流动等方式形成全体中国人民的共识。将其创造性地发掘并系统性地整理，是打造中国式现代化话语体系的应有之义。

中国式现代化是全体人民共同富裕的现代化。西方式现代化的现有话语，是极端个人主义的"美国梦"叙述。其围绕实现个人私利最大化的价值观念，鼓励所有非西方国家人民脱离自己的母国文化体系，将得到西方文化认可与进入西方社会生活视为自己人生的最高价值和意义。相比较而言，中国式现代化则是深深扎根于本国的中华文化价值体系，包容个人与集体的两方面价值实现，鼓励本国人民将实现国家复兴与全体人民的共同富裕发展视为最高追求。在这一部分的话语体系构建中，将述及并梳理中华传统文化中"以其无私，故能成其私"的观念史。

中国式现代化是物质文明和精神文明相协调的现代化。西方式现代化的现有话语，总体依旧是维系一神宗教叙述所构建的世界观，整个社会充斥着海盗式赢者通吃的现实主义观念，因信称义而生的种族歧视、种姓制度大行其道，资本主义导致的阶级剥削更是被视作平常。西方式的现代化实质上是通过殖民掠夺和剥削第三世界人民而来，但其内部分配不平等导致的极端贫富分化，让统治阶级沉湎于挥霍无度的物质生活，而被统治阶级和被殖民掠夺的第三世界人民则挣扎于温饱线上只依赖宗教提供的一点虚妄抚慰度日，整个社会体系都无暇顾及其已经异常贫瘠的精神生活，其物质与精神都与文明二字搭不上关系。相比较而言，中国式现代化则推崇用社会主义核心价值观兼包并蓄马列主义的新发展与中华优秀传统文化，一手抓生产解放一手抓思想解放，才协调了中国人物质与精神两方面的协同发展。

中国式现代化是人与自然和谐共生的现代化。西方式现代化的现有话语中，论及人与自然应当如何相处时，极端的环境和动物保护主义倾向已经愈发凸显。其主要表现为激进反对一切化石能源以求保护人类，反对一切动物制品以求保护动物。这种对于"一刀切隔离"保护的极端强调，一方面隐含着用"碳排放"叙事来剥夺发展中国家的发展权力，从而维系自身统治地位的目的。另一方面也是西方社会种族隔离历史的投射，通过将自然界视作他者、弱者，从而获得一种凌驾自然的居高临下感，这与其在殖民世界的历史中将异国人民视作非人的经历一脉相承。相比较而言，中国式现代化是承袭中华传统文化中"天人合一"的思想，讲究人与自然的共生和谐，其合一与和谐表现在一种主动的参与与帮扶上。例如对于大熊猫的保护性繁衍，西北防护林的种植维护，矢志不渝地推行新能源应用。

中国式现代化是走和平发展道路的现代化。西方式现代化的现有话语，是美西方治下所规制的极度不平等的世界格局，讲究的是顺我西方者民主自由，逆我西方者独裁专制。其将包括中国在内的任何发展中国家的自身发展努力贬斥为对于秩序的破坏，坚定地宣扬冷战思维与零和博弈。归根结底，西方式现代化所形成的是一种掩盖在军事与文化霸权之下的伪和平。相比较而言，中国式现代化讲求和平寓于发展之中，其实践上的保障是一带一路倡议所代表的世界各国共同发展的美好愿景；而在文化上的保障，则是中国传统中各美其美、美美与共的现实反映。

以上五点笔者只是出于个人认知略作阐发以期抛砖引玉，想要真正将中国式现代化的中国故事讲好讲透，势必需要更多更多的学术同行者艰苦卓绝地努力。为了中华之崛起，将科研成果写在华夏大地之上，将中国文明传遍五洲四洋，是我们新闻传播学者的时代使命。以此共勉。

# 目　录

## 华夏文艺传播研究（主持人：王皓然）

## 华夏"两创"研究（主持人：张宏峰）

## 华夏非遗传播研究（主持人：李海文）

## 华夏传播课程思政案例（主持人：杜恺健）

## 华夏传播学术动态（主持人：王婕）

《华夏传播研究刍议》与
《华夏传播研究丛书》出版二十周年纪念

主持人：谢清果

# 传播学本土化早期的创新探索

黄鸣奋*

Huang Mingfen

就中国知网所收录的文献而论，"华夏"与"传播"联言最早见于1995年陕西省社会科学院历史所王亚荣所著的一篇论文，指的是佛教流传到中国。[①] 不过，早在上文问世之前，"华夏传播"已经在我国学术界的口头交流中屡屡被提及，其语境主要是传播学本土化。不仅如此，香港著名学者余也鲁教授在为其师施拉姆（Wilbur Schramm）《传播学概论》一书中译本作序时表达了对开展具有中国风格、中国气派、中国特色的传播学研究的热切期待。在内地，余先生和厦门大学新闻传播系合作，1993年举办"首届海峡两岸中国传统文化中传的探索座谈会"，出版了论文集《从零开始》（厦门大学出版社，1994）。会议名称之所以使用"传"而非"传播"的提法，主要原因可能是我国古代文献中前者出现的频率远高于后者。这次会议给我的感觉是论题新鲜、视野开阔、交流活跃。主办方设想出版相关丛书，由黄星民老师担任具体联络人。该丛书规划了"五史六论"，中国社会科学研究院新闻与传播研究所孙旭培先生的《华夏传播论》率先付梓（人民出版社，1997）。其他选题交稿进度不一，最终有三部论著问世（文化艺术出版社，2001）。我的《说服君主——中国古代的讽谏传播》是其中之一。作为双音节词，"传播"比"传"更符合现代汉语使用者说话的习惯。在孙先生的上述专著行世之后，"华夏传播"已经成为广为人知的概念。估计是由于上述原因，这三部后续出版的专著总其名曰"华夏传播丛书"。我的研究生帅雯霖毕业后在文化艺术出版社工作，担任这套丛书的编辑。

我之所以介入华夏传播研究，至少有如下机缘：一是自己的学术生涯始于厦

---

\* 作者简介：黄鸣奋（1952—），男，福建南安人，厦门大学电影学院教授、博士生导师，研究方向：科幻电影。

① 王亚荣：《公元7世纪中印僧伽的衣食与戒制》，《中华文化论坛》1995年第4期。

门大学，正值学科渗透颇受重视之际。在书店买到施拉姆《传播学概论》（陈亮等译，新华出版社，1984年）之后，爱不释手。二是力倡此道的厦门大学新闻传播系和我所在的中文系存在密切互动。陈培爱、黄星民等新闻传播系骨干教师曾在中文系工作或学习。因此，他们乐于邀请中文系的老师参与新闻传播系的学术活动。三是主管厦门大学文科教学科研的郑学檬副校长对华夏传播研究颇为重视，不仅亲自参加有关学术讨论会，而且积极推进《华夏传播研究丛书》的组稿。

20年后回眸，"华夏传播研究"仍然令人觉得是一个很有气派的选题。从字面上看，它的要旨既可以理解为"华夏"作为范畴如何通过传播而形成、传播在对应的想象共同体的发展中发挥了什么作用，也可以理解为如何应用源于西方的传播学理论对华夏文化开展研究、华夏文化背景下的传播活动和传播观念具备什么样的特色，同时还可以理解为华夏文化如何通过传播在世界范围内产生影响、其他文化对上述传播又做出了什么反应，等等。正因为"华夏传播研究"本身是含义丰富、可以进行不同解读的术语，为该丛书撰稿的作者才有驰骋想象的广阔空间。

我在研究生阶段攻读的专业是中国文学批评史。因此，在应邀为《华夏传播研究丛书》撰稿时首先考虑的是如何从新的视角分析中国古代历史上的传播现象。这方面的进展比较顺利。1994年"中国古代的讽谏传播"作为课题在余也鲁先生创办的香港海天基金会立项，1995年书稿就已经草成。余先生审稿之后，通过黄星民老师转达意见，要我从古代传播现象中提炼出具有现代价值的观点或规律。于是，我增写了"余论：讽谏传播启示""附录：讽谏传播个案（晏子研究）"这两部分。回想起来，余先生不仅重视在中国推广西方传播理论、以之阐释中国传播实践，而且重视总结中国传播学说、以之丰富世界传播理论。这是非常有见地的。

除了专业因素之外，当时我个人感兴趣的研究取向主要是心理学和交往理论。我还不到一周岁时生母就去世了。她的遗愿是希望我学医，治病救人。遗憾的是我过早读书、双眼高度近视，在恢复高考之后无法选择医科，而是进入中文系。作为弥补办法，我在研究取向上尽量往医学靠，将心理学当成了切入点。因此，我的硕士学位论文是《论苏轼的文艺心理观》，经导师郑朝宗先生推荐，1987年由海峡文艺出版社出版。至于对交往理论的关注，缘起于自卑补偿。我毕业后虽然当了老师，其实仍是很木讷的人，不善交际，若用朱光潜先生的归类，是以"看戏"而非"演戏"为人生理想。因此，从看人家怎么交往的角度写过两本书，即《艺术交往心理学》（厦门大学出版社，1987）、《艺术交往论》（台北淑馨出版社，1993）。为上述兴趣所左右，在写作《说服君主——中国古代的讽谏传播》时，我是将"交往"当成"传播"的重点来理解的,对那些在社会地位悬殊的条件下不顾个人安危、敢于仗义执言的有识之士怀有深深的敬意。

在从事华夏传播研究时,我考虑得比较多的问题之一是学术创新。此前,郑州大学的鲁枢元教授约我写《中国古代文艺心理学史》,为此请我去开会。在黄河边散步时,他突然问我:"你这本书准备采用什么理论作为参照系?"我明白 20 世纪心理学领域有过精神分析、行为主义、人本心理学等思潮,也知道鲁先生关注过文艺心理学的不同流派,但略微思考之后回答说:"我希望采用自己的理论。"现在回想起来,这句话或许出于冒失,或许是"初生牛犊不怕虎",不知道创新的艰难。虽然由于计划出版此书的黄河文艺出版社后来不复存在等原因,我的相关写作计划因此中止,但有关创新的努力仍在继续。当时的成果主要体现为自成体系的需要理论,见于《需要理论与艺术批评》(厦门大学出版社,1993)、《需要理论与文艺创作》(新疆文艺出版社,1995)。它们分别是同名国家青年社会科学研究基金项目、国家教委青年社会科学研究项目的最终成果。这两个项目是我最早获得的政府课题。

《说服君主——中国古代的讽谏传播》一书所采用的理论框架是"传播六要素",即传播主体、传播对象、传播手段、传播内容、传播方式、传播环境。这个框架是我先前在《传播心理学》(厦门大学出版社,1997)一书提出并详加阐述的。"讽谏传播"则是我运用这个框架来进行研究的第一个课题。黄星民老师是我的诤友。他在私下交流时从"缺乏反馈环节"质疑过上述理论框架。我解释说自己的着眼点是构成传播情境的要素划分,而不是传播活动的具体流程。如果将视野由前者转移到后者,那么,"反馈"自然就是题中应有之义了。他的另一批评是我对大众媒体不重视。由于意识到自己在这方面的局限,我此后将关注的重点由人际传播转向大众传播,开始了长达 20 余年的数字媒体研究。从《电脑艺术学》(上海:学林出版社,1998)、《新媒体与西方数码艺术理论》(学林出版社,2009)到《位置叙事学:移动互联时代的艺术创意》(三卷本,中国文联出版社,2017),我用上述理论框架撰写了多本书,这一框架本身也由"传播六要素"拓展为"传播九要素",增加了作为传播主体、传播对象之结合的传播中介,作为传播手段和传播之内容结合的传播本体、作为传播方式和传播环境之结合的传播机制。即将出版的《中国科幻电影的多维透视》(科学出版社,2022)也采用了这一框架。

学术创新固然需要自己的独立思索,但师友的启发与激励是不可或缺的。在我写作《说服君主——中国古代的讽谏传播》一书时,得到了黄星民老师的许多帮助。我虽然嗜书,但自己的藏书主要是文史类。星民在学术资源的使用上非常慷慨,居然允许我到他家用大袋子一批批借书。他不只对我如此。令人印象深刻的一件事是：他从美国探亲回来，带回一纸箱的打印或复印资料，无私地与同事共享。正是如此无私的品格，使他得以在学术界广交朋友，推动华夏传播研究的进展。不过，我与他在观念上仍有所不同。他所说的"华夏传播研究"主要是就古代中国而言，"其内涵是对中国传统社会中的传播活动和传播思想的发掘、整理、研究和扬弃"。①"华夏"本是中国的古称（同时也是汉民族的别称），因此他这样理解是有道理的。我自己在以计算机为龙头的信息革命的感召下不断前行，不知不觉就超出了"华夏传播研究"的范围，进入了数字媒体艺术、互联网产业以至于科幻电影等新领域。偶尔写一点关于"华夏传播研究"的论文，那全是厦门大学新闻传播学院谢清果教授的激励所致。借此机会表示衷心感谢，并请各位同行多多指教。

---

① 黄星民：《华夏传播研究刍议》，《新闻与传播研究》2002 年第 4 期。

# 传播存在论视域下的华夏传播研究再议 *

## ——《华夏传播研究刍议》发表二十周年近思

# Further Discussion on Huaxia Communication Studies from the Perspective of the Being Theory of Communication

## ——Reexamination on the 20<sup>th</sup> anniversary of the publication of *An Introduction to Huaxia Communication Studies*

李承志 **

Li Chengzhi

**摘　要：**传播存在论是以基础存在论观照传播学的前沿传播哲学，其基本观念是作为存在和本源的传播给出一切传播存在者，传统传播学是总结传播存在者的学问，传播存在论能够重塑我们对包括华夏传播学在内的传播学的认识。黄星民先生发表《华夏传播研究刍议》二十年来，华夏传播研究在取得丰硕成果的同时，其合法性问题尚有讨论空间，"中国哲学的合法性"讨论或能为之带来启发。以传播存在论观之，华夏传播学应重回传播本源，从当今国人的生活世界出发，重建传播学。华夏传播研究的合法性建基于它的现代性与中国性：就现代性而言，华夏传播研究应是切近现代国人生活的现代话语；就中国性来说，华夏传播的中国性本源于其现代性，应以"注生我经"的诠释学方式打通它与本土思想学术传统的关联。一言以蔽之，华夏传播研究本质上应是一种现代性诉求的民族性表达，是真正的中国传播学而非传播学在中国。

**Abstract:** The Being Theory of Communication is the frontier Communication Philosophy which views Communication Studies with the Theory of Being

---

* 基金项目：本文系 2022 年度山东省社科规划项目"全球视野下儒家文化的现代转化与跨文化传播学的本土化建构"（项目编号：22CXWJ05）的阶段性成果。

** 作者简介：李承志，男，山东省邹城市人，山东大学儒学高等研究院中国哲学博士研究生，研究方向：儒家哲学，华夏传播学。

(Foundational Ontology). Its basic concept is that Communication as the Being and Source gives all Communication Beings, Traditional Communication Studies is the knowledge of summarizing Communication Beings. The Being Theory of Communication can reshape our understanding of Communication Studies, including Huaxia Communication Studies. On the publication of Mr. Huang Xingmin' An Introduction to Huaxia Communication Studies in the past 20 years, while Huaxia Communication Studies has achieved fruitful results, there is still room for discussion on its legitimacy, and the discussion of the Legitimacy of Chinese Philosophy may bring inspiration to it. From the perspective of the Being Theory of Communication, Huaxia Communication Studies should return to Communication and re-construct Communication Studies from the Lebenswelt of Chinese people. The legitimacy of Huaxia Communication Studies is based on its Modernity and Chineseness: As far as modernity is concerned, Huaxia Communication Studies should be a modern discourse of modern Chinese life; In terms of Chineseness, the Chineseness of Huaxia Communication Studies originates from its modernity, which should be connected with the local ideological and academic tradition by means of hermeneutics on life as source of comprehension and interpretation. In a word, Huaxia Communication Studies should be a National Expression of Modernistic Pursuit. It is the real Chinese Communication Studies, not the Communication Studies in China.

**关键词：**传播存在论；华夏传播研究；合法性；现代性；中国性

**Key words:** The Being Theory of Communication; Huaxia Communication Studies; The Legitimacy; The Modernity; The Chineseness

## 一、华夏传播研究与传播存在论

"华夏传播研究"的提法最早见于《华夏传播研究丛书》。该丛书出版后，厦门大学传播研究所的黄星民先生专门撰写了《华夏传播研究刍议》（以下简称《刍议》）一文，该文畅谈了他对"华夏传播研究"这一新兴领域的学理思考①。而今年恰是黄星民先生发表《刍议》一文②的第二十个年头，这意味具有概念意识的华夏传播研究至今已及弱冠之年。若由此再上溯至余也鲁、徐佳士诸先生处，并以之作为华夏传播研究的滥觞，华夏传播研究已至不惑之年。四十余年间，尤其是21

---

① 谢清果：《华夏传播研究》（第一辑），北京：中国传媒大学出版社，2018年，"创刊词"，第3页。

② 黄星民：《华夏传播研究刍议》，《新闻与传播研究》2002年第4期。

世纪的前 20 年，经由诸多学界前辈与同仁们朝乾夕惕、焚膏继晷的辛勤耕耘，华夏传播研究进一步发展壮大而成长为"华夏传播学"①，学派内部各个层级、各种角度、各样方法的相关研究皆别开生面，不禁让学界感叹"风景这边独好"，亦令后学肃然起敬而心向往之。然而，华夏传播研究日趋繁荣的景象却也不时被"乌云笼罩"②，将之置于传播学的学科大背景下观照，华夏传播研究的处境亦不免令人忧心忡忡。尤其是在传播研究实证范式一家独大的今天，偏重于阐释与思辨的华夏传播研究之落寞凄凉尤为甚矣，以至于连本领域的学术高地《华夏传播研究》在创刊时也不得不黯然地承认华夏传播研究"远不是传播学研究的前沿热点"③，并且这种学科边缘甚至附庸的地位一时间并未因出版了多少学术专著，发表了多少研究论文或者举办了多少学术会议而发生太大的改变。过于缓慢而平静的发展现实无疑在提醒我们华夏传播研究仍大有"再议"之必要，"因为沉默里所透出的不是已经了然，恰是不以为然和不知何为然混杂而成的茫然"④。

从学理角度言之，建构成熟的"华夏传播学"的进程可以粗略地分为两个步骤，实际上对应着两个转化。《刍议》所揭示的是第一个转化，即由"经学"⑤到"传播学"的转化已然如火如荼地展开，但也不能讳言仍有争议，尚有在某些角度作出一定补充阐释的必要。但第二个转化，即由一般意义上的"传播学"再深入到"华夏传播学"则在《刍议》中基本尚未展开或等待揭示——这正是上文所说的笼罩在华夏传播研究之上的"乌云"，也是本文"再议"的核心问题：华夏传播研究如何能够不止在一个狭小的学术或专业领域内自说自话，如何能够在更宽的范围和更高的层次上反省和发掘自身独立的自觉意识与主体性，从而作为一门显学进入广阔的传播学公共话语系统。

"传播存在论"（The Being Theory of Communication）是批判地以海德格尔（Martin Heidegger）存在论观照传播学的"前哲学"的、"为哲学奠基"的传

---

① 谢清果教授在《光荣与梦想：传播学中国化研究四十年（1978—2018）》一书的总序中写道："华夏传播学是华夏传播研究的终极指向。"实际上，现阶段用"华夏传播学"指代华夏传播研究更符合学术演变的客观现实与规律，但为了与《华夏传播研究刍议》文题一致，本文的题目仍沿用"华夏传播研究"的提法（但在行文中对二者不再作严格区分）。故题目或略有降格嫌疑，期冀读者勿以为怪。

② [英]威廉·汤姆生（William Thomson）：《19 世纪热和光的动力学理论上空的乌云》，1900 年 4 月 27，参见：https://baike.baidu.com/item/%E7%89%A9%E7%90%86%E4%B8%A4%E6%9C%B5%E4%B9%8C%E4%BA%91/10015431?fr=aladdin，2022 年 04 月 14 日。

③ 谢清果：《华夏传播研究》（第一辑），"创刊词"，第 3 页。

④ 黄旦：《问题的"中国"与中国的"问题"——对于中国大陆传播研究"本土化"讨论的思考》。见于黄旦，沈国麟（编）：《理论与经验——中国传播研究的问题及路径》，上海：复旦大学出版社，2013 年，第 36 页。

⑤ 这里泛指中国传统思想文化。

播"存在哲学"①，传播存在论的重要意图是要突破传统传播哲学形而上学的思维方式，重新找到传播的源头活水。按照海德格尔"存在论区分"（Der Ontologische Unterschied）的讲法，"存在问题的目标不仅在于保障一种使科学成为可能的先天条件……而且也在于保障那使先于任何研究存在者的科学且奠定这种科学的基础的存在论本身成为可能的条件"②。这里的"使科学成为先天的条件"，亦即"先于任何研究存在者的科学且奠定这种科学的基础的存在论本身"，是指海德格尔所谓的"传统存在论"（Traditionelle Ontologie）；而使传统存在论本身"成为可能的条件"，则是海德格尔自己的所谓"基础存在论"（Fundamentale Ontologie）。

在传播存在论中，"传播"（Communication）是作为基础存在论意义上，前存在者的存在（The Being）而非传统存在论意义上的、作为形上存在者的本体（The Ontology），存在给出包括形上（本体）、形下在内的一切存在者，这恰与老子"有生于无"③的观念同调。传播是一种本源性的、非分析性的、"浑沌"④的存在情境，它生成包括传者、受众、传播内容、传播方式与传播媒介在内的一切存在者，而之前传统意义上的传播学（Communication Studies）则是将传播所生成的存在者加以整理、总结并学理化的学问，是基本脱离传播本源情境的，因而是凝固化的、存在者化的。在这个意义上，仿照海德格尔形而上学史是存在的遗忘史的说法，即可以说，之前的传播学是一部传播的遗忘学。传播存在论运用现象学"解构—还原—建构"的方法：将传播中的主客问题彻底解构，将一切传播存在者还原到传播本源情境内，并希望以此重建传播学。故在传播存在论的视域下，不是我在传播着什么，而是传播创造了我乃至这个意义世界，换言之，传播主体与客体不断从传播中获得新的可能性或规定性。就时间观念而言，传播存在论挑战甚至颠覆了既有的、流俗的"过去→现在→未来"的线性时间观念，它的时间观念是一种非时间性的、前时间概念的"当下"（Immediateness）观念。一切源于当下、归于当下，"由当下释放出过去和未来，于是'历史'、'传统'等观念才得以可能"⑤，

---

① 这里的"存在哲学"指的是海德格尔所指的"思（Denken/Thinking）的任务"，取最宽泛意义上的"哲学"概念，绝不能以形而上学同义词意义上的哲学去理解它。"思的任务"参见海德格尔：《哲学的终结和思的任务》，见于海德格尔：《面向思的事情》，陈小文、孙周兴译，北京：商务印书馆1999年。

② [德]海德格尔（Martin Heidegger）：《存在与时间》，陈嘉映、王庆节译，北京：生活·读书·新知三联书店，1999年，第158页。

③ （魏）王弼（注），楼宇烈（校释）：《老子道德经注校释》第四十章，北京：中华书局，2008年，第110页。

④ （清）郭庆藩（撰），王孝鱼（点校）：《庄子集释》应帝王第七，北京：中华书局，1985年，第309页。

⑤ 黄玉顺：《"时间"观念何以可能——从"无间性"到"有间性"》，《河北学刊》2014年第4期。

包括传播主体在内的一切存在者都渊源于当下的传播情境。传播生成主体性的存在者，在主体的角度而言，传播的衍流显现为传播活动与传播观念的变迁，历史的传播才得以可能。意识到这一点，也就能意识到包括华夏传播学在内的当代中国传播学必须渊源于当代中国的传播情境，这种情境将给出当代中国传播主体与客体的主体性与规定性，从而决定了当代中国传播学的特征。

由于既有的传播学遗忘了传播，根本无力消除主客思维架构作为前设所带来的负面影响：一方面，凝固的传播学模式认为先有了某种传播内容，然后传播主体将之传于受众，这样一来，只有受众能够在观念上发生变化，而传者与传播内容都是凝固化的，传播遂成为单向度的宣传（Propaganda），而绝难实现"共同享有"①。另一方面，流俗的中、西传播学的比较观念生成了。其一，西方传播学与中国传播学的差异被固化、强化了，"中西对立"的意识无法从根本上被打破。其二，中国传播学自身的既有特性也被强化，"中国特色"之类的思维定式愈发的根深蒂固。一言蔽之，比较的主体和对象被剥夺了"去存在"（To-be/Zu-Sein）的可能性，即主体失去了获得新的主体性、对象失去了获得新的规定性的可能性。

传播存在论在某种意义上可被视作为传播哲学后现代转向的一个真实写照，甚至是由林林总总的现象学哲学组成的"现象学运动"②的一个侧面。正如海德格尔哲学丰富并扩展了哲学一样，传播存在论也丰富并扩展了传播学。这种新传播学是一种广义的传播学，以区别之前狭义的、传统的传播学。传播存在论能够依照自己的方式纠正传统哲学与传统传播学思维的消极影响，故以之重新审视华夏传播研究，不仅能够解决过去在传统思维下华夏传播研究尚未解决的问题，甚至能够重塑我们对华夏传播的认识。尤其是在《刍议》发表二十周年之际提出，更能凸显两代学人观察同一问题的角度与思维方式之不同，从中反映出一段时间以来学科发展的新动向。

二、华夏传播研究与合法性

当年包括华夏传播研究在内的中国传播学合法性的具体争论至今仍历历在目，近年来也有学者不时将这一问题重新翻出③，某种意义上《刍议》以及本文也可以

① 黄星民：《略论中西方传播观念的异同——从"Communication"与"传"词义比较》，《厦门大学学报（哲学社会科学版）》2003 年第 3 期。

② 参见 [美] 赫伯特·施皮格伯格（著），王炳文、张金言译《现象学运动》，北京：商务印书馆，2011 年。

③ 参见谢清果：《光荣与梦想：传播学中国化研究四十年》，北京：九州出版社，2018 年。王怡红、胡翼青（主编）：《中国传播学 30 年》，北京：中国大百科全书出版社，2010 年。黄旦，沈国麟（编）：《理论与经验——中国传播研究的问题及路径》，上海：复旦大学出版社，2013 年。

视作关于中国传播学合法性讨论的争鸣。在这些讨论中，一些学者对华夏传播研究的合法性提出质疑，这些质疑尽管本身就可能存在合法性危机，但不能简单地斥之为"伪问题"；另有诸如黄星民先生一样的学者为华夏以及中国传播学的合法性辩护，虽卓有成效，但难免还有不彻底的因素存在。尤其是随着哲学与传播学的不断演进，应承认对华夏传播研究合法性的讨论在不同的时代存在不同的视角，因此华夏以及中国传播学合法性问题是常论常新的，在当下仍有再议的必要。以传播存在论的视角观之，过往的中国传播学合法性的争论双方都事先预设了所谓传播学的某种固定模式即传播学的"法"或"迹"，而没有触及传播学"所以法""所以迹"的问题，没有触及传播学的源头活水也就是作为存在的传播。诚如庄子所言："夫六经，先王之陈迹也，岂其所以迹哉。"① 这一点在之前华夏传播研究中表现得尤其明显，甚至《刍议》中也提到"'华夏传播研究'的范围应该限定在古代中国"②，这至少使华夏传播在存在论意义上变成了一种凝固不变的、与现实生活无直接关联的存在者，变成了一种"法""迹""器"，而不是"道"，进而丧失了存在论意义上的开放性与发展的无限可能性。

　　华夏传播研究的合法性的真实含义在于：中国历史上存在着某种独立于欧美传统之外的"华夏传播学"吗？或者说，"传播学"是我们解释中国思想文化传统的一种恰当方式吗？究竟在什么意义上，"华夏传播学"及此概念所能指的内涵③ 能够得到恰切的说明并取得自明性的依据呢？经过 40 年来华夏传播学人的努力，华夏传播学是否真正具有了中国魂，进而能够对人类当下面临的传播问题作出有效回应呢？实际上，就合法性而言，中国哲学与华夏传播学有某种内在一致性，以中国传播学合法性（The Legitimacy of Chinese Philosophy）讨论的思路与经验④ 观照华夏传播学可得到某种指引与启发。

　　若从传播学的学术发展境况而言，尽管我们不能否定 40 年来"传播学在中国"（Communication in China）的事实，但是这种存在不能轻易的称之为"中国传播学"（Chinese Communication）。事实上，这种传播学与其说是中国传统文化的现

---

　　① （清）郭庆藩（撰）、王孝鱼（点校）：《庄子集释》天运第十四，北京：中华书局，1985 年，第 532 页。

　　② 黄星民：《华夏传播研究刍议》，《新闻与传播研究》2002 年第 4 期。

　　③ 包含但不仅限于"刍议"中所总结的"华夏传播研究的内涵"。

　　④ 参见：郑家栋：《"中国哲学"与"哲学在中国"》，《哲学动态》2000 年第 5 期。郑家栋：《"中国哲学"的"合法性"问题》，《中国社会科学文摘》2002 年第 2 期。郑家栋：《"合法性"概念及其他》，《哲学动态》2004 年第 6 期。郑家栋：《"中国哲学之合法性"问题的由来、实质及其对于相关讨论的期望》，《北京行政学院学报》2005 年第 1 期。黄玉顺：《追溯哲学的源头活水——"中国哲学的合法性"问题再讨论》，《四川大学学报》2011 年第 4 期。

代发展，还不如说它仅仅是一种和历史传统无关的中国"建设时代"①的事业。至少从发生学的角度讲，华夏传播学以及中国传播学的出现和发展是在舶来西方传播学之后，即使华夏传播学可算作是传播学中国化的先驱②。之前关于华夏传播学合法性的看法大致可以归汇为如下三种倾向，这三种倾向几乎都是在传统传播哲学及其思维模式下形成的：

第一种倾向是只有西方传播学，而无中国及华夏传播学。也就是说传播学是一套既成的方法，缘起并成熟于西方，因此西方之外别无所谓地方性的传播学。换言之，"传播学"与"西方传播学"是同一回事。中国历史上根本不存在传播学这种东西——不仅是名词的，并且是实质的③，正如中国古代没有物理学、化学或生物学一样。今天所谓的华夏传播学其实是运用传播学的方法解读中国古代文本创造出来的。这样一来，"中国传播学"与"传播学在中国"同义。这种倾向的研究者对我们华夏传播研究支持者的一个震撼发问是：当我们使用华夏传播学或中国古代的传播活动与传播观念之类的概念去指称我们试图指称的对象时，我们是否可以心安理得的、有多大把握的肯定我们的做法是真正接上了中国本土的历史脉络尤其是学术和精神的传统，尤其是与中国哲学相比较而言。如果我们的内心深处尚有一丝怀疑与没有把握，那么我们就应该承认传播学的普遍性格及其所包含的西方学术话语等一整套预设决定了用传播学阐释甚至裁剪中国传统文化或思想，即"以西释中"或"汉话胡说"不可避免。但这种说法值得怀疑之处在于，如果用传播学裁剪中国传统的做法行不通，那么用哲学裁剪中国传统又何以可能呢？仅仅是因为"哲学"更接近于"思想"吗？然而"接近"终究非"是"，这不过是五十步笑百步而已。真正的问题不在于所使用的奥卡姆剃刀（Occam's Razor）是"哲学"还是"传播学"，而在于我们使用存在论的方式追问，"哲学"或"传播学"就只是已有的凝固模式吗④？

第二种倾向是西方传播学是传播学的标准形态，中国传播学是传播学的特殊

---

① 黄星民：《华夏传播研究刍议》，《新闻与传播研究》2002年第4期。

② 例如，宣伟伯早在《传学概论》中的论述便已昭示着华夏传播学出现："我们在西方的文化背景中学习科学研究方法与理论的人，看见中国长春的文化，和她悠久的传的艺术传统，总免不了肃然起敬。我们常想，中国人那种深邃的智慧与洞达，要是有一天能用来帮助西方人多了解自己的工艺知识，增深我们在实验方面的体会，该是多末好的事。许多人已注意到现代中国人在传的学问上认识的深刻精道，不但反映了悠长的历史传统，且常能推陈出新。"参见[美]宣伟伯（Wilbur Schramm）（著），余也鲁（译）：《传媒、信息与人》（《传学概论》），北京：中国展望出版社，1983年，"新订本序"，第VI页。但与此同时，也应警惕以华夏传播学僭越甚至替代整个中国传播学的盲目自大倾向。

③ 站在这种倾向的角度来说，华夏传播学并非死在"传播学"三字之下，而是本身就不存在。这和中国古代无"Metaphysics"之名而有"形而上学"之实，无"Vitamin"之名而能"维他命"是很不一样的。

④ 当然，此处有关"哲学"是否是凝固化模式不是本文所讨论的重点，只是以此类比。

形态。中国古代具有传播学，但只是实质的传播学，而缺乏形式的系统。这种形式系统只能由西方传播学来提供，故西方传播学是一般的或标准的，而作为特殊形态的华夏传播学实际上至少在形式上是不成熟的。两个现状能够说明这个问题：一方面，在华夏传播研究中，中国古代的文本沦为被动的材料，学问的理路、方法以及视角都完全脱离了传统，是从外部引进甚至强加的。另一方面，至少在现代学科分类体系中，我们用来为传播学划界或者说区别传播学与非传播学的标准就是西方传播学的。但这仍是以西律中，就理性而言是典型的中西对立以及中西传播学凝固化认识所导致的，就情感而言在民族主义愈发隆盛的中国，国人的文化自信心也不能接受。然而，从传播存在论的视角而言，不论是华夏传播学还是西方传播学，都是随着作为存在的传播而流变的。尤其是在全球化的时代，中西共存于一个地球村下，"共在存在论"①的色彩愈发彰显，因此中西传播学用绝对化的"普遍与特殊"的范畴被说明则变得愈发不合时宜。

第三种倾向是传播学是普遍的，中、西传播学都只是传播学"道术将为天下裂"的一种特殊形态。沿着这条思路进一步思考，甚至根本没有普遍的、作为"道"的传播学，中、西传播学只能构成他们自身。这其实是更加凝固化、存在者化的观念，在此基础上无论怎样进行中西融合的设计，却总有那个分裂的中、西作为前设性的存在，故越是在方法论上强调扬弃融合与共同解释，越是在存在论上变得凝固对立存在者化，距离传播的本源越远，或者说越是对传播本源的遗忘。当然，在传统传播哲学的思维方式下立论，在方法论上强调扬弃融合总比自说自话要好得多。至于那些所谓国学基础深厚的学者将中国传统学术和文化中有关传播的内容单独割裂出来，并给予它一个"华夏传播学"的帽子，"照着讲"（而非"接着讲"）中国古代的学术文化，这样的华夏传播学则可以说与我们当下的生活方式，与传播本源几无半点关联了。恰如鲁迅所言："之乎者也，只有几个人懂，——其实是不知道可真懂，而大多数的人们却不懂得，结果也等于无声。"②

如果说以上三种倾向都是只着眼于"迹"和预设的合法性之"法"，而未能注意到"所以迹""所以法"的存在者思维的话，那么用传播存在论如何观照华夏传播研究的合法性问题呢？一言蔽之，我们要承认华夏传播的存在事实，而让华夏传播研究合法性真正地、彻底地变成一个"伪问题"。然而，我们不是要简单地悬隔这个问题，不然就无法对真诚热烈地参与过华夏传播学合法性大讨论的前辈与同仁们作出交代。若要真正将华夏传播学合法性问题变成一个伪问题，则需要

---

① 赵汀阳：《共在存在论：人际与心际》，《哲学研究》2009 年第 8 期。

② 鲁迅：《无声的中国——二月十六日在香港青年会讲》，《鲁迅全集（第四卷）》，北京：人民文学出版社，2005 年，第 11—12 页。

进一步追问，华夏传播研究的合法性问题是何以可能的？或者问为什么在当下中国会出现华夏传播学？这两个问题才能指引我们反思并领悟传播的本源情境。实际上，上述几类观点所预设的"法"在根本上也是不同的，这也在提示我们传播学之"法"并非一成不变的，而是始终流变的，这同样提醒我们寻找流变之"法"的本源。对此，传播存在论的回应是：传播即本源存在，传播的衍流表现为一切传播要素的演变，进而表现为传播学的演变。华夏传播学亦然，古代中国传播学（一种未完全表现出的学术形态）渊源于前现代的传播情境，华夏传播学作为现代传播学之一种应当渊源于现代性的传播情境。因此，华夏传播学不是也不可能回到过去，不是也不可能回到西方，而应从当下国人生活世界出发，重建传播学。华夏传播研究的当务之急并不是"对话"而是"转化"。这种"转化"应当涉及两个层面：一方面涉及我们对狭义传播学本身的认识，即传播学如何总结传播要素，这方面我们可以从西方传播学不断的生成演进的过程中接受训练并汲取经验；另一方面涉及我们对传播本身的领悟，即传播如何生成传播要素、生成了什么样的传播要素，过往的传播学为何如此这般的总结传播要素、新的传播学又该如何总结传播要素，从而进一步地拓展广义传播学的维度与场域。

### 三、华夏传播研究与现代性

首先姑且淡化现代性意义的多元，也不必对后现代性耿耿于怀，因为"不论是现代性还是后现代性，总之都标志着某种时代精神"[①]。这里只需要追问：在以"现代性"为表征的世界，在将"现代性"（Modernity）或"现代化"（Modernization）[②]视为最大共识的中国，华夏传播研究是否能够"实现有效的知识"[③]而为现代国人、现代社会和现代生活提供传播领域的必要指向——这正是华夏传播学渊源于本源性的传播情境去重建传播学的关键所在。"一时代有一时代之学术，因为一个时代的学术乃是那个时代的生活方式的产物，并隶属于、顺应于、服务于那种生活方式。"[④]按照传播存在论的时间观念，主体当下对传播情境的领悟绽出（Eksistenz）了过去与未来，因此我们只能从当下领悟过去和未来，而不是相反。因此，在传播存在论的视域下，华夏传播学在本质上应当是也只能是一种

---

① 陈嘉明：《现代性与后现代性十五讲》，北京：北京大学出版社，2006年，第1页。
② 本文认为现代性是一元的，现代化是多元的。现代化是现代性的具体形式，现代性是现代化的一般状态，现代性在现代化的过程中实现。参见李欣人、李承志：《儒家文化视域下跨文化传播观念的重构》，《现代传播（中国传媒大学学报）》2021年第7期。
③ 邵培仁，姚锦云：《为历史辩护：华夏传播研究的知识逻辑》，《社会科学战线》2016年第3期。
④ 黄玉顺：《中国学术从"经学"到"国学"的时代转型》，《中国哲学史》2012年第1期。

"向前看"①的现代性诉求,而非"原教旨主义"（Fundamentalism）的前现代诉求。

　　华夏传播学的现代性诉求亦可从其发展的具体场景中能得到理解。华夏传播学是现代传播学,广而言之是现代科学的一部分。一方面,作为一个研究方向,隶属于"传播学"这样一个新闻传播学下属的二级学科,是现代学科分类体系中的重要组成部分。尽管现代学科分类体系尚有不完善的因素存在,但是没人会对分类体系的现代性本身提出怀疑。另一方面,华夏传播学是一门"大学教授的学问",它的出现与发展都不可能脱离现代科研和教育体制。此外,也许有人会认为,华夏传播学的研究内容是前现代的东西,因此它是前现代的学科。这其实也是大谬不然的说法,学科的时代属性不会依照研究对象界定,如若不然,所有反思性的学科,如历史学与哲学（在"哲学即哲学史"意义上）岂不永远都是脱离时代的学问? 当然,这种错误想法也在其启示我们,华夏传播研究所依托的研究对象,尤其是传统文本对象,并不是所谓的"概念游戏"——并且越是优秀的文本越不是"概念游戏",它们能够反映文本作者的生活方式与时代特点,而与传播的相关的文本则应被视作作者对传播本源情境领悟的真实写照。因此,当我们关注或研究这些文本时,不仅要关注所谓的"传播现象""传播观念""传播实践",更应关注这些内容究竟如何因"传播生活化"②而与彼时彼刻的"时代性"深度缠绕并以之作为华夏传播追求现代性的基石。真正的华夏传播研究不应将中国传统思想文化视作是凝固不变的、无关痛痒的、脱离生活的前现代历史遗产（Legacy,区别于 Heritage）,恰恰相反,我们应当承认并且坚信在中国传统思想文化中与传播学有关的内容并不会因为时间流逝并伴随着社会生活方式的改变而完全丧失意义。

　　如果承认华夏传播学是一种现代性诉求,我们不禁要对当下的华夏传播研究现状作出如下追问:经过几代学人数十年的孜孜以求后,华夏传播学是否已经切中（Treffen,胡塞尔语）了当下中国的时代脉搏? 能在多大程度上担当起传播学学界与业界的现代性建设任务? 游离在生活和现实之上的概念与文本的游戏或大学教授们在一个狭小圈子里自说自话的境况有无实质性的改善? 包括《刍议》在内的历代学人所许诺的如此这般的时代意义是否真正存在又该如何下落? 我想这些追问在当下华夏传播学学界内部尚无法得到肯定与具体的回答,因为本应被视作学科中枢的"现代性"在根本上是被遮蔽而隐而不显的。于是我们才看到,当传播学主流学界尤其是实证主义传播学不断根据社会需要开拓、推进或紧跟学科

---

　　①　关于华夏传播学"向前看"和"向后看"的问题,参见谢清果:《传播学"中华学派"建构路径的前瞻性思考》,《新疆师范大学学报（哲学社会科学版）》2017年第6期。

　　②　谢清果:《传播学"中华学派"建构路径的前瞻性思考》,《新疆师范大学学报（哲学社会科学版）》2017年第6期。

前沿并取得显著成果时，华夏传播研究却鲜有相对应的动作①。诚然，由于学术品格与关注重心的不同，不能要求华夏传播研究必须亦步亦趋地关注主流传播学的前沿热点，更不能将华夏传播逼作实用主义的应声虫②，但传播学主流学界对现代社会生活的关注欲与改变欲及其背后所彰显出的对传播本源情境的领悟能力恰是华夏传播学研究有所欠缺而应当反思调整的——这也不仅是能力问题，还是观念问题——非不能也，实不为也。此处尤要注意不能以华夏传播研究的民族性特色为借口轻易否定其现代性诉求，即不应以传播的"中西之异"轻易抹杀其"古今之变"。从传播学整体的角度来说，要破除一种狭隘的中西二元对立的思维模式，即华夏传播研究只应关注民族性，非华夏传播研究只应关注现代性。以传播存在论的视角观之，传播学的民族性根本上由现代性绽出③，解决人类随时代发展而不断产生与流变的传播问题是中西传播学的最大共识。从华夏传播研究内部而言，传播存在论也不允许华夏传播学将"古今"、历时性、现代性问题混淆成为"中西"、共时性和民族性问题④，华夏传播研究在根本上应将"现代性诉求的民族性表达"（The National Expression of Modernistic Pursuit）作为自身的学术指向。

华夏传播研究对现代性的追寻不可避免地要面临如何处理好理论与实践的关系问题。由于华夏传播研究经历了"经学"向"传播学"转化，经学时代将经典文本神圣化的传统给华夏传播研究带来了强烈的文本至上、"义理"在先或形上哲思的倾向，缺乏对实践与生活具体问题的聚焦，本质上是本于传播"文本"而不是本于传播本源情境的。然而，传播并非为华夏传播学而存在的，华夏传播学倒是应为传播存在，所以华夏传播学的研究倾向与当今人文社科尤其是哲学"大张旗鼓地解构客观、实在、事实、终极，拒斥形而上学、拒斥体系的严整和思辨的玄奥"⑤的发展潮流并不相符⑥，刘海龙也曾批判过传播学本土化建设中"把理论神圣化与教条化"⑦的做法。毫无疑问，现代性客观要求着华夏传播研究当在现实生活中确立自己的坐标与走势，重塑实践倾向。实际上，中国古代传统文化中也

① 当然，这只是华夏传播学领域的整体概况，或有失于简单之嫌。事实上，近年来某些华夏传播研究成果例如谢清果先生的《共生交往观：文明传播的中国方案》等都在力求古今贯通、中外融通。
② 恰恰相反，华夏传播应成为纠传播学内部实证主义一家独大之偏的推动者。
③ 具体参见下节。
④ 当然，这里并非要否定"中西差异"，传播学作为对存在者化的传播要素的总结，当然具备民族性特色。这里只是强调，不能将"民族性"当作传播学"现代性"进程的挡箭牌甚至是遮羞布。
⑤ 郑家栋：《"中国哲学"与现代性》，《哲学研究》2005年第2期。
⑥ 这种潮流我们并不尽然肯定，根据蒯因（Willard Van Orman Quine）的"本体论承诺"（Ontological Commitments），形而上学不可逃逸，这对于实证范式一家独大的传播学尤具其实意义，华夏传播学的形上倾向有利于纠正传播学形上缺失、价值迷失的偏差。但华夏传播对形而上学的关注最终仍要根植于传播本源与现代生活。
⑦ 刘海龙：《传播研究本土化的两个维度》，《现代传播（中国传媒大学学报）》2011年第9期。

向有"言传身教""知行合一""践履之学"的思想基因，华夏传播研究对之的继承本应名正言顺且水到渠成。但与此同时，也应辩证地扬弃中国传统文化中个人传记式的"践履"观，在此基础上树立华夏传播研究科学的实践观，即华夏传播学的实践不是个人或小团体的事业，而应通过学术共同体或社会共同体落实开来，这正是建构传播学"中华学派"①的意义和目标所在。

当然，在一个现代转型的社会中，反思和批判现代性也确有必要。华夏传播研究具备充分发挥自身"通古今之变"②的优势，即拥有用中国的文化传统反思和批判传播领域内的现代性与现代化③误区的先天条件，尤其是对于提醒学界注重考查传播背后所隐含的历史文化脉络与价值观念的复杂性，警惕传播研究的对象化或工具主义化等方面都大有裨益。但这里需要思考的是，华夏传播学在将中国文化传统视作武器批判现代性的同时，如何能够保证作为现代学科的自身成为批判现代性乃至自我批判的武器呢？这其实涉及两个层面的问题：一是华夏传播研究如何与中国内生现代性④（Inherent Modernity）圆融接榫；二是如何运用内生现代性给出的现代化模式批判或修正主流的现代化模式。正视并处理好这两个问题是由经学向华夏传播学转化过程中必须面对的题中应有之义。

四、华夏传播研究与中国性

"中国性"（Chineseness）是华夏传播学乃至中国传播学都无法回避的关键预设（Presupposition），但传播学界却经常将之视作既有现成的概念而缺少围绕它展开的有意义的讨论，"传播学者们自然也没有探究'本土'——中国的全部含义"⑤，某种意义上"中国性"在传播学领域内长时间处在一种晦暗不明的状态之中。在传播存在论的视域下，华夏传播研究的"中国性"需要被解构、还原和重构，结论是"中国性"需由现代性证成，进而与其合法性关联起来。

华夏传播学的中国性由其现代性绽出。黄旦先生曾在《问题的"中国"与中

---

① 参见谢清果：《传播学"中华学派"建构路径的前瞻性思考》，《新疆师范大学学报（哲学社会科学版）》2017 年第 6 期。

② （汉）班固（撰）：《〈汉书〉卷六十二·司马迁传第三十二》，北京：中华书局，1964 年，第2735 页。

③ 在"多元现代性"与"多元现代化"的观念下，对"现代性"和"现代化"的批评不仅包含古今问题，也包含中西问题，毕竟当下的现代化模式仍为"西方现代性"所主导。

④ 内生现代性即现代性并非近代才由西方强加给中国的，而是中国社会发展的内生现象；西方现代化模式所能影响于中国的，只是现代化模式的细节，而非其基本的历史走向。参见黄玉顺：《论儒学的现代性》，《社会科学研究》2016 年第 6 期。

⑤ 黄旦：《问题的"中国"与中国的"问题"——对于中国大陆传播研究"本土化"讨论的思考》。见于黄旦，沈国麟（编）：《理论与经验——中国传播研究的问题及路径》，上海：复旦大学出版社，2013 年，第 36 页。

国的"问题"——对于中国大陆的传播研究"本土化"讨论的思考》一文中提道："活生生的历史的中国也因了'文化'而被腰斩为'古与今',成为一具'首尾分离'的僵尸。""活生生的历史的中国"给出了一以贯之的"中国性",这种中国性必须能够统一"古今"或"首尾"。如果华夏传播学拥有这种"中国性",那么华夏传播学就应具备或至少在逻辑上论证自身拥有统一中国古代传播与现代传播的能力,而这个论证无法回避"历史观"或"时间观"前提。黄旦先生援引华勒斯坦(Immanuel Wallerstein)的观点认为"遥远过去所发生的总是与新近不远的变动相联系,是现在决定历史而不是反之"①,这与海德格尔存在论的历史观若合符契,"只有反对流俗的、起遮蔽作用的对此在历史的阐释,才能把握历史性的生存论——存在论状况"②。海德格尔的历史哲学区分了"历史"(Geschichte)与"历史性"(Geschichtlichkeit)③,根本上这是因为海德格尔区分了"时间"(Zeit)与"时间性"(Zeitlichkeit)。因为海德格尔认为:"存在不是因为它'在历史中'因而是'时间性'的,而是倒过来,它历史地生存和能历史地生存,是因为它在其存在的基础上是时间性的。"④其中,"时间性是源始的、自在自为的出离自身本身"⑤,而"时间"不过是流俗的时间概念,是需要被解构而还原的东西。"时间性"属于"源始性",这是时间概念的本源所在。海德格尔认为"曾在源自将来,其情况是:曾在的将来从自身解放出当前"⑥,因此"过去和未来都是当下所绽放出的"⑦。在生存论"时间性"的观念下,"有历史的东西绝不是过去的东西,而是在过去和将来两个方向上伸展的东西。这里,历史意味着一种贯穿'过去'、'当前'和'将来'的事件整体关联和'影响整体关联'。由此已经可见,'历史就是过去,只与过去有关'的想法是不正确的,过去在这里并没有特殊的优先地位。相反,它只有在与当前和将来的整体关联中才有意义"⑧。在海德格尔的视域下,中国的历史传统也是中国当下生活的感悟,贯穿古今的"中国性"本源于现代性。破除流俗的时间观与历史观对华夏传播研究大有裨益,在新的观念下,华夏传播研究的逻辑起点

---

① 黄旦:《问题的"中国"与中国的"问题"——对于中国大陆传播研究"本土化"讨论的思考》,第 40 页。

② 张汝伦:《存在与时间释义》,上海:上海人民出版社,2014 年,第 995 页。

③ 海德格尔还区分了历史(Geschichite)与史学(Historie),这里不再详论。

④ 张汝伦:《存在与时间释义》,上海:上海人民出版社,2014 年,第 997 页。

⑤ [德]海德格尔(Martin Heidegger):《存在与时间》,陈嘉映、王庆节译,北京:生活·读书·新知三联书店,1999 年,第 375 页。

⑥ [德]海德格尔(Martin Heidegger):《存在与时间》,第 372 页。

⑦ 黄玉顺:《"时间"观念何以可能——从"无间性"到"有间性"》,《河北学刊》2014 年第 4 期。

⑧ 张汝伦:《存在与时间释义》,上海:上海人民出版社,2014 年,第 1000 页。

只能是现代中国，应直面随现代中国传播的本源情境之流转而不断涌现出的问题，因而是"苟日新，日日新，又日新"①的、是"日生则日成"②的。过去某些原教旨的、厚古薄今的、"回到过去"③的、"'古与今'之对比切割"④的华夏传播研究完全是本末倒置的，甚至是切断传播本源的。

华夏传播学的"中国性"源自现代中国。现代中国是由一个单一民族（Nation），即中华民族组成的民族国家，中国即中华民族，英文词表述为是 Chinese Nation⑤。现代中国拥有博大精深的文明传统，有她自己对本源的追问与解答的方式，因而具有自己的话语（Discourse）或言说（Utterance）。此处的话语或言说应与语言（Language）相区别：其一，语言是"形式的"（Formal）概念，话语是"实质的"（Material）概念⑥；其二，话语能够建构主体性与生活世界⑦，而语言则是生活世界的工具。因此，中国话语不因古代汉语或现代汉语而被区分，它与非中国话语的言说方式的差异也不同于汉语与英语的区别。话语而非语言能够体现中国的"中国性"，华夏传播学应当是这种中国性或民族性的表达者。

华夏传播研究的"中国性"规定其合法性。华夏传播研究的内容不是研究者主体的自我存在之外的客观化"对象"（Object），这与实证主义传播学的眼光有着根本不同。事实上，实证传播学试图模仿自然科学那样的没有价值立场的"客观研究"的努力很难实现。根本没有什么完全客观的研究存在，人们只能看到被传播学者研究出的成果，而传播学者总是由当下的生活生成的、具有不同主体性的人，结果我们看到的总是不同主体的不同的传播学建构。具体而言，"中国性"规定了华夏传播研究的使命不应是或不应只是传播领域实证主义的、"述而不作"式的"整理国故"，此处"国故"即胡适所谓的"中国的一切过去的文化历史"⑧。在

---

① （宋）朱熹（撰）：《四书章句集注》（大学章句），北京：中华书局，1983 年，第 5 页。

② （清）王夫之（撰）：《尚书引义》卷一，清道光守遗经书屋刻本。

③ 张国良：《中国传播学的兴起、发展与趋势》，《理论月刊》2005 年第 11 期。

④ 黄旦：《问题的"中国"与中国的"问题"——对于中国大陆传播研究"本土化"讨论的思考》。见于黄旦，沈国麟（编）：《理论与经验——中国传播研究的问题及路径》，上海：复旦大学出版社，2013 年，第 42 页。

⑤ 这里应注意现代性的"民族"（Nation，单数，如"中华民族"）与前现代的"种族"（Ethnics，复数，如"五十六个民族"）的区别。现代中国是在前者基础上构成的民族国家，而非在后者基础上形成的"文明国家"（A civilization pretending to be a state）。在学术上厚古而薄今地过分强调历史中国，乃是附逆于后者，这其中隐含着某些连研究者自身可能也难以预料的以种族（Ethnics）代民族（Nation）而分裂现代中国的隐患。

⑥ 参见黄玉顺：《生活儒学的话语理论——兼论中国哲学话语体系建构问题》，《周易研究》2021 年第 5 期。

⑦ 参见周宪：《福柯话语理论批判》，《文艺理论研究》2013 年第 1 期，原文作："是话语建构了我们的生活世界，是话语建构了我们对这个世界的理解和解释，同时也是话语就建构了我们主体自身"。

⑧ 胡适：《〈国学季刊〉发刊宣言》，《国学季刊》1923 年第 1 卷第 1 号。

这种眼光下，中国传统学问是已经故去了的故纸堆，与主体意识无关的客观的东西，中国传统遂成为一具没有灵魂的躯壳。用实证传播学的方法来研究中国传统，这样的传统将会成为一种与中国人当下的生活毫不相干的东西，最终形成一种传播领域的"汉学"（Sinology）或"中国学"（China Studies）——一种使用隶属于现代西方社会科学模式的传播学方法研究中国传播传统的不切己的学问，不仅透露出强烈的"人为刀俎，我为鱼肉"的意味，也饱含为"与国际接轨"不得不"文化自宫"的苦情色彩。这不仅仅是研究方法的问题，也隐含着文化立场的问题，和萨义德（Edward W. Said）笔下的"东方主义"①（Orientalism）一样，上述研究是西方或从西方立场建构起的体现西方思维方式并渗透西方价值观念的东方话语，诚如鲁迅所言："那都不是中国人自己的声音，是别人的声音。"② 因此，实证传播学的路数根本不能被称作是中国优秀传统文化的创造性转化与创新性发展，反而是"中国性"彻底的崩解。华夏传播研究不同于原教旨的"经学"，也不同于以将"国故"作为内容的传播学实证研究，而是一种现代性的中国"为己"之学。华夏传播研究并非要拒斥包括汉学在内的任何西方的东西，关键在于研究方法和文化立场。"中国性"要求华夏传播研究应采用存在论意义上的诠释学方法，其核心内涵是"注生我经"③——诠释者与被诠释文本都是在诠释活动中生成的。华夏传播的研究者与研究所依托的文本都应在华夏传播研究中获得一种新的主体性。因此作为诠释的华夏传播研究乃是当下传播本源情境的事情，经典与研究者都要在作为大本大源传播情境中获得中国性与新开展的可能性。唯有如此，华夏传播研究才不会成为前现代经学之附庸，也不会失去自身的中国特色而唯西方传播学是从，真正成为一种兼具中国性与现代性的传播学言说，"说现代的，自己的话"④。

结语

作为一篇于《华夏传播研究刍议》发表二十周年之际的反思性文章，本文旨在丰富并完善而不是解构或颠覆华夏传播研究，对其合法性的讨论也并非将已建成的华夏传播之塔拆掉，而只是"察看一下地基情况如何"⑤。从传播存在论的角度

① ［美］萨义德：《东方学》，王宇根译，北京：生活·读书·新知三联书店，1999年。
② 鲁迅：《无声的中国——二月十六日在香港青年会讲》，《鲁迅全集（第四卷）》，北京：人民文学出版社，2005年，第12页。
③ 黄玉顺：《注生我经：论文本的理解与解释的生活渊源——孟子"论世知人"思想阐释》，《中国社科院研究生院学报》2008年第3期。
④ 鲁迅：《无声的中国——二月十六日在香港青年会讲》，第15页。
⑤ ［德］康德：《任何一种能够作为科学出现的未来形而上学》，庞景仁译，北京：商务印书馆，1982年，第4页。

而言，传播即本源存在，传播的衍流表现为一切传播要素的演变，进而表现为传播学的演变。华夏传播学作为现代传播学之一种应重回传播，渊源于当下的传播情境，故华夏传播的中国性由其现代性绽出。现代性与中国性共同构成了华夏传播研究合法性的重要依据，华夏传播研究应以"现代性诉求的民族性表达"作为建构的指向与自身的特色，进而打破"古今中西"相互对立的思维模式，尤其是要打破华夏传播只能在"古""中"维度上开展的凝固化认知：一方面，作为一种现代学术，华夏传播研究追求现代性是毋庸置疑的；另一方面，华夏传播研究应是"中国传播学"的真子集或一种中国话语（既具备"中国性"，又不能僭越、替代"中国传播学"），而不能甘于沦为"传播学在中国"或"西方传播学"在地理学意义上中国的延伸。唯有如此，华夏传播研究才可能昂首阔步地走向传播学前沿甚至重建传播学。

附录

本文涉及了几个与华夏传播学（A）相关的，诸如传播学中国化（B）、传播学本土化（C）、传播学在中国（D）等关键概念，这些概念的使用方法或与《刍议》有所不同，现在附录中予以说明：

1. 如黄星民先生所言："'华夏传播研究'是'传播学中国化'的有机组成部分"[①]，因此"华夏传播研究"（A）是"传播学中国化"（B）的一个真子集，即 A⊊B。进一步而言：

（1）中国性问题面向整个"传播学中国化"。

（2）子类必须继承父类的一切属性，华夏传播研究必须面对"中国性"问题。

（3）由于 A⊊B，因此 A ≠ B，华夏传播学可以代表却不能代替"传播学中国化"。

2. "传播学本土化（C）"是传播学脱胎于西方后在全球各地发展的必经过程，尤其是在后殖民与后现代的语境下。"传播学中国化"（B）是"传播学本土化"（C）的一个典例，或者说"传播学中国化"（B）是"传播学本土化"（C）的一个真子集，即 B⊊C。进一步而言：

（1）在且仅在"现代中国"（Chinese Nation）条件下，B=C。也就是说，传播学在"现代中国"的本土化即"中国化"。中国化的传播学即狭义的"中国传播学"（Chinese Communication Studies）

（2）"刍议"认为，"本土化"一词缘起于台湾，是在特殊语境下的产物。因

---

① 黄星民：《华夏传播研究刍议》，《新闻与传播研究》2002 年第 4 期。

此提倡使用"中国化"而不用"本土化",这实际上是缩小了"本土化"的指称范围。另外,本文所定义的"现代中国"(详见第四节)已经基本消除了"刍议"所担忧的隐患。

(3)综合1,2,则有 A⊊B⊊C。

3."传播学在中国"(D)(Communication Studies in China)指的是发生在地理意义上的中国大地上的一切传播学研究与实践及其发展成果,这也可以被称为广义的"中国传播学"。进一步而言:

(1)综合1,3,则有 A⊊B⊊D。

上述关键概念之间的关系如下图所示:

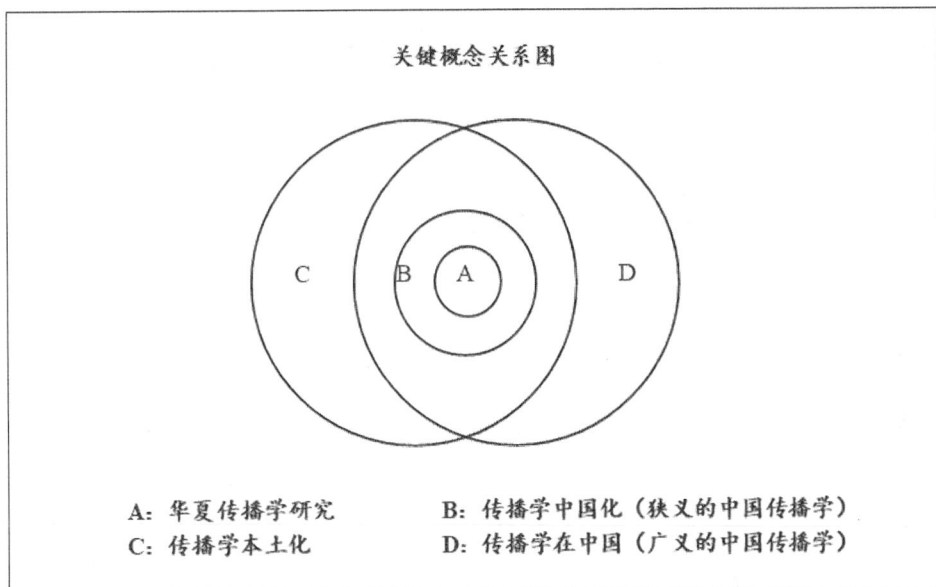

关键概念关系图

A:华夏传播学研究　　　　　B:传播学中国化(狭义的中国传播学)
C:传播学本土化　　　　　　D:传播学在中国(广义的中国传播学)

# 作为讽谏传播的物媒介、人媒介、讽谏环境媒介

## ——从《说服君主——中国古代的讽谏传播》谈起

# Material Media, Human Media and Environmental Media of Satirical Remonstrance

## —— on *Persuading the Monarch* —— *The Dissemination of Satirical Remonstrance in Ancient China*

王 笋[*]

Wang Sun

**摘 要:** 黄鸣奋教授的《说服君主——中国古代的讽谏传播》对中国古代的讽谏传播进行了集中梳理论述。从媒介的视角对《说服君主》重新解读,即从以下三个方面具体展开分析:第一,从传播的角度出发,分析古代讽谏所用的物质性媒介;第二,从传承的角度等,分析在讽谏过程中,人何以能够作为媒介产生中介作用。这两个方面都试图探索在讽谏传播中,物与人所承担的具体媒介功能。第三,从媒介环境出发,将讽谏营造的环境作为媒介,或者说将讽谏纳入古代大的政治环境,分析讽谏如何既在这种环境中展开,又能让后人通过讽谏理解这个环境。通过用现代的媒介理论与古代的讽谏展开对话的方式,可以让我们更好地理解古代的讽谏传播的传播环境、传播主体、传播对象等,更好地了解古代政治环境下讽谏传播的生成过程。

**Abstract:** Huang Mingfen's *Persuading the Monarch* —— *The Dissemination of Satirical Remonstrance in Ancient China* elaborated on the dissemination of satirical remonstrance in ancient China. This paper re-interprets *Persuading the Monarch*

* 作者简介:王笋(1986—),男,山东淄博人,淄博职业学院讲师,主要研究方向为华夏传播与影视传播。

—— *The Dissemination of satirical remonstrance in Ancient China* from the perspective of media in three aspects: First, the material media used in satirical remonstrance in ancient times from the perspective of communication.Secondly, how people can be used as a medium to play an intermediary role in the process of satirical remonstrance from the perspective of inheritance. The first two aspects try to explore the roles of material and person in the satirical remonstrance. Thirdly, how sacarstic remonstration can be demonstrated in the political environment in ancient times from the perspective of the media environment, and how it could be understood by later generations. Combining modern media theory and sacarstic remonstration in ancient times, the paper provides a better understanding of the environment, subject and target of comunication in satirical remonstrance dissemination as well as the process how satirical remonstrance was generated in the political environment in ancient times.

**关键词：** 讽谏传播；媒介；华夏传播

**Key words:** Satirical remonstrance dissemination; Media; Chinese Communication

黄鸣奋的《说服君主——中国古代的讽谏传播》（后皆简称为《说服君主》），将中国古代讽谏作为研究对象，分析了讽谏传播的主体、手段、对象、环境及启示等。该作作为华夏传播的经典书目，对华夏传播，尤其是讽谏传播进行了很多建设性总结与思考，本文试从"媒介"出发，对该作进行重新解读，展开对古代讽谏的媒介分析。

黄鸣奋在《说服君主》中，对"讽""谏"及"讽谏"作了具体的分析，总结到："大致而论，当'讽'与'谏'对举时，'讽'是微言相感，'谏'是直言规劝，二者都属于说服传播，但有婉、直之分；当'讽'与'谏'连言时，可能重在'讽'，指一种特殊类型的'谏'（'五谏'之一），也可能重在'谏'，泛指一切形式的进谏。因此我们说'讽谏'有广狭二义。"① 本文在对"讽""谏"及"讽谏"进行论述时，亦是以此总结展开，其中"讽"与"谏"连用时，采用的是广义上的进谏。

## 一、作为讽谏的物媒介

讽谏传播作为传播学的研究范畴，要实现讽谏的传播，必须依靠一定的媒介。

---

① 黄鸣奋：《说服君主——中国古代的讽谏传播》，北京：文化艺术出版社，2001 年，第 6 页。

何为媒介？当代中国的新闻传播学界，对其也达成了一定的共识，即："'媒介'在一般使用中，是使双方（人或事物）发生关系的各种中介，在传播领域中，一般与英文的 medium 相对应，指传播内容，或者说信息（广义上的）的物质载体。"①这种对媒介的解释明显偏重于媒介的物质性。中国古代的讽谏能够在讽谏主体与讽谏对象间得以片段进行，一定得依托具有物质性的媒介进行信息的负载。在这个讽谏过程中，双方可以进行面对面的言语交流、文字的书写、物语的运用等，此时的语言、文字及物语之物就是讽谏传播所使用的具体传播媒介，它们在上谏者与纳谏者之间承担了交流中介的作用。

**（一）多媒体表达的口语媒介**

"讽"也好，"谏"也罢，二者都以"言"作为偏旁，都是言语的具体呈现方式。"言语是人最早的技术，借此技术人可以用欲擒先纵的办法把握环境。"②言语表达作为人类最原始的交流方式之一，突破了人与人之间交流的空间局限，使人们能够在一定空间、同一时间里进行互动交流，言语也发展了人类的思维，为人类文明向更高阶段迈进提供了可能。固然，言语首先是对人类口耳器官的延伸，人与人之间可以只通过口耳进行交流，例如"垂帘听政""隔窗有耳""隔壁听话"等都是跨越物质障碍，通过口耳实现的言语传播。但人与人间的交流更多的是面对面交流，通过讽谏主体与讽谏对象间面对面地信息互动是古代讽谏传播的重要实现形式。值得注意的是，面对面的口语交流实际上是一内外结合的多媒体交流，并不仅仅动用嘴巴与耳朵，具体来说：一方面，言语表达是个人的具体表达，个人在自我认知的前提下进行言语发生的时候，自然会添加个人状态、感受等，他在音调、语速、用词等方面都体现出了个人的态度、特色等，言语的发生是一个由内而外的自我的表达过程。另一方面，讽谏作为一种人际传播的交流方式，体现了人与人之间交流的互动性，实现的是个体之间相互交换精神内容（意义）。在这个过程中，一方可以随时根据对方传播内容以调整自己的言语表达，这是由外而内的彼此互动的过程。口语传播也需要一个发声空间，个体发声的时候需要对发声环境进行认知，并以此调整自己的发声行为，故外在环境亦可影响言语的传播过程及其传播效果。

黄鸣奋在对进谏主体向君王进谏方式的经验进行了总结，具体有七：其一，"知所说之心，可以吾说当之"；其二，"察爱憎之主二后说"；其三，"无婴人主

---

① 谢金文、邹霞：《媒介、媒体、传媒及其关联概念》，《新闻与传播研究》2017 年第 3 期。
② [加拿大] 马歇尔·麦克卢汉：《理解媒介——论人的延伸》，何道宽译，北京：商务印书馆，2000 年，第 92—93 页。

之逆鳞"；其四，"信而后谏"；其五，"诤臣必谏其渐"；其六，"迂险之言，则欲反之；循常之说，则必信之"；其七，"事以密成，语以泄败"。[①] 从这个总结不难发现，进谏者在进谏时所存的"伴君如伴虎"的复杂心理状态。在古代，进谏者在对君主进行面对面地进谏时，他在进谏的过程中就需要时刻注意着进谏对象的态度变化，要审时度势、谨慎处理，尽量避免"龙颜震怒""怒下杀令"的局面出现。进谏者之所以会有采用直言规劝的"谏"，还是委婉暗示、劝告的"讽"的选择困扰，究其根源，还是二者身份地位的不平等，进谏者与纳谏者之间存在着一个不可逾越的鸿沟，哪怕进谏者"以死上谏"，不顾君主的态度，那也是在君主可左右进谏者生死、而进谏者对君主无可奈何只能输死抵抗的前提下进行的。从历史记录来看，口语讽谏作为中国先秦时期讽谏主体向君主进谏的主要方式，其谏言效果还是相对比较好的，纵横游说、百家争鸣等局面的出现都是面对面口语谏言的具体效果呈现。

### （二）时空保存的文字媒介

文字真正实现了跨越时空并将意义进行了保存。"文字能将时间转换为空间、空间转换为时间、声音转化为视觉、视觉转化为声音，这些转化都是通过外部材料实现的，文字也因此成为了技术性媒介。"[②] 正因为文字媒介的出现，才使得后人能够对前人所记录的赋有意义的符号进行再释义，重新勾勒出过去时代的图景，理解前人的所作所为，让研究过去成为一种可能。对中国古代讽谏传播的研究，也常依托《晏子春秋》《史记》《战国策》《资治通鉴》《汉书》等文献典籍的文本展开。"个体的分离性、时空的连续性和法典的一致性，是有文字的文明社会的首要标志"，"文明以文字为基础，因为文字使文化一致的加工过程。"[③] 文字的出现，在加速了华夏文明进程的同时，也将个性统一为共性。"书同文"与"焚书坑儒"并施，一方面，促成了统一，加速了文化的传播；另一方面，也阻碍了人的思维方式的多样化发展，损害了集体无意识价值观念的体系形成。

在讽谏社会时期，虽然还有通过口语进行讽谏的实践，但通过书面进行文字讽谏的实践已经逐渐成为古代中国讽谏主体向君主进行上谏时采用的主要方式。能够突破时空进行信息传递的媒介文字的出现，就扩大了君王纳谏的范围，中央与地方的谏臣都可以通过书面上谏的形式向统治者谏言献策，而且在行动前，他

---

① 黄鸣奋：《说服君主——中国古代的讽谏传播》，第113—120页。

② [美] 约翰·杜海姆·彼得斯：《奇云：媒介即存有》，邓建国译，上海：复旦大学出版社，2021年，第287页。

③ [加拿大] 马歇尔·麦克卢汉：《理解媒介——论人的延伸》，第121—123页。

们可以反复斟酌，选择最合适的文体、词语等进行最后的书写上谏，表达个人的意见想法。但从谏言的传播效果看，这种通过书面进行的谏言并没有取得绝对数量的面谏成功且推动社会巨大发展的标志性讽谏实例。作为符号的文字，将内容进行了时空保留，亦在时空发展中不断衍生出新的意义，故"书面讽谏也留下了'白纸黑字'作为见证，潜藏着因此被误会、曲解而引来杀身之祸的危机"①。

### （三）表征意义的物语

在对讽刺传播的传播手段进行分析的时候，黄鸣奋对物语的运用进行了专门分析："物语是潜语、语言之外一切传播手段的总称。讽谏过程中所使用的物语，可依其用途分为求谏之器、进谏之具与激谏之物。"②进善之旌、求谏之鼓、诽谤之木等为求谏之器；谏纸、谏图、谏器等为进谏之具；讽谏表征的物产和历代讽谏的纪念品等为激谏之物。由此不难发现，这些作为进谏传播的媒介，能够承载具体的谏言信息，且都是客观实在的实物，具有实用性。

从深层次看，所有的这些"物"都具有传递"物语"的媒介作用，这些物语的承载物，其符号化的意义承载功能此时就显得十分明显。"意义就是一个符号可以被另外的符号解释的潜力，解释就是意义的实现。"③这些旌、鼓、木等"所起的实际作用，必须结合其时君主来加以考察"④，它们更多的是体现了在位者有意向臣民表明其有纳谏的意向，是通过广而告之，显示其重视民意、重视谏言的态度；那些纸、图、器等在上谏过程中到底发挥了多少作用大多不得而知，但这些媒介以制度约定的形式出现，确实能够证明君主的求谏的意图；而那些激谏之物，更是失去了其原本的实用价值，是作为纪念品呈现的，其存在价值更多是因为它们作为符号所具的象征意义：或警示君主自己，或向民众展示自己的求谏之心。这些物因此更多是在承载着"语"，将这些物符号化，以表征君主制度化的求谏之意。

### 二、作为讽谏的人媒介

媒介并不仅仅由物构成，其实现代所说的媒介被分为两个范畴：(1)"在两种程度、数量、质量、阶段之间起着调节作用的东西"；(2)"中间人或中间物"，它可以是交易的象征，一种艺术表现的材料，一种"大众通信的渠道"，"一种用来

---

① 黄鸣奋：《说服君主——中国古代的讽谏传播》，第30页。
② 黄鸣奋：《说服君主——中国古代的讽谏传播》，第96页。
③ 赵毅衡：《符号学：原理与推进》（修订本），南京：南京大学出版社，2016年，第2页。
④ 黄鸣奋：《说服君主——中国古代的讽谏传播》，第99页。

记录或复制数据、形象或声音的物理材料"，"一种物质"（包括"生命组织能在其中得以生存的物质"），或某种能力，它能通过它对远处的物体产生作用，通过它，印象得以传递而被人感知，或是能与死者进行交流的通灵人。①从第二个范畴看，人也是可以作为媒介进行信息中介的。其实媒介学者麦克卢汉的经典理论"媒介——人的延伸"，已经表明，人是可以作为媒介进行信息传递的，只不过他更侧重于从技术出发，分析技术是如何延伸了人的各个器官等的信息传递、处理功能。"媒介作为人的延伸是对人的某种能力的模拟、增加、卸载、替换和淘汰。"②当代学者也多有以"人"为媒，将人作为媒介展开研究的。对中国古代的讽谏传播进行分析时亦会发现，"人"在这个过程中，起到了很明显的媒介作用。

（一）作为实体的人媒介

古代对君主进行谏言传播，其谏言主体是士或者臣，士／臣是作为传播者的身份出现的，但其实他们亦可作为一个传播媒介进行分析，此时就需要引入"传承"的概念。媒介学提出者法国的德布雷对媒介的一大学术贡献就是界定了"传播"与"传承"，他从时空的维度将广义上的传播具体界定区分为广义上的传承与狭义上的传播，二者之间的具体关系为："传播是长期过程中的瞬间（moment）和广泛集合中的片段（fragment）。而这个广泛的集合体，我们将称之为传承（transmission）。传播是在空间内的传递信息，也就是说在同一个时空范围内进行的。而传承指的是在时间中传递信息，确切地说，是在不同的时空范围内进行的。"③杨柏岭对"人即媒介"说与传播角色论间的关系进行分析时亦指出："人也是一种媒介，意在强调人作为媒介的地位与责任。当然，作为媒介的人，即传承信息或言说的人'人'，已非自然的个人，而是某种'角色'，是被'话语结构'所设定的'角色'。"④作为讽谏主体的士／臣在讽谏传播中起到的媒介作用就在广泛的片段集合体所呈现出的传承关系中体现的，其媒介性体现在人与人之间的社会分工、社会关系等中。

在《说服君主》一作中，黄鸣奋指出："在讽刺史中，（讽谏主体）除个人名、

① ［美］W.T.T.米歇尔、马克·B.N.汉森主编：《媒介研究批判术语集》，肖腊梅，胡晓华译，南京：南京大学出版社，2019 年，"导言"，第 4 页。

② ［美］张先广（Peter Zhang）：《媒介理论：从人本主义到反人本主义的转向》，《中国图书评论》2022 年第 9 期。

③ ［法］雷吉斯·德布雷：《媒介学引论》，刘文玲译，陈卫星审译，北京：中国传媒大学出版社，2014 年，第 5 页。

④ 杨柏岭：《作为文化的传播：人、媒介与社会关系的形上之思》，《现代传播（中国传媒大学学报）》2020 年第 8 期。

利方面的考虑之外，民众意识、社会意识和君主意识是进谏者常见的三种出发点，体现了他们的自我意识的不同侧面。"①从传播主体出发，这其实就为进谏者所承担的媒介作用进行了具体的分类，即他与他自己的自我传播的媒介、他与君主的人际传播的媒介、他与民众的群体传播的媒介及他在大众传播中的媒介。

（1）自我传播的间性状态

自我传播也称人内传播、内向传播或内在传播，在一定意义上，它也是一切社会传播活动的基础。②自我的传播是一个主我（I）与客我（Me）的互动过程，"'主我'是有机体对其它人的态度做出的反应；而'客我'则是一个人自己采取的一组有组织的其他人的态度。其他人的态度构成了有组织的'客我'，然后，一个人就作为'主我'对这种'客我'实施反作用"③。人在自我互动的时候，主我与客我在不断纠缠，二者是一个非独立又非混合的状态，而是"你中有我，我中有你""你就是我，我就是你"的"非是，非否"的状态，在主我、客我（或者说存在主体间性的两个"我"）的互动之间其实有一个"门"的把控④，即一个度或者间存在。自我传播是主体适应、作用客体环境时的一个不间断互动的过程。古代讽谏传播的讽谏者，在上谏的时候首先就要对个人名和利、君主意识、民众意识以及社会意识进行综合衡量，形成自我的一个互动，最后找准自我在这一过程中的定位，确定最优的劝谏方式，然后再开始争取最优的传播效果，这其实就是以"我"为媒的自我互动的过程。

（2）人际传播的定向过程

"讽，所以言不可言之言，谏不可谏之谏。谏不可拂其意，而宜恤其情。谏人者宜为人谋，不为己虑。"（张居正《权谋残卷》）谏者向君主谏言的时候，或直言、或婉告，或面谈、或书谏，传播主体主要为士/臣，传播对象为君主，但传播的中心却围绕君主而来。以齐宣王与孟子的关系为例，齐宣王对于再次来齐的孟子还是非常敬重的，把其奉为上宾，以高规格礼遇接待，孟子对齐宣王提出"发政施仁"（《孟子·梁惠王上》）的劝谏，但是齐宣王终未采纳实施孟子的"仁政"建议。讽谏传播本身是以传播主体和传播对象之间存在的尊卑贵贱为前提的，正是社会地位的分化使讽谏成为传播的一种特殊类型。⑤讽谏传播由卑向尊流动，但又终结于尊，在这个过程中，只有铁打的"君主"与流水的"谏者"，这个传播过程其实

① 黄鸣奋：《说服君主——中国古代的讽谏传播》，第71页。
② 郭庆光：《传播学教程》，北京：中国人民大学出版社，1999年，第73页。
③ [美]乔治·赫伯特·米德：《心灵、自我和社会》，霍桂桓译，南京：译林出版社，1999年，第193-194页。
④ 王笋：《"门"对人类传播行为的制约性分析》，《华夏传播研究》2021年第1期。
⑤ 黄鸣奋：《说服君主——中国古代的讽谏传播》，第59页。

是定向的，二者之间的"尊尊"关系是一个不对等的等级关系。

（3）群体传播的使命职责

古代讽谏传播中的讽谏者大多出身于两个群体，一个是学派，另一个是宗族，无论作为哪个群体的代表，讽谏者都承担着一定的群体使命职责。在周时期，诸子百家作为社会活动的活跃分子，绝大多数的讽谏传播都是由各学派学子具体引发的，管仲学派的管子、儒家的孟子、墨家的墨子、法家的韩非子等，都从自家学派思想出发，向君主谏言献策，传播本学派的政治主张。以代表当时手工业者、新兴农民思想的墨家为例，该学派中也有很多弟子进入了各诸侯国担任官职。墨家内部本身有着比较严苛的规定，学派派往各国当官的人，必须贯彻墨家的政治思想，在行不通的时候宁愿辞职。墨家首领巨子及各墨家弟子，在具体行为中就都得承担着相应的学派使命。随着"罢黜百家，独尊儒术"，儒家思想逐渐成为官方统治的正统思想，"亲亲尊尊"从学派礼制转向了整个社会群体准则规范。而光耀门楣、光宗耀祖则成为每个宗族分子的家族使命。而君主发布各种规则制度，包括株连九族等的严苛酷刑，也进一步对宗族成员的社会行为起到了约束与震慑作用。讽谏者有着群体代表身份，因此他们在向君主上谏的时候就不得不考虑群体利益，斟酌自己的讽谏行为。

（4）大众传播的中介角色

总的来说，担任讽谏职责的士／臣的社会角色本身就具有中介特征，一方面，他要为君主负责，是君主任命的官员，完成君主交代的工作、为君主提供决策参考等，站在了统治阶级的立场；另一方面，讽谏者又要从民众的角度出发，听取民意，形成个人的谏言意见并向君主进行谏言。这些谏言者于是就成为了君主与民众的沟通桥梁，成为二者的中间角色，起到了中介的作用，并为二者代言。在这场特殊类型的讽谏传播中，作为中间角色的士／臣就被赋予了一定的社会地位，一方面监督君权，一方面又监测民众意向；在上谏君主的同时，又在向民众解释君权、教化民众；最终是要实现的是社会的正常的运作，维护君主的阶级统治。

（二）作为思想传承中的人媒介

将人作为媒介，有时候并不需要这个人在讽谏传播中展开具体中介行为，他只是在观念中、意识中存在，是非实体的具体的人或群体。具体来说，这些人可能是建设丰功伟绩的古圣先贤、也可能是有着前车之鉴的亡国失业者，当然以前者为主。古代君主爱拿自己与先人进行对比。例如：齐景公常拿自己与桓公相比并咨询晏子的看法；齐宣王向孟子询问"齐桓、晋文之事"（《孟子·梁惠王上》）。上谏者也爱用先人的事迹作为谏言的佐证。例如晏子多用"婴闻古之贤君"向齐景公劝谏；墨子反复用"尧、舜、禹、汤、文、武""桀、纣、幽、厉"（《墨子·天志》等篇）两类群体作对比。彼得斯将人类存有比喻为一艘船：船当然不只是它的锚，但是如果没有锚，船就会四处漂泊或撞毁。锚能将船系在它应该停留的位置，人类的存有也需要这样的锚。[1] 在此观点下展开分析，这些先人其实就可被视为了一个中介，让当下人能够以他们为参照，确定一个锚点，通过与先人进行对比，看自己的对错得失。

关于圣贤媒介，谢清果等总结得好："在'天人合一'这一中国传统思想的基本概念和基本精神下，举凡归之于'天人'的命题都渗透着'圣''圣人'之色彩，'贤'成为通达终极目标'圣'之前的可见目标，圣贤成为天道与人道的中介点，作为媒介，'圣贤'这一人格理想的合理性、合法性与正当性来源于'天道'；同时，'圣贤'又是普通人可以理解与企及的、可以通过学而达之的人格理想，即下学而上达的人生理想境界。"[2] 从传承角度看这种人媒介，此时的人就不单单是一种媒介，也是一种目标靶向，一种思维方式，一种实践方式，一种世界观与价值观的体现中介。

### 三、作为媒介的讽谏环境

在该作中，黄鸣奋认为讽刺传播的方式与环境存在着相当密切的关系：只有形成良好的君臣关系，臣下才能以此为背景而大胆进谏；只有排除环境中消极因素的干扰，讽谏传播才能收到应有的效果；只有注意防止讽谏传播本身可能产生的副作用，才能使君臣关系因讽谏传播而得以巩固而不是相反。[3] 其实还可以将环境的内涵进一步扩大，从媒介的本体论出发，将环境与媒介进行勾连，这也就是"媒介即环境"，这是具有丰富媒介想象力的彼得斯一直坚持并发展的观点。彼得斯在《奇云：媒介即存有》开篇中就指出：媒介是容器（vessels）和环境（environment），它容纳了一种可能性，这种可能性又锚定了我们的生存状态（existence），并使人类能"为其所能为"。我们以前说"媒介即环境"，但是现在反着说也是对的："环境即媒介"。[4] 彼得斯认为媒介研究更多的是提供了一个看待世界的一个视角。邓建国评论到："将媒介视为'任何处于中间位置的因素'（In Medias Res）。媒介不仅是'表征性货物'（symbolic freight）的承运者（carriers），

---

①　[美]约翰·杜海姆·彼得斯《奇云：媒介即存有》，第 129 页。
②　谢清果、董熠：《作为媒介的圣贤：中华文化理想人格的传播学研究》，谢清果等著，北京：九州出版社，2021 年，"序"，第 6 页。
③　黄鸣奋：《说服君主——中国古代的讽谏传播》，第 266 页。
④　[美]约翰·杜海姆·彼得斯：《奇云：媒介即存有》，第 2、3 页。

而且也是一种容器或环境，是人类存在的塑造者（crafters）；它们不仅是关于这个世界之物，它们就是这个世界本身。"① 将讽谏作为媒介，其实就是将讽谏环境作为媒介，或者说将讽谏纳入了古代大的政治环境，讽谏既在这种环境中展开，又能通过讽谏理解这个环境。

（一）从天到人的政治环境

讽谏传播是围绕君主展开的，讽谏终要满足的是君主的私欲，是君主个人观点的一种呈现方式，可以这么说，讽谏环境的形成是君主从上至下进行营造的，是在用讽谏营造的一种社会舆论环境。在这场旷久且持续的环境营造过程中，君主让自己身份不断得到加持，从"天选"到"民选"，向民众阐释了自己君主身份的正当性，用"偷梁换柱""融合合流"之法，保证了自己"天子"的尊贵身份地位。

冯友兰分析，在子学时代前，中国的宗教、哲学思想受"天"观影响非常大，"天有五义，物质之天、主宰之天、命运之天、自然之天及义理之天"②。当时的先民将天、神、鬼等进行了杂糅，"天观"既唯物又唯心。禹治水有功，被推举为王。禹的儿子夺取了王位，将传位由天选、人选变为血亲传，但依然保留着"天"的血脉传承。商灭夏，在一定意义上是在重回"天"选。后武王伐纣，从当时的道义上看是不合天规的，为找到伐纣的合理性，武王从两方面找到其伐纣的正当性。第一个是，对自己的祖先溯源，证明自己也是"天子"，其成王也符合天意；第二个是，武王从民意出发，将"民意"与"天意"画等号，表明自己成王符合民众的意愿。从这两方面，武王伐纣就有了正当性与合理性。张丹、谢清果指出：周天子将君权通过"神""圣""王"合流，将王权舆论"王化"。③ 这种"王化"方式也被后来的历代君王所延承，并以此作为自己称王的正当性。当然，从社会发展看，"民为邦本，本固邦宁"（《尚书·五子之歌》），这一民意观符合社会发展的规律，但在从那以后的古代社会环境看，这观点应更多体现的是后世君主从个人利益出发为发动军事斗争所找到的合理理由。

在君权"王化"的进程中，士起到了重要作用。礼崩乐坏，士的身份发生了变化，他既是"王、侯、大夫、士"中的士贵族，也是"士、农、工、商"中的士民，

① 邓建国：《从认识论到本体论：彼得斯〈奇云〉中的"媒介道说"》，《新闻记者》2019 年第11 期。

② 冯友兰：《中国哲学史》（上册），重庆：重庆出版社，2009 年，第 35 页。

③ 张丹，谢清果：《真命天子：华夏王权合法性构建的舆论学视角》，谢清果编著，《华夏文明与中国化研究》，北京：九州出版社，2018 年，第 30 页。

这两种身份的士是可以互换的，士可为民，民可为士，士就逐渐成为贵族与民的中间态，并承担起了社会教化的职能。作为中间态的士的社会职能自然也就比较灵活了，在那个大动荡、大变革、大发展时期，士这一社会活跃分子就为君主的治国理政提供了重要参考，并成为连接君主与民众的纽带，他们既反映民情，又传达君意，就让君主的地位的合法性向民众进行了教化普及，巩固了君主的统治权力。后来的士也逐渐演化为臣，成为上谏的主要力量，成为皇帝与百姓信息交流的中介。以后的封建王朝也在不断加强"天子"的正当身份，这就从上至下形成了古代大的君权治理环境，舆论传播、讽谏传播等都在这个环境约束下展开。

**（二）讽谏的螺旋式发展**

古代上谏者与纳谏者之间的互动，呈现出一种螺旋图状，如下图所示：

图　上谏—纳谏互动模式图

在这个模式图中，纳谏者居于中心位置，螺旋的规模代表社会反映程度。上谏者发生上谏行为的时候，上谏者能够将社会反映强烈的事件及其个人处理建议向纳谏者进谏。纳谏者收到谏言，如果接受，就可以进行处理，即由此向外发展，扩大谏言传播的效果；如果不接受，此谏言传播就此结束。

通观历史，一个国家地区的发展，与当时君主所营造的讽谏环境有着正相关关系。以齐国发展为例，齐开国君主为姜太公，姜太公开始也是作为说客游说列国诸侯，终帮姬发建立了周朝，后太公被封于营丘建齐，开始了他的"通商工之业，便鱼盐之利"（《史记·齐太公世家》）治理图景。春秋首霸齐桓公，善于纳谏施政，他成为齐主后听从了鲍叔牙的建议，不计前嫌，重用了管仲，并在管仲的辅佐下"一匡天下"，成就了自己的春秋霸业。战国时期，齐威王、齐宣王边上的谏臣颇多，邹忌、田忌、淳于髡、邹衍等都是著名的谏臣。齐威王广开言路，让普通民众都有了纳谏的机会，齐国"期年之后，虽欲言，无可进者"（《战国策·齐策一》）；齐宣王甚至迎娶了面向丑陋但有"四殆"之识的钟离春。齐威王时期，也让齐国在战国称雄。其实历朝历代，各朝代繁荣也大多伴随有讽谏传播繁荣的境况。这也在证明着，在古代阶级社会，君主作为环境的核心，其政治观念营造了社会的整体环境，各类型的传播都在这个环境中展开。将讽谏作为中介，其实就是通过讽谏传播来认识中国古代的政治环境、传播环境。

### 结语

古代讽谏传播作为华夏传播的一种特殊形式，体现了华夏文明形成的历程。从"媒介"的观点展开对讽谏传播的认知，其实是用现代的媒介理论与古代的讽谏展开对话，这可以让我们更好地理解古代讽谏传播的传播环境、传播主体、传播对象等，更好地了解当时的政治环境下讽谏传播的生成过程。同时值得再提的是，黄鸣奋教授的《说服君主》一作，为中国古代讽谏传播研究搭建了一个总体研究框架，并提供了相应的研究方式，且书中多有启发性的学术观点，值得我们反复阅读。通过该作，我们可从其中汲取学术研究营养，开展个人对讽谏传播的学术反思与研究。

# 华夏传播史研究

主持人：赵晟

# 宋代的官方传播与基层社会控制*

## ——以榜文、粉壁为中心的考察

# The official communication and the control of grassroots society From a media perspective in Song Dynasty
## ——Investigation centered on the article and the wall

徐燕斌**

Xu Yanbin

**摘　要：**两宋时期皇权"摄制四海"，"如身之使臂，臂之使指"格局的形成，有赖于通达有效的讯息传播机制。具体来说，朝廷将统一的、抽象的中央权力分解为分散的、具体的诸如国家钱粮、地方治安、吏役管理、民间词讼、乡村教化等各类指令信息，借由榜文、粉壁等传播媒介传递到地方，不仅促成了国家权力在分散的空间区域内的贯通与复制，而且还通过讯息对普遍民众现实生活的渗透，国家的形象进入到民众的日常生活场景中，呈现出一种"山高皇帝在"的"国家在场"图景，从而构建起种官民之间共同的心理场域，造就了古代国家支配社会的现实。

**Abstract:** The establishment of the imperial power in the Song Dynasty was based on an effective communication mechanism. Specifically, the imperial court decomposed the unified and abstract central power into decentralized and specific types of directive information, including local security and moral education. By means of the media such as announcement and the Wall Notice, it has not only completed the circulation of state power in the scattered space region, but also penetrated

---

　　* 基金项目：本文系教育部人文社会科学研究一般项目"媒介视域下宋代的政治传播与基层社会治理研究"（项目编号：19YJA860027）的研究成果。

　　** 作者简介：徐燕斌，男，武汉人，杭州师范大学沈钧儒法学院教授，研究方向：法律史，媒介史。

the real life of the general public through information, and the image of the country entered the daily life scene of the people. As a result, it created the reality that the ancient state dominated society.

关键词：媒介；政治传播；社会控制；榜文；粉壁

**Key words:** media; Political communication; Social control; List article; whitewash a wall

传统国家权力一般可以到达社会的哪一个层面？中国的国家权力与社会自治的一般关系如何？国家权力如何具体实现？以往不少学者基于"国家—社会"二元对立的西方政治社会学视角出发，认为中国古代基层社会存在着"国家—宗族"或"皇权—绅权"的二元模式，国家不能有效地整合、动员乡村社会资源，从而有效控制县以下的广大地区，中国乡村社会存于"自治"状态。[①] 尽管目前已有学者从不同维度对此问题提出异议，但认为中国古代"皇权不下县"，基层广泛实行"乡村自治"的观点在中国学界仍有广泛影响。本文拟从媒介的视角，通过对宋代统治者利用榜文、粉壁等媒介进行社会控制与治理[②] 的实践进行整体考察，以期对中国古代国家与社会的关系进行新的审视。

## 一、传播、媒介与社会控制

政治的本质在于促成权力支配的日常化，而传播的基本含义是"讯息得以在空间传递和发布的过程，以达到对距离和人的控制"。[③] 因而，政治与传播具有内在的契合性，二者是天然的同盟者，以传播促进政治理念及目标的实现，是古今中外各种政治统治形态的常见做法。这种以推进国家意识形态的实现，服务于国

---

① 如费孝通先生认为中国传统社会"皇权统治在人民实际生活中，是松弛和微弱的，是挂名的"（费孝通：《乡土中国·生育制度》，北京：北京大学出版社，1998 年，第 63 页）；秦晖先生将传统国家与社会的关系概括为"国权不下县，县下惟宗族，宗族皆自治，自治靠伦理，伦理造乡绅"（秦晖：《传统十论——本土社会的制度文化与其变革》，上海：复旦大学出版社，2003 年，第 3 页）；吴理财先生也持类似观点，认为"在中国，三代之始，虽无地方自治之名，然确有地方'自治'之实。自隋朝中叶以降，直到清代，国家实行郡县制，政权仅止于州县"（吴理财：《民主化与中国乡村社会转型》，《天津社会科学》1999 年第 4 期）。可见"皇权不下县""乡村自治"等观点在中国学界影响深远。

② 治理（governance），源于拉丁文和古希腊语，原意是控制、引导和操纵。现代意义的治理指的是"各种公共的或私人的个人和机构管理其共同事务的诸多方式的总和。它是使相互冲突的或不同的利益得以调和并且采取联合行动的持续的过程"。它既包括有权迫使人们服从的正式制度和规则，也包括各种人们同意或以为符合其利益的非正式的制度安排（俞可平：《治理和善治引论》，《马克思主义与现实》1999 年 5 期）。从概念的基本内核来说，治理与控制是有区别的。本文的"治理"，主要是从"控制、引导和操纵"的原初含义来使用，与现代的"治理"概念并不完全重合。

③ [美] 詹姆斯·W. 凯瑞：《作为文化的传播》，丁未译，北京：华夏出版社，2005 年，第 28 页。

家控制社会为宗旨的传播形态，我们将之称为政治传播。其一般体现为传播主体将国家政令与意识形态以符号和媒介为途径的信息流动过程。<sup>①</sup>因此，政治传播是存在于政治共同体之间与政治共同体内成员间的关于政治信息的传递、接受、认同、内化的系列动态过程，它表面呈现的是讯息凭借媒介在空间上发布与传递的状态，反映的是"传者"通过传播操控意识形态，宰制社会的权力关系，因而政治传播营造了一个"围绕国家—社会权力关系、政治秩序、合法性等问题展开博弈的场域"，同时也是"政治通过传播维护和复制整体社会关系的过程"。<sup>②</sup>从政治统治的运作形态来看，权力所有者在接管国家暴力机器、建立现实的统治秩序之后，为了降低统治成本，总是倾向于将意识形态分解成各类的信息，然后传达到治下民众的具体生活场景中，在潜移默化中影响民众的观念，从而建立权力的合法性基础。因而，传播是古今中外多数政治统治建构合法性、整合社会秩序的基本路径。

在中国古代社会，皇权"摄制四海"，"如身之使臂，臂之使指"（《汉书·贾谊传》）格局的形成，有赖于通达有效的信息传播机制。具体来说，将统一的、抽象的中央权力分解为分散的、具体的诸如国家钱粮、地方治安、吏役管理、民间词讼、乡村教化等各类指令信息，借由各种传播媒介复制到地方，这是中国古代王权控制地方的基本轨迹，也是中国古代政治传播的一般途径。从这个意义上说，古代政治传播机制的效能，在很大程度上决定了王朝国家对社会的管控与治理的成效。权力对社会的管控与治理，落实为体现国家意志的政令律法信息在治下区域的有效执行，表现为传播主体操控媒介进行的一系列传播实践。因此，政治传播既是沟通国家与社会，朝廷与民间的桥梁，又是中央王朝整合社会、控制地方的重要方式。

因此，在中国古代的王朝政治中，社会控制是目的，传播是手段，而联结这二者的就是各种传播媒介。媒介不仅是讯息从主体传达到客体的桥梁，而且其本身也体现着权力与社会控制关系。传播主体"通过占有、操纵媒介实现对被支配者的信息控制，迫使被支配者（大多数是在不完全知情或自动赞同的情况下）在认知行为和价值判断上服从于支配者的利益要求"。<sup>③</sup>在这个进程中，媒介是形成权力支配的关键。因此，媒介往往是意识形态的工具，它通过对文字、图像等符号信息的传播，使政治权力渗透进日常生活经验之中，成为"日用之常"，强化了

① 郭剑：《"政治传播"定义发展探究》，《中国科技术语》2014年第6期。
② 荆学民，祖昊：《政治传播中政治、媒介、资本的三种逻辑及其博弈》，《社会科学战线》2016年第9期。
③ 吴予敏：《帝制中国的媒介权力》，《读书》2001年第3期。

现存的权力秩序与社会结构，最终，媒介不免成为权力的"共谋者"。

在中国古代的王朝政治中，政治传播的主体，主要是朝廷与地方政府，一方面将国家的政令、律法及王朝的价值观念体系，通过各种古代的各种媒介，诸如榜文、粉壁等，在国家权力的作用下逐级向外扩散，直至覆盖至帝国边陲，使得权力的控制在古代社会可以超越地理空间的局限，以统一的面貌出现在治下的不同空间地域，最终促成王朝权力在分散的空间区域内的贯通与复制，庄严地向民众传达了可以作为及如何作为的标准，给民众的行为建立的国家规范的权威指引，塑造了社会秩序。另一方面，中国古代的传播活动在营造了一个政令信息沟通完整空间的同时，还通过讯息对普遍民众现实生活的渗透，国家的形象进入到民众的日常生活场景中，呈现出一种"山高皇帝在"的"国家在场"图景，从而构建起种官民之间共同的心理场域，造就了古代国家支配社会的现实。

宋代是中国"近世的开端"，也是中国传统政治形态从统治到治理的过渡时期，[①] 积累了丰富的社会治理经验。本文以榜文、粉壁等媒介为中心，从社会纠纷化解、民众行为导引、违法纠举、吏官整饬四个方面对宋代的政治传播及其社会治理实践进行综合探讨。

## 二、息讼宁人：宋代政治传播中的纠纷化解模式

作为王朝时代国家意识形态体现者的儒家一直抱持着无讼的社会治理理念，"和为贵""必也使无讼"始终是儒家在治国理政中的价值追求。儒家的这种观念也影响了中国古代的社会治理实践。在古代地方政府的施政中，衡量是否实现"善治"的标准之一就是社会诉讼的频率，如西晋杜预作考课法考察官员治理得失，其中就将"奸盗起"与"刑狱烦"并列作为地方官吏的为政苛弊（《晋书·武帝纪》）；到了宋代颁布的考课法中将"斗讼衰息"作为郡县官员"治行优异"的旌赏指标（《宋史·选举志六》）。这种导向也奠定了中国两宋时期政治传播与社会治理的主要基调。

为了在宋代地方的治理实践中实现降低诉讼的施政目标，宋代地方官员通过广为张贴榜文告示的方式宣扬诉讼的危害。如"讼，终凶"，"讼乃破家灭身之本"，切不可妄兴，那些执着于眼前小利不惜诉诸公堂者往往不免"骨肉变为冤仇，邻里化为仇敌，遗祸无穷，虽胜亦负，不祥莫大焉"。[②] 因此，官府主张通过调解的方式化解矛盾，维护基层社会的安定。如朱熹知漳州时发布《劝谕榜》劝诫士民

---

① 方宝璋：《略论宋代政府经济管理从统治到治理的转变》，《中国经济史研究》2014 年第 3 期。

② 杨一凡：《中国古代地方法律文献》（甲编第一册），北京：世界图书出版公司，2006 年，第549 页。

须当亲睦，如有小忿，首先应各自反省，"委曲调和"，切勿轻易论诉，导致伤财废业，甚至坐罪遭刑；真德秀在隆兴作《劝农文》中强调邻里乡党之间须相互扶持，"不可以小忿兴讼"；[1]任职潭州时真德秀又颁《谕俗榜文》，其中就对"唇舌细故而致争，锥刀小利而兴讼"的行为进行了挞伐，认为诉讼将导致"长不恤幼，卑或陵尊"的严重后果，因此"不可轻启讼端，以致结成怨隙"，真德秀还警告那些"不体教训，妄起讼争"者，要"惩一戒百"，以绝其擅讼之念。[2]李元弼曾颁布《劝谕民庶榜》劝诫民众邻里之间发生诸如牛马践食田苗，或盖屋筑墙偶侵疆界之类的纠纷，原主不得径直"经官陈诉"，双方须"以理咨问"，若仍是无法达成满意结果才许陈告；若擅自不经调解便自告官，官府还要将原主治罪。为了防微杜渐，李元弼在榜文中还规劝地主与佃户、债主与借债人、商人与平民各自恪守诚信，彼此宽容，化干戈为玉帛。[3]为了降低诉讼的数量，宋人还作《戒讼录》教人张示传习："些小言辞莫若休，不须经县与经州，衙头府邸陪茶酒，赢得猫儿卖了牛。"语言通俗却又深符世情，劝民远离讼事，如此则乡村习俗淳厚，民众安居乐业，基层社会秩序趋于稳定和谐。

不仅如此，为了不让民众动则争讼，宋代不少官员还发布了约束词诉的榜文，通过强化对民众诉讼的程序控制、提高起诉门槛的方式来缓解"讼累"。如宋代黄震在抚州任职时作《词诉约束》榜，朱熹在潭州颁布《约束榜》，李元弼作《公人家状式》榜，其宗旨都是通过严格的程序来抑制民众的诉讼动机，内容异常细致完备。其中程序包括：首先，百姓提交诉状须经由书铺代写并附有保识人的证明，书铺与保识人为诉状真伪提供担保，并承担相应的法律责任，如是"官人、进士、僧道、公人"等主体可不受此限，可"听亲书状"，而"年七十，或笃疾及有孕妇人"则不得成为具状人；[4]其次，状书格式符合规定，诉状内容一般包括具状人身份信息、诉讼事由及陈述不实的法律责任；再次，书状必须言简意赅，"不得繁词带论"，且"言词不得过二百字"，还必须一事一状，"不得听两状"；[5]复次，在呈上诉状时，如有"干照契据"等证据须连状递上。若"未尽因依"，即发现有新的证据应在书状中说明，"听录白连粘状前"；最后，诉讼需逐级而行，不能越诉，"如有似此违约束之人，定当重行断罪"。[6]可以想见，在古代社会百姓普遍教育程度偏低，加之长期的对朝廷律法的畏惧，经过这些严格的程序性审查之后，真

---

① 杨一凡：《古代榜文告示汇存》（一），北京：社会科学文献出版社，2006年，第49页。
② 真德秀：《西山先生真文忠公文集·潭州谕俗文》卷四〇，四部丛刊影印本。
③ 杨一凡：《中国古代地方法律文献》（甲编第一册），第107—118。
④ 杨一凡：《中国古代地方法律文献》（甲编第一册），第284—285页。
⑤ 杨一凡：《中国古代地方法律文献》（甲编第一册），第550页。
⑥ 杨一凡：《中国古代地方法律文献》（甲编第一册），第552页。

正能够进入实体性审判过程的案件已大为减少，从而有助于实现朝廷乐见的无讼治理理念。

除了提起诉讼的严格程序外，两宋时期诉讼在提起时间上也有限制。除了严重的刑事案件民人可随时告首外，轻微刑事案件及"田土细故"只能在特定期限提出。如黄震曾发布榜文规定："六月为始，每月初三日，受在城坊厢状，初八日受临川县管下乡都状，十三日受崇仁县郭及乡都状，十八日受金溪县状，二十三日受宜黄县状，二十八日受乐安县状。自后月分周而复始，其有不测紧急事，自不拘此限但常事不许换紧急为名。"① 从这些规定来看，民众一月中能进行的诉讼时间非常有限，在此之外，即使是想去官府提起告诉，官府也不受理，甚至要责罚起诉人。

为了在施政中推行息讼的治理理念，宋代对于搬弄是非、挑唆诉讼取财的讼师多有惩治。如绍兴七年 (1137 年) 宋廷下敕对于江西有教习律法、挑起词诉者"常切禁止，犯者重置以法"，并遍布文榜，使民周知（《宋会要辑稿·刑法二》）；绍兴二十一年 (1151 年)，宋廷下诏对于那些"诉事不干己"却挑动民人上告者须"依法断讫"，并将人犯姓名、事由及籍贯等信息在县、州及监司记录存档，若日后再有违犯则从重惩处，并"镂板晓谕"（《宋会要辑稿·刑法三》）。绍兴二十六年 (1156 年)，朝廷再次下旨申斥教讼之徒如或不知悔改，则"重置编配"（《宋会要辑稿·刑法二》）。宋代州县官员在具体治理实践中与朝廷的理念一脉相承。李元弼在任职地方时发布《劝谕民庶榜》中警告讼师勿要"教唆良民论诉不干己事，或借词写状"，否则"追捉到官必无轻恕"。从榜文内容来看，讼师被惩治的标准非常模糊，"无图之辈并得替公人之类，或规求财物或夸逞凶狡"等都可被认为是"烦乱公私"，② 几乎没有可具体操作的规程，具体尺度任凭官员把握，凡是替民众代为诉讼或书写词状，都可能被此条罗织罪名而被"追捉到官"，身陷囹圄。在宋代的判例汇编《名公书判清明集》中记录了不少州县官员治责讼师的案例。如有讼师成百四，以兜揽教唆，诱民诉讼为业，经常以曲为直、紊乱纲纪，最后被蔡久轩决罚杖刑一百，并"编管衢州"拘理；③ 讼师李三六在其兜揽的词诉中获利，贿赂公人，被宋自牧处"决脊杖十三，配三百里"，并罚没收取财物入官；④ 有士人刘涛不务正业，专事词诉，被胡石壁"送学决竹篦十下"，并"押下自讼斋"，榜示县市；⑤ 胡石壁对教唆民人诉讼的讼师进行驱逐，"不留一人于城市间"；⑥ 胡石壁

① 杨一凡：《中国古代地方法律文献》（甲编第一册），第 552 页。
② 杨一凡：《中国古代地方法律文献》（甲编第一册），第 107—118。
③ 张四维辑：《名公书判清明集》，北京：中华书局，2002 年，第 476 页。
④ 张四维辑：《名公书判清明集》，第 462 页。
⑤ 张四维辑：《名公书判清明集》，第 476 页。
⑥ 张四维辑：《名公书判清明集》，第 478 页。

还曾对两名讼师"当厅责决配状",并警告"如今后再惹词诉",则不论情节轻重,"定行决配";①方秋崖任职袁州时将教唆诉讼的讼师"杖一百,枷项本州",并"镂榜晓谕"。②因为宋代一般民众对于法律所知有限,朝廷对于谙熟法律的讼师进行压制打击,民众进行诉讼的中介遭到抑制,诉讼活动的数量自然就能在一定程度得到控制。

在宋代息讼的地方治理实践中,我们发现各种政令往往通过"镂榜晓谕""粉壁晓示"的方式传播到基层社会,榜文、粉壁成为朝廷及地方官员进行传播活动的重要媒介,官民也借由这类媒介展开互动与合作,推动宋代地方治理向深度与广度不断拓展。

### 三、旌善罚恶:宋代政治传播中的行为导引模式

对于任何社会而言,违法/犯罪行为都是对已有秩序的破坏与颠覆,是进行有效社会治理的最大消极因素。那么,中国古代如何对违法行为进行防控?总的来说,旌善罚恶、纠防并举是两宋时期地方官员维系基层社会秩序常见的方式,而这种治理方式又建立在宋代有效的政治传播的基础之上。

宋代社会控制中的旌善罚恶机制包括两个教与惩两个层面。从教的层面而言,指的是统治者利用各种媒介推行教化、从积极方面引导人民远离犯罪,这是宋代地方治理的重要内容,宋代从中央到地方动贯彻了这样的理念。如宋太宗太平兴国中朝廷下令开封府及诸州,于街道要处"榜刻《仪制令》",以"兴礼让而厚风俗"(《册府元龟·帝王部·兴教化·榜刻仪制令》);淳熙七年(1180年)九月宋廷针对江浙地区有民设立淫祀、聚集乡井的情形,下诏地方官员须严行禁戢,并广宣仪礼,务使移风易俗,以正民情(《宋会要辑稿·刑法二·禁约三》)。地方官员在推行礼仪教化方面也是不遗余力,如朱熹将古礼繁复之处依据民情精简后在要道"立粉壁书写",半年或三月在市集与乡村"聚民而读之",并详为解说,使百姓通晓礼义。③朱熹另外还制作《劝谕榜》,劝诫民众在婚姻中须秉持礼制,切勿"不待媒婚而潜相奔诱,犯礼违法莫甚",以致犯礼违法,身陷刑辟。④真德秀在任职潭州时也作《谕俗榜文》,弘扬孝弟,申明"父子之恩,长幼之义";后真德秀又作《劝民文》榜,向民众阐明"父慈子孝,和气满堂,雍雍愉愉,为家之祥"⑤

① 张四维辑:《名公书判清明集》,第476页。
② 张四维辑:《名公书判清明集》,第480页。
③ 《朱子语类》卷84,《礼一》,四库全书影印本。
④ 杨一凡:《古代榜文告示汇存》(一),第48—51页。
⑤ 杨一凡:《古代榜文告示汇存》(一),第118—129页。

的道理。

　　从惩的层面而言，严申律令，通过榜文、粉壁等媒介形式广为传布，也是两宋时期维持基层社会秩序的重要举措。如南宋针对民间社会大量存在的尊长不经官衙裁断擅杀子孙卑幼的行为曾下诏令规定"诸生子孙而杀或弃之"者须严稽查禁，以正律法。为保证该律法的落实，还专门在政令后注明需"州县乡村粉壁晓示"，令长久传播，教民周知。又如宋代商品经济发达，小民竞相逐利，导致民间交易中往往有不法之徒私铸钱币牟利。宋廷制定严法禁绝，不仅对打击铸币者重加处断，而且对于邻里"知而不告"者一并治罪，并将相关法令在诸州县遍行粉壁（《宋会要辑稿·刑法二·禁约一》），发动民众配合地方官府的查禁行动。

　　宋代教惩兼济的治理机制在打击盗贼方面体现得较为充分。由于社会贫富悬殊，宋代不少地区盗贼蜂起，严重危及统治秩序。北宋熙宁年间制定的《盗贼重法》，规定除了加重对盗贼行为处刑外，通过罚没盗贼人犯家资作为奖金的方式来提高百姓举报的积极性，并将相关律条在水陆关隘、道路集市四处张贴，压缩贼盗在民间社会的生存空间。需要注意的是，宋代即使在严明刑禁，强力戡乱时，仍然注重采用奖惩兼施，恩威并举的方式，并广为利用传播媒介分化治理对象。如建炎元年（1127 年）朝廷向下诏，规定若"为盗军民"能率众归降，朝廷当可赦免其罪，并发放路资返家；若敢一意啸聚山林，公然与朝廷对抗者，则不仅捕杀本犯，且"父母妻子并行处斩"，①并广为榜示，从而达到分化盗贼群体、恢复社会秩序的目的。除了盗贼这种威胁宋代统治根基的行为外，宋代还经常发生民户不堪重负逃亡山林的情形，这也是宋代社会治理中的积弊，宋代在处理此类行为的方案与盗贼异曲同工，如熙宁七年（1074 年）下诏常州无锡等地逃亡的民户自首者"更不问罪"，②并张示榜文，以缓解社会阶层之间的激烈冲突与对抗。

　　在宋代控制地方的实践中，为了推行教化，统治者塑造正反两面的典型事例并广为榜示。一方面，通过传播孝子节妇的事迹，引导民众学习效仿。如北宋赵抃母丧结庐三年守孝，"县榜其里曰'孝弟'"（《宋史·赵抃传》）。真德秀在《谕俗榜文》中悬赏访闻"民间有孝行纯至友爱"者，核实无误后当与"优加旌赏，以为风俗之劝"；朱熹在《知南康榜文》中，列举宋初义门洪氏"累世义居"、婺妇陈氏"守节不嫁"的事例，以敦教化，淳风俗。另一方面，打击有可能危及基层社会秩序的乡村无赖，以警示百姓引以为戒。李元弼任职地方时曾发布《劝谕民庶榜》，将妨害乡村秩序的人员划为三类，出榜申诫：首先是"放火杀人作贼赌

　　① 《续资治通鉴》卷九九，建炎元年，四库全书影印本。
　　② 《续资治通鉴长编》卷二四九，熙宁七年，四库全书影印本。

钱、侮慢尊长、欺压良善、斫害人牛马、恐吓人财物者"，由于此类人犯涉及严重刑事犯罪，故须"严行禁勘"；其次是"浮浪及行止不明"者，这类人游荡乡里，不务本业，欺凌街巷，州县授权邻保众人一起将其遣出离县界；最后是针对乡村不法商贩，其"私开柜坊，沽卖私酒"，官府采秦法连坐之制，邻保如不及时告首则须连带受罚。宋廷出于基层控制的目的借由榜文等媒介发布诏令，惩治乡村无赖。如太平兴国六年 (981 年 ) 宋廷颁布诏令对那些"货鬻田园，追随蒱博"的"有轻薄无赖"，官府要"严加诱掖，伸之悛改"，如彼等"闻义不服"，继续"为恶务滋者"，即须"条具姓名以闻"，将之"议实于刑辟"。[①] 天禧四年 (1020 年 ) 宋廷又针对那些"力恣凶暴"，夺取细民田土财利，甚至"诬构官吏"，悖乱纲纪的乡村无赖要论律严科，并将诏令"遍牒三京诸路"，务要民人知晓。[②] 在宋代的判例汇编中有不少地方官员惩治无赖，并具名榜示的案例。如《名公书判清明集》记载蔡久轩在江东任职时有婺州有金千二、钟炎二人"教唆哗徒，挟取财物"，为害地方，蔡久轩将二人判脊杖编管之刑，然后将判决书"仍榜衙门"，使民昭之。[③] 有曾被断罪编管民户叶森聚众劫取放生池鱼，又乘势打坏祝圣亭碑，被重处"脊杖十五，刺配温州牢城"，并"备榜市曹"。[④] 马光祖在浙江任提点刑狱司时，有无赖娄元英借命案讹诈民户、并诬告无辜，判决将娄氏脊杖、发配五百里外地方管押，并将劣迹张榜公示。[⑤] 有时地方官员的榜文中会分别列举正反两方面的案例，通过赏罚两种不同的强烈对比来警示民人改恶从善。真德秀任职地方时有周宗强至孝事亲，割股救母，真德秀除了依条支赏外，还"特赴请州，置酒三行"，返县时又"用旗帜，鼓乐、鞍马、伞扇送归其家"；同县有不孝子吴良，被判"杖脊二十，髡发、拘役一年"，一并榜告乡里，使众周知。[⑥] 宋代这种将典型事例通过媒介广为传播的方式，对于促进基层社会秩序的形成是大有裨益的。虽说整体上宋代法制失之冗繁，但这种将惩治与旌赏结合的做法还是颇有可取之处的。

宋代在社会治理中旌赏兼济的做法还为元代所承袭。如对于危及统治秩序的行为，元代立法严苛，规定"为头儿处死"，且财产、人口没官；如宅主、两邻不主动告首，于不法者同罪，并且粉壁晓示（《元典章·刑部三·诸恶·谋叛·禁约作歹贼人》）。对于伪造钱币的行为，为首者重加论处，其余按照不同情形区别对待：自首可原其罪；若能立功，捕获同伴者，则有奖赏，并将法令粉壁晓示民众（《通

---

① 《宋大诏令集》卷一九〇，《诫饬士庶子弟甥侄等诏》，北京：中华书局，1962 年，第 696 页。
② 《宋大诏令集》卷一九二，《诫饬中外诏》，第 703—704 页。
③ 张四维辑：《名公书判清明集》，第 481 页。
④ 张四维辑：《名公书判清明集》，第 524 页。
⑤ 张四维辑：《名公书判清明集》，第 484 页。
⑥ 张四维辑：《名公书判清明集》，第 383 页。

制条格·赏令·获伪钞贼》)。这种做法不仅可使民众畏惧，不敢犯罪，而且还可使民众检举犯罪，一举两得。此外，元代的地方治理还另有革新。在元代的政治传播与社会控制实践中，各级官衙大量运用"排门粉壁"的方式进行信息的交互。所谓的"排门粉壁"，即于每家屋前设置张贴或书写朝廷法令、州县禁令的墙壁作为政令讯息的传播媒介，这样一方面将国家治理地方的意志贯彻到民间社会的每个角落，营造"山高皇帝在"的生活场景，另一方面配合基层保甲制度，抄录乡村民户的姓名来历，便于官府的实际监管。据记载，元代各级政府机构的重要政令"多出文榜，排门粉壁明白晓谕"，然后"十家编为一甲，使其互相担保，认明来历，各以其家之人丁姓名、事业，用白粉书壁"，一旦有事发生，官府查缉之时"一望而知"（《六部成语注解·户部》)，基层社会秩序便有了具体可操作的依凭。

宋代在基层社会治理中为了降低违法犯罪行为对于社会秩序的冲击，深刻洞察了人性趋利避害的本能，一方面通过宣扬旌赏正面典型，导民向善，另一方面将官府对社会无赖的惩治判决榜示乡里，建立对乡村社会"异类"的约束警示机制，抑制基层的秩序隐患。这种巧妙的"抓两端"的策略，辅以正反两端的鲜活例证，给民人百姓提供了一种生动的现实指引："天网恢恢，疏而不漏"，遵守法纪是士庶民众的最优选择。

### 四、告首陈情：宋代政治传播中的违法纠举模式

政治传播目的不仅是讯息从主体到传播受众的单向流动，它还包含受众群体对于讯息的接受与反馈。以两宋时期的传播来看，国家发布的政令等讯息借由媒介传递到民众之后，通过一定的激励模式将政令的执行状况传达到国家层面，使得国家得以修正、调适原有的治理模式与治理内容，从而形成在社会治理进程中主体与客体的良性互动机制。具体来说，朝廷或地方官府将有关国家钱粮、地方治安、吏役管理、民间词讼、乡村教化的事务通过榜文、粉壁等各类传播媒介传达至基层社会，这些政令中除了在乡村社会确立各种体现王朝礼仪的秩序规范外，还包括激励民众对于不遵守规范行为的举报机制。

告首，也叫告奸，是王朝国家时代常用的分化犯罪、恢复秩序的社会治理手段。这种方式在秦代运用最为充分。秦律规定，"告奸者与斩敌首同赏"，以此来解决早期国家治理能力不足的缺陷。为了防止有人贪图奖赏，秦代还制定了与告奸制度配套的律文，规定控告不实，则反其罪以坐之，以平衡告奸行为可能的弊端。汉代以后，儒家思想成为中国王朝政治的意识形态，告奸行为不再被国家公开提倡宣扬，但其作为一种自下而上的社会防控模式在实践中仍然普遍适用，成为国家自上而下对违法犯罪行为纠举的辅助手段。当然，为了维护家族内部秩序，

告首的对象被严格限在没有亲缘关系的普通人之间，自汉代作为刑法基本原则的"亲亲相隐"制度，意为在父子、夫妻、祖父母及孙之间不适用告首，以防止告首制度侵害儒家基本的家庭伦理价值。

奖励告首在宋代的社会治理中也较为常见。如在治理盗贼方面，由于宋代社会贫富悬殊，不少地区盗贼蜂起，严重危及统治秩序。北宋熙宁年间制定的《盗贼重法》，规定除了加重对盗贼行为处刑外，还同时鼓励告首，通过罚没盗贼人犯家资作为奖金的方式来提高百姓举报的积极性，压缩贼盗在民间社会生存的空间。民间宗教的传播侵蚀统治的根基，宋代予以严厉打击。有"吃菜事魔、夜聚晓散、传习妖教"者，有人举报能捕获犯法者，并许诸色人或徒中告首，予以推赏（《宋会要辑稿·刑法二·禁约三》）。

税收征缴是体现国家治理能力的重要方面，在打击偷逃税赋方面，告首能发挥自下而上的防治作用。如户帖是宋代民户立税课税的凭证，乾兴元年（1022年）宋廷下诏规定户帖作弊者须"严断"，并将其"欺弊田三分给一与告事人充赏"（《宋会要辑稿·食货六三·农田杂录》）。又宋代法律规定民间田宅交易须向官府缴纳契税，但实践中存在大量私自交易、故意逃税的行为，为了打击在民间田土交易中逃交契税，绍兴十三年（1143年）宋代下诏规定人户典卖田宅须限期缴税，否则"许人告首"，并"倍纳税钱"（《宋会要辑稿·食货三五·钞榜印帖》）；绍兴十五年（1145年）四月再次下诏重申，规定田宅交割后"通计不得过一百八十日"，如违限"许人告首，将业没官"（《宋会要辑稿·食货三五·钞榜印帖》）；隆兴二年（1164年）下诏规定田宅交易不经官府者"许人告"，查实"依匿税条法断罪"（《宋会要辑稿·食货三五·钞榜印帖》），乾道七年（1171年）下诏除田宅外，舟船、驴马均需缴纳契税钱，如人户纳钱违限"依匿税法断罪"，则"许诸色人告"者则可追赏（《宋会要辑稿·食货三五·钞榜印帖》）；乾道九年（1173年）下诏规定"人户典卖田宅物业……违限不行税契"者，其家产"一半给告人充赏，余一半没官"（《宋会要辑稿·食货三五·钞榜印帖》）。有时为了防止地方官府在税赋征收中非法牟利也鼓励民间告首。淳熙五年（1178年）朝廷公开税赋减免条件及标准，并广为公示，对于那些隐匿朝廷律法、恶意催缴者，"许人告首"（《宋会要辑稿·食货一零·赋税杂录下》）。此外，宋代民间时有伪造僧尼度牒、逃避赋役的事件发生，嘉定二年（1210年）宋廷下诏官吏士庶但有捕获作伪者，一律"重立赏格"；即便只是提供伪造度牒的信息，查实亦可获得重赏；如若容隐包庇作伪者，则予"重寘之罚"（《宋会要辑稿·刑法一·格令三》），并将相关法令榜诸市曹乡野，发动民间力量打击逃税行为。

鼓励告首也被宋代用于维持正常的市场交易秩序。宋代贩卖盐叶获利丰厚，为了保护茶商免受刁难勒索，宋廷下诏规定如有"奸人妄生事端"，"许诸色人陈告"，犯者"重行处断"，陈告者"赏钱五千贯文"，"以犯人家财充"（《宋会要辑稿·食货三二·盐茶杂录》）。官府针对有不法药商"多用假药，致服者伤生"的现象，绍兴二十六年(1156 年)临安府及诸路州县出榜"卖药人有合用细色药，敢以他物代者"，依照"不如本方杀伤人科罪"予以严惩；并鼓励举报：若"修合人陈首"，可减免罪责，否则，"如隐蔽，却因他人告首者，与货药人一等断罪"；他人告首者，可获"赏钱三百贯"。在盐茶交易方面，宋代对于市售盐茶的规格、质量均有相应规范。宋初朝廷下令规定潭州管内造茶人"自今并依旧椿模制造茶货，旧日每三十片重九、十斤者，不得令过十斤"；[1] 庆元元年（1195 年）九月宋廷规定："盐袋并以三百斤装打，不管分毫大搭"（《宋会要辑稿·食货二八·盐法》）。宋代律令还专门规定茶盐售卖中不得掺杂，如食盐"须依元盐出槃，不得拌和作弊"（《宋会要辑稿·职官五·都盐院》），茶叶须"如法制造，无令卤莽夹杂"，"若以他物拌和，听诸色人指定实迹，依法经官陈告"（《宋会要辑稿·食货三二·盐茶杂录》）。官府结合强制性的行政权力与民众自下而上的检举机制，保证正常的市场交易秩序。

在地方官员的地方治理实践中，鼓励告首也是常用的方法。前述朱熹所颁布的约束胥吏的榜文中，不少都在榜文末尾都有鼓励告首的条款。如在《约束检旱》榜中规定吏官检视乡里时骚扰乡里，"许人户径到本司陈诉"；在《约束科差夫役》榜中规定吏员如再役使乡民可许"被扰人户径赴本军投诉"；在《约束不得搔扰保正等榜》中，朱熹规定如属下吏官无视法纪、骚扰保正，可许保正等"径赴本司陈诉"，一旦查实相关人等"依法重行断治"；朱熹《约束差公人及朱钞事》榜规定州县擅自差遣公吏下乡追扰，"许人户赴军陈诉"，坐实则要将涉事人员"依法治罪"；《晓示科卖民户曲引及抑勒打酒》榜规定隐情不报抑勒民人买酒，民众可"具状径赴使军陈告"；《减木炭钱晓谕》榜为防止吏官克扣乡民太甚，规定本县乡司人吏如敢过数催科，人户可"径赴本军陈诉"。真德秀严禁官吏勒索商户，如有犯者可"许径诣本司陈诉"；[2] 黄榦在《约束场务买纳岁计食物榜文》中规定官府公吏市场采购强取豪夺者要严治根究，并"许人告"。[3] 李元弼为了防止胥吏滥施刑讯、草菅人命，规定人犯如确须用刑须报经官署，如司狱擅自栲讯者，"许诸色

---

① 《宋大诏令集》卷一八三，《赐潭州造茶人户敕榜》，第 663 页。
② 杨一凡：《中国古代地方法律文献》（甲编第一册），第 356 页。
③ 杨一凡：《中国古代地方法律文献》（甲编第一册），第 351 页。

人陈告"。① 通过民间告首这种自下而上的监督，从制度层面上降低了衙门胥吏乱法害民的概率。

宋代还出现了大量的具有福利性质的组织，如社仓与养济院。社仓是一种具有官督民办性质的粮食储备制度，其主要是作用是在灾荒之年或是青黄不接之时，能使农民从社仓贷得粮食，渡过难关，朱熹作《崇安县社仓规约》对社仓贷米的资格做了详细规定，如"产钱六百文以上，及有营运、衣食不缺之人"，不能入甲。② 在《清江县社仓规约》还规定："其素号游手，及虽农业而众以为懒惰顽慢亦不支贷"，对于乡村中游手好闲者也不能支贷，防止出现还贷风险，"失陷米本"。③ 有的社仓还规定，"细民无田者不得预也"，将放贷对象限定在具备一定还贷能力之人的范围内。乡里如有不按此办理者，"出榜许人告首"，以保障仓本的安全。④ 养济院是政府或乡绅富户出资设立的收养鳏寡残疾无依之人的慈善机构，初衷为了救济生活不能自存的贫民，如乞丐、孤寡残疾等，使"寒不致冻饿，饥不致馁，老者以待其尽，少者以俟其长，庶几寿夭不致横亡"，⑤ 但在养济院实际运营过程中，出现了铺张浪费、靡费无艺的情形，而且收纳对象也不再是贫苦无依之人，有不少"少且壮者，游惰无图"也混迹其中，因此宋廷除了勒令地方州县严行查缉之外，还"立赏出榜，诸色人陈告"（《宋会要辑稿·食货六零·养济院》），通过奖励民众举告的方式监督养济院的运行。

国家治理很大程度是一个讯息沟通的问题，它不仅是讯息自上而下的传递，也包括舆情自下而上的通达。国家与地方政府在社会治理中发挥着主导作用，但如果不能调动民众参与其中，治理必然是低效的。为了调动民众自觉参与到下情的上达，在中国古代的社会治理中，官府通过鼓励民众举告、引导民众参与到社会治理的进程中来是一种常见的做法，因为仅仅依靠自上而下的纠举，受制于古代的经济、交通条件，政府的强制性力量对民间社会进行全面控制毕竟力所不及，通过鼓励民众自下而上告首，对违法犯罪现象进行及时检举，两者方式相互配合，不失为古代社会一种经济有效的社会治理模式。

这里还有一个需要说明的是，古代基层治理中鼓励告首陈情与诉讼制度中亲亲相隐原则二者之间的关系。所谓的亲亲相隐，也叫"亲亲得相首匿"，指的是一定范围内的亲属之间相互隐瞒犯罪情节不承担刑责的一种制度，该原则自汉代写

① （宋）李元弼撰：《作邑自箴》卷五，《知县戒约》，杨一凡：《中国古代地方法律文献》（甲编第一册），第89-148页。
② 杨一凡：《中国古代地方法律文献》（甲编第一册），第73页。
③ 杨一凡：《中国古代地方法律文献》（甲编第一册），第79页。
④ 真德秀：《西山先生真文忠公文集》卷四〇，《劝立义廪文》，四部丛刊影印本。
⑤ 杨一凡：《中国古代地方法律文献》（甲编第一册），第108页。

入律典，一直沿袭到清末，主要反映了当一般性犯罪（谋反、谋大逆与谋叛除外）发生时，国家法律面临家族内部伦理秩序与国家政治秩序发生冲突时，传统法律更倾向于维护前者。可以说，亲亲相隐制度典型地体现了中国传统法律的伦理学特征。但该制度与古代基层治理中常用的鼓励告首陈情做法并不冲突，尽管亲亲相隐制度各个历史阶段其容隐范围并不一致，但整体来说，其主要局限在家族内部成员之间，但纵观两宋乃至汉代以后中国的社会治理实践，其鼓励告首的事项一般集中在社会公共领域，其与古代法律维护家族伦常的理念并不相悖，而且，从两宋时期通过各类媒介进行地方治理的地方官员来看，如朱熹、真德秀，黄震等，都是典型的儒家士大夫型官员，在他们发布的榜文中多有"告首免罪"、"许诸色人陈告"等用语，可见在这些深谙儒家经义之道的士大夫看来，鼓励告首陈情与国家法典中的亲亲相隐也是并不并行不悖的。

两宋时期将关涉民众利益的政令以榜文、粉壁的形式进行传播，对于促成基层社会的有效治理有着积极作用。首先，国家政令、律法传达到基层社会之后，民众知悉政令内容后，可以不断调整、修正自己的行为，以符合王朝国家的规范；其次，百姓了解国家律法后，可以对他人及官府胥吏的行为进行价值评判，并在物质奖励的驱动之下，将乡村社会中那些不良行止及时反馈到国家层面，以便国家及时对违法行为进行纠举，恢复原有的社会秩序；最后，通过民间告首陈情的实践，使得下情得以上达，国家可以及时掌握民间的整体社会治安状况，并根据现实的变化调整原有的政策方略，从而促进社会治理的良性循环。

五、政务公开：宋代政治传播中的吏官整饬模式

两宋时期的政治传播还有一个功能就是通过各种媒介将涉及民众利益的政令及地方政府的政务向公众进行公开，使民众了解中央与地方政府相关事宜的操作规程，避免出现官员违逆中央政令的宗旨，或胥吏擅自玩法害民，激化社会矛盾。

宋代推行德礼之治，统治者也比较体恤民情，在国家的各项施政中常发布诏令减轻民众负担，但时有地方官吏隐匿中央政令，擅自侵夺民财，朋比为奸，因此，宋代朝廷常将诸如税赋蠲免等关涉民众权益的法令通过榜文、粉壁的形式昭示天下，使民周知，从而限制各级官吏弄权曲法的空间。如乾德六年（968年），朝廷诏令是要求州县官员向中央运送钱帛物资时，不得在农时役使民众，也不得差扰所在民人，须自行备车乘辇送或水路漕运，并"仍于逐处粉壁揭示诏书"（《宋会要辑稿·食货四二·漕运二》）；绍兴元年（1131年）朝廷蠲除建炎三年以前积

欠官府税粮，同时又约束州县勿要另立名目，巧作催科，并广出黄榜晓谕百姓。①
又据宋制宋代丁赋征收的原则是"二十岁以上则输，六十则止，残疾者以病丁而
免，二十以下者以幼丁而免"，此规定既保证了国家的财政收入，又体现了儒家的
仁政理念，但实践中"乡司为奸"，使得疾幼之丁不能享受减免，而新添之丁隐而
不籍，借机从中谋取利益，淳熙五年（1178年）朝廷将朝廷定税法令及减免原则
"逐都置粉壁，大字书写，晓示通知"，如有欺瞒者，许民陈告，并每年检验粉壁，
勿使毁坏。另宋代有折纳之制，准许民众以产业偿还官欠，但各地官府对于折纳
之具体数额并未有统一规定，饶州乐平县折纳米价米每斗四百五十，福建折纳米
价每斗八百有奇，"倍于广右之数"，为此朝廷根据各地行情确定固定定价，将之
限定在一个民众可承受的范围值内，以粉壁公布（《宋会要辑稿·食货一零·赋税
杂录下》），以免官员自立数额，勒抑百姓。元代也沿袭了宋代的做法，朝廷在税
赋征缴上强调"务要均平，不致偏重"，为防止地方官吏在国家税赋之外苛捐杂
税，须按核算之后确定的数额，"依例出给花名印押由帖"，并于"村坊各置粉壁，
使民通知"，如某年科定数额较上年有增损不同者，官员须详明缘由"明立案验"，
以备将来查勘（《通制条格·赋役·科差》）。朱熹在地方任职时为减轻民众负担，
将民众木炭折钱的数额从二百六十文裁减为实纳钱二百二十文，为防止官员隐令
不行，"乡村人户未能通知"，特令"出榜县市，晓示人户知悉"。这种将涉及民生
的事项广为传播的做法对于维持农村秩序，促进古代社会治理良性格局的形成颇
为重要。

　　在宋代社会治理的过程中，各级官员、胥吏、差役是否秉公执法直接影响到
官府治理的效能，因此，将地方官府某些行政程序通过榜文等媒介广为公示，使
民众了解衙门运作的规程，客观上对此类人员的行为起到监督的功用，降低其徇
私舞弊的概率。如营造地王陵寝往往工程浩大，耗费不菲，各级官吏时有借机敛
财，对此宋仁宗下诏规定建造所需各项钱帛器物"官为办给，不得科率人民"；②
宋英宗再次下诏重申"官物修置供给，不得科率差配人民"。③有些榜文为防止吏
官扰民，规定非常详尽。如绍兴府奉办徽宗皇帝、显肃皇后、懿节皇后殡宫，规
定陵宫所占山地须"据地段优支值直"，并"蠲除地内合输税赋"，对于土地价值
计算有偏差的还要"添还价钱"；建造过程所需费用"限五日当官逐一支还，毋令
欺弊及妄作名目占留"（《宋会要辑稿·礼三七·帝陵》）。这些诏令下达之后，"出
榜晓示人户，各令知委"。宋代常有吏员以公事为名，购买货物时常不支付对价，

---

① 《续资治通鉴》卷一一三，绍兴元年，四库全书影印本。
② 《宋大诏令集》卷一四三，《山陵逐项不得科率诏》，第521页。
③ 《宋大诏令集》卷一四三，《昭陵不得科率人民诏》，第522页。

名为买卖，实同抢夺，因此景德三年（1006年）宋廷出榜"河北官吏市民物"须"给直当价"；① 庆元元年（1195年）宋廷下榜各州军县镇，规定今后各级官属购买饮食服用之物"并随市直，各用现钱"（《宋会要辑稿·礼三七·帝陵》），不得于市价之外另立官价，变相盘剥百姓。

除了宋代中央朝廷注重通过各类榜文、粉壁约束官员胥吏外，地方官府也经常发布政令规范公吏人员的行为。如宋代黄震针对巡盐官任意罗织人罪，甚至设局陷害富室大户勒索钱财的现象颁布《约束因捕盐欺诈榜》，"尽除一路巡盐历"，并"镂榜晓示"于众。李元弼曾发布《知县戒约》榜文，其中对差人执行公务亦有详细规定：在差人出外执行公务时须两人以上，"约定时日，齐集出头"，不得"先后勾呼"，在外多做逗留，"枉费盘缠"；差人到乡村缉拿人犯时须先诣耆长，提呈文状，并集齐邻保"对众供写"；执行公务不得慢待秀才与致仕官员。在《知县戒约》中，还涉及对狱卒的规范管理。如囚犯在看押期间生病，则须注明病症，严重须送医诊疗；狱卒不得随意请假，"有急切事故者"，逐级奏明；每日清点罪囚，记录在案；家属给罪囚饮食衣物，须仔细查验，不得有瓷器铜铁器物；遇受禁重囚，要添人守备；狱卒与囚犯有亲属关系，须予以回避。朱熹在地方任职也曾多出榜文约束胥吏。如针对有吏员在旱时到村间检视旱情"不亲行田亩，从实检校"，或出行随从过多，勒索村民，骚扰村落的情形，朱熹作《约束检旱》规定吏官检视乡里时"须亲行田亩，从实检放"；如有当职出行，"每官一员"，其随行人员"止得带厅子一名，吏贴一人，当直八名"，其花费"仰从本州县陈乞计日给钱米，各自赍行"，严禁骚扰保正副及大小保长。在《约束科差夫役》榜中，朱熹访闻有吏员召令保正等"荷轿担擎"，甚至"陪贴钱物"，下榜规定如再有此类情状"被扰人户径赴本军投诉"，必"依法重作施行"。为了保障良好的乡村秩序，类似的榜文朱熹反复发布，如在《约束不得搔扰保正等榜》中，朱熹对属下吏官巧作名目、役使保正的行为进行约束，并将榜文于"所管乡分乡村市镇张挂"。南宋实施榷酒政策，酒类的生产与销售由国家控制，酿酤交易须经由官府部门的许可方可进行。但民间吉凶会聚、住宅修造用酒，依律条沽买即可，朱熹访闻有吏员利用民众不了解朝廷法令"以承买曲引为名"，科取民众财物，甚至致民人"婚葬造作失时"，于是朱熹将政令"印榜晓示民户知悉"，今后如有"官司辄敢抑勒买酒"，听民陈告。② 在朱熹发布的《在晓示人户送纳秋苗》榜文中，朱熹痛陈公吏与不法之徒勾结，收取秋税时"倍收加耗，高量斛面"，下令规范各县"受纳与

---

① 《续资治通鉴》卷六三，真宗景德三年，四库全书影印本。
② 《晦庵先生朱文公文集》卷九九，《晓示科卖民户曲引及抑勒打酒》，四库全书影印本。

减加耗糜费",并昭告乡里。① 黄榦任职地方官时也曾发布榜文约束吏员,禁止扰民。在《戒约隅官保长以下榜文》中,黄榦列举了隅官保长的劣迹,诸如"擅作威福,出入呵道,恐吓细民,点名教阅,恣行捶挞,单丁贫户,勒造军器,供报纸笔,敷抑钱物,搜索微罪,报复私仇",黄榦规定这些人当谨慎行止,如再有违犯则"定行决配,不以阴赎"。② 在《约束场务买纳岁计食物榜文》中,黄榦针对吏官采购食物层层克扣、烦扰百姓的现象,规定减少采购额度,不许科扰民人,且须"照市价就城收买",并专门言及恐政令不为人知,百姓仍"被场务合干人照年例骚扰",因此"备榜市曹及两县张挂告示"。③ 在《免行户头买物榜文》中,黄榦规定官衙购买生活物资"差人就鄂州收买,并不得出引追扰行户",并"备榜市曹晓示"。从朱熹、黄榦等发布的榜文来看,尽管宋代某些地方官员已经意识到胥吏扰民的严重性,因而反复申之律法刑罚,希图通过政令的广泛传播遏制此类现象。

从两宋时期约束各类职官胥吏的内容来看,其范围涵盖行政、经济、诉讼等诸多领域,规范异常丰富详备,可见统治者对于治理官僚队伍的重视。这些整饬官吏的政令通过各类媒介发布,并在市曹、乡村等人员聚集区域张示,使得民众知悉政令内容,并可判断吏员行为是否"越界","于是上官不得变其说,乡吏无所逞其奸",④ 在客观上将民众纳入对吏员的基督体系中来,从而使得作为中国古代治理的主体与对象之间保持了了一种张力,它不仅是自上而下的单向支配关系,而呈现出官民之间交叉互动的格局。当然,这种官员与作为治理对象的庶民之间的交互格局的宗旨是维护以王权为中心的专制体制,其最终目的在于使官僚阶层更好地为服务于王朝国家,可以说,将相关政令传播到基层社会的做法使王朝国家成为地方官员行为正当与否的最终裁判者,它强化了国家在基层治理与社会整合中的作用,也没有改变中国古代强国家、弱社会的基本形态。

结语

在中国的王朝政治中,君主与地方官府将朝廷律法政令、治理方略通过各种媒介逐级自上而下向基层社会传播,或建立制度化通道,将民间诉求通过媒介方式自下而上反馈至朝廷中央,促成国家政策、法令的修正与调适,从而形成国家权力与民间社会的良性互动,建立一个有利于权力主体支配的现实世界,这是中

---

① 杨一凡:《中国古代地方法律文献》(甲编第一册),第 191—192 页。
② 杨一凡:《中国古代地方法律文献》(甲编第一册),第 356 页。
③ 杨一凡:《中国古代地方法律文献》(甲编第一册),第 351 页。
④ 《晦庵先生朱文公文集》卷九二,《知南康军石君墓志铭》,四库全书影印本。

国古代社会治理的重要经验，也是维系中国传统社会超稳定结构的内在动因之一。

不仅如此，政令在空间上的无障碍传递，使国家意志通过媒介在全部疆域内得到完整复制，带来的结果不仅是讯息的上传下达，而且会激发民众"国家在场"的合理想象，如美国传播学者凯瑞（James W. Carey）所说的："传播的最高表现并不在于信息在自然空间的传递，而是通过符号的处理和创造，参与传播的人们构筑和维持有序的、有意义的、成为人的活动的制约和空间的文化世界。"①中央政令通过榜文、粉壁等媒介复制在古代国家治下的所有疆域，以统一的面貌出现在全体国民之前，原本被地理空间分割的不同成员对王朝中央那种"山高皇帝远"的疏离感，因媒介的沟通而变得亲和起来，从而创造了一个共享的交流与传播的领域，因这些传播媒介所连结的臣民之间，"在其世俗的、特殊的和'可见之不可见'当中"，通过媒介的传播，"他们确实逐渐能在心中大体想象出数以千计和他们自己一样的人"，②形成了一个愈加清晰的王朝形象，"国家"以一种世俗众庶可以感知的形象进入到民众的日常场景，呈现出一种"山高皇帝在"的"国家在场"图景，从而构建起种官民之间共同的心理场域，使得古代中国"王权支配社会"在实践形态成为现实。

可见，正是由于榜文、粉壁等传播媒介，国家管控着民间社会的思想、经济等诸多领域，以实现国家对民间社会事务的控制与管理的过程，揭示了中国古代社会依附于国家的现实，从而有助于我们对基于西方社会学"国家—社会"分析框架下的"国权不下县""基层自治"的传统观点进行再认识。当然，中国古代社会并非一以贯之的整体，即使每个具体朝代在不同阶段国家对社会控制能力也有所不同，由于我们考察对象的有限性，我们很难从整体上准确概括古代国家与社会的关系，但也正是基于中国古代社会的复杂特性，任何机械套用西方理论模式来描述中国历史的做法我们都需谨慎对待。

---

① ［美］詹姆斯·凯瑞：《作为文化的传播》，第7页。
② ［美］本尼迪克特·安德森：《想象的共同体》，吴叡人译，上海：上海人民出版社，2011年，第74页。

# 内容、形式与功能：民国河北文学类期刊出版特色探析 *

## Content, form and function:Research on the publishing characteristics of Hebei literary periodicals in the Republic of China

金　强　王一栋 **

Jin Qiang　Wang Yidong

**摘　要：**民国河北文学类期刊主要集中在保定和天津两个地区，主要的创刊群体有学校、期刊社以及机构团体，期刊的出版周期形式多样，期刊的存在时间都比较短暂。期刊封面风格各具特色，传统性与艺术性交织；栏目分类丰富，整体性与变化性相统一；版式编排灵活多样，灵活性与原则性相结合。期刊主要宣传新思想，呼吁人们反抗压迫；关注社会现实，揭示大众不幸；发表文学论著，探讨文学事业建设；译述外国作品，介绍西方文学思想；发表文学作品，抒发个人感悟几方面。文学类期刊的出版促进了河北地区文学群体的进步与觉醒，为文学思想与理念的交流提供助力，同时培养了一批作家，熔铸河北地域文学的出版品格，丰富河北地区的历史研究资料。

**Abstract:** The literary periodicals of Hebei Province in the Republic of China are mainly concentrated in Baoding and Tianjin. The main founding groups are schools, periodical agencies and institutional groups. The publication cycle of

---

* 基金项目：本文系 2022 至 2023 年度河北省社科基金项目"河北出版企业'一带一路'项目参与现状与提升路径研究"阶段性成果。

** 作者简介：金强，男，1980 年 11 月生，河北河间人，博士，现任河北大学新闻传播学院编辑出版系副教授，河北大学跨文化传播研究中心研究员，硕士生导师，主要研究方向：民国期刊出版史、跨文化传播。王一栋，女，1995 年 12 月生，山东烟台人，河北大学新闻传播学院 2020 级出版专业硕士研究生。

periodicals is various, and the existence time of periodicals is relatively short. The cover styles of periodicals have their own characteristics, which are intertwined with tradition and art; The column classification is rich, and the integrity and variability are unified; The layout is flexible and diversified, combining flexibility with principle. Periodicals mainly publicize new ideas and appeal to people to resist oppression; Pay attention to social reality and reveal the misfortune of the masses; Publishing literary works and discussing the construction of literary undertakings; Translating foreign works and introducing western literary thoughts; Publishing literary works and expressing personal feelings. The publication of literary periodicals has promoted the progress and awakening of literary groups in Hebei Province, provided assistance for the exchange of literary ideas and concepts, and cultivated a number of writers, cast the publishing character of Hebei regional literature, and enrich the historical research materials in Hebei Province.

**关键词：** 民国时期；河北；出版；文学类期刊

**Key words:** the Republic of China; Hebei; Publish; Literary periodicals

民国河北地区的期刊出版事业的发展是中国期刊史的重要组成部分。民国河北地区思想活跃，文化交流广泛。河北凭借着独特的地理优势，在社会的变革中积极寻求出路。民国河北文学类期刊的发展是特殊历史时期下中国文学发展的缩影，目前学界对民国文学期刊多有关注，但对民国河北文学类期刊的研究较少，思路、体系、框架都还不成熟。

一、民国河北文学类期刊的发展环境及发展历程

民国时期是中国历史的巨变时期，内有封建帝制瓦解，外有帝国主义侵略，社会动荡，政权更迭，中国大地掀起了波澜壮阔的革命运动，文化运动也蓬勃发展。在这一独特社会背景下，河北省紧紧把握时代发展趋势，紧跟中国文学发展的脚步，以自己的力量推动中国文学的发展，并在文学期刊出版史上占据一席之地。民国时期的河北文学期刊是中国近代文学期刊史与河北文学期刊史的重要组成部分。这些文学期刊是在当时共同的社会背景下创刊的，具有一定的相似特征。

（一）民国河北文学类期刊的发展环境

1. 社会变革推动文学类期刊的出现及发展

1840 年鸦片战争后，中国被迫打开国门，逐渐沦为半殖民地半封建社会，这

是中国近代屈辱史的开端，但同时也是中国人民反抗外来侵略，寻找救国之路的起点。洋务运动、戊戌变法都是中国先进知识分子寻找中国未来出路的探索，特别是戊戌变法时期，报刊成为维新派宣传新思想的重要武器。据不完全统计，从1895年到1898年，全国出版的中文报刊有120种。[1] 由于书报刊的大量出版，清政府也制定了如《大清著作权律》等相关法令为期刊出版提供了法律保障。

随后在辛亥革命时期，民主革命的思潮在中国广泛传播，推动了中华民族思想解放，掀起了资产阶级革命派的办报高潮。《中华民国临时约法》规定了人民有言论、著作、刊行及集会结社之自由。革命党人十分重视报刊的宣传工作，中国书报刊事业得到一定的发展。1927年南京国民政府成立，1928年6月，国民政府决定改直隶省为河北省。南京国民政府成立后，国民党内暂时统一，国内局势进入相对稳定的十年，新闻出版事业得到了一定的发展。此后，河北地区文学类期刊在社会的动荡与改革中沉浮。

2. 出版企业发展壮大为文学类期刊发展提供支撑

19世纪末，外国帝国主义侵略中国，中国被迫加深了与世界的联系，西方传教士出于传教的需要，带来西方先进的出版印刷技术。同时，中国先进知识分子为挽救民族危亡，寻找救国之路，学习西方先进的技术，机械印刷技术设备传入中国。1898年日本仿欧式轮转机输入，1906年电气马达华府台单滚筒机引入，使报纸印刷速度达到每小时印一千张。[2] 橡皮机、铅版机、铸字机、玻璃版机等印刷机器逐渐进入国内，印刷设备日趋完备。随着出版事业的成熟，书刊大规模印刷和传播的可能得以实现。

出版人才是出版企业发展的关键。民国时期出版人才的聘用主要有招聘外籍技术人员、吸纳留洋归来优秀出版人才、资助有心从事出版事业的年轻人出国学习三种方式。中华书局就曾聘请日本衫山负责传授石印所需的落石制版技术。当时从事印刷的人员数量不少，大型的印刷机构如中华书局、商务印书馆、世界书局、大东书局等人数多的如商务印刷工人达到3500人，中华也有1000多人，世界书局印刷部和大东书局印刷部都达到300人至400人，整个印刷业一副欣欣向荣的蓬勃面貌。[3]

20世纪20年代后，比较有影响力的出版企业都具备了编辑、印刷、发行三

---

① 吕照，马春花：《"戊戌变法"对中国新闻历史景观的影响探讨》，《卫星电视与宽带多媒体》2019年第12期。

② 周慧芳：《辛亥革命时期书刊报的出版和利用》，《盐城师范学院学报（人文社会科学版）》2011年第3期。

③ 邓小娇：《上海近现代书刊印刷业变迁研究初探（1930年—2010年)》，硕士学位论文，上海师范大学传播学专业，2012年，第23页。

方面的能力，出版体系较为成熟。据统计，在 1902 至 1949 年，共创刊中文期刊 23277 种。[①] 其中上海作为当时的金融和贸易中心，也掌握着先进的出版设备和优秀人才，书刊印刷数量占据全国的半壁江山。此外，华北地区书刊的发展力量也不断壮大，河北省作为华北重要省份，书报刊的发展在全国也具有一定影响力。

3. 思想解放激发文学类期刊的创办热情

中国近代向西方学习大致经过了三个阶段：学习器物、学习制度、学习思想文化。从鸦片战争到中日甲午战争，先有林则徐的"睁眼看世界"，仿制西方船舰，设立译书馆，学习西方的科学技术；后有洋务派主张"中学为体，西学为用"，这一阶段中国学习西方先进的军事技术、经济技术，培养优秀的军事、科技、翻译等人才。戊戌变法到五四运动前夕，先进的中国知识分子开始主张学习西方的制度，资产阶级维新派试图通过维新变法，试图将西方的资本主义制度与中国传统的儒家思想相结合，在中国建立君主立宪制；资产阶级革命派发动辛亥革命，建立民主共和政体，形成思想解放潮流。五四运动到新中国成立前，陈独秀、李大钊高举"民主""科学"的大旗，批判封建专制，动摇了儒家思想的正统地位，给社会带来了又一次的思想解放；中国共产党开始登上历史舞台并逐渐成为领导中国走向新生的正确力量，在这期间，马克思主义逐渐成为领导中国革命走向胜利的理论支撑。

近代以来中国向西方学习的过程也是中国人民思想不断解放的过程，在这一过程中，既推动了近代期刊的出现，同时期刊的出版发行又进一步解放了人们的思想。1833 年在广州出现的《东西洋每月统记传》是中国境内出现的第一份近代中文杂志。此后，各类期刊纷纷涌现，特别是新文化运动后，文学类期刊的出版逐渐增多，各阶级也更加注重多样化的文艺宣传，文学类期刊连续性的传播方式受到欢迎。

（二）民国河北文学类期刊的发展历程

本文共收集到 40 种文学类期刊，笔者对其进行梳理，将 40 种期刊的出版年代大致分为新文化运动时期、土地革命时期、抗日救亡时期、黎明前夕四个阶段。

---

① 邓集田：《中国现代文学的出版平台》，博士学位论文，华东师范大学中国语言文学系，2009 年，第 71 页。

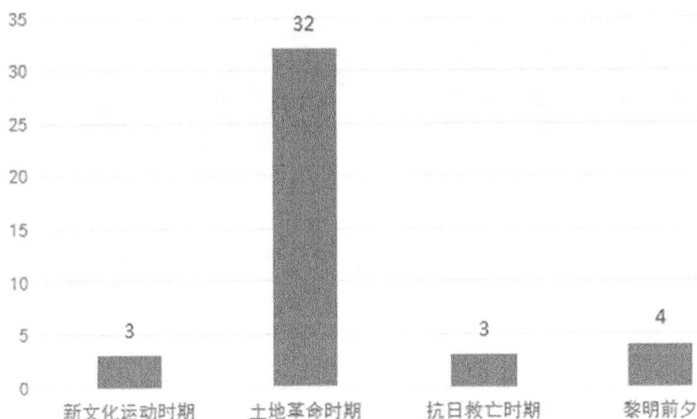

图 1　民国河北文学类期刊分阶段出版统计图

**1. 新文化运动时期文学类期刊的新潮涌动（1912—1926）**

1928 年以前并不存在河北省这一称呼，日后的河北省大致为当时的直隶省。此时为新文化运动的萌芽、发展时期，是中国近代知识分子思想觉醒，为寻求民族前进道路的关键时期，所以这一时期虽然并没有河北省这一明确的称呼，文学类期刊出版也较少，但对于日后河北省文学类期刊的发展奠定了一定的基础，将其纳入研究范围，具有一定的意义。目前收集到的文学类期刊《新钟》《唐大月刊》和《微声》3 种。

表 1　直隶省时期文学类期刊出版信息表

| 刊名 | 类别 | 出版周期 | 创刊份年 | 创刊区地 | 编辑、出版单位 |
|---|---|---|---|---|---|
| 《新钟》 | 学校刊物 | 半季刊 | 1923 | 石家庄 | 直隶省立第一中学出版部庶务股编辑发行 |
| 《唐大月刊》 | 学校刊物 | 月刊 | 1923 | 唐山 | 唐山大学学生会发行 |
| 《微声》 | 学校刊物 | 旬刊 | 1925 | 保定 | 育德中学文学研究会编辑 |

《新钟》创刊于 1923 年，是当时的直隶省第一中学负责出版发行的。该刊除了刊载校闻，发布会务报告，其中"文苑"栏目为全校师生发表观点和随感等文艺作品提供了园地，《清明节记》《游河北公园有感》等都是该校师生发表的文学作品。《唐大月刊》是唐山大学学生会在 1923 年创刊的月刊期刊，该刊也是当时少有的刊载文学作品的期刊，对鼓励当时创办文学期刊，激励学生创作有一定的积极作用。《微声》于 1925 年创刊于保定育德中学，主要选载《莽原》《小说月报》作品，产生过一定的影响。总之，这一时期河北文学类期刊的发展尚处于萌芽阶

段，期刊数量较少。

2. 土地革命时期文学类期刊的蓬勃发展（1927—1937）

土地革命时期，可搜集到资料的河北文学类期刊数量多达 32 种，文学类期刊的发展数量大增，进入蓬勃发展阶段。

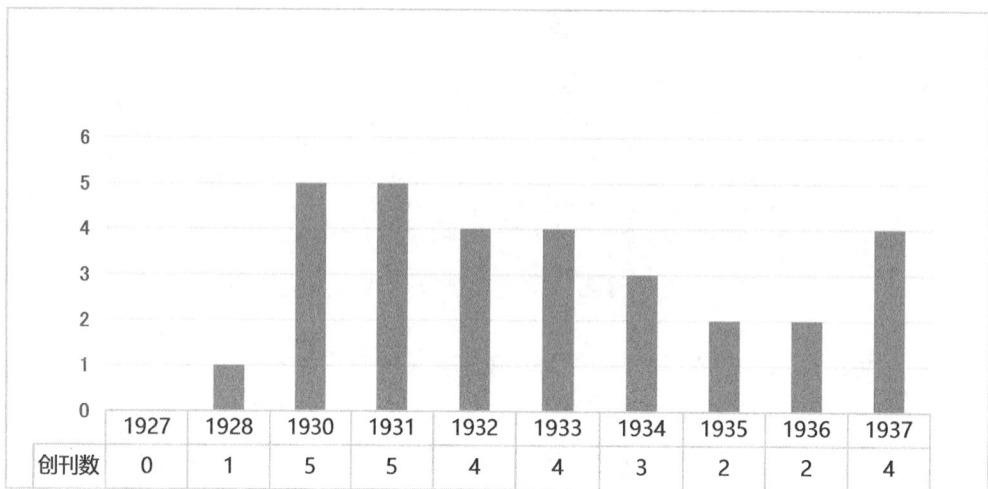

| | 1927 | 1928 | 1930 | 1931 | 1932 | 1933 | 1934 | 1935 | 1936 | 1937 |
|---|---|---|---|---|---|---|---|---|---|---|
| 创刊数 | 0 | 1 | 5 | 5 | 4 | 4 | 3 | 2 | 2 | 4 |

图 2　土地革命时期（1927—1937）河北省文学类期刊出版统计图

1927 年至 1937 年，国民党领导的国民政府对中国共产党发动战争，中国共产党逐步将工作重点由城市转向农村，开创了农村包围城市、武装夺取政权的中国革命新道路。这十年期间，南京国民政府完成形式上的统一，成为中国对外的合法政权，但对内屠杀中国共产党人，中国国内局势相对稳定但暗流涌动。同时，1928 年在原直隶省的基础上成立河北省，河北省以新面貌登上历史舞台。

这一时期的文学类期刊，一般由文学社团或者文学同人编印，自筹资金出版，期刊也多因人事散居和社团兴衰而存废，如《歌与剧（河间）》《保定新青年》等。也有许多学校组织创办的期刊，这类期刊虽然大多不是纯文学期刊，但很多期刊文学内容占据较大篇幅，有助于研究当时的文学类期刊发展，如《心声》《三师汇刊》等，为学校师生提供了文学创作与交流的平台。

经过了新文化运动时期思想的洗礼，更多的中国人挣脱"天朝上国"的束缚，越来越多的知识分子和统治阶级意识到文化传播的重要性，文学类期刊既是文化潮流的象征，也有利于文化传播，越来越多的主体参与到文学类期刊的出版当中。

3. 抗日救亡时期文学类期刊的曲折前进（1938—1945）

1938 年至 1945 年期间，河北省文学类期刊的出版在黑暗中曲折发展，可搜集到资料的文学类期刊仅有 3 种。

表 2　抗日救亡时期河北省文学类期刊出版信息表

| 刊名 | 类别 | 出版周期 | 创刊份年 | 创刊区地 | 编辑、出版单位 |
|---|---|---|---|---|---|
| 《新河北》 | 报刊社刊物 | 月刊 | 1941 | 保定 | 新河北社编辑发行 |
| 《石门月刊》 | 报刊社刊物 | 月刊 | 1945 | 石家庄 | 石门月刊社发行 |
| 《工农兵》 | 机构团体刊物 | 半月刊 | 1945 | 威县 | 冀南书店工农兵编委会编辑，冀南书店总店门市部出版发行 |

1936 年"西安事变"的和平解决为抗日民族统一战线的建立准备了必要条件，1937 年"七七事变"揭开了全国抗日战争的序幕。但在"九一八事变"东北沦陷后，日军就继续进攻华北地区。1932 年，日军入侵热河，1935 年侵占河北，由国民政府培养的、由日本侵略军扶植的傀儡，与日军一道肆虐了河北。日本军国主义在中国烧杀抢掠，山河破碎，颠沛流离，期刊出版事业的发展也受到重创。

《新河北》1941 年 4 月在河北保定创刊，由新河北社编辑并发行。该刊内容较为丰富，一定篇幅刊登文学作品及漫画，但设专门栏目发表"反共"言论，误导群众。《石门月刊》1945 年创刊于河北石门市（今石家庄市），由"石门月刊社"发行，该刊"文艺""小说"等文学作品丰富。《工农兵》1945 年 3 月创刊于河北威县，冀南书店总店门市部出版发行。该刊内容既涉及国家大事，又贴近普通百姓，以老百姓、工人、士兵、群众领袖等普通人的工作生活为写作内容，刊物发行的对象和其征稿的对象相同，主要是"受苦受难的老百姓、工人、士兵、群众领袖、劳动英雄、杀敌英雄、模范工作者"等。

这一时期国内处于抗日战争阶段，民不聊生，期刊出版事业也备受摧残，且这一时期的期刊更多关注的是国内政治，文学类期刊在这一时期的发展状况并不理想。

4. 黎明前夕文学类期刊的缓慢复苏（1946—1949）

1946 年至 1949 年期间河北省文学类期刊的出版发展有一定上升，可搜集到资料的文学类期刊有 4 种。

表 3　抗日救亡时期河北省文学类期刊出版信息表

| 刊名 | 类别 | 出版周期 | 创刊年份 | 创刊地区 | 编辑、出版单位 |
|---|---|---|---|---|---|
| 《保师附小校刊》 | 学校刊物 | 半年刊 | 1946 | 保定 | 河北省立保定师范学校附属小学编辑出版发行 |
| 《平原杂志》 | 机构团体刊物 | 不详 | 1946 | 河间 | 冀中新华书店发行 |

续表

| 刊名 | 类别 | 出版周期 | 创刊年份 | 创刊地区 | 编辑、出版单位 |
|---|---|---|---|---|---|
| 《儿童杂志》 | 报刊社刊物 | 月刊 | 1946 | 邢台 | 《儿童杂志社》编辑，华北新华书店发行 |
| 《歌与剧（河间）》 | 机构团体刊物 | 月刊 | 1947 | 河间 | 冀中新华书店出版 |

1945 年日本无条件投降，中国取得了抗日战争的胜利，国内迎来了短暂的和平，但随即而来的是国共和谈的失败。1946 年 6 月，内战爆发，国内再次陷入战争的炮火当中。这一阶段期刊出版事业有一定的复苏但起色不大。

《保师附小校刊》于 1946 年创刊于保定，由河北省立保定师范学校附属小学负责编辑出版发行。该刊刊登的学生绘画、应用文、散文、诗歌、故事写作等作品，在本刊物中占有较大篇幅，作品富有童趣，加强了该校与其他教育界同仁之间的交流。《平原杂志》于 1946 年创刊于冀中解放区的河间，编辑部设在冀中区党委机关报《冀中导报》社内，由冀中新华书店发行。该刊除研讨社会政治经济问题外，还刊登反映解放区军民斗争生活的诗歌、歌曲等通俗文学作品，为冀中民众提供精神食粮。《儿童杂志》于 1946 年创刊于邢台，由《儿童杂志社》编辑，冀中新华书店发行。该刊主要刊发儿童故事、日记、游艺、童谣等。《歌与剧（河间）》1947 年 3 月创刊于河间，由冀中新华书店出版。该刊的创刊宗旨是使文艺更好地为革命战争服务、为人民子弟兵服务，刊有大量歌曲、戏剧、话剧、民谣等。

1946 年至新中国成立前夕，在中华民族取得日本侵华战争的胜利但解放战争开始的国内大环境下，河北文学类期刊的出版发展有一定起色，但总体发展还是较为缓慢。

## 二、民国河北文学类期刊的出版特征

以下将从出版地区、创刊群体、出版周期三个方面论述民国河北文学类期刊的总体出版特征，以展现民国河北文学类期刊的大致面貌。

### （一）民国河北文学类期刊的出版地区

40 种期刊的出版地共有 11 个地区，按现今的行政区划可以归纳进 8 个县市。出版地为保定的期刊仍属于保定出版的文学类期刊；出版地为天津的期刊属于天津出版的文学类期刊；出版地为石家庄的期刊属于石家庄出版的文学类期刊；出版地为沧县和河间的期刊属于沧州出版的文学类期刊；出版地为唐山和滦县的期刊为唐山出版的文学类期刊；出版地为邢台和威县的期刊属于邢台出版的文学类期刊；出版地为大名县的期刊属于邯郸出版的文学类期刊；出版地为通县的期刊属于北京出版的文学类期刊。40 种文学类期刊的出版地统计如下图。

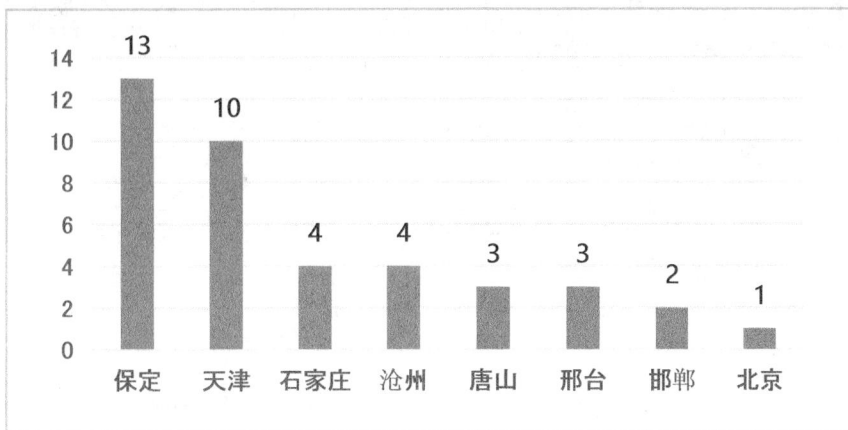

图 3  民国时期各地出版文学类期刊统计图（以出版地现今归属统计）

据上图，民国时期保定地区出版的文学类期刊数量占据首位，多达 13 种，位居第二位的是天津地区。其余地区如石家庄、沧州、唐山、邢台、邯郸等地数量较少且差距不大。1928 年河北省成立后至新中国成立前，因承德与张家口分别属于热河省和察哈尔省，故不在本文研究范围内。河北其余县市秦皇岛、衡水、廊坊未搜集到文学类期刊。据统计情况来看，民国河北文学类期刊的出版发展存在地区不平衡的特点。保定、天津的文学类期刊出版情况相对较好，是当时文学类期刊发展的中心，其余地区的发展较为微弱。

1. 保定地区出版的文学类期刊

保定之名取自"保卫大都，安定天下"，与北京相伴而生，自古是"北控三关，南达九省，地连四部，雄冠中州"的通衢之地。清朝时，保定为直隶省省会，民国政府成立后，也作为河北省省会存在。抗日战争时期，保定曾是河北省日伪军政首脑机关驻地，中国共产党建立晋察冀抗日根据地，保定在民国时期是河北省政治发展的中心地区。清代莲池书院开创了中国教育改革史上的先河，培养了众多人才，民国时期，保定的教育事业发达，学校众多。政治、文化、教育等各方面的发展为保定地区文学类期刊出版事业奠定了良好的基础。

表 4　民国时期保定地区出版的文学类期刊

| 刊名 | 类别 | 出版周期 | 创刊年份 | 创刊区地 | 编辑、出版单位 |
|---|---|---|---|---|---|
| 《微声》 | 学校刊物 | 旬刊 | 1925 | 保定 | 保定育德中学文学研究会编辑 |
| 《保定民生中学校刊》 | 学校刊物 | 不详 | 1930 | 保定 | 保定民生中学校刊社编辑，中学庶务处发行 |
| 《烟》 | 报刊社刊物 | 不定期 | 1930 | 保定 | 《烟》编辑部编辑 |
| 《仁声季刊》 | 学校刊物 | 季刊 | 1930 | 保定 | 同仁中学校编辑发行 |
| 《幽燕》 | 报刊社刊物 | 半月刊 | 1933 | 保定 | 幽燕社发行 |
| 《保定新青年》 | 报刊社刊物 | 周刊 | 1934 | 保定 | 保定新青年社编辑，协生印书局印刷 |
| 《文化前哨月刊》 | 报刊社刊物 | 不定期 | 1935 | 保定 | 文化前哨月刊社编辑，文德图书局发行 |
| 《烽炎》 | 报刊社刊物 | 月刊 | 1936 | 保定 | 河北北关烽炎月刊社编辑发行 |
| 《望益》 | 报刊社刊物 | 双周刊 | 1936 | 保定 | 保定望益社编辑发行 |
| 《学友》 | 报刊社刊物 | 不详 | 1937 | 保定 | 学友社编辑发行 |
| 《兴华（保定）》 | 学校刊物 | 月刊 | 1937 | 保定 | 志存中学兴华月刊社发行部发行 |
| 《新河北》 | 报刊社刊物 | 月刊 | 1941 | 保定 | 新河北社编辑发行 |
| 《保师附小校刊》 | 学校刊物 | 半年刊 | 1946 | 保定 | 河北省立保定师范学校附属小学编辑出版发行 |

民国时期保定地区出版的文学类期刊有 13 种。按期刊类别来看为学校刊物和报刊社刊物两类，基本上与民国河北文学类期刊的类别相同。从出版周期看，保定地区文学类期刊的出版周期多样，除 3 种没有统计到出版周期的期刊，其余 10 种期刊的出版周期几乎覆盖所有出版周期类型。出版时间上，保定地区出版的文学类期刊涵盖了民国时期各个阶段，其中 1927 年至 1937 年这十年期间出版的文学类期刊最多。

民国时期保定地区文学类期刊的发展在数量上具有优势，在质量上也不遑多让，出版了许多具有一定影响力的期刊，对当时河北文学的发展、思想的启蒙起到了重要作用。以《望益》为例，《望益》作为一份综合性文艺刊物，宣扬爱国精神，谋求青年人的思想解放，以激昂的文字鼓励抗战，以期唤醒民众的爱国热情。其中的代表文艺作品《甲壳与书》《我所认识的曹子建》等文艺气息浓厚，具有很高的文学价值与史学价值。

2.天津地区出版的文学类期刊

天津地处华北平原北部，因漕运而兴起，清朝被辟为通商口岸后，成为中国北方开放的前沿，清末曾作为直隶总督的驻地，民国初年，直隶省省会设于天津。1930年至1935年为河北省省会，成为省辖市。天津独特的位置优势为中国早期意识觉醒、民众接受外来进步思想提供了有利条件，由此推动了文学类期刊出版事业的发展。

表5　民国时期天津地区出版的文学类期刊

| 刊名 | 类别 | 出版周期 | 创刊年份 | 创刊地区 | 编辑、出版单位 |
| --- | --- | --- | --- | --- | --- |
| 《师中月刊》 | 学校刊物 | 月刊 | 1931 | 天津 | 河北省女师学院师中部学生自治会出版 |
| 《津逮》 | 学校刊物 | 季刊 | 1931 | 天津 | 河北省立第一师范学校出版委员会编辑，学校图书馆发行 |
| 《津汇月刊》 | 学校刊物 | 月刊 | 1931 | 天津 | 津汇月刊社编辑部发行，文化印书馆印刷 |
| 《铃铛》 | 学校刊物 | 年刊 | 1932 | 天津 | 河北省立第一中学校主办并发行 |
| 《弦》 | 学校刊物 | 旬刊 | 1932 | 天津 | 河北省立女子师范学院国文学会编辑发行 |
| 《东风月刊》 | 报刊社刊物 | 月刊 | 1932 | 天津 | 东风月刊社编辑、发行 |
| 《期刊（天津）》 | 学校刊物 | 半年刊 | 1933 | 天津 | 河北省立大名师范学校期刊编辑委员会编辑出版 |
| 《文昌》 | 学校刊物 | 半年刊 | 1933 | 天津 | 河北省立天津第一师范附属小学第出版 |
| 《国文学会特刊》 | 学校刊物 | 不定期 | 1934 | 天津 | 河北省立女子师范学院国文学会编辑，河北省立女子师范学院出版课发行 |
| 《北调》 | 报刊社刊物 | 月刊 | 1935 | 天津 | 北调月刊社出版 |

作为河北省省会期间，天津的文学类期刊出版有10种。从类别上来看，大多数为学校刊物，只有2种报刊社刊物。按出版周期看，虽然不如保定地区文学类期刊多样，但也存在着多种出版周期类型。20世纪二三十年代受新文化运动的影响，中国知识分子接受西方民主科学思想的洗礼，挣脱封建思想的牢笼，特别是青年群体追求进步，逐渐开始关心社会变迁与时代问题。如省立女子师范学院的《弦》主

要发表该社成员研究中国文学的论文及反映时代、社会和青年问题的小说、诗歌、小品等创作作品，为青年学生提供了文化交流的平台；《期刊（天津）》中刊登有关政治外交、平民教育、妇女运动等方面的论述，更是反映了女性学子的家国意识。

3.其他地区出版的文学类期刊

表 6　民国河北其他地区出版的文学类期刊

| 刊名 | 类别 | 出版周期 | 创刊年份 | 创刊地区 | 编辑、出版单位 |
|---|---|---|---|---|---|
| 《新钟》 | 学校刊物 | 半季刊 | 1923 | 石家庄 | 直隶省立第一中学出版部庶务股编辑发行 |
| 《河北民国日报副刊》 | 报刊社刊物 | 日刊 | 1928 | 石家庄 | 河北民国日报副刊社编辑出版 |
| 《北光》 | 报刊社刊物 | 半月刊 | 1937 | 石家庄 | 北光半月刊社发行 |
| 《石门月刊》 | 报刊社刊物 | 月刊 | 1945 | 石家庄 | 石门月刊社发行 |
| 《九师月刊》 | 学校刊物 | 月刊 | 1930 | 沧县 | 河北省立第九师范学出版 |
| 《心声》 | 学校刊物 | 半月刊 | 1932 | 沧县 | 河北二中学生自治会出版委员会编辑出版 |
| 《平原杂志》 | 组织刊物 | 不详 | 1946 | 河间 | 冀中新华书店发行 |
| 《歌与剧（河间）》 | 组织刊物 | 月刊 | 1947 | 河间 | 冀中新华书店出版 |
| 《唐大月刊》 | 学校刊物 | 月刊 | 1923 | 唐山 | 唐山大学学生会发行 |
| 《唐大学生》 | 学校刊物 | 半月刊 | 1937 | 唐山 | 交通大学唐山工程学院学生自治会出版部编辑 |
| 《三师汇刊》 | 学校刊物 | 半年刊 | 1930 | 滦县 | 滦县第三师范学校《三师汇刊》编辑委员会编辑，第三师范消费合作社发行 |
| 《河北省立邢台师范学校月刊》 | 学校刊物 | 月刊 | 1934 | 邢台 | 河北省立邢台师范学校编辑出版发行 |
| 《儿童杂志》 | 报刊社刊物 | 月刊 | 1946 | 邢台 | 《儿童杂志社》编辑，华北新华书店发行 |
| 《工农兵》 | 机构团体刊物 | 半月刊 | 1945 | 威县 | 冀南书店工农兵编委会编辑，冀南书店总店门市部出版发行 |
| 《新十一中》 | 学校刊物 | 年刊 | 1931 | 大名县 | 河北省立第十一中学校 |
| 《七师期刊》 | 学校刊物 | 不详 | 1933 | 大名县 | 省立第七师范学校七师期刊编辑委员会编辑 |
| 《协和湖》 | 学校刊物 | 双月刊 | 1931 | 通县 | 潞河中学出版部编辑课编辑，潞河中学学生会出版股发行 |

　　除保定与天津地区，民国河北其他地区出版的文学类期刊共有 17 种，石家庄 4 种，沧州 4 种，唐山 3 种，邢台 3 种，邯郸 2 种，北京 1 种。上述地区出版的文学类期刊除了学校刊物和报刊社刊物外，还出现了机构团体刊物，在期刊出版单位中可以看出，抗日战争和解放战争时期，中国共产党领导成立的晋察冀革命根据地注重根据地的文艺发展，同时推动文艺更好地为革命战争服务。如《歌与剧（河间）》刊载大量歌曲、戏剧、话剧、民谣等文艺作品，以积极向上的内容鼓舞群众，传递健康、乐观的生活状态。

　　（二）民国河北文学类期刊的创刊群体

　　根据性质的不同，民国河北文学类期刊的创办群体可以分为三类：学校类、报刊社类、机构团体类，其中学校包括大中小学，报刊社类是指相应的期刊社编印的刊物，机构团体类是指职能部门下的相应机构编辑发行的刊物。

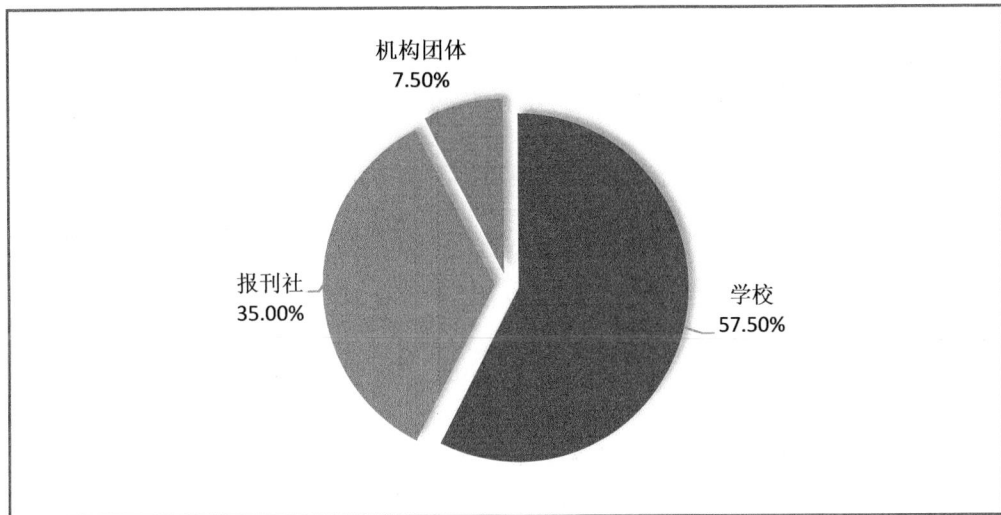

图 4　民国河北文学类期刊出版主体类型比例图

1.学校出版的文学类期刊

　　民国河北学校出版的文学类期刊有 23 种，占文学类期刊总量的 57.5%，超过了文学类期刊总数量的一半，是河北文学类期刊至关重要的出版主体。

表 7　民国河北学校出版的文学类期刊信息表

| 刊名 | 类别 | 出版周期 | 创刊年份 | 创刊地区 | 编辑、出版单位 |
|---|---|---|---|---|---|
| 《新钟》 | 学校刊物 | 半季刊 | 1923 | 石家庄 | 直隶省立第一中学出版部庶务股编辑发行 |
| 《唐大月刊》 | 学校刊物 | 月刊 | 1923 | 唐山 | 唐山大学学生会营业股发行 |
| 《微声》 | 学校刊物 | 旬刊 | 1925 | 保定 | 保定育德中学文学研究会编辑 |
| 《保定民生中学校刊》 | 学校刊物 | 不详 | 1930 | 保定 | 保定民生中学校刊社编辑，保定民生中学庶务处发行 |
| 《九师月刊》 | 学校刊物 | 月刊 | 1930 | 沧县 | 河北省立第九师范学校出版 |
| 《仁声季刊》 | 学校刊物 | 季刊 | 1930 | 保定 | 同仁中学校编辑发行 |
| 《三师汇刊》 | 学校刊物 | 半年刊 | 1930 | 滦县 | 滦县第三师范学校《三师汇刊》编辑委员会编辑，第三师范消费合作社发行 |
| 《协和湖》 | 学校刊物 | 双月刊 | 1931 | 通县 | 潞河中学出版部编辑课编辑，潞河中学学生会出版股发行 |
| 《新十一中》 | 学校刊物 | 年刊 | 1931 | 大名县 | 河北省立第十一中学校 |
| 《师中月刊》 | 学校刊物 | 月刊 | 1931 | 天津 | 河北省女师学院师中部学生自治会出版 |
| 《津逮》 | 学校刊物 | 季刊 | 1931 | 天津 | 河北省立第一师范学校出版委员会编辑，河北省立第一师范学校图书馆发行 |
| 《津汇月刊》 | 学校刊物 | 月刊 | 1931 | 天津 | 津汇月刊社编辑部发行，文化印书馆印刷 |
| 《心声》 | 学校刊物 | 半月刊 | 1932 | 沧县 | 河北二中学生自治会出版委员会编辑出版 |
| 《铃铛》 | 学校刊物 | 年刊 | 1932 | 天津 | 河北省立第一中学校主办并发行 |
| 《弦》 | 学校刊物 | 旬刊 | 1932 | 天津 | 河北省立女子师范学院国文学会出版部编辑发行 |

续表

| 刊名 | 类别 | 出版周期 | 创刊年份 | 创刊地区 | 编辑、出版单位 |
|---|---|---|---|---|---|
| 《七师期刊》 | 学校刊物 | 不详 | 1933 | 大名县 | 河北省立第七师范学校七师期刊编辑委员会编辑 |
| 《期刊（天津）》 | 学校刊物 | 半年刊 | 1933 | 天津 | 河北省立大名师范学校期刊编辑委员会编辑，河北省立大名师范学校出版 |
| 《文昌》 | 学校刊物 | 半年刊 | 1933 | 天津 | 河北省立天津第一师范附属小学第出版 |
| 《河北省立邢台师范学校月刊》 | 学校刊物 | 月刊 | 1934 | 邢台 | 河北省立邢台师范学校编辑出版发行 |
| 《国文学会特刊》 | 学校刊物 | 不定期 | 1934 | 天津 | 河北省立女子师范学院国文学会编辑，河北省立女子师范学院出版课发行 |
| 《兴华（保定）》 | 学校刊物 | 月刊 | 1937 | 保定 | 志存中学兴华月刊社发行部发行 |
| 《唐大学生》 | 学校刊物 | 半月刊 | 1937 | 唐山 | 交通大学唐山工程学院学生自治会出版部编辑 |
| 《保师附小校刊》 | 学校刊物 | 半年刊 | 1946 | 保定 | 河北省立保定师范学校附属小学编辑出版发行 |

学校出版的文学类期刊大多并不是纯文学类期刊，而是上文提到的文学作品占期刊大部分，或是期刊中的文学作品在当时具有一定的意义，对当时文学发展起到一定作用的期刊。清朝时期河北作为直隶省，环抱京师，教育资源较为丰富，学校较多；民国时期，国民政府出台教育政策，此间成立了一定数量的师范学校。这些学校创办期刊，加强了学生之间的文学交流，为学生提供发表观点与见解的平台，同时刊载校闻。例如《心声》，该刊是河北二中学生自治会出版委员会在1932年开始编辑出版的文学类期刊，旨在"研究学术文艺"。该刊"论著"一栏，主要对国内外的发生的重大事件及形式发表意见和建议，"校闻"方面，主要报道学校各机构消息以及举办的各种活动，"文艺"一栏，占据较大篇幅，为编辑部成员和全校师生发表观点和随感等文艺作品提供了园地，主要有散文、诗歌等，如《风雨中的两个小孩》《思家》《告青年》等。此外，还专门设有"漪涟随笔""炉旁杂话"等栏目，连载历史小说及奇闻轶事。

2. 报刊社出版的文学类期刊

据笔者相关统计，民国报刊社出版的文学类期刊有14种，是当时河北省文学类期刊第二大创刊群体，占文学类期刊总量的35%。

表 8　民国河北报刊社出版的文学类期刊信息表

| 刊名 | 类别 | 出版周期 | 创刊年份 | 创刊地区 | 编辑、出版单位 |
|---|---|---|---|---|---|
| 《河北民国日报副刊》 | 报刊社刊物 | 日刊 | 1928 | 石家庄 | 河北民国日报副刊社编辑出版 |
| 《烟》 | 报刊社刊物 | 不定期 | 1930 | 保定 | 《烟》编辑部编辑 |
| 《东风月刊》 | 报刊社刊物 | 月刊 | 1932 | 天津 | 东风月刊社编辑、发行 |
| 《幽燕》 | 报刊社刊物 | 半月刊 | 1933 | 保定 | 幽燕社发行 |
| 《保定新青年》 | 报刊社刊物 | 周刊 | 1934 | 保定 | 保定新青年社编辑，协生印书局印刷 |
| 《文化前哨月刊》 | 报刊社刊物 | 不定期 | 1935 | 保定 | 文化前哨月刊社编辑，文德图书局发行 |
| 《北调》 | 报刊社刊物 | 月刊 | 1935 | 天津 | 北调月刊社出版 |
| 《烽炎》 | 报刊社刊物 | 月刊 | 1936 | 保定 | 河北北关烽炎月刊社编辑发行 |
| 《望益》 | 报刊社刊物 | 双周刊 | 1936 | 保定 | 保定望益社编辑发行 |
| 《学友》 | 报刊社刊物 | 不详 | 1937 | 保定 | 学友社编辑发行 |
| 《北光》 | 报刊社刊物 | 半月刊 | 1937 | 石家庄 | 北光半月刊社发行 |
| 《新河北》 | 报刊社刊物 | 月刊 | 1941 | 保定 | 新河北社编辑发行 |
| 《石门月刊》 | 报刊社刊物 | 月刊 | 1945 | 石家庄 | 石门月刊社发行 |
| 《儿童杂志》 | 报刊社刊物 | 月刊 | 1946 | 邢台 | 《儿童杂志社》编辑，华北新华书店发行 |

据上表 8，民国河北报刊社出版的文学类期刊多是由专门的报刊社来负责某一期刊的"编、印、发"工作。新文化运动后，在新旧思想和中外文化激烈撞击的背景下，中国出现各种意识形态的文学社团，河北也不例外。这些社团一般由持有相同观点、志同道合的人自筹资金成立，出版相应的期刊，以表达成员的观点意见。例如《望益》一刊，由保定望益社编辑发行，其中"文艺"一栏为望益社成员发表观点、笔记等文艺作品提供了园地，刊载了不少对抗战的感慨和号召。

3.机构团体出版的文学类期刊

民国河北地区机构团体出版的文学类期刊较少，仅搜集到 3 种，占文学类期刊总量的 7.5%。

表9　民国河北机构团体出版的文学类期刊信息表

| 刊名 | 类别 | 出版周期 | 创刊年份 | 创刊地区 | 编辑、出版单位 |
|---|---|---|---|---|---|
| 《工农兵》 | 机构团体刊物 | 半月刊 | 1945 | 威县 | 冀南书店工农兵编委会编辑，冀南书店总店门市部出版发行 |
| 《平原杂志》 | 机构团体刊物 | 不详 | 1946 | 河间 | 冀中新华书店发行 |
| 《歌与剧（河间）》 | 机构团体刊物 | 月刊 | 1947 | 河间 | 冀中新华书店出版 |

据相关资料显示，由机构团体出版的文学类期刊均创办于民国末期，由中国共产党领导成立的晋察冀抗日根据地相应组织创办。这些期刊多是贴近百姓，关注普通底层群众生活的方方面面，引导思想舆论。像冀南书店工农兵编委会编辑、冀南书店总店门市部出版发行的《工农兵》，以老百姓、工人、士兵、群众领袖等普通人的工作生活为写作内容，关注农业生产，普及生活常识。

### （三）民国河北文学类期刊的生命周期

期刊的生命周期会因期刊的内容、风格以及办刊群体的资金、编印单位的现实情况而有所不同，处于民国时期，社会环境更是不可忽视的原因。

#### 1.出版周期多样

《保定民生中学校刊》《七师期刊》《学友》《平原杂志》这4种刊物，有的只能搜集到一期，有的虽然可以查到多期，但期数以及内文也判断出版周期，剩余36种期刊的出版周期如下表所示：

表10　民国河北文学类期刊出版周期统计表

| 周期 | 年刊 | 半年刊 | 季刊 | 半季刊 | 月刊 | 半月刊 |
|---|---|---|---|---|---|---|
| 数量 | 2 | 4 | 2 | 1 | 12 | 7 |
| 周期 | 双月刊 | 旬刊 | 周刊 | 双周刊 | 日刊 | 不定期 |
| 数量 | 1 | 2 | 1 | 1 | 1 | 3 |

据上表可知，民国河北文学类期刊的出版周期是多样化的，从年刊到日刊。其中月刊的数量最多，有12种，占比达到34%。

虽然大多数期刊都规定了出版周期，但在实际的出版发行过程中，由于种种原因会出现延期、合期等情况，定期出版的期刊变成了不定期。例如《烽炎》在1936年第二期"编后琐语"中写道："惭愧得很，本期又脱了期。在先前，本来是打算提前在二十号与大家见面，可是在稿件已准备就绪，即将付印的期间，发生了那件最令人震恐的事项……心情过于紧张，很愿意达到一个究竟，所以直至十九号方才付印。"① 笔者查阅期刊的相关内容及时间，编辑所说的发生的大事是1936年张学良、杨虎城扣押蒋介石，发动西安事变。再如《望益》，1936年第一卷第七期"紧要启事"写道："暑假在即本刊自本期暂为停刊。"②1937年第二卷第七八期"编辑室谈话"提到由于更换印刷所，初次印刷格式错误，多次校对，所以耽误了出版日期。北调月刊社出版的《北调》，原定每卷预计出版六册，全年预计出版两卷共十二册，但在实际的操作过程中，存在合期的情况，并没有每期按时出版。由于外部原因或者自身原因而影响期刊按正常时间出版的情况在民国河北文学类期刊中并不少见。

2. 存续时间短暂

期刊的刊龄是衡量期刊影响力的重要指标之一，期刊存在时间的长短在某种程度上决定了该刊所体现的思想能够有多深远的意义。许多期刊的刊龄已无法考据，仅有26种期刊可以看到有明确的创刊时间与停刊时间，虽然数据不够全面，但也可大致反映民国河北各种文学类期刊的存在时间。对这26种期刊进行整理，如下表所示：

表11　民国河北文学类期刊的刊龄统计

| 刊龄 | 数量 |
| --- | --- |
| 2年以下 | 20 |
| 3—4年 | 4 |
| 5—6年 | 2 |

据上表可知，26种期刊中有20种期刊的刊龄在两年以下，占比将近80%，而刊龄可以达到5年以上的期刊仅有两种，这反映出民国河北多数文学类期刊的存在时间过于短暂的问题。期刊的刊龄普遍较短会在一定程度上影响期刊的发行传播，不利于期刊影响力的形成。

三、民国河北文学类期刊的内容特征

民国河北文学类期刊的内容是当时河北文学发展的见证，丰富的期刊内容记录了河北人民在特殊历史时期的抗争与奋斗，通过对其内容的研究，我们或许可以更深入地了解河北的文学类期刊的发展，更完整地了解河北的历史。经过整理

① 烽炎：《编后琐语》1936年第2期。
② 望益：《紧要启事》1936年第7期。

概括，民国河北文学类期刊的内容大致可以分为以下几个方面。

（一）宣传新思想，呼吁民众反抗压迫

鸦片战争的失败，击中了许多中国人麻痹的神经，先进的中国知识分子开始为谋求民族的进步发展不断探索，在这期间，知识分子意识到解放思想的重要性，因此许多文学类期刊应运而生。文人志士通过期刊这一出版快、传播广的媒介，宣传新思想，鼓励人们勇于斗争，顽强反抗旧的封建思想。同时近代中国面临帝国主义的侵略与反动派的压迫，当时的文学类期刊也刊载许多呼吁人们反抗，保家卫国的文章，文字激扬有力，字里行间透露出坚强不屈的爱国主义色彩与力量。

《学友》中《矛盾·奋力追击……》一文作者读了外国友人悼念鲁迅先生的文章后，提出最好的悼念鲁迅先生的方式就是"向他学习，继续他的工作，追求民族的自由和解放"。[①] 作者鼓励中国青年应该如锋利的武器一般、前线战场上挥舞的利刃一般，继承鲁迅先生的遗志，探索我们前进的道路。

《铃铛》第一期中写道："校长李先生命其名为《铃铛》当然是采昔时铃铛阁之名了，然而，我还以为他或慨吾津人的'朝钟暮鼓不到耳'，藉它来代替警耳的晨钟，以'醒目'做其使命，所以使耳无所闻目无所见者，得从大梦中警醒，概有'令人发深省'的意思呀！"[②] 这也表明办刊人希望借此期刊影响大众，警醒世人。其中的小诗《壮烈的死》《起来吧，热血的青年》等，以悲伤的文字描述战场上奋勇杀敌的同学，鼓舞青年不再麻木，不要再沉迷于敌人虚构的和平环境中，要有民族觉醒的意识，敢于反抗。

保定望益社编辑发行的《望益》一刊，就以宣扬爱国主义精神，培养爱国青年为目标，以期通过期刊撰文来唤醒民众，谋求中国人民的解放。其中1937年第二卷第十期刊登的小诗《出征》中就写道："要生存，要谋生，只有流血呵！只有牺牲！"[③] 慷慨激昂的文字是不屈的宣言，是斗争的武器。

民国时期，传统与现代对垒，新旧思想激烈碰撞，新思想、新文化的涌进使得民国期刊的内容也在不断求新。从对民国河北文学类期刊的梳理中可以看出，这时期的河北文学类期刊引进新思想，宣传新思想，希望以此培养新国民，造成新风气。宣传西方的自由、平等、民主思想是当时河北文学类期刊乃至整个民国文学类期刊不断追求的目标。当时河北地区文学类期刊的内容既有从整个社会的层面打破旧封建，宣扬新思想的内容，又有关注普通百姓日常生活的内容，希望

---

① 《学友》，《矛盾·奋力追击……》1936年第1期。

② 王克生：《铃铛》1932年第1期。

③ 望益：《出征》1937年第2期。

从日常生活着眼，改造人们的生活方式和处事原则，培养新的卫生习惯和新的道德风尚。期刊关注的对象通常是青年群体，因为阶层的局限性以及当时社会发展的实际情况等原因，文学类期刊的受众也多为青年群体。除此之外，呼吁人们反抗压迫也是民国河北文学类期刊在关注思想解放方面的重要内容。民国河北文学类期刊关注社会发展，跟随时局变化调整期刊内容，号召人们反抗压迫在整个民国时期的河北文学类期刊中都有所体现。封建势力的压迫、官僚资本主义的压迫、帝国主义的压迫是压在中国人民身上的三座大山，其中特别是呼吁人们反抗帝国主义侵略，争取民族解放与独立在当时河北文学类期刊中多有体现，内容形式多样，诗歌、散文、小说、戏剧……这类期刊内容的语言文字通常激昂有力，给人以奋勇前进的力量。

当时的办刊人认为，中国近代走向衰败的一个重要原因是中国人的思想腐朽落后，所以寄希望于利用期刊来改变这一现状。通过文章来宣传新思想，呼吁人们反抗压迫是民国河北文学类期刊的重要内容，贯穿民国河北文学类期刊发展的始终，对促进近代河北省思想解放起到了重要作用。

### （二）关注社会现实，展现大众的不幸生活

民国时期时局动荡、社会混乱，到处充斥着黑暗与腐朽。封建社会时期遗留的种种陋习，西方帝国主义入侵，中华大地生灵涂炭，官僚资本主义的特权统治导致民不聊生，普通百姓生活在水深火热之中。当时河北地区许多文学类期刊通过文学作品来反映社会现实，揭示大众悲惨的社会生活，讽刺某些社会现象，同时鼓励人们心怀希望，顽强生活。

《津逮》1931 年第一期刊载的小说《爸爸将我卖了》以旁观者讲故事的形式，讲述了赵小玉的爸爸为了钱财将女儿卖给有钱人家做姨太太的故事，讽刺了当时封建腐朽的社会现象。"爸爸！你活活将闺女卖了，你贪图八百元钱，不顾自己的闺女……小玉叫嚷得可怜。"[①]文中小玉的哭诉揭露了当时贫穷的社会状况和女孩子无法自己做主自己的人生，只能任凭封建家长摆布的悲惨现实，表达了对女孩的同情和对黑暗现实的不满。

《烟》1931 年第五期刊载的《弃妇》一文，讲述了少女听信青年的甜言蜜语，为寻求黑暗环境中的温暖，轻易相信青年的谎言，最终惨遭抛弃，在贫民窝悲惨生活，幻想承欢父母膝下的少女时光的故事。文章反映了当时社会黑暗，人们内心渴望光明，试图改变环境但却坠入不切实际的幻想中的社会状况。

---

① 方进功：《爸爸将我卖了》，《津逮》1931 年第 1 期。

《烽炎》1936 年第二期中刊载的小说《薪金》，一村庄借收钱办小学堂为由，压榨普通百姓，形象立体地刻画了当时官僚对人们的压迫。

1937 年在河北创刊的《学友》，以爱国救亡、努力发声警醒世人为办刊目标，关注社会普通青年所面临的问题。期刊第一期刊载的《说谎》一文则是映射当时存在的社会现象，即大家都在说谎，政府对老百姓说谎，大人对孩子说谎，孩子也不说实话，甚至人到即将死去也在说谎，表达了作者对当时社会现状的不满。学友注重反映底层百姓的生活状态以及对当时动乱的社会的描述。

软弱无能的统治阶级、动荡混乱的时局造成了底层普通百姓悲苦的生活，流离失所、艰难求生是当时劳苦大众的命运。对社会底层百姓生活状况的关注是当时河北文学类期刊的重要内容，文章通过讽刺、暗喻等各种手法，或直白或委婉地讲述社会现实，揭露当时社会存在的各种问题。文人希望通过文字触及社会弊病，改善社会状况。民国时期特殊的社会环境导致人们生活艰难，社会问题众多，文人细腻的心思往往可以看到更多人的悲惨遭遇，他们关注社会现实，用文字描述大众的悲惨遭遇，揭露社会的黑暗与不公，这成为民国河北文学类期刊肩负的使命。

（三）发表文学论著，探讨文学事业的建设与发展

研究、探讨我国文学事业的发展从来都是文人志士不懈追求的目标，民国时期也不例外。当时文学类期刊的"论著""文艺理论"等栏目的设置主要是发表关于文学理论、文学史及文学发展等文化事业建设的学术性文章。

文学理论作为文艺学的一个分支，随着近代大学的创办、学制的建立逐渐在国家层面有了清晰的认识，随后在对西方文化的不断学习过程中，不同的人开始有了各自的文学理论著述的学术来源，也就有了人们对文学理论的研究和探讨。民国时的许多河北文学类期刊会设置专门的栏目来讨论着一方面的问题。《烽炎》的"文艺理论"栏目剧主要刊登有关理论性和研究性文章，在内容上涉及介绍不同风格的文学创作理论，研究文学创作的思想价值和写作方法。《烽炎》1936 年第二期刊载《文学的两种性质》，文章认为文学具有普遍性与特殊性，感情是人普遍具有的，人们在文学创作时融入感性这就是文学的普遍性，而不同的作品有不同的感情就是文学的特殊性。《津逮》1932 年第二期的文章《一个文学公式》，通过前提——分析——证明——结论四步，说明文学创作要讲究含蓄，"到了正意，便不说了"。

民国河北文学类期刊在论著方面的另一大内容就是有关中国文学史的讨论，注重讨论文学史上的关键问题，梳理不同时代文学的特点、发展，发扬中国优秀

的传统文化。比如《国文学会特刊》刊载了几期《唐代文学》，介绍了唐代文学的概况，深入讨论了唐代小说、文章、儒家文学、佛教文学、词曲源流等方面，内容丰富。再如《七师期刊》中《词的起源及其流派》论述了词的起源、词与诗的区别及唐代和五代的词，细致深入的解释丰富了关于词的认知。

当时的文学现状与发展在当时的河北文学类期刊中也被涉及，文人学者忧心中国文学发展，在讨论文学发展道路的内容中强调增强民族自信力，提高农村文化程度、主义道德，发展科学，光大中华民族之生命，实现中国本位文化建设。《文化前哨月刊》刊载陈立夫的《中国文化如何从事建设》，就论述了如何以中国文化为本来发展中国的文化事业，建设中国的文学体系。

文学评论同样是当时期刊的重要内容，文学评论的风格通常既犀利又兼具文学性与艺术性。期刊《弦》每期都会有一篇文学评论，谈论文学相关话题。如1932年第一卷第四期刊载了《谈郁达夫的小说》，用散文般的文笔，写下了个人对郁达夫小说的看法，认为"郁达夫的小说，最显殊的特色，是处处潜伏者诗的魔力"，同时作者觉得郁达夫的小说"无结构"。从这篇文章可以大致看出该时期普通的文学青年对于郁达夫小说乃至其他作品的一般认识。文学评论作为该刊的特色内容，使刊物内容更有深度。

民国河北文学类期刊中刊载的关于文学理论、文学史、文学发展等讨论文学事业建设的文章是当时文学类期刊的精华，这表明当时的河北文学类期刊创办群体没有止步于发表文学作品，更看到了文化建设的重要性。这些关于文学事业建设的文章是河北乃至中国近代文学建设的印记与见证。

（四）译述外国作品，介绍西方文学思想的演进

文学的跨国传播推动文学的交流与融合，近代以来，"西学东渐"的浪潮汹涌澎湃，深刻地影响了中国各方面的发展，在文学方面也不例外。1910年，梁启超运用日本政治小说所表达的精神宣传维新思想，外国文学初登中国学界。从这以后，译述外国文学作品成为中国文学界的一大流行。1922年郑振铎在《杂谭》中指出："现在的介绍，最好能有两层的作用：一、能改变中国传统的文学观念；二、能引导中国人到现代的人生问题，与现代的思想相接触。"① 可见译述外国文学作品是当时期刊的主流，其中的一个重要原因就是打破我国原有旧文学观念的束缚，解放原有固化封建的思想，开阔眼界，学习外国文学的长处，以形成我国的新文学，推动新文化运动的发展，进一步推广白话文。

---

① 西谛（郑振铎）：《郑振铎文集第四卷》，北京：人民文学出版社,1985年，第403页。

梳理民国河北文学类期刊发现，译述外国文学作品也是当时文学期刊的重要内容。北调月刊社出版的期刊《北调》，因为内容涉及外国文学作品的译介，所以在期刊首版上方增印了"新文字、文艺、世界语"字样，以此彰显该刊的办刊风格，在中间印有由拼音写成的外文刊名《BEIDIAO》。期刊设有"创作与翻译"一栏，刊登外国文学作品的译介，翻译的外国作品有小说《一只棕毛狗》《贪鄙》等，同时期刊强调多翻译外国文学作品和研究著作，甚至在每期还有一定数量的外文文章，增加世界语与汉语的对照翻译。

《津汇月刊》也常翻译外国文学作品，比如 1931 年第二期刊载的《有情人终成眷属》，《东风月刊》1932 年创刊号中刊载的 *Gentleman Friend*，《期刊（天津）》1934 年第二期中刊载的 *MY JOURNEY*、*SPORTS AND HEALTH* 等都是翻译的外国文学作品。除此之外，还有许多文学类期刊也会译述外国文学。

《新青年》创办前，文学翻译更多的是满足读者的娱乐和阅读需求，《新青年》创办后，文学作品的翻译更注重作品的思想性和社会性，通过译介外国文学作品来介绍国外的先进思想与文化。当时的文学作品翻译一是注重思想的传递，比如常翻译有关妇女解放、反抗传统思想等方面的文章，也更关注俄国、法国等"被迫害民族国家"的现实主义作品，向国内读者传达世界各民族反抗压迫、争取民族解放的事迹，以此鼓励中国人民。二是注重各派别的文学作品都有所引进，既刊载现实主义作品，又翻译像歌德、拜伦、雪莱等浪漫主义作家的作品。不同类型文学作品的翻译丰富了读者的阅读选择，同时也为中国近现代文学发展提供了借鉴。译述外国文学作品，是当时中国文人了解国外文学发展、学习西方文化的一种方式，国外现代思想的引进，加速了我国旧有文学观念的瓦解，推动了现代文学思想的发展。

（五）发表文学作品，抒发个体才情与体悟

民国时期的河北文学类期刊既刊载关于大的社会层面的内容，也是记载普通文学作品的平台，通过文学作品抒发个人情感，进行文艺创作与交流。这类作品是读后感悟，是随手小记，是小事感慨。

《幽燕》1933 年第一期刊载的《我骗你，像你骗我一样》，以新诗的体裁通过对景物的描写表达对一位姑娘的爱慕，文字文艺又大胆。1933 年第四期中《凉风习习天》描写了月夜与心爱的姑娘悄悄低言、共赏美景的美好时光。

《三师汇刊》中刊载大篇幅的诗歌作品，描绘四季风光，游玩感悟。《春景》《踏青》《春柳三首》都描绘了春日美好景色，作者外出游玩，欣赏美好春景，表达作者的欣喜。期刊《心声》中既刊载像《春日漫游》中身处桃林的悠闲自在、

《窗前梅月》中月夜欣赏梅花感悟人生的赏景游记，又刊载如《思家》中漫步秋景中思念家乡的浓浓真情的文章。

这类作品文艺气息浓厚，可以一窥当时河北地区文学的发展，特别是学校创办的文学期刊中，更常见充满文学性的小文章。这些文章通常目的并不在于传递思想、启迪民众，而只是个人感悟的抒发，描写的内容也多从小事入手。在内容上主要有两个方面，一方面是青春男女美好感情的表达，文字大胆热烈，这也受到当时宣扬开放、包容的新思想的影响，青年群体追求自由解放，推崇西方大胆直白的思想，迫切希望打破封建枷锁的束缚，通过文字来表达内心的渴望与美好情感的向往成为一种渠道。另一方面受新文化运动时期新诗革命的影响，这时期河北地区也纷纷开始了新诗的创作，在文学类期刊中出现了许多新诗，这类诗歌通常是描写游玩的景色与体验，记录当时的情感体验，来表达人们的生活和思想感情。

### （六）刊载其他栏目，丰富期刊内容

上述五部分内容是民国河北文学类期刊内文的主要内容，除此之外，文学类期刊中也刊载许多其他内容，从当时的期刊栏目中也可以窥知一二。当时的期刊还存在"杂俎""校闻"等栏目。"杂俎"包括工作总结、杂文写作、最近发生的新闻等；"校闻"主要存在于学校创办的期刊里，介绍学校活动，学校大事记、学校教职人员的相关情况等。如《津汇月刊》1931年第二期中的"杂俎"栏目刊载《彩云昆曲社一年来之工作》，"校闻"栏目刊载的是关于校友的新闻。除了常见的栏目，还有"科学""儿童读物""教育"等数个栏目。虽然这些内容不是文学类期刊的主要或者重点内容，但这些内容使得相应的期刊更加完整，像关于期刊一年来的工作总结，可以使读者更好地了解期刊的运转情况，拉近读者与期刊的关系，建立更深层次的联系，既可以留住读者，也有助于外界了解期刊，进一步扩大期刊的影响力。

### 四、民国河北文学类期刊的编辑特色

期刊的编辑特色是期刊展示自己的风格与定位，在市场上保持一定竞争力的重要方式，独特的编辑设计能够使期刊明确定位，区别于其他期刊。期刊的编辑特色包括封面、栏目、版式等方面，本文将从这几个方面分析民国河北文学类期刊的编辑特色。

（一）封面风格各具特色，传统性与艺术性相交织

读者拿到一本期刊首先注意到的就是期刊的封面，吸引人的封面相对而言更容易引起读者的兴趣，从而增强期刊与读者的黏性。20世纪初西方现代艺术与设计风格开始在世界范围内广泛传播，我国对西方文化的追求使得许多文学类期刊也封面也开始考虑刊名设计、封面构图等与期刊办刊宗旨、刊物内容的呼应关系。研究民国河北文学类期刊的封面风格可以进一步来了解期刊的内容特征，也有助于更好地彰显民国时期的河北文化。

1. 刊名字体形式多样

民国河北文学类期刊的刊名字体主要以传统字体和美术字体为主，在刊名的排版方式上也更多地学习西方的横排排版方式。

民国河北文学类期刊的刊名字体有一些使用的传统毛笔字体，这些期刊的排版方式通常也是中国传统的文字竖排。以《唐大月刊》（如图5所示）《津汇月刊》（如图6所示）为例，两种期刊都是毛笔字题写刊名，同时都将刊名放在封面显眼位置，刊名设计简洁大方。采用毛笔字题写刊名，往往也会有请名人题字。比如《望益》一刊，第一卷是胡适题字（图7所示），第二卷是朱自清题字（图8所示），名家题字在一定程度上也是凸显期刊水平、提升期刊知名度的方式，这在民国河北文学类期刊的刊名设计中比较受欢迎。

图5　《唐大月刊》封面　　　　　　　　图6　《津汇月刊》封面

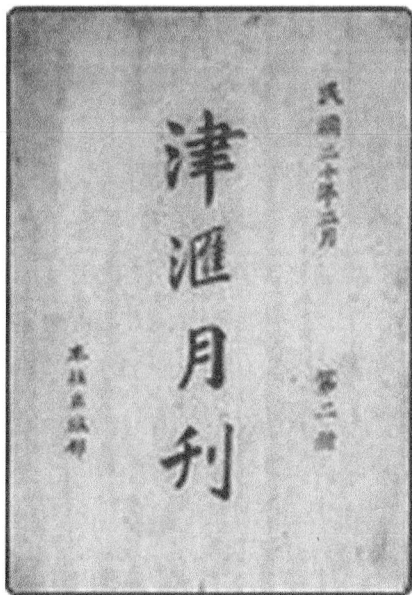

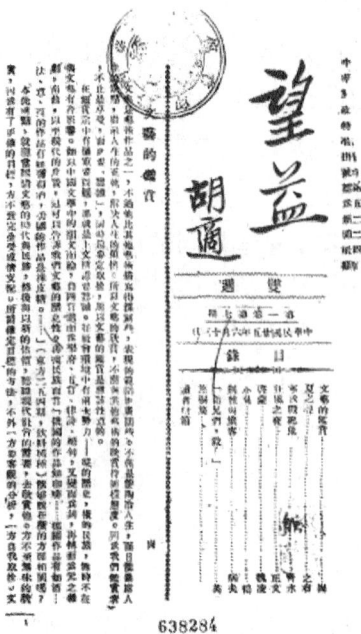

图 7 《望益》第一卷封面　　　　图 8 《望益》第二卷封面

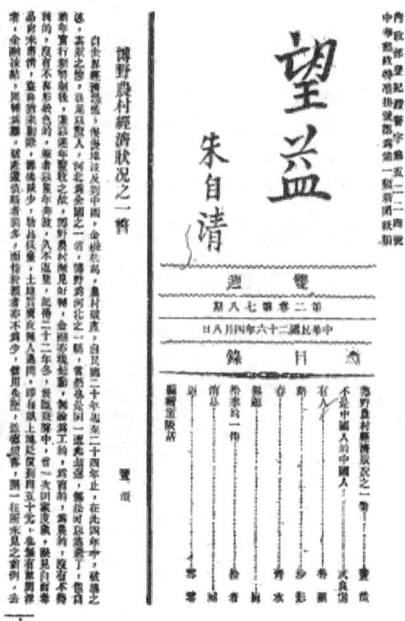

　　随着西方文化的不断传入，中国文人学者对东西文化进行融合，在期刊的刊名字体设计上也将东西方特色相融合，设计出美术字体。美术字体将传统的中国字体进行笔画的变化，适当改变笔画长度，或拉长或缩短，将横平竖直的字体进行弯曲，有的期刊将刊名字体加粗，并在某些笔画上作出更圆润的设计，使之符合期刊的内容风格。美术字体的出现改变了传统中国字体的严谨、一丝不苟，显现出期刊的风格特色，使期刊封面与内文内容更匹配。

　　《河北省立邢台师范学校月刊》封面（如图 9 所示）上的刊名字体在每个字的原字体的竖笔画上都做了拉长笔画的处理。另外像"省""台"两字下边的"目""口"都更加圆润，不似传统字体的典雅方正，更显一丝活泼。"范"上方草字头被进行分割，更像两棵小树排列。整个刊名横排排版，虽然刊名较长，字与字之间排版紧密，但却不显拥挤，反而给人轻快明亮的感觉，这与刊名字体的变化有很大关系。

　　《九师月刊》封面（如图 10 所示）上的刊名采用红色印刷，文字中"竖钩"的"钩"都变为"横"，这使整个刊名下方的排版整齐一致；"刊"字右边的"竖"改为"横钩"，"九"字也做了笔画复杂化的处理，"月"字所有的"横"都加宽，这样刊名四个字就达到了一样的宽度，使刊名看起来更加平衡。刊名字体的变化使整体看起来平整但又似带变化，西方美学中点缀中国传统经典。

《协和湖》封面（如图 11 所示）相比较更显俏皮可爱。其中的"点"都用黑色的圆点代替，风格活泼，也与学校刊物这一办刊主体吻合。另外，刊名字体线条粗细交错，细线条的部分多采用了变体的形式，"协"字左边"十"的"横"贯穿整个刊名，右边"办"更像乐器；"和"字的左边"禾"这一部分像小人环抱着柱子，右边"口"类似于扇形；"湖"字的"月"这一部分上边的"横"倾斜，中间的"横"弯曲，更像一座小房子。刊名整体活泼可爱，又饱含艺术特色。

图 9 《河北省立邢台师范学校月刊》封面

图 10 《九师月刊》封面

图 11 《协和湖》封面

　　总的来说，民国河北文学类期刊的封面刊名字体有传统字体和糅合了西方设计理念的美术字体两种，其中美术字体占大多数，这也与文学类期刊的性质有关。美术字体的加入丰富了期刊的美学理念，也提高了受众的审美水平。

　　2.封面布局灵活多变

　　民国河北文学类期刊的封面布局在图画搭配以及构图设想等方面形式多种多样，是民国河北期刊的点睛之笔。

　　（1）图画搭配中西兼顾

　　在封面图画的搭配方面，这一时期的文学类期刊一是注重意境的表达，常采用中国传统水墨画。水墨画是中国绘画的代表，近处写实，远景表达抽象画面，运用墨的浓淡来代表不同的色彩层次，注重意象的表达。水墨画在期刊封面的运用能更好地体现文学类期刊的品位与特色，彰显中国传统文化的魅力与价值。例如《文昌》的封面（如图12所示），近处水陆相接，岸上树木高大，树枝直冲云霄，枝繁叶茂，月亮悬挂河面上，远处山峰层峦叠嶂，整幅林间风景图意境悠长，典雅大气，体现了学校创办的这一期刊的文艺气息。

图12　《文昌》封面

　　文学类期刊的另一种封面图画类型主要是与期刊的内容相匹配，采用相应的图画来表达期刊的所要展示的内容。如《保师附小校刊》（如图13所示），一座高楼搭配几所小房子，整体构成学校的形象。该刊的创刊主体河北省立保定师范学校附属小学，刊物主要刊登的是学校师生的作品，将学校情况展示给社会大众，以增加外界对学校的了解。这一封面图画就清晰地表达了学校的办刊宗旨，使受众第一眼就明白期刊内的作品内容。再如河北省立女子师范学院国文学会出版的《弦》，封面（如图 14 所示）配以古人弹奏弦乐器的图画，既符合刊名"弦"字的形象，也与期刊的创刊目的"也想唱几句自己的歌子"相应和。

图 13 《保师附小校刊》封面　　　　图 14 《弦》封面

（2）封面构图巧妙多变

在期刊封面中有采用将目录放在封面的形式，封面纯白色做底，除期刊刊名外主要内容为期刊当期目录。例如《烟》（如图 15 所示）将刊名置于左上角，目录放于右下角，对角线的连接方式设计独特；《东风月刊》（如图 16 所示）右侧以黑色铺垫，白色双线字体作刊名位于上方，左侧为目录，既凸显刊名又不至于使封面右重左轻，达到一定的平衡。这两种构图都使整个封面看起来简洁利落，刊名与目录的排版界限清楚，期刊的内容通过目录展现，读者能够快速了解期刊的内容，有利于读者迅速获取自己想要的信息。

当时文学类期刊封面构图对于中国传统表现手法的运用也是恰到好处。擅长运用留白、象征、联系等来表现期刊封面的整体内容。留白在文学类期刊的封面构图的应用是最多的。留白在绘画中最早出现于国画中，以留白渲染未尽的情绪相比满画而言更含蓄内敛，但却意犹未尽，整幅画面也更协调平衡。《协和湖》（如图 17 所示）一刊上方为期刊刊名，刊名下方左侧为线条勾勒的湖水的形象，对应期刊刊名，右侧有标明期数的文字，右侧其余位置大部分做了留白，封面的留白设计凸显了刊名与湖水，使刊名与湖水的整体设计更像湖水与岸边，整个封面灵动自然。《工农兵》（如图 18 所示）的封面上方绿色做底，书写刊名，下方两个拿着枪向不同方向射击的士兵形象，四周的留白给士兵的射击留有空间，犹如处于战场。除了留白，象征的表现手法也在文学类期刊的封面中常常出现。《文化前哨月刊》的封面（如图 19 所示）画有一幅女性读书的场景，这一文学形象正象征着期刊的文学性，随意捧读的形象与期刊富有生活情调的文学特色相得益彰。

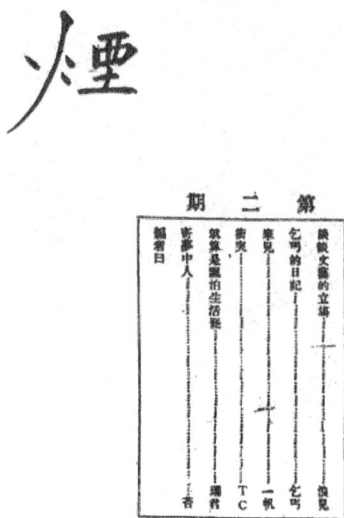

图 15 《烟》封面

图 16 《东风月刊》封面

图 17 《协和湖》封面

图 18 《工农兵》封面

图 19 《文化前哨》封面

民国河北文学类期刊的封面字体中西结合，封面设计灵活多变，丰富多样的封面点缀了文学期刊的内容，在艺术性、观赏性方面都可圈可点。

（二）栏目分类丰富，整体性与变化性相统一

通过对民国河北文学类期刊的栏目进行汇总梳理，可以了解此类期刊的栏目特色。

表 12　民国河北文学类期刊栏目设置一览表

| 刊名 | 主要栏目 |
|---|---|
| 《新钟》 | 论著、译著、演讲、学术、史论、课选、游记、笔记、书牍、文苑、新剧、小说、杂俎、校闻、会务报告 |
| 《唐大月刊》 | 社言、论著、文艺、工程、科学、记载、校闻 |
| 《微声》 | 无栏目划分 |
| 《河北民国日报副刊》 | 论著、诗歌、小说、戏剧、小品、杂集、十字街头、通信 |
| 《保定民生中学校刊》 | 论著、文艺、校闻 |
| 《九师月刊》 | 论述、研究、文艺、杂俎、校闻、编后 |
| 《烟》 | 无栏目划分，主要刊发小说、诗歌、文学论著 |
| 《仁声季刊》 | 论著、翻译、文苑、讲述、课艺、常识、校闻、记载 |
| 《三师汇刊》 | 论说、文艺、插图、研究、讲演、校闻 |

| 刊名 | 主要栏目 |
|---|---|
| 《协和湖》 | 论文、散文、小说、诗词、杂俎 |
| 《新十一中》 | 短评、小说、诗歌、散文、戏剧、科学、书信、杂感、歌谣、杂俎、体育、英文研究、校闻 |
| 《师中月刊》 | 无栏目划分，主要刊发短论、文艺、诗词 |
| 《津逮》 | 无栏目划分，主要刊发文学论著、译述以及诗歌、词、散文、小说 |
| 《津汇月刊》 | 论文、科学、文艺、专载、书报介绍、童声、校闻 |
| 《心声》 | 无栏目划分，主要刊发论著、译述、文学作品、校闻 |
| 《铃铛》 | 国学研究、文学论著、译述、文艺漫谈、论文、小品、学术、历史、散文、科学、新诗 |
| 《弦》 | 无栏目划分，主要刊发小说、诗歌、小品 |
| 《东风月刊》 | 无栏目划分，主要刊发小说、诗歌、译作 |
| 《幽燕》 | 先前无栏目划分，后独立设栏，有时事评述、论著、文学创作等 |
| 《七师期刊》 | 摄影、论著，小说，小品文，诗，歌谣，戏剧、译著、教学 |
| 《期刊（天津）》 | 诗、小品文、纪实、译著、小说、歌谣 |
| 《文昌》 | 无栏目划分，主要刊发论文、诗歌、散文、游记、日记、小品 |
| 《保定新青年》 | 时评、自然科学、论著、文艺、青年园地 |
| 《河北省立邢台师范学校月刊》 | 教育、文艺、题材问题、杂俎、旅行报告、新闻 |
| 《国文学会特刊》 | 无栏目划分，主要刊发学术、文学和诗歌等 |
| 《文化前哨月刊》 | 文化论坛、先贤事略、文艺、学校生活、读者园地、文化情报 |
| 《北调》 | 我们的话、创作与翻译、诗与散文 |
| 《烽炎》 | 文艺理论、散文与诗、小说、翻译、补白和编后记 |
| 《望益》 | 文艺、随笔、小说、论著 |
| 《学友》 | 小说、诗歌、散文、通讯、文坛报告 |
| 《兴华（保定）》 | 论著、文艺、转载、校闻 |
| 《北光》 | 论坛、诗歌、经济、各地通讯、时局动向 |
| 《唐大学生》 | 论坛、文艺、院闻 |
| 《新河北》 | 社论、特载、论著、妇女与儿童、文艺、教育、杂俎 |
| 《石门月刊》 | 论著、文艺、小说、影与剧、杂俎、特载 |
| 《保师附小校刊》 | 论述、研究、纪事 |
| 《儿童杂志》 | 儿童故事、日记、游艺、童谣、谜语、常识 |
| 《工农兵》 | 故事通讯、诗歌·快板、常识问答、大众服务、写作讨论、编读往来、前线故事、翻身歌谣、歌舞剧、工作经验 |

续表

| 刊名 | 主要栏目 |
|------|---------|
| 《平原杂志》 | 平原论坛、问题研究、每月特写、将星录、农村生活通讯、国外农村生活介绍、学习经验、乡村艺术、农业指导、小科学、儿童读物 |
| 《歌与剧（河间）》 | 无栏目划分，主要刊发文学理论、歌曲、戏剧、话剧、民谣 |

上表即为民国河北文学类期刊的栏目设置情况，在搜集整理过程中，笔者总结出民国河北文学类期刊的栏目设置特点。

一是民国河北文学类期刊的栏目分类是丰富多样的。除去少数没有栏目划分的期刊，民国河北大部分文学类期刊都有明确的栏目划分，且栏目种类众多，名称多变。"文艺""论著""小说""诗歌""散文""文坛报告"……丰富的栏目设置使得期刊内容充实，形式多样。同时许多期刊也根据自己的出版方针和特色，会划分相应的栏目，"乡村艺术""诗歌·快板""青年园地"等栏目名称，不落俗套，极具特色，虽然也是文学类内容，但编辑根据期刊的定位设计相应的栏目名称使得期刊栏目更亮眼，期刊整体也更上一层次。例如冀南书店工农兵编委会编辑的《工农兵》设置"诗歌·快板"一栏，以普通百姓喜闻乐见的形式、以日常工作生活为写作内容，向人们普及生活知识，推动发展。《文化前哨月刊》的"文化情报"一栏主要刊登当时文学界的消息和新闻，也呼应了期刊的刊名，是河北文化界的"前哨"。期刊栏目是期刊内容的浓缩，丰富多样的期刊栏目是民国河北文学类期刊的点睛之笔，体现了当时文学类期刊编辑的思想与态度。

二是民国河北文学类期刊的栏目稳中有变。期刊栏目的设计一般相对固定，会有长期不变的栏目，但期刊编辑也会根据期刊出版方针等的变化而增加或取消相应的栏目，这体现了期刊编辑能够顺应社会发展，研究期刊定位，为使期刊更好地出版、传播而做出的努力，民国河北文学类期刊的栏目设置也体现了这种特点。《平原杂志》一刊为使期刊内容更加丰富，在原有基础上增设了"漫画""童语"等栏目，既增加了期刊的趣味性，适合普通百姓阅读，又扩大了受众，吸引儿童。《幽燕》创刊时并未设置固定的栏目，后来办刊经验不断积累，为使期刊更好地发展，开始划分独立的栏目，有时事评述、论著、文学创作等。这些期刊栏目设置上的改变体现了期刊栏目设置在不变中隐藏着变化，是一致性与变化性的统一。

（三）版式编排灵活多样，灵活性与原则性相结合

版式即版面格式，具体包括编辑在固定的开本上对出版物的文字、目录、版面设计等进行布局，目的是使期刊的整体结构与期刊风格相统一，使期刊具有一定的艺术性。

民国河北文学类期刊的版式编排形式多样，首先在文字的排版方式上主要有竖向排版、横向排版以及横竖混合的排版方式三种。我国古代图书多为木片、竹片制成的长形简牍，文字竖向排列，民国时期许多期刊仍沿用竖向排版的方式，这符合当时传统的阅读方式，竖向排版的期刊大都分为上下两栏，这样的排版方式便于读者阅读。随着西方新技术、新思想、新观念的引入，我国期刊出版也受其影响，文字的横向排版就是表现之一，当时的文学类期刊也有许多采用横向排版的方式。例如期刊《幽燕》（如图20所示）采取的是竖向排版，而期刊《津逮》（如图21所示）采取的则是横向排版。两种不同的排版方式是民国期刊发展的特色，也是中国近代学习西方、不断探索的文化见证。在一些期刊中，当涉及"新""旧"内容在同一页面时，通常"新内容"采用横向排版的方式，"旧内容"采用竖向排版的方式。如期刊《望益》（如图22所示）中，左边的新诗采用的是横向排版，而右边的文章采用的是传统的竖向排版。

此外，民国河北文学类期刊的在字体选择、行间距的宽窄、页面的留白设计等方面不同的期刊也有不同的选择。民国河北文学类期刊的内文字体一般为宋体，行间距的宽窄、页面的留白设计多根据文章内容进行编排。通常每种期刊都有自己的风格与习惯，有的期刊字间距、行间距较宽、有的期刊则较窄，有些期刊在内容编排时会考虑页面整体的协调性而相应地改变行间距。如期刊《工农兵》中诗歌《生产小调》（如图23所示）为在同一页面排版完整，压缩了行间距，使期刊页面的排版协调对称。

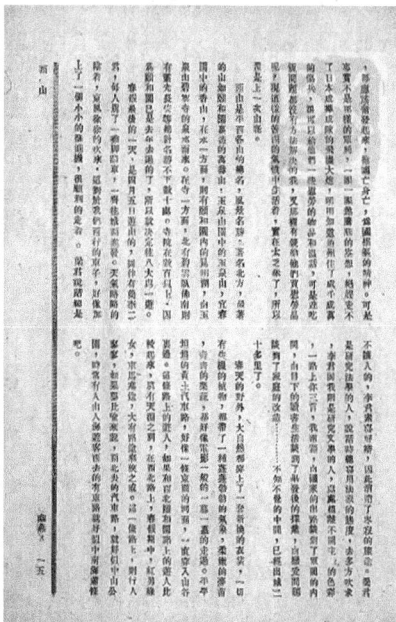

图20　《幽燕》部分内容　　　　图21　《津逮》部分内容

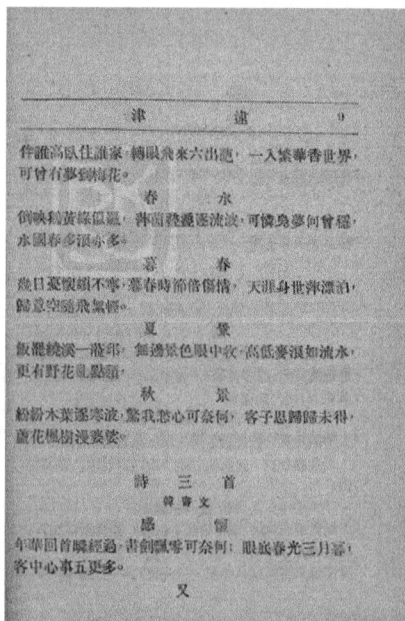

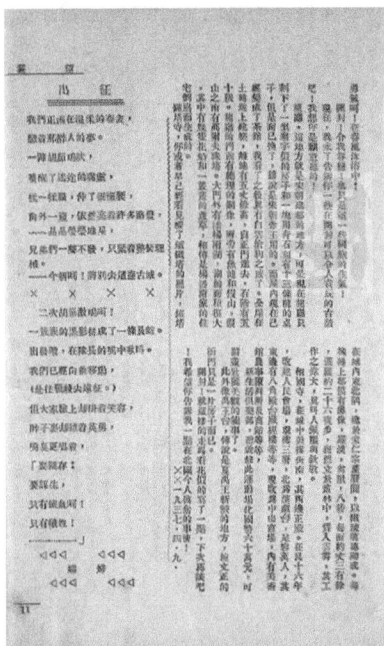

图 22 《望益》部分内容

图 23 《工农兵》部分内容

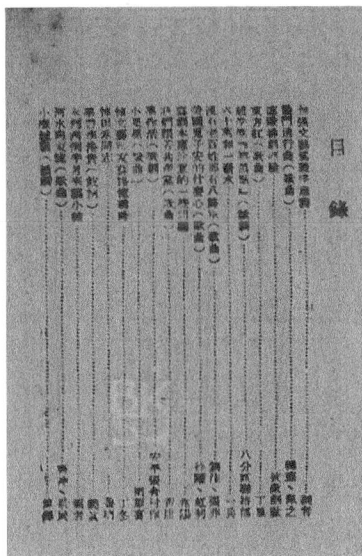

图 24 《歌与剧（河间）》目录

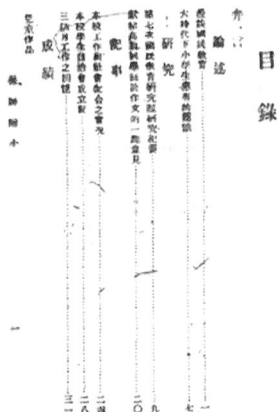

图 25 《保师附小校刊》目录

目录的编排作为期刊版式编排的一部分，往往体现着期刊的编辑风格与特色。民国河北文学类期刊目录的编排方式可以分为标题连接作者式目录、标题连接页码式目录、混合式目录三种。标题连接作者式目录是指标题后边跟着本文的作者，如期刊《歌与剧（河间）》目录（如图 24 所示）；标题连接页码式目录指的是标题后边跟着文章所在的页码，如期刊《保师附小校刊》目录（如图 25 所示）；混合式目录是多种目录形式的随机搭配，标题后边及连接作者又连接页码，或者先以不同栏目分列标题，再在标题后边连接作者与页码，这类标题既明确了文章分属哪一栏目，又可以使读者快速找到相应文章，便于阅读，如期刊《新十一中》目录（如图 26 所示）、《七师期刊》目录（如图 27 所示）。

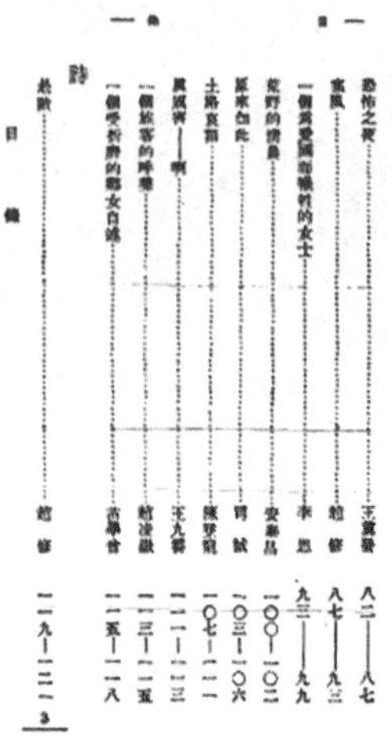

图 26 《新十一中》目录

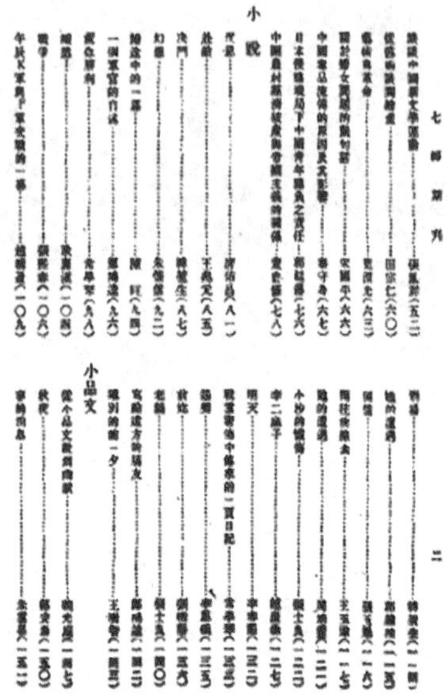

图 27 《七师期刊》目录

## 五、民国河北文学类期刊的出版价值与意义

民国河北文学类期刊作为近代文学类期刊的一部分，承载着历史沉淀的结晶，是当时特殊历史环境下文人志士不懈努力的成果。虽然这些期刊距今时代久远，但在当时的社会中起到了重要的作用，在今天仍有其价值。

### （一）促进文学群体的进步、成长与觉醒

回看民国河北文学类期刊的历史，可以清楚地感受到号召人们追求思想解放和自由的理念始终贯穿于河北文学类期刊的发展中。虽然民国河北文学类期刊的发展并未在当时全国文学类期刊的发展中占据最重要的位置，但正是一种种微不足道的期刊不断问世，以自己的力量传播先进思想，打破封建束缚，才推动了社会的全面觉醒。河北地区的文学群体受时代感召，在谋求民族的独立、探索救国之路的进程中通过文学类期刊宣传新思想、新文化，追求个人、团体与社会的进

步与成长。民国河北文学类期刊的出版内容关心当时的社会和时代，关注社会现实，以真善美的作品唤醒了当时处于沉睡时期的河北地区各阶层，以文学作品打破封建思想对普通大众的束缚，打破旧封建、旧道德，发扬新文化，宣传新思想，促进河北地区思想意识的觉醒，唤醒民族意识。带有新思想的期刊内容是人们了解现代进步思想的渠道，促进了文学群体的进步、成长与觉醒。

1928年以来革命文学兴起，1930年"左翼作家联盟"成立，逐渐深入推动"文艺大众化"与马克思文艺理论。河北地区的知识分子在民族国家的危亡与现代化进程的冲击下，强烈的使命意识与革命理想觉醒，于是在思想文化领域也逐渐由"文学的革命"走向"革命的文学"，开始关照普罗大众的思想发展与文艺需求。到20世纪20年代的革命文学，"文艺大众化"不断地加强，河北地区也创办期刊，以普通大众为对象进行创作，作品内容贴近底层百姓。

民国河北文学类期刊创办群体积极跟随社会文化发展的方向，创办文学类期刊，发表文学作品，参与关于文学发展的讨论，以各自的力量为近代文学的发展作出自己的贡献，在推动文学发展的过程中培养了一批作家，出版了优秀的文学作品。

### （二）助力文学思想和理念的融通与碰撞

河北省从直隶省到"河北"，名称虽然改变，但悠久的历史文化、优越的地理位置、优秀的人才使河北一直是北方重要省份，也是文学发展的重要地区。民国时期，河北省紧跟全国文学期刊发展的趋势，创办了许多优秀的文学期刊，是民国时期文学类期刊的重要组成部分，出现了一些具有影响力的作者，是推动近代文学类期刊发展的重要力量。

民国河北文学类期刊肩负着填补当时河北地区文学空白的使命，扮演着"青年良友"的角色，为当时的青年们提供了文学交流、互相学习、积极竞争的园地。青年们通过文学期刊进行学术上的研究与交流，藉此互相观摩，更可使精神有所寄托。同时因为社会制度混乱，各种思想碰撞，各阶级也利用文学类期刊宣扬自己的思想与理论，共产党为使文艺更好地为革命战争服务、为人民子弟兵服务，创办文学类期刊歌颂人民英雄解放军，表现出军民鱼水情深义重。解放战争时期，中国共产党创办文学类期刊，以丰富百姓生活，同时本着走进底层群众、展示军民鱼水情的宗旨，加强与群众的联系与沟通。助力文学思想和理念的交流是民国河北文学类期刊出版的一大重要意义，借助期刊这一平台，在国家危难之际团结一致，互相鼓励，统一意志。文学期刊既是精神食粮，又是情感寄托。

### （三）熔铸河北地域文学的出版品格

清朝末期西方帝国主义用坚船利炮破开中国国门，对封建落后的中国进行经济侵略的同时在文化上也不断影响着中国，从此中国面临着一个社会转型时期。在这期间，混乱的社会环境催生了期刊的发展，人们通过办报纸、办期刊来学习西方文化。河北地区的文学类期刊也跟上国内文学期刊的发展步伐，在社会的大浪潮下寻求自己的出路，活跃了当时河北地区的文化出版气氛，带动了当时河北地区期刊的建设发展。

民国河北文学类期刊虽说集中创刊于保定和作为省会时期的天津地区，但河北其他城市文学类期刊的发展也如星星之火，石家庄、沧州、唐山、邢台等地也不断有文学类期刊问世，这使得河北地区的文化氛围较为浓厚，有利于城市的发展建设。从 1928 年河北省成立以来，在每个发展阶段都有文学类期刊的身影，没有间断的文学类期刊的出版为河北省文化的发展贡献了一分力量。另外，从河北省文学类期刊的创办宗旨可以看出，河北省文学类期刊的出版内容关注到每个层次的人群，既给知识分子提供思想表达的平台，又给普通想要抒发情感的群体以空间，同时关心底层百姓，刊登基础性知识以提升其思想水平。广泛的受众活跃了河北省的文化出版气氛，熔铸了河北地域文学的出版品格，奠定了河北省长久推动文化事业发展的基础。

### （四）增进文学基因传承与史料库建设

河北作为华夏文明的重要发祥地，经过数千年的积淀，具有丰富的文化底蕴，悠久的历史文明是文学的发展奠基石。燕人荆轲国难当头的慷慨悲歌、义无反顾；廉颇、蔺相如外敌当前摒私欲讲大义的将相和。河北独特的燕赵文化也在民国河北文学类期刊的出版中得到体现，影响着期刊的办刊思想。当时文学类期刊的办刊宗旨、编辑特色、刊载内容等都出版体现着河北自古以来的文学思想和风格，是河北几千年来文学基因的传承，对于当今河北文学类期刊的出版也有着一定的影响。

民国河北省出版的文学类期刊是河北省动荡岁月的记载，这些期刊记录了河北省文学出版事业的发展，为我们今天研究河北的历史提供了丰富的资料。许多学校出版的文学类期刊刊登老师及学生的文学作品，我们可以从中看到当时大中小学师生的工作、学习、生活状态，了解当时的学校的创作水平以及教育的发展情况。许多学校期刊的还会刊载摄影作品，包括学校校舍、学校活动以及相关人员的照片，这些都可以为研究民国河北地区的建筑、教学甚至服饰习俗提供宝贵资料。比如一些期刊刊载了当时学校的校门及校园内部的摄影作品，可以作为研究当时学校相关内容的参考。

民国河北文学类期刊是宝贵的历史资料，期刊中丰富的内容记载了当时河北地区文学发展的历程，是研究河北文学发展的宝贵财富，这对于相关史料库的建设提供了重要资料，同时也为研究民国河北其他方面提供了辅助。

# 华夏政治传播研究

主持人：张丹

# 在讲好中国红色故事中构建中国红色文化国际话语体系 *

## Constructing the International Discourse system of Chinese Red Culture In Telling Chinese Red Stories Well

刘建锋 **

Liu Jianfeng

**摘　要：** 多年来，中国红色文化的魅力和影响力得到了国内外受众的交口称赞，然而却时常被一些西方机构、传媒、政要，乃至个别西方政府的妄加揣度与恶意污蔑，映衬出对外讲好中国红色故事所面临的话语困境。构建中国红色文化国际话语体系面临的困境不仅涉及中国红色文化话语结构，而且还牵涉西方由来已久的看低、看轻、看衰、看不懂中国红色故事的主观成见。因此，中国应号召各方众志成城、同心合力，借助提升自豪感与号召力、使命感与凝聚力、归属感与作用力、纵深感与推动力、责任感与公信力、层次感与爆发力等路径，在讲好中国红色故事中构建中国红色文化国际话语体系。

**Abstract:** Over the years, the charm and influence of Chinese red culture have been praised by audiences at home and abroad. However, it is often speculated and maliciously vilified by some western institutions, media, politicians and even individual Western governments, reflecting the discourse dilemma faced by telling Chinese Red stories to the outside world. The dilemma of constructing the international discourse system of China's red culture involves not only the discourse

---

　* 基金项目：本文系重庆市中国特色社会主义理论体系研究中心、四川外国语大学分中心研究成果；重庆市社科科学规划项目"抗战时期八路军驻重庆办事处的中共党员思想政治教育研究"（项目编号：2020BYKZ06）阶段性成果。

　** 作者简介：刘建锋，男，湖北利川人，四川外国语大学马克思主义学院，副教授，硕士生导师，研究方向：马克思主义理论。

structure of China's red culture, but also the long-standing subjective prejudice of the west to look down, despise, and fail to understand China's red stories. Therefore, China should call on all parties to unite as one, work together, and build an international discourse system of Chinese Red Culture in telling Chinese Red stories by means of enhancing pride and appeal, sense of mission and cohesion, sense of belonging and force, depth and driving force, sense of responsibility and credibility, sense of hierarchy and explosive force.

**关键词**：中国红色故事；中国红色文化国际话语体系；构建路径

**Key words:** Chinese Red Story; International Discourse System of Chinese Red Culture; Path

习近平总书记强调："共和国是红色的，不能淡化这个颜色。"[①] 中国红色文化是中国共产党领导全国人民在革命、建设和改革开放时期实现民族独立和国家富强过程中凝聚的，以中国化马克思主义为核心的红色遗存和红色精神；也包括近代中国开放以来历代仁人志士自强不息、救国拯民、反对内外强权压迫过程中形成的革命解放基因和中华民族复兴的伟大精神。在十三五时期，我国"文化事业和文化产业繁荣发展"[②]，同时，党的十九届五中全会提出开启了全面建设社会主义现代化国家新征程，结合"中华民族伟大复兴战略全局和世界百年未有之大变局"[③]，要求我们"必须坚定文化自信，牢牢把握社会主义先进文化前进方向，激发全民族文化创造活力，更好构筑中国精神、中国价值、中国力量"[④]，实现"繁荣发展文化事业和文化产业，提高国家文化软实力"[⑤]。在《中共中央关于制定国民经济和社会发展第十四个五年规划和二〇三五年远景目标的建议》中再次强调："以讲好中国故事为着力点，创新推进国际传播，加强对外文化交流和多层次文明对话。"[⑥] 党的十九届六中全会中指出："永远以党的旗帜为旗帜、以党的方向为方向、以党的意志为意志，赓续党的红色血脉，弘扬党的优良传统，在斗争中经风雨、见世面、

---

① 习近平：《在看望参加全国政协十三届二次会议的文化艺术界、社会科学界委员时的讲话》，《人民日报》2019年3月5日，第1版。

② 习近平：《十九届五中全会公报》，《人民日报》2020年10月30日，第1版。

③ 习近平：《十九届五中全会公报》，《人民日报》2020年10月30日，第1版。

④ 习近平：《十九届四中全会公报》，《人民日报》2019年11月5日，第1版。

⑤ 习近平：《十九届五中全会公报》，《人民日报》2020年10月30日，第1版。

⑥ 习近平：《中共中央关于制定国民经济和社会发展第十四个五年规划和二〇三五年远景目标的建议》，《人民日报》2020年11月3日，第1版。

壮筋骨、长才干。"①然而，某些西方政府、要员及传媒等，要么戴着有色眼镜主观臆断，或者要么出于某些不可告人的目的与缘由，妄加揣度与恶意污蔑中国红色文化，既有损中国红色文化的国际形象塑造，也不利中国红色文化走向世界。

众所周知，中国红色文化"具有强化红色记忆、传承精神根脉、增强文化自信的文化价值"，"具有增进国家认同、促进民族团结、铸牢中华民族共同体意识的政治价值"，"具有整合价值分歧、引领社会风尚、促进社会稳定的社会价值"，"具有促进经济发展、推动脱贫攻坚、实现共同富裕的经济价值"②，然而却时常面临把控、驾驭或操纵话语权的一些西方机构、传媒、政要，乃至个别西方政府的妄加揣度与恶意污蔑，其深层次的缘由需要认真斟酌和加以鉴别。因此，习近平总书记一针见血地强调：需要"加强国际传播能力和对外话语体系建设，推动中华文化走向世界"③，同时，"积极推动中华文明走出去，有效开展国际舆论引导和舆论斗争，初步构建多主体、立体式的大外宣格局"④，"要加强国际传播的理论研究，掌握国际传播规律，构建对外话语体系"，"要采用贴近不同区域、不同国家、不同群体受众的精准传播方式，推进中国故事和中国声音的全球化表达、区域化表达、分众化表达"⑤。中国红色文化走向世界所遭遇的尴尬与困境，衬托了西方主流传媒与学界对中国话语体系一直以来抱有陈旧僵化的思维方式与阐释程式，展示出中国形象在西方"话语霸权"下被误读与污蔑。在讲好中国红色故事中构建中国红色文化国际话语体系，中国就需要走出类似这样束手束脚、受制于人的不利境况，在全球打造真实可信的国家形象，其首要任务就是要借此讲好中国红色故事，构建自己独特的中国红色文化国际话语体系。

一、构建中国红色文化国际话语化体系的新时代新征程背景

一直以来，西方从官方到民间、从上层到下层，都对中国或多或少地有着曲解和误导。尤其在东欧剧变后，中国成为世界上硕果仅存的社会主义大国，特别是进入新时代新征程以来，由于中国"已转向高质量发展阶段，制度优势显著，治理效能提升，经济长期向好，物质基础雄厚，人力资源丰富，市场空间广阔，

---

① 习近平：《中共中央关于党的百年奋斗最大成就和历史经验的决议（2021年11月11日中国共产党第十九届中央委员会第六次全体会议通过）》，《人民日报》2021年11月17日，第1版。
② 李记岩，杨伟丽：《红色文化资源的价值意蕴》，《中国社会科学报》2020年12月9日，第1版。
③ 习近平：《十八届三中全会公报》，《人民日报》2013年11月13日，第1版。
④ 习近平：《习近平谈治国理政（第四卷）》，北京：外文出版社，2022年，第312—314页。
⑤ 习近平：《习近平谈治国理政（第四卷）》，第312—314页。

发展韧性强劲，社会大局稳定"①，加上十九届五中全会确立开启全面建设社会主义现代化国家新征程中强调，"全面提高对外开放水平，推动贸易和投资自由化便利化，推进贸易创新发展，推动共建'一带一路'高质量发展，积极参与全球经济治理体系改革"②，十九届六中全会更强调"积极参与全球治理体系改革和建设，维护以联合国为核心的国际体系、以国际法为基础的国际秩序、以联合国宪章宗旨和原则为基础的国际关系基本准则，维护和践行真正的多边主义，坚决反对单边主义、保护主义、霸权主义、强权政治，积极推动经济全球化朝着更加开放、包容、普惠、平衡、共赢的方向发展"③，必然会引起了那些醉心于昔时荣光、妄想永久掌控、操纵和驾驭全球经济政治秩序的西方发达资本主义国家的不满与嫉恨。由此，造谣、中伤、误读、污蔑、曲解，甚至妖魔化中国的舆论四下泛滥，主要表现为"中国威胁论"与"中国崩溃论"。

细化到中国红色文化上和中国红色故事中，一些西方势力别有用心地采用了如下恶意的方式与手段："第一种是公开的反对派，公开反对党的领导和社会主义制度；第二种是披上合法的外衣，用隐蔽的方法向我们党和社会主义制度进攻的；第三种是利用历史和现实中的个别事件，攻其一点，不计其余，以偏概全的；第四种是把学术问题与政治问题交织在一起，以学者的面孔出现，实质上兜售反动思想。""用编造和歪曲的材料误导读者，迷惑性很大。""其污蔑的内容越来越多元化、手段越来越多样化、手法也越来越隐蔽化。"④

## 二、中国红色文化国际话语体系的基本构架

"话语体系是一个国家软实力和巧实力的集中体现，蕴含着一个国家的文化密码、价值取向、核心理论，决定其主流意识形态的地位和国际话语权的强弱。话语与话语体系为话语权服务，是话语权的基础。话语权的巩固与提升，既取决于国家的硬实力，又直接体现为话语的成熟和话语体系的完善。"而"当代中国话语体系，主要指中国特色哲学社会科学话语体系，包括对内和对外两个方面。对内话语权即主流意识形态话语权，主要在于巩固马克思主义在意识形态领域的主导和引领地位；对外话语权则是指中国在国际上的话语权力和话语能力"⑤。

---

① 习近平：《十九届五中全会公报》，《人民日报》2020年10月30日，第1版。
② 习近平：《十九届五中全会公报》，《人民日报》2020年10月30日，第1版。
③ 习近平：《中共中央关于党的百年奋斗重大成就和历史经验的决议（2021年11月11日中国共产党第十九届中央委员会第六次全体会议通过）》，《人民日报》2021年11月17日，第1版。
④ 张全景：《弘扬红色文化，掌握意识形态工作主动权》，《红旗文稿》2014年第22期。
⑤ 韩庆祥，陈远章：《建构当代中国话语体系的核心要义》，《光明日报》2017年5月16日，第15版。

　　如今，中国红色文化国际话语体系的基本构架建立在由党引领下以区域特色文化为基础来予以推动推行推广，其重点与聚焦点表现在如下几个方面：一是强调与突出思想政治教育理论与实践为主题，借助各级各类特色红色文化载体以形成中国红色文化有为作为善为的格局；二是强调与突出全媒体时代的特征，融其全员、全息、全员、全效于一体的无处不在、无所不及、无人不用的特点，运用其强大的传导力、引领力、影响力与公信力实现中国红色文化的同心同向同行，让中国红色文化得以融入受众群体的首肯与接纳之中；三是强调与突出开展中国红色文化品味品鉴品评活动，凸显中国红色文化国际话语体系表达的特性。

　　当然，尽管中国红色文化国际话语体系的架构彰显出以党为引领的众多的特质与优势，但是依旧存在不容忽视的问题：一是当前中国红色文化国际话语体系表达在本质上以"填鸭式灌输"为主，呈现"一元化"模式[①]。这种单向的说教方式无法有效实现受众对所传播信息的高度认同，在一定程度上削减了中国红色文化的感染力[②]。二是借助新媒体所传播的中国红色文化在内容上较为单薄[③]，未能高效提炼与探究中国红色文化深层次的文化底蕴与精神内涵，尚处于静态式说明、脚注与架构的进程。三是出于对中国红色文化的碎片化解读，当代青年群体将中国红色文化的价值定位窄化[④]，未能高效提炼与把握中国红色文化内涵与外延的整体性认知，最终引发将中国红色文化歪曲与误解为绝对化、抽象化与政治化的浮泛文化。综上所述，上述问题的形成发生发展与中国红色文化国际话语体系的密切关注不够有关。同时，也在讲好中国红色故事时，让中国红色文化国际话语体系表达引发某种程度的困扰。倘若应对欠妥，必然引发中国红色文化国际话语体系的有效表达不畅不顺不利；也会引发西方受众长久以来对强党的领导怀有的提防与不信任，对强党的领导的话语体系产生疏离感与戒备心。倘若不能深刻把握中国红色文化国际话语体系的国际表达格局，不遵循中国红色文化国际话语体系的国际表达规律，必然无法讲好中国红色故事。

　　因此，如何基于中国红色文化话语的文化性、语用性以及人际性特点来探索中国红色文化传播的有效机制是当下政治传播领域绕不过去的一个话题[⑤]。中国红

---

① 陆山华：《红色文化的传播现状》，《科学与财富》2017 年第 36 期。
② 张立，李兴选：《全媒体视阈下高校"红色文化"有效传播的多维探析》，《社科纵横》2017 年第 8 期。
③ 吕春艳：《高校思想政治教育载体创新研究——基于新媒体传播红色文化的视角》，《湖北函授大学学报》2018 年第 16 期。
④ 张立，李兴选：《全媒体视阈下高校"红色文化"有效传播的多维探析》，《社科纵横》2017 年第 8 期。
⑤ 曾杰：《论红色文化传承中的当代话语转换》，《贵州社会科学》2017 年第 11 期。

色文化需要急切构架效率为先的话语表达体系，"加强话语体系建设，集中讲好中国故事，不断增强中国国际话语权，让全世界都能听到听清听懂中国声音，让世界认识一个立体多彩的中国"①。

### 三、讲好中国红色故事遭遇的国际话语体系困境

当下，西方罔顾中国红色文化的本源、内涵与价值，借助"西强我弱"的话语权态势，妄图对中国红色文化采用造谣、中伤、谩骂、污蔑、曲解、打压，甚至妖魔化的恶劣行径，让国人深刻认识到：虽然多年来中国在红色文化的整体形象的架构与打造上成绩显著，中国的国际声望与国际地位不断攀升，中国红色文化国际话语体系表达也得到了国际社会的充分肯定与认可，然而在国际舆论场景中，"西强我弱的信息流不平衡现象依然存在，中国还未走出'被动挨批'局面"②，中国要摆脱话语权的弱势地位，不懈奋斗与抗争，做到"要根据形势需要，把握时、度、效，及时调整斗争策略。要团结一切可以团结的力量，调动一切积极因素，在斗争中争取团结，在斗争中谋求合作，在斗争中争取共赢"③。而在在讲好中国红色故事的进程中，中国遭遇的话语体系表达的现代困境与冲击为：

第一，西方看低中国红色故事。进入新时代以来，"中国前所未有地走进世界舞台中心，对国际社会尤其周边国家的舆论引导力逐步彰显"④。然而，国外有一些西方机构、传媒、政要，乃至个别西方政府或者依旧戴着有色眼镜主观臆测而看低中国及中国红色文化，或者沿袭着西方陈旧过时的价值观念与话语体系思维来打量与看低中国及中国红色文化，对中国及中国红色文化未能予以最基本的认知与尊重，完全不认可中国红色文化国际话语体系取得的巨大成效，即"通过对维护政治合法性的表达，维持了社会政治秩序的稳定"，"通过对引领社会思想文化的表达，巩固了主流意识形态的一元化"，"通过对规制个体价值判断的表达，强调了社会价值评价的标准"⑤，固执己见地倒行逆施，背道而驰，走向问题的反面。初看上去让人觉得不可思议，然而斟酌再三，方可发现其深层次的原因。

第二，西方看轻中国红色故事。基于国际话语权表达中，怎样获得国际上最

---

① 王莉：《中国话语体系构建的基本维度》，《光明日报》2017 年 9 月 25 日，第 15 版。

② 吴瑛：《十九大后国际舆论的新格局与新走势》，《对外传播》2018 年第 4 期。

③ 习近平：《在中央党校（国家行政学院）中青年干部培训班开班仪式上发表重要讲话：发扬斗争精神 增强斗争本领 为实现"两个一百年"奋斗目标而顽强奋斗》，《人民日报》2019 年 9 月 4 日，第 1 版。

④ 吴瑛：《十九大后国际舆论的新格局与新走势》，《对外传播》2018 年第 4 期。

⑤ 李飞，李涛：《变迁社会中红色文化话语体系的表达、困境与重构》，《理论导刊》2019 年第 11 期。

大多数人的认可与接纳，及时有效地发声与进言，愈发显得尤为关键。基于此，中国在对外讲好自身的红色故事的进程中，忽视了西方看轻中国红色故事的重要诱因，表现为：一是对外讲好中国聚焦于内涵式发展的能力还不足；二是对外讲出具有时代感、带入感与共鸣感的故事的能力还不足；三是对外怎样最大限度地获得最大多数人的认可与接纳的能力还不足；四是对外把中国红色文化、红色故事讲细讲实讲透，实现入眼入耳入脑入心的能力还不足；五是将中国红色文化国际话语体系表达由"理"深入到"人"的能力还不足；六是保持中国红色文化国际话语体系的魅力与张力还不足。

第三，西方看衰中国红色故事。随着互联网运用普及和大数据等技术快速发展，人类步入到海量信息的时代，怎样高效务实地让中国红色文化和红色故事成为国内外受众的聚焦点和着力点，是对外讲好中国红色故事的应有之义。让中国红色文化和红色故事成为国内外受众的聚焦点和着力点，从主体来讲，不仅事关受众的数量多少与地域分布的深度广度，而且也事关受公众关注的持续性与延续性。基于此，中国对外在讲好自身的红色故事的进程中，西方看衰中国红色故事的重要诱因，表现为：中国红色文化国际话语体系的国际交流遭遇沟通不畅，由于国外受众已经形成并固化的文化价值观与中国红色文化价值观之间可能存在的冲突，导致中国红色文化在进入国外之前，觉得与己无关，因漠不关心而看衰中国红色文化；在进入国外之后，觉得中国红色文化无任何借鉴价值，本国本地区的文化比中国红色文化更先进、更科学、更可行，因而看衰中国红色故事。

第四，西方看不懂中国红色故事。在对外讲好中国红色故事的进程中，让国外受众看得到、看得清、看得懂是非常重要的一环，囿于语言表达、文化背景、价值体系、国际话语表达能力、红色文化产品的国际竞争力与国际化表达方式的差异，导致众多国外受众不太认可与接受中国红色故事的表达表述方式，看不懂中国红色故事的内涵，也理解不了这些故事所阐释的理念与精神实质。最终，各说各话、各抒己见，导致所讲的中国红色故事，让国外受众感到不明就里、一头雾水。所以，"履不必同，期于适足；治不必同，期于利民"，怎样精准、高效地呈现与表述中国理念和中国故事，站在有助于国外受众认可与接纳的立场与出发点上，以便于找出找到讲好中国红色故事的切入点与着眼点，选取适合的故事题材、表达方式，这非常有助于讲好中国红色故事。

四、在讲好中国红色故事中构建中国红色文化国际话语体系的实现路径

习近平总书记强调"要下大力气加强国际传播能力建设，加快提升中国话语

的国际影响力，让全世界都能听到并能听清中国声音"①，感受到"鲜明中国特色的中华文化感召力、中国形象亲和力、中国话语说服力"②，"向世界展现真实、立体、全面的中国，提高国家文化软实力和中华文化影响力"③，这为我们讲好中国红色故事，构建中国红色文化国际话语体系指明了前进的方向与根本的坚守。在讲好中国红色故事中构建中国红色文化国际话语体系，需要"建构融通中外的话语体系，需要以新概念、新范畴、新表达来向世界解读人类命运共同体理念中的标识行概念和核心话语，这是一个庞大而艰巨的系统工程"④，需要强调"坚持政府主导、社会参与、重心下移、共建共享"⑤的全方位、多角度通力协作，同心同向同行。

第一，从认识上找差距，进一步提升讲好中国红色故事的自豪感与号召力。面对那些毫无实据的妄加揣测与污蔑，甚至是主观赏带有"落井下石"的"断言"，中国应从认识上找差距，以大量无可辩驳的理据与成果，让西方造谣、误读、污蔑、曲解，甚至妖魔化中国的舆论与恶行不攻自破、顿显原形。新时代以来，在党的领导下，在讲好中国红色故事中构建中国红色文化国际话语体系成效明显。新时代新征程的常态化工作中，中国需要慎终如始、知难而进，方可增进与提升、继承与发扬在讲好中国红色故事中构建中国红色文化国际话语体系所取得的累累硕果，表现出在常态化工作场景下讲好中国红色故事中构建中国红色文化国际话语体系所施行的行之有效的路线、方针与政策，实现进一步提升讲好中国红色故事的自豪感与号召力。

第二，从工作上找短板，进一步提升讲好中国红色故事的使命感与凝聚力。习近平总书记强调："必须要增加国际社会对中国的了解和理解，营造良好的外部环境，这也是新时代文化建设应当担负起的重大使命。"⑥因此，进一步提升讲好中国红色故事的使命感与凝聚力，从工作上找短板，必然要以习近平新时代中国特色社会主义思想为指导，以新时代新征程的实践为出发点，以深化发掘标识性概念为着眼点，以强化学术创新性为突破口，持续增进和提升话语体系的核心要义和内在逻辑。要向国内外受众讲清楚，在讲好中国红色故事中构建中国红色文化国际话语体系取得明显的成效关键是，"我们走自己的路，具有无比广阔的舞台，

① 习近平：《在党的新闻舆论工作座谈会上的讲话》，《人民日报》2016年2月19日，第1版。
② 习近平：《习近平谈治国理政（第四卷）》，北京：外文出版社，2022年，第316—318页。
③ 习近平：《出席全国宣传思想工作会议并发表重要讲话》，《人民日报》2018年8月23日，第1版。
④ 佟晓梅：《构建对外话语体系 更好传播人类命运共同体理念》，《光明日报》2019年8月18日，第15版。
⑤ 习近平：《出席全国宣传思想工作会议并发表重要讲话》，《人民日报》2018年8月23日，第1版。
⑥ 刘瑾，刘波：《新时代"兴文化"的使命任务》，《光明日报》2018年8月31日，第15版。

具有无比深厚的历史底蕴，具有无比强大的前进定力"①。

第三，从措施上找弱项，进一步提升讲好中国红色故事的归属感与作用力。新时代新征程，对外讲好红色故事的先决条件首先取决于中国红色故事国际话语体系主动权的把控与驾驭。所以，应从措施上找弱项，应该积极踊跃地提升全媒体融通，应该积极踊跃地利用全媒体融通的特质，转变思路，抢抓机遇，紧跟新时代新征程。而积极踊跃地提升全媒体融通，应做到精准施策：一是要从"准、细、实"入手实现"分众化、差异化"下功夫，结合受众国家与受众人群的特质做到准、细、实的分类研究及有针对性的施策，可以思考"一国一议"或者"一国多析"的施策路径，做到因势而谋、应势而动、顺势而为、精准施策，进一步提升讲好中国红色故事的归属感与作用力。二是要从题材内容打造上下功夫，做到解放思想、实事求是、与时俱进、求真务实，积极踊跃从内涵与外延处入手，"强化互联网思维，坚持传统媒体和新兴媒体优势互补、一体发展，坚持先进技术为支撑、内容建设为根本，推动传统媒体和新兴媒体在内容、渠道、平台、经营、管理等方面的深度融合"，"形成立体多样、融合发展的现代传播体系"②。

第四，从人才上找突破，进一步提升讲好中国红色故事的纵深感与推动力。人才在讲好中国红色故事中构建中国红色文化国际话语体系中扮演着不可或缺的角色。因此，应从人才上找突破，进一步提升讲好中国红色故事的纵深感与推动力。中国要围绕"培养什么人、怎样培养人、为谁培养人"这一根本问题，重点在"要致力于培养一大批熟悉党和国家方针政策，了解我国国情、具有全球视野、熟练运用外语、通晓国际规则、精通国际谈判的专业人才"③上下功夫；重点在"不唯地域引进人才，不求所有开发人才，不拘一格用好人才，在大力培养国内创新人才的同时，更加积极主动地引进国外人才特别是高层次人才"④上下功夫；重点在中国红色文化的过去、现状及愿景上下功夫，感受中国红色文化国际话语的力度、温度、厚度和浓度，梳理出独具一格的中国红色文化国际话语体系，在实现"共商共建共享"中唱响构建中国红色文化国际话语体系的主旋律，进一步提升讲好中国红色故事的纵深感与推动力。

第五，从落实上找问题，进一步提升讲好中国红色故事的责任感与公信力。习近平总书记指出："我们有本事做好中国事情，还没有本事讲好中国的故事？我

① 习近平：《在纪念毛泽东同志诞辰 120 周年座谈会上的讲话》，《人民日报》2013 年 12 月 27 日，第 1 版。
② 习近平：《主持召开中央全面深化改革领导小组第四次会议并发表重要讲话》，《人民日报》2016 年 8 月 19 日，第 1 版。
③ 彭龙：《办"中国的"外语教育》，《光明日报》2017 年 4 月 13 日，第 14 版。
④ 习近平：《在外国专家座谈会上的讲话》，《人民日报》2014 年 5 月 23 日，第 1 版。

们应该有这个信心。"①因此，中国应从落实上找问题，强调"中国故事最精彩的主题，是讲清楚中国共产党为什么'能'、马克思主义为什么'行'、中国特色社会主义为什么'好'。要主动宣介习近平新时代中国特色社会主义思想，主动讲好中国共产党治国理政的故事、中国人民奋斗圆梦的故事、中国坚持和平发展合作共赢的故事，让世界更好了解中国"②。中国应积极主动地与遵循合作共赢的全世界友好媒体和外国驻华传媒"通过坦诚深入的对话沟通，增进战略互信，减少相互猜疑，求同化异、和睦相处"③，以构建中国红色文化国际话语体系绘就国际间"合作共赢"的"同心圆"，并向全世界分享在讲好中国红色故事中构建中国红色文化国际话语体系的经验与感受，展示恢宏的世界胸怀，坚定的大国担当，进一步提升讲好中国红色故事的责任感与公信力。

第六，从多维发力上找盲点，进一步提升讲好中国红色故事的层次感与爆发力。习近平总书记强调："加强对外话语体系建设，创新对外话语表达方式，打造融通中外的新概念新范畴新表述，增强文化传播亲和力，让当代中国形象在世界上不断树立和闪亮起来。"④因此，应从多维发力上找盲点，在主体、受众、路径、机制等方面实现精准聚焦、协同发力。从关照的国际话语体系的主体来说，应"坚持政府主导、社会参与、重心下移、共建共享"⑤的全方位、多角度通力协作，同心同向同行；从关照国际话语体系的受众来说，应以受众群体的焦点难点痛点痒点为核心，打造能充分激发受众群体关注点的红色故事；从关照国际话语体系的路径来说，应以 IT 技术、大数据和社交媒体等为路径，打造融通中外的新媒体新技术新表述；从关照国际话语体系的机制来说，应实现以跨国连省市遍区域的互助协作、汇聚为合力。进一步提升讲好中国红色故事的层次感与爆发力。

第七，从构建上找着力点，进一步提升讲好中国红色故事的紧迫感与内聚力。"舆论引导重在早、贵在快，特别是面对重大事件和突发事件，要快速反应、及时

---

①　习近平：《推动社会主义文化繁荣兴盛——关于新时代中国特色社会主义文化建设》，《人民日报》2019 年 8 月 6 日，第 1 版。

②　习近平：《推动社会主义文化繁荣兴盛——关于新时代中国特色社会主义文化建设》，《人民日报》2019 年 8 月 6 日，第 1 版。

③　习近平：《在亚洲相互协作与信任措施会议第四次峰会上的讲话》，《人民日报》2014 年 5 月 23 日，第 1 版。

④　习近平：《推动社会主义文化繁荣兴盛——关于新时代中国特色社会主义文化建设》，《人民日报》2019 年 8 月 6 日，第 1 版。

⑤　习近平：《出席全国宣传思想工作会议并发表重要讲话》，《人民日报》2018 年 8 月 23 日，第 1 版。

发声，做到抢先一步、先声夺人。"①因此，应从构建上找着力点，充分借助全球知名传媒和人士为中国红色文化话语体系构建摇旗呐喊、擂鼓助威，把脉国际舆论大势与走向，打造良性的中国红色文化话语体系构建氛围。在讲好中国红色故事中构建中国红色文化国际话语体系进程中，一要主动与联系国内外的专业团队共谋划、齐构建，以整合其资源，发挥优势与长处；二要主动与世界知名企业、创新产业公司和士绅名流开展多层次的沟通，引导他们主动配合从积极的方面推介中国红色文化；三要全面调动港澳同胞、海外侨胞和在华外籍人士的广泛融入，让他们同享共融中国红色故事，增进提升话语体系构建的主动性；四要落实深度的国际协作，打造国际间媒体融合命运共同体，让西方造谣、中伤、误读、污蔑、曲解，甚至妖魔化中国的舆论与恶行不攻自破、顿显原形。

---

① 杨振武：《做好新形势下舆论引导工作的科学指南（深入学习贯彻习近平同志系列重要讲话精神）——深入学习贯彻习近平同志关于舆论引导的重要论述》，《人民日报》2014 年 5 月 28 日，第 7 版。

# 流动的"人民"

## ——以清末民初杨度为中心的观念史考察

# "The People" in Flux

## ——An Examination of the History of Concepts Centred on Yangdu in the Late Qing and Early Republican Periods

秦 肯[*]

Qin Ken

**摘 要:** "人民"作为一个特殊概念,其含义发生了多次变化。1908 年杨度在宪政编查馆行走到 1916 年袁世凯去世之间,他围绕"人民"这个概念进行了多个不同角度的论述。北洋诸将受杨度影响,他们所发表的议论也由此而出。通过对杨度为中心的清末民初"人民"概念变化的考察可以发现,"人民"的概念是流动的,诸多政论的支撑点来自"人民",而最后的目标也指向"人民"。以杨度为例,他的政治论述起于"人民",最后归于"君宪"保民。而杨度对"人民"观念的传播也在中国近代政治传播学的研究当中具有重要意义。

**Abstract:** As a special concept, the meaning of "the people" changed many times, and between 1908, when Yang Du worked at the Constitutional Compilation Bureau, and 1916, when Yuan Shikai passed away, he discussed the concept of 'the people' from many different perspectives. The generals of Beiyang Government were influenced by Yang Du, and their arguments emerged from this. A discussion of the changing concept of 'the people' in the late Qing and early Republican periods, centred on Yang Du, reveals this concept was fluid, with many political arguments

---

\* 作者简介:秦肯,男,湘西土家族苗族自治州人,澳门大学人文学院历史系硕士研究生,教学助理,研究方向:中国近现代思想文化史。

supported by 'the people' and the final goal was also directed at 'the people'. Yang Du's political discourse, for example, begins with 'the people' and ends with the Constitutional Monarchs to protect the people. Yang Du's dissemination of the concept of 'the people' is also of great significance in the study of modern Chinese political communication.

**关键词：** 杨度；人民；君宪

**Key words:** Yang Du , the people , Constitutional Monarchs

近现代以来，"人民" 作为一个重要的政治名词与政治概念，被赋予了诸多政治内涵，迄今为止，它与 "国民""平民" 不同，仍然是无法替代的存在。[①]

在近代西方政治思想传入之前，"人民" 在中国并未具有特殊政治含义。如《老子》阐述爱民之道时，认为 "治人，谓人君欲治理人民，事天，事，用也。当用天道，顺四时，莫若啬，啬，贪也。"[②] 这里的 "人民" 只是国君治理天下时需要被治理的客体，与 "国民""百姓" 并未有不同。而在一些典籍之中，"人民" 还有奴隶的意思，如郑玄就在注《周礼·地官·质人》时，将 "掌成市之货贷、人民、牛马、兵器、珍异"。注为："人民，奴婢也。"[③] 古人有时也直接用 "民" 来表达类似于 "国民""百姓" 的含义，比如董仲舒在《春秋繁露》中写到 "乐异乎是，制为应天改之，乐为应人作之，彼之所受命者，必民之所同乐也。"[④]，也与《老子》中对于 "人民" 的解读颇为类似。

即使到了近代，诸多报刊在使用 "人民" 这个词语的时候，也与古代无太大差异。如《万国公报》在介绍地理知识时刻写道：

大地人民之多，物产之众，山之高，海之深也，皆莫不载于地球。[⑤]

这里的人民很明显也就是 "国民" 的意思。

1903 年，汪荣宝与叶澜编纂的《新尔雅》之中，"人民" 的概念有了新的变化："约束国家之所以成立也，其中有约从契约之区别。约从国家者，君主举人民固有之权，分而还之于众，以邀国人之悦服。契约国家者凭人民之腕力，以除旧

---

① 参见袁光锋：《"人民" 概念与政治现代性》，《党史研究与教学》2015 年第 2 期。

② （西汉）河上公注：《老子·德经下》，四部丛刊景宋本，卷 2，第 23 页。

③ 钱玄、钱兴奇著：《三礼辞典》，南京：江苏古籍出版社，1993 年，第 26 页。

④ （西汉）董仲舒：《春秋繁露》，清乾隆抱经堂业书本，卷 17，第 13 页。

⑤ 艾约瑟：《地震星见说》，《万国公报》1879 年总第 563 期。

建新。固国家为臣民所自造，统治者不过受人民之委托而已。"可见其对于人民的论述中，已经有了"现代国家寻求政治合法性的来源"① 因素了。随后，"人民"日益被更多的报刊提起，并越来越接近当今我们所认识的政治内涵。

而就是在这种新旧概念交融的大背景下，杨度开始了他"人民"的君宪。

杨度于光绪三十三年（1907）从日本法政速成课回国，迅速运动成立湖南宪政公会，开清季国会请愿运动之先河。因为在留学生界早有名望，且协助清廷出洋考察的政治大臣完成考察奏折②，获得了张之洞、袁世凯等人的注意。光绪三十四年（1908）春，张之洞、袁世凯向清廷保荐杨度进京，出任宪政编查馆提调，又安排他在颐和园向皇族亲贵演说立宪精义，可谓声名日隆。

杨度在资政院期间，发表多篇文章，鼓吹君主立宪。光绪三十四年（1908）在天津法政学堂的演说，很能体现杨度的"人民观"。现截取两段：

> 然则，区别之要点何在乎？曰：立宪国之政府原系人民之意思，故为人民之政府；专制国之政府独立专制，实为政府之政府；立宪国之政府权限分明，专制国之政府无首脑、无统一，权限混淆。故立宪国政府虽以命令行之于下，而有国会有人民之意思达于上，政府、国会二者立于平等之地位；专制国自政府以及下级官吏，无一不魏［巍］然压临于人民之顶上，人民虽有意思"见"，概不得发表，以致事事仰承于政府……
>
> 中国预备立宪缓以数年之期限，其所借口者"人民程度不足"，为上下官吏之全程肯定断语……政府乃以人民程度不足为借口，或实存此心以测人民，不知政府乃由本国人民之特定所组织而成者，其真有自负自信与英、德、日等之政府有同一之程度乎？③

这里虽然说的是"立宪"，但很明显就是君主立宪，因为杨度是为清廷计，自然不会以废除君主制为诉求。

"立宪国"因为是根据"人民"的意思，所以是人民的政府；"专制国"是"政

---

① 参见林雪斐：《中国语境中的"人民"话语的思考》，《哈尔滨师范大学社会科学版》2012 年第 1 期。

② 关于这个问题参见蔡礼强：《晚清大变局中的杨度》，博士学位论文，中国社会科学院近代史系，2003 年，第 62 页当时梁启超与杨度都在日本为宪政考察做出了贡献，但是如陶菊隐：《筹安会"六君子"传》，北京，中华书局，1981 年，第 23 页，认为杨度将大量复杂工作都交给了梁启超，而自己则选择了《宪政大纲应吸收各国之所长》等题目。然而无论如何，杨度在此期间与清廷沟通并参与了中枢工作是毋庸置疑的。

③ 《在天津法政学堂的演说》，1908 年 6 月下旬，刘晴波主编：《湖湘文库·杨度集·下册》，长沙：岳麓书社，2011 年，第 502 页。

府之政府",因为人民的意见不能达于上。清廷以"人民程度不足"为借口来拖延立宪,却不知何种程度之人民可成何等程度之立宪,何等程度之人民也成何等程度之政府,清廷托词"人民程度不足",那么自身厉行"专制",又有多高的"程度"呢?

根据上文所总结的杨度演讲大义,可以看出其已经将"人民"与"立宪"构成了政治运行的有机表里——政府来自人民,而立宪政体有利于人民,国家因此而立宪。虽然其理论尚未如同后世的国共两党一样将人民定义为政治合法性的绝对来源,但是可以看出"人民"的利益——至少是杨度口头上的人民的利益,是决定一国政体是否优越的重要原因。这点显然是受了西方人民主权理论的影响[1]。

还有一点值得注意的就是,杨度将立宪制度的优越性,除了解读为传达"民意"之外,还有"权限分明"与"统一",而非我们现在所理解的立宪制度的优点,如制衡、契约等等。这当是近代救亡思潮的体现。但是这种"分明"与"统一",却会形成一种悖论:若是要分明,要统一,莫过于专制君主一言九鼎,最为统一,最为分明。但是在包含代议制因子的立宪制度下,经历了重重民主程序,这时权限该如何"分明",如何"统一"呢?如果要求得这些"统一",又要体现出"人民"在其中的意志,以便于作为合法性的来源,这时该如何是好?

而这种矛盾在杨度其后的言论中也体现了出来。1908年,清廷在公布《钦定宪法大纲》与《立宪预备事宜年表》后,舆论哗然,一时铺天盖地的指责从革命、立宪两派阵营袭向杨度。9月中旬,杨度在《布告宪政会公文》中,首先回应立宪预备期限过长的声音:

> 然而中国国民致力之苦,国会约期之长,皆尚不如日本。使非国势过危,人民未必遽以为憾……上可以安皇室,下可以利人民,则朝廷既许迟早皆同。[2]

接着,杨度又为君权过重进行辩护:

鄙人所念念不忘者,但恐九年期限远,不能更成钦定宪法,于国于君两不利耳。但使宪政能早成,君权能统一,即为国之大幸。至于君民权限偏轻偏重,非此时国事之危急,人民不宜于此过争也。[3]

---

① 但是,关于杨度究竟是如何受到西方观念的影响,其思想谱系究竟是如何形成的,必须要结合其从前在王闿运处所学的帝王之学、在日本所学之法政课程、在日期间所阅读的小册子等等来进行分析。毕竟在其出国之前,仍然是一个"仓卒兵戈事已然,流连故物谁能舍"!(出自《圆明园图歌》,1900年9月,刘晴波主编:《湖湘文库·杨度集·上》,第36页)的传统文人。

② 《布告宪政会公文》,1908年9月,刘晴波主编:《湖湘文库·杨度集·下》,第511页。

③ 《布告宪政会公文》,1908年9月,刘晴波主编:《湖湘文库·杨度集·下》,第512页。

上一篇演讲之中渴望宪政的"人民"，在这里变成了杨度"未遂以为憾"与"不宜于此过争"的形象。所以，"人民"可以成就君宪，宪政的推迟也希望得到"人民"的理解。

"任何媒介的产生和发展都深深地植根于系列独特的政治、社会和经济环境之中。"① 杨度在杂志上宣传新的"人民"定义，极大地促进了该观念在中国的流行，并且还影响着当时的政局。以孙文为首的革命派时常著文抨击杨度，而同为立宪派的梁启超则时常在日本与杨度进行呼应。这种论战的局面，亦是政治传播过程中典型范例。②

同时人民除了成为政体合法性的来源以外，在互为表里的政治题体系之中，人民也需要被政体所训练。杨度在《论国家主义与家族主义之区别》中，虽然通篇并未使用"人民"这个复合词，但是如此谈到对于"民"的要求：

> 以君主立宪国论之，则国君如家长，而全国之民，人人皆为其家人而直接管理之，必不许间接之家族以代行其立法、司法之权也。

中国最初的一批近代启蒙思想家，如麦梦华，就在《商君评传》等书中盛赞商鞅"此事破刑不上大夫之说，及周官议亲议故议贤议能议功议贵之制也。故法一定，则举国之贤愚贵贱，莫不受制于其下"。③ 杨度也与这些思想家一样，将中国近代以来之所以落后于西方，很大程度上归结于"家族"问题过于严重，而"国家"思想过于稀少。这种时候，"人民"毫无疑问就会由政体合法性的来源者，潜移默化地变为一个实现政体目标的"被训练者"。相比于儒家传统的"教化"，这自然是一种精神上的传承。但是在此之上掺杂了西方的国家主义、威权主义思想，尤其是由德国经日本再被留日学生介绍而来的政法思想，将会导向想象中的"人民"之极端④。这会在杨度为袁世凯鼓吹造势之中体现。

然而，随着海内外革命派势力的增长与"皇族内阁"等的出现，杨度所希望的终究在清朝无法实现，这也使其思想发生了变化。

武昌起义的爆发引起了是否保留君主的大讨论。汪精卫因为刺杀摄政王被拘，后被袁世凯特赦。杨度与其成立的"国事共济会"，在成立宣言中如此说道：

---

① 周鸿铎：《政治传播学概论》，北京：中国纺织出版社，2005 年，第 87 页。
② 李彬：《中国新闻社会史》，上海：上海交通大学出版社，2009 年，第 99 页。
③ 麦梦华：《商君评传》，《诸子集成》第四卷，北京：团结出版社，1993 年，第 512 页。
④ 这里可以参考秦晖：《走出帝制》，北京：群言出版社，2015 年，第 75 页。

是二党①各持一说，各谋进行，其所争之点无他，君主，民主之一问题也。此外如确定宪政，发挥民权，则二党之所同也……然则二党之共同目的安在乎？皆不过成立立宪国家以救危亡之祸也。

然而两党制政见应何去而何从，非两党所能自决也，必也诉之于国民之公意。②

此时的杨度，虽然仍然坚持君宪立场，但是已经不再致力于抱死君宪不放。况且当时局势，排满兴汉、驱逐清帝几乎已成定局。后来其曾放弃君宪立场，发起了共和促进会："且度等前此主张君主立宪，乃以救国为前提，而非仅以保存君位之目的；乃欲促政治之进步，而绝不愿以杀人流血勉图君位之保存。彼亲贵王公及顽旧之徒，在人民希望君主立宪之时，则主张君主专制，于人民希望民主共和之时，又主张君主立宪。"仍然是套用"人民"之说辞。

由此可见，杨度的政治传播事件，是建立于时局的基础之上的。时局变化，其所传播的"人民"观念的内涵也将变化。然而，杨度以《东方杂志》为主要阵地，甚少在其余报刊进行论战，故而，政治传播的范围颇为局限。

清廷既已推翻，民国已立，国家局势却并未好转。首先就是国家根本大法的宪法，被斥为"因人而异"，本为总统制，后为责任内阁制；宋教仁被刺杀而导致政党政治的幻梦破灭；袁世凯与国民党之间的争斗也使得各方对于中国未来的政局失去了信心。③

杨度本人在清帝退位以后，在非官方的研究宪法委员会就职，多受袁世凯恩惠。后来其任国史馆副馆长，更是感激。在与友人的书信之中，他写道"今国基摇摇，不可终日。袁公支柱，亦特旦暮之安"④。而这已经为其替袁世凯称帝造势埋下了伏笔。

1915年10月，担任袁世凯法律顾问两年余的古德诺在《亚细亚日报》上发表了《君主与共和论》⑤，将国体问题公开地、官方地抛了出来。尽管古德诺本人并未在文中直接认为中国必须要实行君主制⑥，但是，其结果就是引发了其后的国体讨

---

① 指汪精卫的民主立宪党与杨度的君主立宪党。但是二党都没有取得革命派或立宪派的承认与支持，故成立数日后即解散。

② 《国事共济会宣言书附简章》，1911年11月15日，刘晴波主编：《湖湘文库·杨度集·下》，第537页。

③ 见李云波：《略论1915年之"国体"讨论》，吉林大学硕士学位论文，2012年，第7—18页。

④ 《致杨雪桥师书》，1915年春，刘晴波主编：《湖湘文库·杨度集·下册》，第562页。

⑤ 该文收录于全国请愿联合会编：《君宪纪实》第1册，1914年，第274页。

⑥ 见[日]山田辰雄：《袁世凯帝制论再考——古德诺与杨度》，中国社会科学院近代史研究所编：《近代中国与世界》第三卷，北京：社会科学文献出版社，2003年，第109页。

论劝进潮流。

早已打算继续践行"君宪"之愿景的杨度，结合民初的危亡图景，同时为了给袁世凯称帝造势，著名的《君宪救国论》出炉了。

由于《君宪救国论》是杨度仅次于《金铁主义说》的长文，故在此将其分为几个部分阐述。

首先，杨度结合民初的乱想，认为中国当今成"立宪国"无望：

客曰：何谓欲为立宪国无望？

虎公曰：共和政治，必须多数人民有普通之常德常识，于是以人民为主体，而所谓大总统行政官者，乃人民所付托以治公共事业之机关耳，今日举甲，明日举乙，皆无不可，所变者治国之政策耳，无所谓安危治乱问题也。中国程度何能言此？多数人民，不知共和为何物，亦不知所谓法律以及自由平等诸说为何义，骤与专制君主相离而入于共和，则以为此后无人能制我者，我但任意行之可也，其桀黠者，则以为人人可为大总统，即我亦应享此权利，选举不可得，则举兵以争之耳，二次革命其明证也。①

尽管诸多学者讽刺杨度，说他在清末的演讲中抨击清廷"人民程度不足"说，而在此时又举起了"人民程度不足"的大旗。②但是，如果对于杨度自1908年以来的诸多言论进行分析，我们发现，杨度其实并未推翻"人民程度不足"说，而是承认人民程度不足，但是由此而生的清政府更加不足罢了。其在此前透露出的"国家主义"观点，已经显示出，人民之地位并非可以岿然不动。"人民"尽管在杨度的笔下具有重要的地位，但始终，这个"人民"，需要为君宪服务，需要为政治理想服务。"君宪"虽由人民定，但这个"人民"，是由杨晳子来定的！

此时，民国已立。若是要重新推出一个皇帝，而且这个皇帝还能够巩固"宪政"，杨度所阐发的"权限分明"与"统一"，在此时便发挥了作用：

共和之世，人人尽怀苟安。知立宪亦不能免将来之大乱，故亦放任而不为谋；改为君主以后，全国人民又思望治，要求立宪之声，必将群起，在上者亦知所处地位，不与共和元首相同，且其君位非由帝制递禅而来，乃由共和变易而成者，非将宪政实行，无以为收拾人心之具，亦不能不应人民之要求也。③

---

① 《君宪救国论·上》，刘晴波主编：《湖湘文库·杨度集·下册》，第565页。
② 比如前文所引用的陶菊隐《筹安会"六君子"传》。
③ 《君宪救国论·上》，刘晴波主编：《湖湘文库·杨度集·下册》，第568页。

有了君主，就没有人能够争夺大总统了，那么就会人心安定，最后导向宪政。

而杨度笔下关于"人民"与"君宪"最有趣的互动发生在《君宪救国论·下》的最后一个部分：

客曰：子所谓正当既闻之矣，所谓诚实者何也？

虎公曰：治国所最忌者莫如欺民。人民分之则愚，合之则智，不可以欺者也。前清不肯以权利与民，而又不敢不言立宪，故以假立宪欺之，遂遭革命之祸。前车之鉴，至为显然。盖中国此时人民程度本不甚高，与以适宜之权利，并不至遂嫌其少，唯行之以欺，则必失败。他日君主立宪，人民之权利，国会之权限，所得几何，非今日所能预定。然有一至要之言曰：宁可少与，不可欺民。盖人民他日若嫌权利之少，不过进而要求加多，政府察其程度果进，不妨稍与之，免成反抗之祸。若以为尚未可与，则亦必以正当理由宣告国中，苟能诚心为国家计，断无不为人民所谅者。故少与权利，尚不足为祸害。①

即使给予人民之权力较少，但是也不可空造一个"民权"的假象，否则"人民"被"欺骗"以后，便会反抗，便会再次发生革命。

人民与君宪之间的关系已经清楚了：杨度用自己笔下的"人民"，借其口呼吁君宪，又借国情与国外案例，对于这个借用的主体作出了种种设定与限制。杨度的行文思路，写作手法，暗喻目的，即使在今日看来，也颇有即时感。袁世凯对于此篇文章评价很高，称赞其"旷代异才"②。而且其直接影响了北洋诸多将领。

此刻是杨度的政治传播生涯最为高峰的时段。他的"人民"理念终于不再是演讲之中的空泛之词，也不再仅仅只是报刊当中的文字呼吁。北洋诸将领采纳其理念，并将之写入官方公告。文人的政治传播理念与官方的政治实践相结合，便将"人民"这一观念的传播动力与传播范围最大化了。③

洪宪帝制前夜的民国四年（1915）10月18日，北洋宿将徐世昌如此阐述应行君主立宪的原因：

辛亥以后，改用共和，实于国情不适，以致人无固志，国本不安，诚由共和制度元首以时更替，国家不能保长久之经画，人民不能定专一之趋向，兼之人希非分，

---

① 《君宪救国论·下》，1915年4月，刘晴波主编：《湖湘文库·杨度集·下册》，第580页。

② 可见刘晴波主编：《湖湘文库·杨度集·下册》，第562页。

③ 万宁宁：《文人论政视角下看中国政治传播起源》，《全球传媒学刊》2020年第2期。

祸机四伏，或数年一致乱，或数十年一致乱，拨乱尚且不遑，致治何由。可望南美中美十余国，坐此扰攘，几无宁岁，而墨西哥为尤甚，四酋纷竞，五主相残，人民失业，伤亡遍地。前车之覆，可为殷鉴。我国迭经乱故，元气未复，国家政治亟待进行，人民生计亟待苏息，惟有速定君主立宪，以期长治久安，庶几法律与政治互相维持，国基既以巩固，国势亦以振兴。全国人民深思熟虑，无以易此，即外国之政治学问名家，亦多谓中国不适共和，惟宜君主立宪，足见人心所趋，即真理所在。全国人民迫切呼吁，实见君主立宪为救国良图，必宜从速解决，而国民会议开会迟缓，且属决定宪法机关，国体未先决定，宪法何自发生，非迅速特立正大之机关，实求真确之民意，不足以定大计。而立国本再三陈请，众口一词。本院初以建议，在前复经大总统咨覆办法已定，不敢轻议变更，而舆论所归，呼吁相继。……国家者，国民全体之国家也，民心之向背为国体取舍之根本，惟民意既求从速决定，自当设法特别提前开议，以顺民意。[①]

实行共和，会导致国民用心不一，之所以国内政治经济局势不佳，就是因为君主立宪没有实行，而使得众人有众心。实行共和的南美诸国，都是后发国家，他们并不具有欧美的国民素质，正是共和制度使得他们的国家陷入了混乱。而在此时实行君主立宪，不仅是人民的意愿，也是西方学者的共识，更是当时拯救危亡局势的必要方法。徐世昌作为北洋老人，又是袁世凯钦点的国务卿，他的这番言辞想必也是袁世凯的君主立宪立场。而其行文思路与所用手法，与杨度《君宪救国论》几乎一致。而作为传统政治体制的极大受惠者，袁世凯和他的老师李鸿章、太老师曾国藩一样，虽然为清廷权贵利用乃至玩弄，几经沉浮，但并没有要"谋逆"的想法。正与曾、李一样，袁世凯并不赞同将帝国根本推翻，而为维护千疮百孔的旧帝国，唯有改良而君宪一条路。可以说，袁世凯前半辈子当不知在内心给自己找了无数条这般行事的理由，只是为辛亥时局所迫在走到了今日，他并没有真正摒弃帝制与君宪。只不过大清已经完了，他袁世凯倒是大权在握，要来荣膺九五的"理应"是他自己。杨度也因此得以收到重用，其"人民"的君宪，也得以被垂青。

杨度此时也逐渐步入人生之顶峰。他试图劝时任国史馆馆长的老师——王闿运也进行劝进。然而，这位曾经劝曾文正公黄袍加身的鸿儒，此时却这样回复他：

① 《组织国民代表大会决定国体令》，民国四年十月八日，驼宝善、刘路生主编：《袁世凯全集》第33卷，开封：河南大学出版社，2013年，第63页。

皙子仁弟筹席：谤议丛生，知贤者不惧，然不必也。无故自疑，毫无益处，欲改专制，而仍循民意，此何理哉？常论"弑"字。字书所无，宋人避忌而改之，不知不可试也，将而诛焉，试则败矣。既不便民国，何民意之足贵。杨叔文尝引梁卓如之言，云"民可则使由之，不可亦使知之"。自谓圆到，适成一专制而已。自古未闻以民主国者。一君二民，小人之道，否象也，尚何筹安之有，今日将错就错，不问安危，且申己意，乃为阴阳，怕懵懂即位，以后各长官皆有贺表，国史馆由弟以我领衔可也。如须亲身递职名，我系奉命遥领者，应由本籍请代奏，不必列名也。若先劝进，则不可也。何也？总统系民立公仆，不可使仆为帝也。弟足疾未发否，可以功成身退，奉母南归，使五妹亦一免北棺之苦乎，抑仍游舁殻耶？相见有缘，先此致复。①

作为历经太平天国、甲午战争、戊戌维新、清末新政、辛亥革命的老人，王闿运此时称呼杨度为"仁弟"，在婉拒劝进之余还规劝杨度点到为止。但是杨度并未听从，还私自以老师的名义拟了一份劝进电②。君宪的列车在杨度这儿已经无法刹住。

民国四年（1915）12月12日，袁世凯便"接受"了帝位：

……惟当此国情万急之秋，人民归向之诚既已奎涌沸腾、不可抑遏，我皇帝傥仍固执谦退，辞而不居，全国生民实有若坠深渊之惧。盖大位久悬则万几丛脞，岂宜拘牵小节，致国本于阽危。且明谕以为天生民而立之君，惟有功德者足以居之，而自谓功业、道德、信义诸端皆有问心未安之处，此则我皇帝之虚怀若谷，而不自知其撝冲逾量者也。总……亟颁俞诏，宣示天下正位登极，以慰薄海臣民喁喁之渴望，以巩固我中华帝国万年有道丕丕之鸿基。③

这里可以看出，袁世凯的称帝诏书充满了感情色彩，而且理由头头是道——人民让我实行的君主立宪！至于所谓的功业，都是这个权力基础的点缀而已。袁世凯在对待讨伐护国军的文电中这样列数护国军的罪状：

---

① 《回复杨度电》，1915年12月25日，刘晴波主编：《湖湘文库·杨度集·下册》，第602页。

② 《代王闿运拟劝进电》，1915年12月25日，刘晴波主编：《湖湘文库·杨度集·下册》，第602页。

③ 《承认帝位之申令》，民国四年十二月十二日，骆宝善、刘路生主编：《袁世凯全集》13册，第582页。

……二曰违背国民公意。自知一己主张与全国民意相反，故必将国民代表所决一概加以诋诬，不与承认，以避违反国民公意之罪，不知君主立宪既经国民公决，铁案如山，无可移易。举国上下皆无反对之余地，若以一二人之私意遂可任意违反，推翻不认，此后国家将凭何者以为是非取舍之标准？无可为任听人人各逞其私，更复何能成……三曰诬蔑元首。设民意欲共和而元首欲帝，是谓叛民；反之，而民意欲帝制，元首仍欲共和，亦为叛民；设使国民代表大会未经决定君主立宪之，而元首即行帝制；又或国民代表大会决定，仍采共和而元首偏欲独行帝制，则全国国民皆可以违誓相责。[①]

这套说辞可谓是十分的冠冕堂皇了。

众所周知，袁世凯在帝制倒台后郁郁不平离世。我们从这些或出于己手，或出自幕僚的材料之中，仍然不能完全判断袁世凯到底对于君主立宪持怎样的立场，在这些理念上他又走了多远。而杨度也在此后不再出仕，潜心佛学。

"人民"到底有没有支持杨度君宪？这是一个众说纷纭的问题。然而杨度借"人民"而欲成君宪，却是一个事实。同时，由此也可见，杨度的政治传播实践，总体来说并未取得应有的效果。从后世的"人民"含义演化以及北洋政局的变化来看，北洋政权继承了清政府的政治传播的失误。[②]

---

① 《褫唐继尧任可澄蔡锷职夺去官职爵位勋位勋章听候查办令》，民国四年十二月二十九日，骆宝善、刘路生主编：《袁世凯全集》第 1 卷，第 748 页。
② 程立红：《清末官方政治传播之困》，《新闻学与传播学》2015 年第 10 期。

# 华夏国际传播研究

主持人：王婷

# "中国脸"的他者定义：西方时尚文化对中国面孔的再现偏好及其影响 *

## "The Chinese Face" Defined by "the Other": the Stereotype of Chinese Faces Represented in Western Fashion Culture and its Influences

陈雅莉　吴梦洁 **

Chen Yali　Wu Mengjie

**摘　要：** 视觉形象差异是族群差异的重要标识，西方文化中的中国人面孔形象亦是其东方主义宏大叙事中的一个子系统。笔者在分析过去十五年西方时尚场所接纳的十位中国女性模特的面孔特征发现，研究对象的面孔特征与西方文本以及西方人类学界定的中国面孔特征契合度较高。西方主流时尚对中国面孔的定义是一种规范性力量，其不仅逐渐演化为西方时尚场对中国模特面孔的选择传统，而且基于国际时尚话语权的强势地位暗示或倒逼着国内本土时尚界对这种面孔标准的迎合。"他者"定义的中国面孔的被"再现"以及"自定义"的中国面孔的"缺席"极易在国际时尚传播场域中生成鲍德里亚所称的"仿真"的中国形象。国民面孔是国家形象和国族认同的重要视觉组成部分。如何建构和传播中国本土时尚所自定义的面孔"范式"，其不仅关乎时尚产业发展本身，更是增强中国文化吸引力和文化自信的应有之举。

**Abstract:** Distinction of visual facial images is one of essential identifications of national differences. The stereotype of Chinese facial images in Western cultures

---

　* 基金项目：国家社会科学基金项目"时尚传播对青年价值观的影响机制研究"（项目编号：19BXW114）；国家社科基金重大项目"人类命运共同体视阈下中国国家形象在西方主流媒体的百年传播研究"（项目编号：19ZDA322）。

　** 作者简介：陈雅莉，江西南昌人，江西师范大学新闻与传播学院，副教授，硕士生导师；研究领域：时尚传播、国家形象传播与传播史研究。吴梦洁，江西师范大学公费师范生院，教师。

contributes to the macro-narrations of the Orientalism.This article examines the facial distinctions of the 10 Chinese female models who were or have been popular in the Western high-fashion field for the recent 15 years,and further analyzes the relative influences exerted by the facial standard and preference of Chinese female models of western high-fashion on the Chinese domestic fashion field. This article shows that the facial distinctions of the 10 selected Chinese female models are in accordance with the Asian facial standard defined by the Western anthropology. The facial preference of Chinese female models of western high-fashion,which has developed to be a fashion image standard and tradition of selecting Chinese model, acts as a normalizing power,which push Chinese domestic fashion field to meet the Chinese facial standard defined by western fashion culture.The stereotyped Chinese facial image,which is a simulation,has been produced both by the representation of the Chinese faces defined by "the Other" and the absence of the self-defined in the international fashion communication field.The distinctive national facial image consists of the national image and identity of one country.Constructing the self-defined Chinese facial paradigm by Chinese domestic fashion culture will contribute to strengthening Chinese cultural appeals and confidence.

**关键词：** 西方时尚；中国面孔；刻板再现；时尚话语权

**Key words:** Western fashion; Chinese face; Stereotype representation; Fashion discourse power

## 一、问题缘起

当人出现在图像中时，人的面孔往往成为视觉的中心，让 - 克劳特·施密特（Jean-Claude Schimitt）认为，面孔既是"作为身份符号的脸"，也是"作为表情载体的脸"，亦是"作为再现场所的脸"；而此处所谓的"再现"，"既表示真实意义的摹写，也表示象征意义的替代"；公共空间的"面孔范式"，或遵循着社会文化习俗，或处于作为媒体产物的偶像面孔的主导之下。① 从绘画到图像印刷，再到影视传播、时尚仪式展演，在国际传播和跨文化传播语境下，文化话语强国所偏好的"面孔范式"的国族化，更主导了异域大众对于远距离文化群体的民族身份识别。

西方时尚文化中的"中国风"是西方现代文化再现"中国形象"、影响现代中

---

① ［德］汉斯·贝尔廷：《脸的历史》，史竟舟译，北京：北京大学出版社，2017年，第5页；第2页。

国自我想象的重要机制之一。而其中一个重要的方面，就是通过相对稳定的标准对中国模特面孔进行选择和再现，进而符号化的去定义"中国脸"。然而，分析国内外涉及时尚传播中形象呈现研究的相关文献发现，大部分文章主要集中于讨论时尚媒介文本对女性或男性形象的呈现及其对个体审美观念、年龄观念或性别意识的影响；① 研究时尚文化跨国传播中的中国面孔形象呈现及影响的文章极为有限。基于上述背景，本研究致力于对以下问题进行探讨：

RQ1. 西方文本对"中国面孔"的再现有何传统？呈现了何种阶段性特征？

RQ2. 西方主流时尚文化所刻板再现的"中国面孔"具有何种特征？其对中国本土时尚中的面孔审美标准产生了何种影响？

具体而言，（1）本文将通过收集和梳理西方文本涉及中国面孔再现的文字和视觉文本，对 RQ1 进行回答；（2）本文将以西方文本对"中国面孔"再现的主要特征为编码依据，对所收集的西方时尚场所选择的知名中国模特的面孔图像特征进行归类统计，同时通过对国内时尚媒体所生产的"高级脸"这一概念进行分析，以对 RQ2 进行回答。

## 二、西方文本再现"中国面孔"的传统与变迁（13 世纪—20 世纪下半叶）

西方关于东方叙述中的中国形象是西方文化构筑的一套表述体系或话语，"其以某种似是而非的'真理性'左右着西方关于中国的'看法'与'说法'"。② 视觉形象差异是"我—他"族群差异的重要标识，西方文化中的中国人形象亦是其东方主义宏大叙事中的一个子系统：梳理相关文本发现，其大致历经了五个阶段：（1）13—17 世纪初：以西方人形貌特征再现的中国面孔；（2）17 世纪 20 年代—17 世纪末：西方的中国面孔出现"我—他"之别；（3）18 世纪初—18 世纪末：基于对华积极认知和中西审美协商的中国面孔形象再现；（4）18 世纪末—20 世纪中：基于经济和政治意图浪漫再现和刻板丑化中国面孔两类文本共在；（5）20 世纪下半叶：基于西方人类学研究对中国面孔的进一步刻板印象化。

---

① Taylor Cole Miller(2016). "The Fashion of Florrick and FLOTUS: On Feminism, Gender Politics, and 'Quality Television'", Television & New Media, 147-164；Juliia Twigg (2017). "Fashion, the media and age: How women's magazines use fashion to negotiate age identities", European Journal of Cultural Studies, 21(3),pp. 334-348；Paolo Volonte(2017). "The thin ideal and the practice of fashion", Journal of Consumer Culture，pp.1-19；赵云泽、甘光千：《时尚传播与女性政治——中国时尚杂志发展历史的一点启示》，《国际新闻界》，2008 年第 10 期；伊丽莎白·威斯辛格：《朱迪斯·巴特勒：时尚与操演性》，安格内·罗卡莫拉、安妮克·斯莫里克编：《时尚的启迪：关键理论家导读》，陈涛、李逸译，重庆：重庆大学出版社，2021 年，第 385—406 页。

② 周宁：《西方的中国形象史：问题与领域》，《东南学术》2005 年第 1 期。

（一）13—17 世纪初：以西方人形貌特征再现中国面孔

13—17 世纪，西方文化中对中国面孔的再现，还是处于以自我为参照的想象之中，因此其视觉特征几乎是翻版欧洲人的面孔和发色，只是在后期开始凸显衣饰的差异。此一阶段再现和传播中国人面孔形象的载体包括：绘制的地图、游记中的插图、历史书籍等。

西方文本中较早关于中国人面孔的再现，出现在 13 世纪一幅手绘的西方地理图志《埃伯斯托夫地图》（*Monialium Ebstorfensium mappa mundi*）中关于赛里斯（Seres，丝的国度，即中国）的介绍：其在伊甸园的左侧绘制了赛里丝国养蚕的一对农人，特征是黄发白肤裸体，"与伊甸园里裸体的亚当和夏娃相映成趣"。[①]1372 年由克里斯哥（Abraham Cresques）绘制完成的《卡塔兰地图》中对中国帝王（忽必烈）的面孔形象再现也是几乎复刻欧洲人特征：高鼻金发、卷曲的胡须，且此一形象与 1412 年著名的《马可·波罗游记》手抄本插图中的忽必烈形象基本一致（以西方人的形貌特征再现忽必烈形象的文献还包括 1522 年的《托勒密地图》中东亚地图部分的插画）。[②]

在女性面孔呈现方面，较早的是 1525 年手抄本《马可·波罗游记》插画中所再现的做针线活的中国妇女形象，由于《游记》本身在文字上对中国女性特征的描述非常笼统，所以插画中的中国女性形象不论是面孔肤色还是衣冠也几乎是参照了欧洲的劳动妇女形象。[③]马可·波罗之后的西方史学家或旅行者也开始致力于了解中国女性的形象特征，但是由于"妇女很少露面。如果妇女要外出，就要坐在用丝绸裹得密密实实的轿子里"[④]，"上人家去也看不见她们，除非因好奇她们碰巧在门帘下去看前来的生人"[⑤]，大部分关于中国妇女的形象特征都是模糊的（唯一可以肯定是以"小脚"为美，贵族服饰多偏爱丝绸珠宝）。因此，在视觉呈现中国妇女面孔时，亦多以西方女性特征为参照：比如，1590 年意大利画家、雕刻家韦切利奥（Cesare Vecellio）出版的《世界古今服饰》中的关于中国已婚妇女装束的插图和中国贵妇装束的插图；1599 年林舒腾的《东方航海志》中的中国妇女插图，1626 年司必德（John Speed）的《中华帝国地图》中的中国妇女图，其所图绘的

---

①　方曦闽：《华夏图志：西方文献中的中国视觉形象》，南京：江苏教育出版社，2020 年，第106 页。此地图原件毁于二战期间，复制件为电子文档，现存于斯坦福大学。

②　方曦闽：《华夏图志：西方文献中的中国视觉形象》，第 6—62 页。

③　方曦闽：《华夏图志：西方文献中的中国视觉形象》，第 106 页。

④　[葡] 巴洛士：《葡萄牙人在华见闻录》，王锁英译，澳门：澳门文化司署等，1998 年，第 135页。

⑤　[英] C.R. 博克舍编注：《十六世纪中国南部行记》，何高济译，北京：中华书局，1990 年，第103—104 页。

中国妇女依旧是面庞立体、高鼻深目。[①]

（二）17 世纪 20 年代—17 世纪末：西方的中国面孔始出现"我—他"之别

进入 17 世纪，西方文本中的中国面孔形象虽然在一定范围上依旧延续了前期欧化中国面孔的传统（这一现象即使在 17 世纪末依旧局部存在）；但是，从 17 世纪 20 年代开始，部分西方文本中所呈现的中国面孔开始出现"我—他"之别，具体而言：

一方面，此一时期的东方学家在再现中国人形象时依旧延续着前数百年来欧化中国面孔的传统：比如，在 1660 年荷兰神学家斯皮哲尔的《中国文献》插图中所呈现的孔子坐像，其依旧保持着卷发、深目、高鼻的西方特征。[②]1667 年吉歇尔的《中国图说》拉丁文版的中国仕女图中的中国贵族妇女面孔特征也依然如是（唯一的差别是服饰：覆盖全身的中式绣花衣裙）。[③] 即便是 17 世纪末，在 1696 年德国画家朗特的画作《崇祯杀死女儿》一图中，崇祯皇帝及公主的面部形象（包括衣冠）也都是依旧保持着西方人的卷发高鼻特征。[④]

另一方面，从 17 世纪 20 年代开始，西方文本呈现的中国女性面孔始现"我—他"之别：比如，在 1625 年普察斯的《皇明一统方舆备览》里的中国妇女彩图中就可以发现中国女性的"他者"特征：黑直盘发、上眼睑饱满、眼裂稍小，宽下颌；此一系列特征，在 1655 年出版的曾德昭所著《大中国志》英译本中的《明朝官员插图》中被更清晰地呈现为稍塌的鼻根、眼裂小，宽圆下颌，面部更扁平。[⑤]在中国男性形象呈现方面，1654 年意大利传教士卫匡国在伯劳出版的《鞑靼战纪》德译本插图中所再现的明崇祯皇帝坐像，1655 年出版的《中国新图志》和同年在伦敦出版的曾德昭的《大中国志》插图中的崇祯皇帝像，均以黑色的八字直须替代之前所绘中国帝王的卷曲胡须。[⑥]

（三）18 世纪初—18 世纪末：基于对华积极认知和中西审美协商的中国面孔形象再现

进入 18 世纪，随着来华传教士和外国使团的增加，这些中西跨文化传播的编

① 方曦闽：《华夏图志：西方文献中的中国视觉形象》，第 109—110 页。

② De re litteraria Sinensium commentarius, Lugdunum Batavorum,1660,p.119. 转引自方曦闽：《华夏图志：西方文献中的中国视觉形象》，第 98 页。

③ Athanasius Kircher. *China Illustrata, translated by Charles D. Van Tuy*l, Indian University press,1987，pp.101-102. 方曦闽：《华夏图志：西方文献中的中国视觉形象》，第 111 页。

④ 此画现藏于荷兰国家博物馆，方曦闽：《华夏图志：西方文献中的中国视觉形象》，第 65 页。

⑤ 方曦闽：《华夏图志：西方文献中的中国视觉形象》，第 110 页。

⑥ 方曦闽：《华夏图志：西方文献中的中国视觉形象》，第 65—67 页。

码者得以有机会获得包括在中国人物形象在内的诸多中国风物的一手资料。值得注意的是，18 世纪的中国在西方精英群体的眼中是"哲学家的帝国"，西方对中国的向往之情，正如威廉·怀特黑德（William Whitehead，1795）的诗歌所述："飞到那光的源头去寻找新的力量，飞到东方的王国：勇敢地载上孔子的伦理传遍不列颠的四方。"①而西方对华的这一认知与情感也一定程度地被体现在其对中国人形象的再现上。

在对中国女性面孔特征的呈现方面，其图像文本和文字文本兼有，且中西审美杂糅：在图像文本方面，法国耶稣会士编辑整理的《中国杂纂》中就有钱德明等人编译的《中国名人肖像》，其所绘制的班昭图和武则天像就是西方绘画中的阴影立体画法与中国绘画工笔技巧协商的结果，当然，此时中国女性的面孔特征已然"去欧洲化"，典型的蒙古眼褶、饱满的上眼睑、宽而高的颧骨清晰可见。②这些特征在亚历山大编绘的《图说中国服饰礼仪》的插图中《贵妇逗鸟图》中也表现得较为明显。③在 18 世纪部分欧洲出产的"中国风"仿制瓷上也出现了更贴近中国审美趣味的仕女形象，比如出产于清康熙时期德国烧制的《五彩人物故事图瓶》、清乾隆时期（约 1740 年）德国烧制的《仕女撑伞图盘》，其显著面部特征皆是眼裂小、上眼睑饱满，面部稍平。④

在文字文本，英国使者安德逊在其 1795 年出版的《英国使团出使中国记》（*A Narrative of the British Embassy to China*）中叙述到："与我们的欧洲女士擦胭脂的方法完全不同，因为她们（北京妇女）在嘴唇中间涂上一条最深的红色。……她们的眼睛很小，但是非常明亮"⑤。此一阶段关于中国女性的形貌特征及其与西方人对比所呈现的差异，往往被积极地解读和评价，即使是限制女性社交范围的"裹足"，也被赋予了"端庄"和"贤淑"的积极意义。

18 世纪西方文本对中国男性面孔的再现也一定程度上体现了中西杂糅的审美风格和"哲学家的帝国"这一积极认知，如在弗朗索瓦·布歇绘制的油画《中国皇帝上朝》中，画面主体所呈现的中国皇帝面孔就兼具东方君主的权威和西方哲学家（父亲般的）慈爱，"展示了欧洲人心目中理想化的东方政治图景"。⑥

① [英]休.昂纳：《中国风：遗失在西方800年的中国元素》，刘爱英、秦红译，北京：北京大学出版社，2017年，第23—24页。

② 方曦闽：《华夏图志：西方文献中的中国视觉形象》，第115页。

③ William Alexander. Picturesque representations of the dress and manners of the Chinese, London,1814,PP.XL.Ⅲ.

④ 两件瓷器现存于德国杜塞尔多夫黑提恩斯—德国陶瓷博物馆。

⑤ Aeneas Anderson, *A Narrative of the British Embassy to China*.London,1795,p.108.转引自方曦闽：《华夏图志：西方文献中的中国视觉形象》，第117页。

⑥ [英]休·昂纳：《中国风：遗失在西方800年的中国元素》，第25页。

（四）18 世纪末—20 世纪中：浪漫再现和刻板丑化中国面孔两类文本共在

"从 18 世纪最后十年到 1931 年间，美国对中国的态度建立在两种强大而又互相矛盾的冲突上。"第一个冲动集中在"经济与宗教的合作上"，即通过"神圣的暴力"让"中国按照美国的精神、政治和文化形象来重塑自我"，同时让中国这个遥远、神秘的市场来"解决本国经济、政治问题"；第二个冲动则"主要体现在恶毒的种族主义上，最终导致 1882 年设立《排华法案》"，"黄祸恐慌虽然对美国人来说并不是切近的威胁。但是强有力地攫住了他们的心理"。[①] 在这一过程中，以美国大众媒介内容为代表的西方文本对中国人面孔的特征呈现也摇摆不定地服务于其对中国的两种态度和意图：浪漫化中国形象的文本叙事服务于打造一个遥远、神秘的市场，来解决本国经济和政治问题的意图；而刻板丑化中国形象的文本叙事，服务于其采用"神圣的暴力"按照美国的精神重塑中国的意图；两类文本并行不悖且彼此促进。

一方面，1931 年美国作家赛珍珠的作品《大地》（The Good Earth）发表[②]：该作品使中国人"以他们的吃苦耐劳、天性务实以及同无情自然的不懈斗争，走进了美国人的内心深处"，"奠定了此后十年美国关注中国的基调"。[③] 此外，《时代》《生活》和《财富》的创始人，亨利·卢斯也是"打造浪漫化中国的主要践行者"，其"努力将文化、历史这些长久性的象征符号运用于中国"，其对中国女性面孔最显著地呈现，就是将宋美龄的头像刊登在 1943 年 3 月《时代》周刊的封面上：较宽而高的颧骨，典型的柳叶眉和蒙古眼褶[④]，眼裂不大但有神，并配有极具东方风情水墨花鸟画背景。[⑤] 此前《华盛顿邮报》曾经这样评价过宋美龄的面孔形象，"和照片上一样魅力四射，甚至比照片上还要漂亮"。[⑥] 如此一来，此一阶段中国人的面孔特征在积极的话语与视觉语境的关联作用下，其意义也顺理成章地被导向了积极的一端。

另一方面，在 19 世纪美国出现的"黄祸幽灵"的系统性编码中[⑦]，早前西方文

① ［美］T. 克里斯托弗·杰斯普森：《美国的中国形象》（1931—1949），姜智芹译，南京：江苏人民出版社，2020 年，第 1—3 页。

② 被译成 30 中文字，并获得了普利策小说奖，1937 年好莱坞斥资近 300 万，拍成电影，并荣膺奥斯卡奖。

③ Jonathan D. Spence. The Search for Modern China. New York：W.W.Norton，1990,p.387，转引自［美］T. 克里斯托弗·杰斯普森：《美国的中国形象（1931—1949）》，第 33—34 页。

④ 蒙古眼褶：内眼角处上眼皮覆盖下眼皮。

⑤ ［美］T. 克里斯托弗·杰斯普森：《美国的中国形象（1931—1949）》，第 15 页、扉页插图。

⑥ 转引自［美］T. 克里斯托弗·杰斯普森：《美国的中国形象（1931—1949）》，第 115 页。

⑦ "黄祸幽灵"中的"黄祸"这一说法可以追溯到版画《欧洲各民族，保卫你们的信仰和家园！》（1895 年），在这副版画中，用佛像和龙代指黄种人，并宣扬黄种人对于白种人是一种威胁这种极端的民族主义理论。

本所凸显的中国人面孔特征（高颧骨、眼裂小、眼角上扬等）开始在消极的语境下频繁地与危险、阴郁等负面隐喻相关联。比如，在1913年的小说《傅满洲博士之谜》中这样描述到："高挑、精瘦，猫一样诡秘，肩膀高耸，有着莎士比亚式的眉毛和撒旦一样的面容，尖细的头骨和如猫一般冒着绿光的，充满蛊惑力的吊梢眼。"[①] 此后"傅满洲"/"满大人"（Mandarin）这一与西方白人二元对立的负面刻板形象（高颧骨、眼裂小、眼角上扬、八字胡）被系列化地被呈现在以电影、动漫等为代表的各类美国流行文化文本中。

（五）20世纪下半叶：西方人类学研究对中国面孔的进一步刻板印象化

溯源西方人类学关于中国面孔特征的观点，我国人类学开拓者李济先生曾经论述到："从布鲁门巴赫（Blumenbach）开始一直到1961年发表了最新申明的威廉·豪厄尔斯（William Howells）教授，在专家的眼中，中国人的人种地位是一成不变的：他们属于蒙古人种"；"现代蒙古人的特征更多的是从他们脸上而不是从身体的其他部位反映出来的。这些特征包括：长着蒙古褶（Mongoloid fold）的杏仁状眼、稍平的前额、多少有些塌的鼻根，以及宽而极高的颧骨。换句话说，与高加索人种或尼格罗人种相比，蒙古人种的脸略显扁平"。[②]

西方早期人类学关于中国人种的研究结论，进一步为后期西方的东方面孔叙事和视觉呈现提供了"科学"依据，比如好莱坞最负盛名的中国面孔之一、美国华裔女星刘玉玲就非常贴合此一标准：眼裂小而长，颧骨较高，鼻子有些扁平，下颌骨略宽；其面孔形象还成为1998年迪士尼公司的动画片《花木兰》中木兰形象的原型。而被迪士尼真人电影《花木兰》（MULAN）选为女主角的刘亦菲则具有非常典型的蒙古眼褶和杏仁眼。

值得反思的是，从13世纪到20世纪下半叶，西方文本何以对"中国面孔"出现如此显著再现差异？

首先，跨文化交往的密度是文化群体形成"他者"面孔形象的重要的外部条件因素，从13世纪到17世纪再到18世纪，中西跨文化交往的密度由偶发性发展到频繁的使团、传教士来华，也使得西方对中国面孔的建构由凭空想象走向了基于亲历体验基础上的"我—他"之别。

其次，跨文化传播中文化群体的自我身份意识和自我文化评价是影响西方文本形成"他者"面孔形象的内部编码因素，18世纪开始，西方文本对中国面孔的

---

① Rohmer,S.The Insidious Dr,Fu － Manchu.New York:Robert M.Mc Bride,1913,p.15.

② 李济：《中国民族的形成》，南京：江苏教育出版社，2005年，第344页。后文对模特面孔的编码主要参考此面孔标准依据。

再现就是基于西方文化传统和审美标准与中国面孔本体进行文化协商结果。

第三，从政治、经济和文化的结构性关系来看，跨文化的"他者"叙事是实现文化工具性的手段之一。对"中国面孔"的美化或是丑化作为西方"他者叙事"的一部分，既是西方主流文化调整重塑自我意识和形象的结果，也同时服务于西方国家政治、经济发展的需要。

第四，伴随着了奴隶贸易、殖民主义和帝国主义而形成的西方种族主义是影响"中国面孔"知识生产的宏观语境和意识形态因素。西方种族主义所建构的认知渠道遍及历史学、人种学、法学等等，西方人种学的对于"中国面孔"的知识生产也一定程度上受到了这一意识形态的影响，成为"东方主义"中涉及东方知识和权威论述的一部分。

三、"中国脸"的被定义：西方时尚文化刻板再现的中国面孔特征

当代中国第一个被国际时尚场所选择的女性模特吕燕[①]，其以单眼皮、蒙古眼褶、眼裂小、高颧骨、宽眼距、宽脸型等与"西方面孔"迥异的特征获得了西方时尚界的青睐。吕燕在访谈中曾说："他们觉得我很特别，觉得我才是亚洲美女，像仕女图里的仕女。"[②]西方时尚界对吕燕的选择和推崇，使得中国面孔的审美标准在西方主流时尚场域被清晰定义。这种定义是一种规范性力量，其逐渐演化为西方时尚场选择中国模特面孔的时尚传统。所谓时尚传统，"是对时尚正当性的共有理解，其会对时尚物的创意判断产生影响，支配时尚物的概念形成和材料使用，进而定义了决定其质量和符号、经济价值的因素"。[③]

---

① 吕燕，2000 年世界超级模特大赛亚军。

② 龙竞雄：《吕燕：审美也要与国际接轨》，《新周刊》，2001 年 3 月 6 日，http://culture.163.com/partner/weekly/editor/010306/010306_47062.html，2022 年 3 月 6 日。

③ Mukti Khaire. "Medium and Message: Globalization and innovation in the production field of Indian fashion". Organization Studies, 2016(6), p.846.

④ 选择时段：2006—2020 年；选择标准：参加四大国际时装周 10 次以上。模特杜鹃：2006—2011 年间共出席了 11 次世界四大时装周；模特刘雯：2009—2019 年间共出席了 21 次世界四大时装周；模特奚梦瑶：2006—2020 年间共出席了 18 次世界四大时装周；模特孙菲菲：2006—2020 年间共出席了 18 次世界四大时装周；模特李静雯：2006—2020 年间共出席了 14 次世界四大时装周；模特何穗：2006—2020 年间共出席了 18 次世界四大时装周；模特雎晓雯：2006—2020 年间共出席了 19 次世界四大时装周；模特秦舒培：2006—2020 年间共出席了 19 次世界四大时装周；模特李静雯：2006—2020 年间共出席了 10 次世界四大时装周；模特贺聪：2006—2020 年间共出席了 10 次世界四大时装周。

表　国际时尚场中的知名中国女性超模的面孔特征

| 特征＼模特② | 西方文本中所述的中国面孔特征 | | | | 西方人类学界定的中国面孔特征 | | | | | 占比2（左侧全部特征满足为100%） |
|---|---|---|---|---|---|---|---|---|---|---|
| | 眼裂适中至偏小 | 眼角上扬 | 颧骨宽而高 | 占比1 | 蒙古眼褶 | 上眼睑饱满 | 眼距略宽 | 鼻根稍塌 | 下颌稍宽 | |
| 吕燕 | ✓✓ | ✓✓ | ✓✓ | 100% | ✓ | ✓ | ✓✓ | ✓✓ | ✓✓ | 100% |
| 杜鹃 | ✓ | ✓ | ✓ | 100% | ✓ | ✓ | ✓ | ✓ | ✓ | 100% |
| 刘雯 | | ✓ | ✓ | 67% | | | | | ✓ | 75% |
| 奚梦瑶 | | ✓ | ✓ | 67% | ✓ | | ✓ | | | 50% |
| 孙菲菲 | ✓ | ✓ | ✓ | 100% | ✓ | ✓ | ✓ | ✓ | ✓ | 100% |
| 李静雯 | ✓ | ✓ | ✓ | 100% | ✓ | ✓ | ✓✓ | ✓✓ | ✓✓ | 100% |
| 何穗 | | ✓ | ✓ | 67% | | | | | ✓ | 38% |
| 雎晓雯 | ✓✓ | ✓ | ✓ | 100% | | ✓ | ✓ | | | 75% |
| 秦舒培 | ✓ | | ✓ | 67% | | ✓ | ✓ | | ✓ | 75% |
| 贺聪 | ✓ | ✓ | ✓ | 100% | ✓ | | ✓ | | ✓✓ | 100% |
| 占比3 | 80% | 80% | 100% | | 70% | 80% | 90% | 70% | 80% | |

　　分析过去十五年，西方时尚场所接纳的十位中国女性模特①的面孔特征发现（见表1）：（1）研究对象的面孔特征与"西方文本中所述的中国面孔特征"（"眼裂适中至偏小""眼角上扬""颧骨宽而高"）高度契合：有60%的研究对象满足全部三项特征，剩余40%的研究对象满足其中两项特征。（2）研究对象的面孔特征与"西方人类学界定的中国面孔特征"亦契合度较高：有五位研究对象的面孔具有"蒙古眼褶""上眼睑饱满""眼距略宽""鼻根稍塌""下颌稍宽"全部五项特征，另有两位的面孔具有其中四项特征。（3）50%的研究对象的面孔具有上述全部的八项面孔特征；另外还有30%具有上述六项特征（仅有1人的面孔与西方文化所再现的中国面孔特征契合度较低）。整体而言，全体研究对象的面孔都具有"颧骨宽而高"这一特征，90%的研究对象的面孔具有"眼距略宽"这一特征，80%具有"下颌稍宽""眼裂适中至偏小""眼角上扬""上眼睑饱满"等特征，70%具有"蒙古眼褶"和"鼻根稍塌"此两项特征。

　　西方著名学者萨义德认为，东方主义（Orientalism）本质上属于一种把西方文化当作正统文化而对亚洲地区文化给予边缘化评价的偏见思维，这种思维所形

---

　　①　这张编码表中的人物面孔均以第一次在国际模特舞台亮相时的面孔为准。并以前文第二部分中西方文本中对中国面孔的再现传统作为编码依据：（1）眼部特征：眼裂较小，眼角上扬，蒙古眼褶，眼距宽；（2）鼻部特征：鼻根稍塌；（3）脸型特征：下颌宽阔；（4）颧骨特征：宽而高。

成的支配力量，即文化霸权 (Hegemony)。① 文化霸权的形成与西方中心主义有关，他们普遍把欧美地区的文化特征当作主流，而把非欧美地区的其他类型文化统一纳入非主流文化的范畴，并且简单粗暴地以地域特征进行命名。萨义德认为，"在西方人谈论东方的时候，东方人是并不在场的，而东方主义的出现正是由于东方文化的实际缺席而导致的曲解印象"。②

2018 年底，杜嘉班纳（Dolce&Gabbana）在即将举行的上海大秀前发布了一条"起筷吃饭"的广告片，片中的主要内容是画外音正在教授一位亚裔女模特如何用筷子吃意大利的传统食物。这位女模特的长相特征是典型的眼距宽、单眼皮、塌鼻梁。据了解，为了更加贴合东方女性的刻板形象，杜嘉班纳还在拍摄时利用妆发特地放大了颧骨、眉毛和眼睛的特质，使其更加贴合西方人眼中中国面孔的刻板印象。广告播出后，最敏感地发出质疑声音的是身处海外的亚裔。继而，国内的时尚工作者也纷纷以发布网络声明的方式拒绝合作，之后更是在社交网络引发了巨大的舆论效应。

2019 年 3 月，时尚杂志《VOGUE》美国版的 Instagram 官方账号发布了一张来自摄影师 James Perolls 的人像作品，人像模特选择的是来自中国高其蓁，并配文称其"有独特的吸引力"：照片在呈现模特面孔时刻意突出了其眼裂小、宽塌鼻梁、扁平化轮廓等刻板特征。具有国际影响力的时尚期刊选择推崇此类照片作为代表性的亚裔面孔进行网络传播，很快引发了国内网友的热议和质疑，许多网友认为，这仅仅再现了西方文化对亚裔面孔的刻板印象，是对普世审美的挑战，具有种族歧视和文化侵略之嫌。

分析上述案例，可以发现，"中国面孔"作为西方时尚文化构建"他者"形象的一种路径，其在再现方式上主要有以下特征：首先，在面孔符号选择上，其偏好选择那些可以凸显"我—他"区别，放大差异的面孔特征，进而形成"仿真"的中国面孔。其次，在再现方式上，为了贴合西方的"中国面孔"审美标准，不惜选择那些单一的、偶然的、夸张的面孔形象代替中国人整体群像中更有代表性的面孔，以偏概全。第三，在再现语境方面，西方时尚再现的"中国面孔"往往被置于西方"中国风"的文化语境之中，进而生成了一种或与西方现代性相距甚远，或与西方文化对比强烈的"他者"意象。

上述网络时尚舆情事件生动地阐明了面孔"范式"与时尚话语权、国家形象、民族意识之间的密切联系。诚然，民族性的意义来源之一在于基于人文、地

---

① ［美］爱德华·W. 萨义德：《东方学》，王宇根译，北京：生活·读书·新知三联书店,2013 年，第 49 页。

② ［美］爱德华·W. 萨义德：《东方学》，第 49 页。

理、体征等维度的"我—他"之别（国族社会性认同的重要来源），但是，民族性的建构还有赖于基于族群文化内部历史记忆、文化经验系统和符号系统所累积的内生身份意识（"主我"）。因此，对民族性的再现和传播不意味着对于这种差别的单向度"再现"和盲目放大。在国际时尚场域中，中国面孔经历了从"缺席"到"在场"，继而到"再现"的过程，然而，这种由"他者"所定义的"中国脸"的再现，必定意味着"自定义"面孔的缺席——乔治·于贝尔曼（Georges Didi-Hubermann）认为，这种跨文化的"脸部人类学"范式极易陷入所称的"种族中心主义论调"①。

"他者"定义的中国面孔的被"再现"以及"自定义"的中国面孔的"缺席"极易在国际时尚传播场域中生成鲍德里亚所称的"仿真"的中国形象。"仿真"是指"在真实或原本缺席的情况下对真实模型的衍生，是一种超级真实（Hyperreality）"；"仿真有时甚至比真实显得更加真实"。②——国际时尚场对中国模特面孔的选择标准，已日益成为西方时尚编码者再生产和支配中国人视觉形象的重要规范之一。西方主流时尚文化对"中国脸"的定义是一种规范性力量，其不仅逐渐演化为西方时尚场对中国模特面孔的选择传统，而且，基于国际时尚话语权的强势地位从时尚传统和选拔机制层面暗示或倒逼着国内本土时尚界对这种面孔标准的迎合。

四、西方时尚所定义的"中国脸"对本土时尚审美的影响

2015年5月，网易女人频道的"时尚—潮流周报"栏目发布的一篇资讯《中国模特不够美？那是你的审美不够高级！》，其虽然并未明确阐述"高级脸"的界定标准，但是文中内容主要是通过对进入国际时尚圈的中国名模（刘雯、孙菲菲、何穗、奚梦瑶、秦舒培等）面部特征进行梳理和评价，最终基于"高级脸"与符合大众审美的面孔特征的差别，为"高级脸"的判定设定了模板。③

2019年3月，Vogue杂志美国版在海外社交媒体上发布了一张中国模特高其蓁的照片，并称赞道："她有一种独特的吸引力，能够打破时尚界审美常规。"然而，这样的内容迅速引起了中国网友的议论，网友"模特经纪王平"在微博上说道："（对于）VOGUE官方Ins主推的中国脸模特，你们觉得这是'高级脸'还是

①　[德]汉斯·贝尔廷：《脸的历史》，第6页。

②　Baudrillard,Jean(1983), Simulations ,New York:Semiotext, p.2. 转引自，[英]约翰·斯道雷：《文化理论与大众文化导论》（第五版），常江译，北京：北京大学出版社，2010年，第230页。

③　《中国模特不够美？那是你的审美不够高级！》，"网易女人"，2015年05月03日，https://www.163.com/fashion/article/AOMFJNB700264MOS.html，2015年05月03日。

外国媒体对中国人长相的刻板印象？……中国模特的审美一直被几个大牌杂志带着走。"中国资深名模、娱乐时尚博主"长腿胡兵"在 2020 年 1 月 7 日发布的微博上说道："1989 年的模特大赛和如今的中国国际时装周，这三十年，西方审美已经影响国人审美太多，当年的美女们各个拿出来都是颜值气质身材俱佳，每个都可以单挑老港星，是很符合中国传统审美的美人，现在盲目强调高级脸才是不够美不够自信的遮羞布。"

到目前为止，大部分人对于海外时尚媒体和品牌采用的中国模特的面孔印象都以"高级脸"一言以概之。在使用"高级脸"时，人们多是将印象和认知架构在那些由西方时尚界所推崇的、具有其所定义的"中国脸"特征的中国名模的面孔之上。于是国内的品牌开始慢慢吸纳这些面孔标准，将这些模特面孔与"高级"画等号，并逐渐演变成为一套话语体系。从这之后，活跃在国内外时尚场域的顶级中国名模的容貌，逐渐与中国本土的模特前辈们有了较大的不同：中国传统的审美标准在中国时尚面孔的选择中被搁置或淡化，另一套西方定义的"中国面孔"标准不断地在中国时尚场域中发挥着规范性作用。时尚传播的重要机制之一，就是通过对概念的生产来设定和推崇特定的审美标准和时尚价值。"高级脸"这一概念在中国时尚传播场域中被生产和意义提升，反映了西方时尚文化对中国本土时尚审美标准的影响。

2021 年 11 月下旬，DIOR 官方网络发布了一组中国摄影师陈漫拍摄的名为"傲娇的矜持"的系列照片，照片中的亚裔模特手持品牌包，身穿富含清朝元素的服饰，妆发阴郁古旧；在面孔呈现上，照片刻意突出模特的细缝眼和眼白，且照片被标上"中学为体，西学为用"的标题。这组照片一经发布便引起了众多中国网友的口诛笔伐，短时间上升成为微博热搜话题，许多网友表示，这是中国摄影师对西方时尚文化所推崇的"中国面孔"刻板印象的刻意逢迎，是对中国女性形象的丑化。《环球时报》的记者采访了多名外国人，美国画家尤兰达表示，该照片"眼睛吓人，整体氛围诡异……雀斑本应该展现活泼可爱的气质，但是她却完全不可爱"。2021 年 11 月 23 日 16 点 48 分，处在舆论风口的陈漫在微博上正式道歉；同日 17 点 07 分，迪奥官微也发表声明强调："陈漫女士的摄影作品《骄傲的矜持》是其参与的迪奥艺术项目作品之一，并非迪奥商业广告。当网络舆论出现对陈漫作品的意见时，迪奥立即予以高度重视，随即删除该作品在迪奥官方线上及线下的相关内容。迪奥一如既往地尊重中国人民情感，严格遵守中国法律法规，并继续协同相关部门把关审核批准所有公开露出的作品……"上述案例说明，全球化背景下，时尚几乎成为世界上最具渗透性的领域，其与商业资本、社会阶层、文化族群、社会性别、文化权力、产业贸易等议题息息相关。在时尚传播场域中，很难有完全脱离社会政治语境而进行的纯审美取向，西方文化霸权在时尚传播领域的延伸，导致了西方时尚得以或明或暗地对中国面孔及其意义进行生产和操控。

值得反思的是，同样是亚洲时尚传播场域中的当代日本时尚，其发展在很大程度上是由日本本土时尚编码者自我生产、自我定义，进而倒逼欧洲主流时尚界接纳、推崇以及模仿的。[①] 这样的现象同样在日本时尚模特身上得以体现。早在1990年，全球经济泡沫破裂，以日本街头文化为首的卡哇伊女生和涩谷时尚快速发展，衣帽外饰具备强烈个性的日本年轻人像一个巨大的磁场吸引着全世界——日本时尚业逐渐从西方高级时尚的跟从者变身为世界时尚理念的重要输出者。比起国际大热的巴黎时装周、米兰时装周等时装大秀，在日本本土更为受欢迎的是名为"Tokyo Girls Collection"（东京女孩展演）的本国时装盛典。Tokyo Girls Collection始创于2005年8月，是一场以日本女孩日常服饰为主要展出对象的大型时装秀，与其他时装走秀不同的地方在于，这个时装秀的模特样貌基本都以普通日本人的身高、服饰、妆容为主要参考，除了专业的模特外还有演艺明星、偶像、网红等参与走秀，这些模特的妆容、发型、发色、搭配对于日本普通人来说都极具借鉴意义。Tokyo Girls Collection所采用的模特面孔都与西方时尚界所界定的亚洲面孔标准相距甚远，其所表达的是日本本土时尚文化对自我面孔的定义。通过这些自定义的日本模特面孔，日本主流时尚文化以形象化的模板主动地向日本女性消费者设定并传播了其所主导的本土审美标准和时尚规范。

### 结语

全球化背景下，西方现代性和商品符号无所不在地传播，使得世界范围内的西方文化霸权已经滴灌渗透到世界各个领域，其中，西方的中国形象也随着西方现代性思想的扩张，或多或少地控制着世界不同国家或文化区的中国叙事。[②]

"在全球化背景下，时尚传播成为现代性与传统价值、全球文化与本土元素交汇的最醒目场域。"[③] 时尚文化在地理和传播上的中心辐射特征，造成了少数时尚话语强国在文化权力上的过于集中。时尚文化的跨国流动传播了时尚话语强国所主导的时尚传统，进而对本土的传统价值观的变迁产生了重要影响。[④] 这种时尚

---

① 陈雅莉：《再东方化：欧洲高级时尚对中国形象的意义生产及传播研究（1968—2018）》，《现代传播》2020年第10期。

② 周宁：《跨文化形象学的观念与方法——以西方的中国形象研究为例》，《东南学术》2011年第5期。

③ 陈雅莉：《再东方化：欧洲高级时尚对中国形象的意义生产及传播研究（1968—2018）》。

④ Mukti Khaire, "Medium and Message: Globalization and innovation in the production field of Indian fashion". Organization Studies, (6), (2016) pp.864，868-869.

文化霸权同样渗透于面孔审美标准之中。

面孔，不能仅仅被理解为是某种个体特征或自然属性，它同时也具备丰富的社会性和文化性。国民面孔是国家形象和国族认同的重要视觉组成部分。一国的面孔审美标准既是国族认同的意义来源之一，又代表着国际社会对一国印象的综合评价。它不仅是一种区分"我群"和"他群"的规范标准，更是一种建构性力量：积极正面的面孔标准，对内是强化国族认同的意义来源，进而有利于将国民导向文化自信的一端；对外是增加一国文化吸引力的视觉维度，进而有助于使国际社会对该国的认知产生光环效应。"时尚是一种集体性、系统化、规定式的规训力量（disciplinary power）。"① 时尚文化不仅形塑着身体政治，还演绎了"我—他"脸部文化和跨文化想象之间的冲突与妥协。

面孔的审美标准，远不只是美学艺术范畴，更关系到对自我族群身份的肯定，是民族认同和文化自信的重要维度。长时间地由西方时尚主导中国面孔的审美标准，不仅会加重中国时尚发展的被规训，造成时尚话语权的被剥夺，更会强化本土时尚文化的"崇洋"心态。因此，建构和传播中国本土时尚所自定义的"面孔范式"和审美标准，其不仅关乎着本土时尚产业国际化发展，更是增强中国文化自信和文化吸引力的应有之举。

---

① ［英］简·泰南：《米歇尔·福柯：形塑身体政治》，［英］安格内·罗卡莫拉、安尼克·斯莫里克编注，《时尚的启迪：关键理论家导读》，陈涛，李逸译，重庆：重庆大学出版社，2021年，第248页。

# 共情传播视域下"象群北迁"的国际传播效果研究

## ——基于 Twitter 主流媒体用户评论的情感分析和社会网络分析 *

## Study on the International Communication Effect of "Northward Migration of Elephants" from the perspective of Empathetic Communication

## —— Sentiment Analysis and Social Network Analysis based on User Comments of Mainstream Media on Twitter

李凤萍　陈　杨 **

Li Fengping　Chen Yang

**摘　要：** 云南亚洲象一路北迁的事件不仅引发了国际主流媒体的广泛报道，也吸引了社交媒体用户的关注和评论。在社交媒体平台已成为国际传播重要舆论场域的背景下，该文试图通过分析国外主流媒体社交平台上相关报道下的用户评论，从共情传播的视角了解外国民众对于这一事件的情绪和情感反应，探究微观生动的环境叙事给社交媒体用户带来的情感共振，从而为国际传播力的提升和"可爱中国"形象的塑造提供参考和借鉴。具体而言，该文通过词频分析、情感分析与语义网络分析等方法，借助共情理论分析了"象群北迁"事件中西方主流媒体 Twitter 账号相关报道的用户评论特征。研究发现象群北迁事件触发了外媒用户的情感共情与认知共情，民间微观叙事获得了一定成效，外媒用户对于中国的形象认知有所改观，但

---

　　* 基金项目：国家社会科学基金一般项目"'一带一路'背景下中国在东盟主流媒体中的国家形象研究"（项目编号：19BXW076）。

　　** 作者简介：李凤萍，女，昆明人，云南大学新闻学院，副教授，硕士生导师，研究方向：国际传播，传媒经济学；陈杨，女，泰安人，云南大学新闻学院，新闻与传播硕士，研究方向：国际传播。

意识形态的差别与固有的刻板印象在短期内仍无法改变，需要进一步挖掘中国故事的丰富题材，从而针对外国网民进行分众化、精准化地中国故事表达。

**Abstract:** The northward migration of Asian elephants in Yunnan has not only caused extensive coverage by international mainstream media, but also attracted the attention and comments of social media users. Under the background that social media platform has become an important public opinion field of international communication, this article attempts to understand the foreign people's emotion and emotional response to this event from the perspective of empathy communication by analyzing user comments under relevant reports on social platforms of foreign mainstream media , and explore the emotional resonance brought to social media users by micro vivid environmental narrative, So as to provide reference for the promotion of international communication and the shaping of the image of "lovely China". Specifically, this paper analyzes the user comment characteristics of the reports about the western mainstream media Twitter account in the event of "Northward Migration of Elephants" by means of word frequency analysis, emotion analysis and semantic network analysis. The study found that the event of the elephant group moving north triggered the emotional empathy and cognitive empathy of foreign media users, and the folk micro narrative has achieved some results. The foreign media users' perception of China's image has changed, but the differences in ideology and the inherent stereotype cannot be changed in the short term. It is necessary to further explore the rich themes of Chinese stories, so as to focus on foreign Internet users and accurately express Chinese stories.

关键词：国际传播；象群北迁；共情传播；情感分析

**Key words:** international communication; "northward migration of elephants"; empathetic communication; sentiment analysis

2020 年 3 月，16 头云南亚洲象从西双版纳州进入普洱市，并一路北上，在途经了玉溪、昆明等地区之后，象群于 2021 年 8 月 12 日重新返回墨江县栖息地。此次的象群北迁不仅成为我国社会各界持续关注的现象级热点事件，获得了媒体持续的跟踪报道与实况直播，英美等西方主流媒体的积极转载传播也让亚洲象在国际社交媒体上一度走红，掀起国际舆论的广泛热议，成为传播"可爱中国"形象、讲好中国故事的重要契机。在中共中央政治局第三十次集体学习上，习近平总书记强调加强我国国际传播能力建设的重要任务是讲好中国故事，传播好中国声音，展示真实、立体、全面的中国。要注重把握好基调，既开放自信也谦逊谦和，努力塑造可信、可爱、可敬的中国形象①。因此探讨此次"象群北迁"事件在国外社交媒体上的传播基调，以及由此带来的中国形象变化将可以为我国国际传播能力的提升路径提供参考。从国际传播研究领域来看，近些年来国内外学者的研究方向多集中于"一带一路"、对外文化传播、体育赛事、公共外交等官方宏大叙事方面②，对于民间微观叙事的国际传播效果研究较少。这也反映出单向"对空演讲"式的传播思路仍占据我国外宣主流，软性思维与本土化策略欠缺，从而导致我国国际话语权与综合地位不相匹配的情况。因此，如何采用亲民语态与情感诉求的方式进行双向传播是提升我国国际传播能力的重要路径。同时，随着社交媒体的兴起，外国主流媒体的重心也转向新媒体平台，研究社交平台上外国用户对于涉华报道和中国形象的认知态度与情感倾向就显得更加必要。在这一背景下，本文试图通过分析国外主流媒体社交平台上"象群北迁"相关报道下的用户评论，从共情传播的视角了解外国民众对于该事件的情绪和情感反应，探究社交媒体用户对微观叙事下的中国故事的情感反应，从而为国际传播力的提升和"可爱中国"形象的塑造提供参考与借鉴。

## 一、文献综述

### （一）国家形象与国外主流媒体涉华报道研究

大众媒介在对一个国家进行报道的时候，经过不断的积累逐渐形成了该国在媒介上的形象——国家的媒介形象，这是他国民众认识、评价一个国家的主要信息来源和参考依据。因为时空的限制，公众对他国的了解和对他国形象的认知，经常来源于新闻报道和大众媒体上的内容，民众也是通过媒体报道而非直接经历来获取国际资讯的。媒介通过选择性加工信息，构建了有别于现实环境的"拟态环境"，影响了人们对于一国形象的总体印象和判断，在建构国家形象中起到最为重要的作用③。可见，中国良好国际形象的塑造与传播很大程度上取决于各国主流媒体如何报道中国。因此关于外国媒体的涉华报道及其所建构的中国形象成为学者们关注的焦点。

---

① 习近平：《加强和改进国际传播工作 展示真实立体全面的中国》，2021 年 6 月 1 日，http://www.xinhuanet.com/politics/leaders/2021-06/01/c_1127517461.html，2022 年 11 月 10 日。

② 叶皓：《公共外交与国际传播》，《现代传播》2012 年第 6 期。

③ 韦路，吴飞，丁方舟：《新媒体，新中国？网络使用与美国人的中国形象认知》，《新闻与传播研究》2013 年第 7 期。

近年来相关研究主要聚焦于以下两个方面。一是从整体层面探讨不同国别或地区主流媒体涉华报道所建构的中国形象。例如程瑾涛从文本、话语实践和社会实践三个层面对《纽约时报》的涉华报道进行分析，探讨美国媒体如何通过新闻标题、构词法、隐喻等对中国国家形象进行建构。还有学者从历时角度剖析了十年来中国形象在西方媒体话语建构中发生的变化及其背后的原因[①]。除欧美发达国家外，东盟地区媒体涉华报道所呈现的中国形象也受到了学者关注[②]。二是对外国主流媒体在环境问题、"一带一路"、体育赛事等宏大议题报道上所建构的中国形象展开研究。例如有学者以《纽约时报》的全球气候变化涉华报道为例，探究西方主流媒体如何通过新闻报道的强化与弱化、话语置换与议题转移等叙事策略，建构了中国的负面环境形象[③]。还有学者就西方主流媒体对"一带一路"倡议报道的主题模型进行了总结[④]，或对具体国别主流媒体"一带一路"报道所建构的中国形象进行了分析[⑤][⑥][⑦]。

以上研究更多借助新闻框架与议程设置理论来对国外主流媒体的报道倾向进行内容分析，关注国外主流媒体涉华报道所建构的中国形象，特别是体育赛事、涉华环境议题、"一带一路"等宏大官方叙事背后所呈现的中国形象成为研究热点，而较少关注民间微观叙事产生的效果，也缺乏更加多元的理论视角和对这些报道效果的检验。

## （二）社交媒体时代的国际传播效果研究

国际传播是以国家战略目标为引擎的跨国传播，宏观上注重战略布局，微观上讲求方法与效果，对效果的动态考察是推动我国国际传播从强调能力建设向关

---

① 徐明华，王中字：《西方媒介话语中中国形象的"变"与"不变"——以〈纽约时报〉十年涉华报道为例》，《现代传播》2016 年第 12 期。

② 罗奕：《他者眼中的中国形象——基于东盟国家大众媒体涉华报道的舆情分析》，《传媒》2019年第 14 期。

③ 郭小平：《西方媒体对中国的环境形象建构——以〈纽约时报〉"气候变化"风险报道（2000—2009）为例》，《新闻与传播研究》2010 年第 4 期。

④ 金苗，自国天然，纪娇娇：《意义探索与意图查核——"一带一路"倡议五年来西方主流媒体报道 LDA 主题模型分析》，《新闻大学》，2019 年第 5 期。

⑤ 赵永华，郭美辰：《策略性叙事中的国际新闻驯化：印度主流媒体"一带一路"报道分析》，《国际新闻界》2020 年第 8 期。

⑥ 朱桂生，黄建滨：《美国主流媒体视野中的中国"一带一路"战略——基于〈华盛顿邮报〉相关报道的批评性话语分析》，《新闻界》2016 年第 17 期。

⑦ 陈世伦，王一苇：《媒体报道框架与中国海外形象建构——以柬埔寨主流媒体对"一带一路"倡议报道为例》，《广西民族大学学报（哲学社会科学版）》2019 年第 1 期。

注能力与效力"双力耦合"方向迈进的必要环节①。随着社会化媒体的兴起，打破了传统媒体时代由西方主流媒体主导的国际传播格局，为传播中国形象、争夺国际话语权提供了新的契机②，社交媒体的参与性、对话性等特征有助于提升跨文化传播的认同感、覆盖率、亲和性和黏合度③，同时，社交媒体为用户的舆论表达提供了便捷高效的平台，研究者借此可以获知更为全面的用户反馈信息，从而更好地探究国际传播所取得的成效④。因此，为加强我国国际传播能力建设，应顺应目标受众的信息接收习惯，利用社交媒体加强互动⑤，积极转变传统官方话语体系与宏大叙事，重视社交媒体上中国故事的民心相通以及外国民众对涉华信息反馈的研究。

近几年来涉华新闻和故事在社交媒体平台上的传播效果已引起了学者的关注，成为国际传播的重要研究领域⑥。例如有学者借助框架理论，以转发量、评论量和点赞量为效果评价标准，分析三家中国主流媒体在海外社交媒体上发布的"一带一路"新闻传播效果⑦。同时，中国非官方账号在社交媒体上的国际传播效果也受到了学者关注，辛静和叶倩倩通过对国际社交媒体上李子柒短视频的用户评论分析探讨用户对其短视频的情感态度，以及用户对短视频所传播的传统中国文化符号的认知和认同情况⑧。但总体而言，相关研究更加重视中国官方媒体社交媒体账号的传播效果，也偏向于"一带一路"和"中美贸易争端"等宏大议题，缺乏对国外主流媒体社交媒体账号及其评论的研究。

## （三）共情传播视域下的国际传播研究

综合以往国际传播实践和研究可以发现，我们多运用宏大、发展的国家视角和自上而下的话语传播方式讲述中国故事⑨，从现代性、交往理性的维度思考全球

---

① 刘燕南，刘双：《国际传播效果评估指标体系建构：框架、方法与问题》，《现代传播》2018年第8期。

② 胡岸，陈斌：《国家议题的对外传播效果分析——以"一带一路"在海外社交媒体上的框架分析为例》，《编辑之友》2018第12期。

③ 栾铁玫：《社交媒体：国际传播新战场》，《中国传媒科技》2012年第11期。

④ 张伦：《受众、内容与效果：社会化媒体公共舆论传播的国际研究》，《新闻记者》2014年第6期。

⑤ 高岸明：《全球视野 中国观点 遵循规律 提升效果——简析中国国际传播面临的挑战、机遇与对策》，《对外传播》2015年第1期。

⑥ 刘爽，张昆：《当前中国国际传播研究的议题拓展与话语建构》，《传媒观察》2021年第12期。

⑦ 胡岸，陈斌：《国家议题的对外传播效果分析——以"一带一路"在海外社交媒体上的框架分析为例》，《编辑之友》2018年第12期。

⑧ 辛静，叶倩倩：《国际社交媒体平台中国文化跨文化传播的分析与反思——以 YouTube 李子柒的视频评论为例》，《新闻与写作》2020年第3期。

⑨ 段鹏：《当前我国国际传播面临的挑战、问题与对策》，《现代传播》2021年第8期。

传播的秩序问题[①]，从而导致了中国媒体国际传播活动收效甚微，背离了国际信息生产的规律[②]。在这一背景下，强调自下而上民间微观多元视角的共情传播理论近年来成为国际传播研究领域讨论的热点。

共情是一个人能够理解另一个人的独特经历，并对此做出反应的能力，国家之间的兼容并包和平发展同样需要借助共情这一桥梁，化解"对空言说"的传播困境[③]，实现顺利交流与推动对外话语中的国家外部认同建构。在全球媒体格局和传播形态发生重大变化、传统媒体和社交媒体深度交融、传播思维从理性思维向感性思维转变的背景下，国际传播共情、共通、共享的有效传播路径应以生动的实践吸引人、真实的故事打动人、透彻的理论说服人[④]，通过将共情融入国家形象传播平台建设、用精准共情营造舆论环境、以共情议题提升国家形象议程设置能力，从而实现国家形象与共情传播的有机结合，塑造文明大国形象[⑤]。同时习近平总书记提出的塑造可爱中国形象，也为国家形象的塑造指明了方向。在"Z世代"和社交媒体的综合影响下，可爱已成为一种积极的审美标准和主流的社会价值，在国家叙事中，也应更加积极地通过可爱元素开展共情传播[⑥]。

可见，学界对于共情传播促进国际沟通与国家形象提升给予了理论上的肯定评价，但国际传播实践过程中基于一手数据的实证性研究还相对较少，因此共情策略对于国际传播的实际成效仍需继续验证。在以上研究的基础上，本文试图从共情传播理论出发，对"象群北迁"报道的社交媒体用户评论进行情感分析，获取用户的情感数据与倾向，探讨借助此类微观叙事的共情传播策略如何通过情绪传染带来预期的传播效果，从而进一步丰富国际传播效果研究并为国际传播力提升路径提供现实参考。

二、研究设计

（一）研究样本

为了探究国外用户对于象群北迁事件的情感倾向，本文选取了英国、美国与

① 韦路，吴飞，丁方舟：《新媒体，新中国？网络使用与美国人的中国形象认知》，《新闻与传播研究》2013年第7期。

② 熊慧：《解析国际传播研究的若干"迷思"——兼议中国媒体国际传播能力的提升机制》，《新闻记者》2013年第9期。

③ 吴飞：《共情传播的理论基础与实践路径探索》，《新闻与传播研究》2019年第5期。

④ 赵新利：《共情传播视角下可爱中国形象塑造的路径探析》，《现代传播》2021年第9期。

⑤ 崔维维：《国家形象的共情传播及其引发机制》，《哈尔滨工业大学学报（社会科学版）》2022年第1期。

⑥ 赵新利：《共情传播视角下可爱中国形象塑造的路径探析》，《现代传播》2021年第9期。

法国三个西方国家最具影响力的 6 个主流媒体 Twitter 平台账号为分析对象，即英国的路透社（Reuters）与《泰晤士报》（The Times），法国的法新社（AFP News Agency）与《世界报》（Le Monde），美国的美联社（The Associated Press）与《纽约时报》（The New York Times）。具体样本获取过程为：运用 Python 爬虫技术，以 elephant 或 elephants 为关键词，在上述 6 家主流媒体的 Twitter 账号上爬取 2021 年 4 月（象群北迁的开始时间点）到 2021 年 10 月（象群返回栖息地的时间点）期间的所有相关报道和用户评论，最终得到 415 条新闻报道和 2903 条用户评论。

### （二）研究方法

#### 1. 情感分析

情感分析是指分析说话者在传达信息时所隐含的情绪状态，对说话者的态度、意见进行判断或者评估[①]，主要包括文本情感极性分析和文本情感极性强度分析，前者指的是正面、负面与中立情绪的划分，后者指的是情感的强烈程度，比如贬抑、客观或褒扬[②]。探究外国用户对于象群北迁事件的看法最直接的手段就是对用户评论文本进行分析，而想要辨别其中的态度倾向便需要对于评论内容的正负或者中立倾向进行情感分析，从而发现其对象群北迁事件所持的情绪态度。

#### 2. 社会网络分析

社会网络分析用于描述和测量行动者之间的关系或通过这些关系流动的各种有形或无形的东西，如信息、资源等[③]。社会网络理论的特点在于关注个体间的关系，从群体的视角去解释个体行为，将微观社会网和宏观的社会结构连接起来[④]。由于情感分析只能得到用户评论内容的情感倾向，但所涉及的积极词汇与消极词汇究竟与何种内容紧密相关是无法直接得出的。为了能够找到这些情感产生的原因以及何种内容引发了用户的不同情感，需要借助社会网络分析进行可视化展现，从而对用户评论内容之下的深层次联系展开分析。

---

　　① 周胜臣，瞿文婷，石英子，施询之，孙韵辰：《中文微博情感分析研究综述》，《计算机应用与软件》2013 年第 3 期。

　　② 杨立公，朱俭，汤世平：《文本情感分析综述》，《计算机应用》2013 年第 6 期。

　　③ 张存刚，李明，陆德梅：《社会网络分析——一种重要的社会学研究方法》，《甘肃社会科学》2004 年第 2 期。

　　④ 汤汇道：《社会网络分析法述评》，《学术界》2009 年第 3 期。

（三）数据处理

1. 数据预处理

（1）筛选所需报道。为了对云南象群北迁事件的相关内容进行全面搜索，以 elephant 或 elephants 为关键词进行数据爬取，部分内容与云南象群并不相关，将通过人工剔除无关报道及其评论。

（2）补充链接文本。爬虫技术所抓取得到的媒体文章大都是网页搜索中的信息引言，其中所包含的文章链接只是简单地复制粘贴，未能对二级文本识别深挖，所以本研究将通过人工补充完整的新闻报道。

（3）删除无关评论。评论中有些内容对于情感分析无用，也会对最终的研究结果造成干扰，如 @ 昵称，广告推广，没有代表性的中文评论，其他链接等内容，对这些内容进行删除可以进一步提升文本分析的准确度。

经以上预处理后得到的数据集构成了情感分析的对象，包含 106 条新闻报道和 790 条用户评论。

2. 情感计算

本研究使用机器学习的方法对评论内容的情感极性与强度进行计算。首先对于评论内容的原始文本进行分词，本研究使用 NLTK 对数据进行分词处理，以便进行之后的词频分析及语义分析。然后使用 Python 中的 TextBlob 包来进行情感分析、词频分析、词性标记，并用 sentiment 方法对评论内容进行打分，获取正负向情感词汇以及相对应的情感分值。为了消除否定词与情感词搭配下可能产生的误差，本文将被否定词修饰的正面词汇规定为消极情感评论，被否定词修饰的负面词汇定义为中性情感倾向。最后再依据划分出来的情感词汇对于每条 Twitter 评论文本的情感倾向进行计算，即通过每条评论中的情感词个数来定义每条评论的情感值。

3. 语义网络分析

为了进一步研究用户情绪所指向的共同内容，本研究利用 Python 得出来的高频词建立了共现矩阵，选取了 82 对共现次数大于 5 的数据导入到了 Gephi 软件，绘制话语网络。其中，共现矩阵用来研究任意两个单词在一条评论中出现的次数，从而探究各个词组的亲疏关系以及用户评论的集中内容。在语义网络分析中，单词字体的大小代表的是频次的高低，线条的粗细代表的是两个单词共现次数的多少。

三、研究发现

在任何一种情境中，共情都包含着自下而上的情绪分享过程和自上而下的认知调节过程，即情绪共情与认知共情，情绪共情包含两个阶段，分别是情绪感染与情绪分享，在共情的过程中，认知因素不断自上而下地对情绪共情产生调节①。在对于象群北迁事件的评论中，用户对象群处境感同身受的同时也对中国的野生动物保护现状有一定的认知，在共情传播视域下展现出了情绪共情与认知共情的双重路径。

（一）"象群北迁"议题引发的情绪共情

首先是生态共同体理念之下的情绪共振。目前，全球性的生态危机成为人类共同面临的生态命运，没有一个民族或国家能够单独应付这些挑战，只有互相联合、互相依赖，人类才会有出路，这更是一种精神层面的联合体，是一种人与人之间亲密联系、真诚协助的情感纽带②。全球生态危机在将人类命运紧紧捆绑在一起的同时也加强了人们对于世界各地生态的共同关注，此次的象群北迁事件在短时间内引发了国外媒体与民众的集中聚焦离不开共同体意识的触发。通过评论文本的情感倾向分析显示，评论文本中正面情绪占比为31.9%，中立情绪占比为48.6%，负面情绪占比为19.5%，总体上看以中立情绪为主，其中正向情感大于负向情感。所持中立情绪的用户没有明显表露自己的情感倾向，评论内容较为客观冷静，大部分原因是对于象群生存的栖息地环境以及北迁的原因进行了探讨。但由于象群北迁过程中，中国政府与民众采取了积极保护的措施，保障了象群安全返回使得国外民众看到了中国在推进环境保护与积极承担生态治理责任上的作为，因此用户的正面情绪表达多于负面情绪。

其次是人与动物之间天然的心理距离激发了用户想要亲近的共情感。对积极情感词的词频统计显示，出现次数最多的积极情感词汇为"nice""cute""love""great""amazing""beautiful""sweet""awesome""intelligent"。进一步根据这些词汇的共现矩阵绘制了语义网络分析图（见图1），可以看出用户对于大象聪明才智（intelligent）以及可爱（cute）形象自然流露出来的喜爱之情（love）。与国家之间的分界隔阂不同，动物是超越国界跨越意识形态的，在生态共同体理念之下人们看到同样熟悉的动物便油然而生了亲切感。北迁中的象群拉近了中国与外国用户之间的心理距离，不仅让他们通过大象优哉玩乐的状态产生了情感共鸣，而且对于象群的安全（safe）产生了担心忧虑的情绪，从而在共情成分中分化出了更高级的共情，即共情关注。

---

① 黄翯青，苏彦捷：《共情中的认知调节和情绪分享过程及其关系》，《西南大学学报（社会科学版）》2010年第6期。

② 龙静云，吴涛：《人类的生态命运与生态共同体建设》，《武汉科技大学学报（社会科学版）》2020年6期。

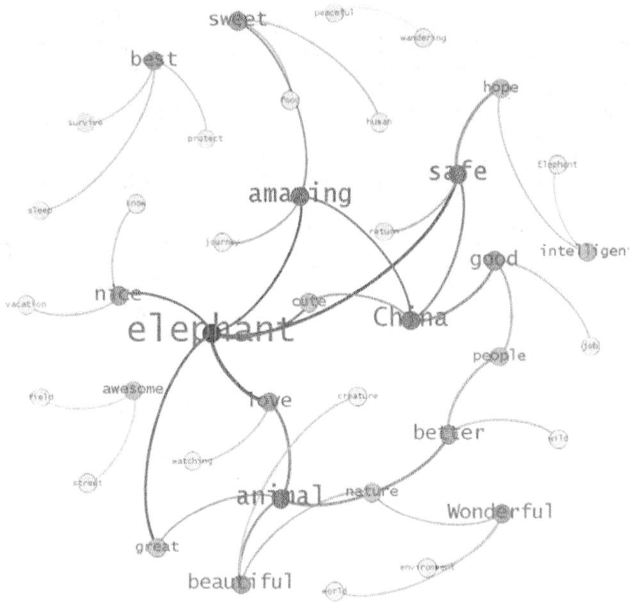

图 1    积极情感语义网络分析图

（二）"象群北迁"议题关注背后的认知共情

首先是观点采择下的情感倾向与认知。观点采择是指区分自我与他人的观点，并根据有关信息对他人观点进行推断以及做出反应的能力，它是共情的最重要的成分之一①。对于用户认知情况考察的主要办法就是对于词频进行统计分析，从中探究出用户的关注内容以及对此产生的体会。为此，本研究对分词后的文本进行了词频分析（见表 1）和语义网络分析（见图 2），其直观展现了云南象群的迁徙路线以及中国各方采取的举措是评论关注的重点。此外，高频词中也有一部分词语表现出用户的情感倾向，其中前 50 位高频词包含有 12 个正面词汇和 2 个负面词汇。这说明在媒体持续报道以及视频展示下，外国民众看到了象群北迁的真实情况，他们不断采纳着媒体的观点，刷新着已有的认知，并建构新的认知。

①    刘聪慧，王永梅，俞国良，王拥军：《共情的相关理论评述及动态模型探新》，《心理科学进展》2009 年第 5 期。

表 1　词频表（前 50 位高频词）

| 分词 | 频数 | 分词 | 频数 | 分词 | 频数 | 分词 | 频数 | 分词 | 频数 |
|---|---|---|---|---|---|---|---|---|---|
| elephant | 218 | hope | 28 | food | 19 | place | 15 | back | 11 |
| China | 93 | wild | 27 | stop | 18 | better | 14 | Yunnan | 11 |
| animal | 69 | habitat | 24 | sleeping | 18 | world | 14 | earth | 11 |
| human | 57 | city | 24 | come | 18 | news | 14 | great | 11 |
| Chinese | 41 | love | 22 | new | 17 | good | 14 | tusk | 11 |
| people | 39 | safe | 22 | way | 17 | trip | 13 | creature | 10 |
| nature | 33 | eat | 22 | road | 17 | north | 13 | cute | 10 |
| like | 32 | beautiful | 20 | year | 17 | planet | 12 | poor | 10 |
| home | 32 | long | 20 | time | 16 | live | 12 | Africa | 9 |
| protect | 29 | amazing | 20 | sad | 16 | nice | 12 | lost | 9 |

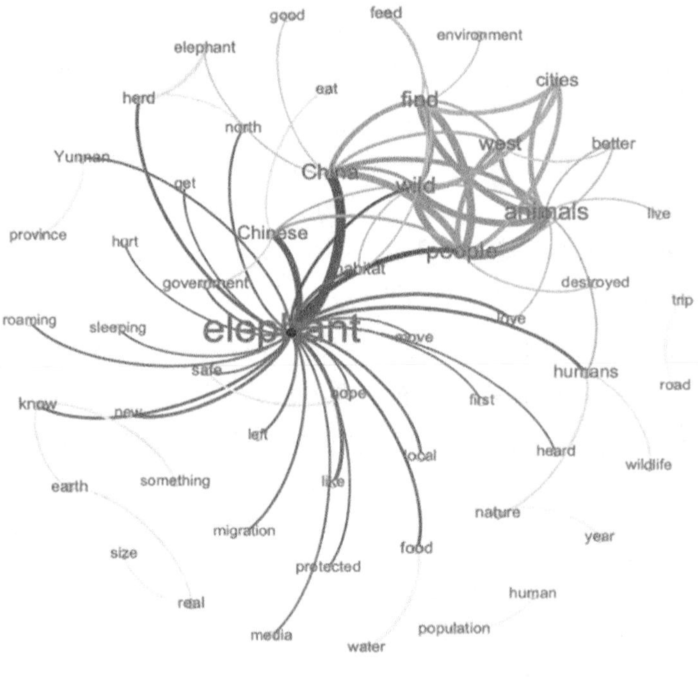

图 2　用户评论语义网络分析图

其次是先入为主的心理效应干扰了客观全面的情绪认知。从消极情感的语义网络图（图 3）可以看出，用户的消极评论基本上是围绕"China""killed""elephant""Chinese"这几个基本词汇展开的，其中"China"与"stupid""shit""bad"这几个词汇相连接；"killed"与"population""elephant""human""wrong"等词汇相连接；"elephant"与"killed""sad"""forced"等词汇相连接；"Chinese"与

"communist""crazy""poor""shocked""fake"等词汇相连接。由此可以看出，在官方并未发布象群北迁的确切原因之际，外国用户主观认为象群因栖息地被破坏从而被迫迁徙寻找新的生存之地，并且在北迁途中很可能遭遇杀戮，进而直接指向中国对于大象保护不力的本质，同时也将矛头指向了中国人以及执政党。这种先入为主的认知干扰了用户全面了解全程事件，审视事件的真相，将以往对于中国的负面认知与情绪迁移到本事件中，从而产生震惊愤怒的情绪。

图 3  消极情感语义网络分析图

## 四、原因探讨及其对国际传播力提升路径的启示

总体而言，此次象群北迁事件在国外主流媒体社交媒体平台的传播展现了可爱可亲的中国面貌，国外民众的积极情感倾向比重高于消极情绪的占比，这在一定程度上拉近了彼此之间的情感距离并反映出柔性传播的优势所在，从而营造了有利于中国的国际舆论环境。但不可否认的是，由于中西方意识形态的对立、国际社交媒体上用户对中国的误解与污蔑仍旧存在，探讨此类问题出现的原因对于优化国际传播策略有着重要意义。

（一）消极情感产生的原因分析

1.根本原因：中西方意识形态的差别对立

长期以来，我国国际传播环境不甚友善，国际话语权提升力度不足的根本原因就在于西方国家对于中国的压制性打击，使得我国在国内时事传递、思想文化交流、文化产品输出过程中面临着难以逾越的障碍。近些年来，随着中国综合国力的提升与经济发展水平的提高，国外主流媒体上显现出中国威胁论，给本来就障碍重重的对外传播提出了新的时代难题。在象群事件的报道中，外国民众将北迁的原因直接指向了我国政党，对其无端臆想猜测，并将北迁的原因与新冠病毒联系在了一起，称其是为了躲避源自中国病毒的感染而被迫逃命，把一次动物迁徙的事件上升为全球危机的对立以及对于我们政党的指责抨击，增加了国际间互联互通的传播障碍与传播隔阂。

2. 直接原因：中方媒体对"象群北迁"的报道停留表面未及根本

在此次象群北迁的过程中，我国媒体虽一直在跟踪报道象群的迁徙路线与沿途趣事，靠鲜活生动的场景巧妙地抓住了国内外用户的注意力，但是面对国际上的质疑与争论却一直没有做出正面明确的回应，使得部分国外民众偏离事实的发言形成了谴责中国的舆论漩涡。尤其是对于象群北迁原因的解释说明性报道比较欠缺，大象对人们正常生活的干扰以及对庄稼等经济作物造成的损失方面的应对方案报道也不充分具体，从而给谣言滋生与扩散提供了一定的空间。

3. 主观原因：外媒用户固有的刻板印象

在此次象群北迁事件的传播中，外媒大都是转载新华社或者中国日报的官方报道，这一反往常对华报道中的添油加醋与"自带滤镜"的行径，总体表述也较为合乎客观实际，但用户认知不仅受到媒体框架的影响，也会根据自身已有的认知框架来判断评估相关信息。长久以来，在官方引导与媒体蓄意歪曲的裹挟之下，西方国家的民众对中国形成了偏离实际情况的认知偏差与刻板印象，这种思维会让民众在未了解事实真相之前就先入为主地发表个人看法作出错误评价，而这种认知一旦形成便难以轻易改变。因此即便报道中明确提及了中国政府与民众给予大象最高标准的保护举措，外媒用户仍然充耳不闻，一味指责中国对于生态环境与生物多样性的破坏。对此，如何有效解决国际传播中存在的话语困境，形成与综合国力相匹配的国际话语权仍是未来很长时间需要不懈探索的议题。

（二）"象群北迁"事件对中国国际传播能力建构的启示

研究结果显示，象群北迁事件触发了外媒用户的情感共情与认知共情，民间微观叙事获得了一定成效，外媒用户对于中国的形象认知有所改观，但意识形态的差别与固有的刻板印象在短期内仍无法改变。结合前文对其原因的探讨，未来仍需要从以下方面进一步挖掘中国故事的丰富题材，从而针对外国网民进行分众化、精准化地中国故事表达。

1. 讲述微观生动故事，引发情感共鸣

以往的中国叙事大都从国家层面出发，话题宏大不接地气，很难让外国民众产生感同身受的情感共鸣，中国的国家形象也是片面单一，从而导致国际传播效果仍旧存在较大的提升空间。在习近平总书记不断强调构建真实立体全面的中国形象的当下，摆脱以往空洞讲话、单一宣传与自上而下说教式的话语方式刻不容缓。在对外传播当中，我们不仅要讲中国故事，更要讲生动鲜活贴近生活引发共鸣的中国故事，要寻求国内外民众共通的意义空间，让事事有回音，件件有成效，加深国际民众对中国全方位的了解和对中国人真善美品质的感知，逐步消解对中国的曲解与敌意。

2. 重视国际舆情，及时回应质疑

在国际传播过程中，媒体要明确自己的目标用户为实实在在的个体，实际成效如何最终取决于他们的感知评价。对此，我国应做好舆情监管工作，不仅要看到外国民众对于中国的支持肯定，更要在他们存在质疑不解的时候用事实作出最有力的回应，用落地的举措以及确切科学的依据打消其存在的疑虑。此外，回应舆情也要讲究时效性，要在事件发生之后的最短时间内进行有效答复，借助社交媒体的互动性形成双向的沟通与交流。

# "外文缩略词"的跨文化衍生与传播：
# 一个符号学试推*

## Cross-cultural Derivation and Communication of Foreign Language Abbreviations: An Abduction of Semiotics

刘利刚 **

Liu Ligang

**摘 要：** 当今"速度为王"，"外文缩略词"涌现"汉字世界"已为事实。"地球村"式的修辞化说法倾向于对正被异化的"汉字世界"的轻描淡写。新闻传媒出版界慎用"外语缩略语"，并非无稽之谈，而是要维护中华文化的意义秩序。通过对这种现象的传播符号学试推，既揭示了"外文缩略词"有违传播衍生逻辑而形成的文化威胁性，又结合时代语境揭示了这种"西风东渐"的由头，继而阐明了手执话语生产权的媒体作为社会公器，理应维护中华文化主体性地位的义务与责任。

**Abstract**: Nowadays, "Speed is king". Some "Foreign Language Abbreviations" emerge in large numbers into the Chinese characters. The rhetorical argument of the style of "the global village" inclines to understatement for being alienated "Chinese character world". Media should be shielded from foreign language abbreviations, not nonsense, but to maintain the order of significance in Chinese culture. From a perspective of communication semiotics, this paper analyzed the spread of undesirable foreign acronym derived from logic and its potential threat. Combining context of the times, this paper analyzes the cause of western influence and further elaborated the

* 基金项目：重庆市社科基金规划项目"新三峡生态旅游的影视化传播策略研究"（项目编号：2018YBCB094）；四川外国语大学教改项目"'体认+'时代传媒人才培养的混合学习模式实践研究"（项目编号：JY2296231）。

** 作者简介：刘利刚，博士，副教授，四川外国语大学重庆国际传播学院，主要研究传播符号学。

media, holding the right of discourse production and as a social public instrument, should maintain Chinese cultural subjectivity responsibility.

**关键词**：外语缩略词；跨文化；衍生与传播；主体性；符号学试推

**Key words:** foreign language abbreviations; cross-cultural; derivation and communication; subjectivity; semiotic abduction

语言是看待世界的一种精神生产方式，它具体由文字固定下来。中华文化之所以是中华文化，正因表征中华文化的语言由汉字构成，汉字不仅仅是汉语的记录手段，而且是构成中华文化的内在形式。诚然，"五四"以来中国学术存在"去汉字化"倾向，但这种倾向只发展到"简化汉字"的程度，并未使之"拼音化"。汉字在本质上与记言的表音文字不同，记言文字即表音文字怎么说就怎么写，而代言的汉字乃"无声的"，即汉字所发出的不是自然语言之声，而是掌握文字的政权即国家的统一之声。

记言文字，因言语异声必文字异形："罗马帝国拉丁文是一种拼音文字，一旦土地隔绝，言语相异的人，各自用字母拼出各自的言语，不同的各种文字，遂纷纷出现。……我们可以说，自从纪元前腓尼基人发明拼音字母，欧洲就注定了不能统一。"[①]中华文明之所以几千年来一直处于"大一统"状态，正在于几千年来一直存在一种无声的、超越各种方言的代言文字即汉字存在。中国地域辽阔，存在不同方言，虽"言异声"，但不管怎么"说"，最终皆"书同文"。书同文对中华文化几千年来保持统一性具有绝对的向心作用。

当今时代，"速度为王"，"外文缩略词"涌现"汉字世界"已为事实。不可否认，外文缩略词的确给中外交流在一定程度上带来了方便，但毫无疑问任由其不规范地发展，会积少成多，成为干扰中华文化意义秩序的"文化噪音"，势必会使我们的语文生态变差，同时会进一步拉大我国在中外文化交流上的"赤字"。诚如，GDP、PK、NBA 等外文缩略词已经习焉不察地被大众当作中华汉字的一部分在使用。也许，本文在一定程度上会引来质疑之声：这么小的问题有必要写篇文章论证，是不是有点杞人忧天了？但从维护中文自然生态的意义上，笔者还真的就想就此一"小问题"从学理层面钻一钻牛角尖，以期引发更为深入的讨论与争鸣。与此同时，笔者也力图阐明作为社会公器的媒体，手执话语生产权，理应在维护中华文化主体地位上做好表率，规范地使用外文缩略语，使之符合中文的表达习惯。这里，需要说明的是，笔者并不是盲目地拒斥所有的中文西化，诚然其中一

---

　① 柏杨：《中国人史纲》，北京：中国友谊出版社，1998 年，第 472 页。

些高妙的西化还是值得借鉴的，而反对的是其中一些恶性的西化现象。

一、"外文缩略词"乃闪耀着时代之光的双刃剑

我们生活在一个新的世纪，一个速度为王的时代。高科技设备增加了我们传递信息的速度，以及缩写、昵称、行话以及其他短语形式的频繁使用节省了更多的时间。由于掌上电脑连接到电脑，所以网络已经成为数据中心以及购物商场和杂货店。电子邮件远快于传统的"蜗牛邮件"，手机速度更快，它的所有工作都在手指间、刹那间完成。人们长期广泛使用某些缩略语，如 RSVP（预约的意思），它使我们获得信息远比完全拼出容易、节约时间。在某种程度上，我们更愿意说"DNA"，而不愿意说"Deoxyribo Nucleic Acid（脱氧核糖核酸）"。

然而，大多数缩略语的意思是不明显的，随着附带有多种意思的大量缩略语的出现和使用，这一问题变得越来越突出。例如，在 Abbreviations Dictionary (Tenth Edition) 中，小写字母"a"代表着 50 个单词或短语的意义，而大写字母"A"有 65 种意义[①]。其实，当我们翻开任何一种外语词汇读物时，就会发现，以"某个字母"开头的单词或短语，数量极多。一般来说，在一个文化圈子外，使用这个文化圈子里定义的缩略语会引起混乱，反之亦然。例如，在阿卡普尔科、布宜诺斯艾利斯或马德里，一个不懂西班牙语的人，在洗澡时，很可能会将淋浴阀门上的标志"C"，误以为"Cold( 凉水 )"，而实际上是"Hot（热水）"。这岂不要每个人手捧一本"Abbreviations Dictionary（缩略词典）"，随时准备消除误解吗？

就中国来说，随着改革开放的深入以及加入"WTO（世界贸易组织）"，在经贸、科技和文化等领域，外语缩略语不断见诸文献和报刊，诸如，"APEC""ATM""BBC""CEO""CNN""ISO""IT""MBA""IOC""VIP""NBA""WHO""UFO"等等，不胜枚举。它们中，有些已经融入中华文化，有些还未被国人熟知，如"PK"已随着"超女"红遍大江南北，而"UNCF"为何物，仍在造成混乱。无论"外文缩略词"这把利剑挥向何方，都值得我们注意，在具有 3500 年生活史的汉字世界里，它们正在人们不经意间、普遍地渗透进来，已成为 21 世纪我们必须面对的不争事实。

---

① Dean Stahl & Karen Kerchelich. *Abbreviations dictionary*.New York: CRC Press LLC,2001, p.xi.

## 二、"外文缩略词"的传播符号学试推

### （一）从意义的生成与交换分析传播符号学试推的基本思路

传播现象普遍存在于人类社会的各个领域及大众的日常生活中，而使得传播得以成功的就是符号，它可以被看成传播的"DNA"即"脱氧核糖核酸"。在《传播符号学理论》中，约翰·菲斯克（John Fiske）认为传播学研究中一直存在两大派别，即过程学派和符号学派。前者视传播为讯息的传递，关注的焦点在于传送者和接收者如何进行译码和编码，以及传送者如何使用传播媒介和管道。它探讨传播的效果和正确性问题。后者视传播为意义的生产与交换，关注的是讯息以及文本如何与人们互动并产生意义。[①]图1所示的模式[②]恰好将"过程"和"符号"都嵌入了其中，成功地表述了"传播符号学"所要表述的意图。

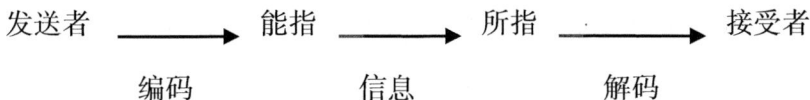

发送者 ——→ 能指 ——→ 所指 ……→ 接受者

编码　　　　　　信息　　　　　　解码

图1　符号传达意义的模式

在图1所示的模式中，能指和所指的概念是由瑞士语言学家费尔迪南·德·索绪尔（Ferdinand de Saussure）在《普通语言学教程》（1916）一书中提出。他认为，符号包括两个构成元素："能指"（signifier）、"所指"（signified）。"符号是能指和所指相联结所产生的整体。"[③]"能指"和"所指"是成对出现的概念。索绪尔用下面这一模式（图2）来说明两者的关系。"能指是我们通过自己的感官所把握的符号的物质形式——如一个词的发音或一张照片的外观。所指是符号使用者对符号指涉对象所形成的心理概念。"[④]

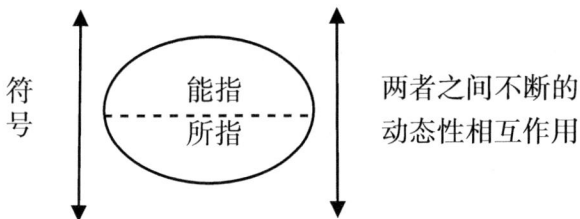

符号 　能指 / 所指　　两者之间不断的动态性相互作用

图2　符号的构成模式

---

① ［美］约翰·费斯克：《传播符号学理论》，张锦华译，台北：远流出版社，1993年，第14页。
② 赵毅衡：《文学符号学》，北京：中国文联出版公司，1990年，第6页。
③ ［瑞士］费尔迪南·德·索绪尔：《普通语言学教程》，北京：商务印书馆，2001年，第102页。
④ ［美］约翰·费斯克：《关键概念：传播与文化研究辞典》，北京：新华出版社，2004年，第262页。

能指和所指之间的关系通常并非一次性完成的，它们之间具有一种序列关系。在第一级序列中，由能指和所指联结成一个整体，即符号。在第二级序列中，前一级序列中的符号又变成了能指，与另外的所指共同组成第二级序列的符号。说不定还有第三级、第四级序列等。罗兰·巴尔特（Roland Barthes）给出的模式（图3）如下：[①]

| 1. 能指 | 2. 所指 | |
|---|---|---|
| 3. 符号<br>I. 能指 | | II. 所指 |
| III. 符号 | | |

图 3  罗兰·巴尔特的神话模式

正是意指将能指和所指联结成了一个整体。巴尔特视意指为一个过程。同时，他将意指区分为"直接意指"和"含蓄意指"。其中，"直接意指是单纯的、基础的、描述的层次，在那里存在着广泛的一致性，大多数人会认可其意义"，而含蓄意指则"不再是一种明确解释的描述层。在此我们开始根据社会意识形态——普遍信仰、概念结构以及社会价值体系等更广泛的领域，来解释各种完成了的符号"。[②] 在含蓄意指那里，他深刻地看到了"神话"。所谓神话 (myth)，"是指遍及某种文化的一系列广为接受的概念，其成员由此而对自身社会经验的某个特定主题或部分进行概念化或理解。"[③] 例如，乡村神话一般包括：美好、自然、心清神爽、宁静、幽美等概念。

上文的图2和图3以及意指概念，都是从菲斯克所说的符号学派的角度在进行试推工具的准备。而图1则是从把过程派和符号派进行综合的角度进行准备。对图1进行推演变换，让原话语表示发送者文化语境中的话语，让变异体话语表示接受者文化语境中的"原话语"，让中间媒体担当图1中"能指"到"所指"的转换者，便又可得出图4所示模式。

原话语 ━━━━━➤ 中间媒体 ━━━━━➤ 变异体话语

图 4  话语的流变模式

---

① [法] 罗兰·巴尔特：《神话》，上海：上海人民出版社，1999年，第17页。
② [英] 斯图尔特·霍尔：《表征》，北京：商务印书馆，2003年，第38—39页。
③ [美] 约翰·费斯克：《关键概念：传播与文化研究辞典》，北京：新华出版社，2004年，第261页。

（二）"外文缩略词"在接受者话语语境中是一种不合乎"逻辑"的存在物

外文缩略词是原话语，它由一系列符号组成，符号又由能指和所指构成，而其能指和所指又通过"约定"的意指作用勾连在一起，以防止它们之间任意滑动。表1统计列举了部分原话语及其符号组成。

表 1　原话语符号的组成

| 能指（signifier） | | 所指（signified） |
| --- | --- | --- |
| GDP | | Gross domestic product |
| ATM | | Automated Teller Machine |
| CEO | | Chief Executive Office |
| NBA | | National Basketball Association |
| EMS | | Express Mail Service |
| …… | | …… |

来源：统计于相关媒体，仅作举例之用

由图4可知，原话语要参透到接受者文化语境中，成为此语境中变异体话语只有通过"中间媒体"的引介。而这一引介过程又可分两种方式进行，即直接引介和翻译引介。

中间媒体作为直接引介，缘于原话语在接受者文化语境中有生存的土壤。中国自改革开放以来，西风东渐，学习外语的人数日趋攀升，形成了巨大的"变异体话语文化生态圈"。例如，在中国沿海和内陆经济发达地区，云集着大量的跨国公司，在这些公司内部用外语交流已不为新鲜事。再例如，互联网的发展给我们提供了"秀才不出门、便知天下事"的平台，使我们很容易接触到好莱坞的原版电影和具有异国风情的文化，人们长时间上网冲浪，耳濡目染，已为原话语落地接受者文化语境提供了沃野。

中间媒体作为翻译引介，缘于接受者文化语境中，大部分人习惯于本土文化，翻译家、外语培训以及媒体担当了将原话语做选择、变形、处理之后引入接收者文化语境的中间媒体。例如，傅雷译《约翰克里斯朵夫》，杨苡译《呼啸山庄》，叶君健译《安徒生童话》等等；北京外国语大学，四川外国语大学，新东方外语学校等等；中央电视台，凤凰卫视，星空卫视、出版社、杂志等。当然，还有许多其他中间媒体形式也在承担中间媒体的角色。

中间媒体通过与原话语对话，把事实的知识变成陈述的知识；中间媒体再与接受者文化对话，再将陈述的知识变成变异体话语。回到前文所述的图1中，发送者发送的是"能指"，接受者接收到的是"所指"。图4中的中间媒体就起到了将图1中的"能指"转化为"所指"的工作。在这一转化过程中，由于诸如 GDP、ATM 等乃"缩略语"，它们只能完成在发送者语境中的表意功能，所以对于中间媒体来说，表1中的所指就成了转化时的"能指"。中间媒体实现由能指到所指的转化过程，如表2所示：

表2　中间媒体的符号过程结果

| 能指（signifier） | 所指（signified） |
| --- | --- |
| Gross domestic product<br>Automated Teller Machine<br>Chief Executive Office<br>National Basketball Association<br>Express Mail Service<br>…… | 国内生产总值<br>自动柜员机<br>首席执行官<br>（美国）国家篮球协会<br>邮政特快专递<br>…… |

来源：统计于相关媒体，仅作举例之用

经此转化，原话语就实现了从发送者语境向接受者语境的转移，同时也成为变异体话语。为什么叫变异体话语呢？因为在考察接受者话语语境历史时，发现这些话语不存在，而是舶来品。例如，在汉字世界里，诸如表3所列举的话语是不存在的。这里，使用英语为母语的国家就是发送者语境，而中国则是接受者语境。变异体话语的符号组成如表3所示：

表3　变异体话语符号的组成

| 能指（signifier） | 所指（signified） |
| --- | --- |
| 国内生产总值<br>自动柜员机<br>首席执行官<br>（美国）国家篮球协会<br>邮政特快专递<br>…… | Gross domestic product<br>Automated Teller Machine<br>Chief Executive Office<br>National Basketball Association<br>Express Mail Service<br>…… |

来源：统计于相关媒体，仅作举例之用

在我们的汉字世界里，变异体话语应该是，诸如"国内生产总值""自动柜员机""首席执行官""（美国）国家篮球协会""邮政特快专递"等等，这才符合变异体话语的生成逻辑。然而，现实情况并非如此，散布于我们的话语世界里的却是"外语缩略语"，诸如 GDP、ATM、CEO、NBA、EMS、VCD、KTV、IT、DNA 等等，这些外文缩略词要完成表意，还必须完成如表3所示的意义植入过程，否则它们就只能是让人难以理解的"符号半成品"。因此，"外文缩略词"在接受者话语语境中存在，是一种不合乎传播衍生的"逻辑"的存在物。

（三）"外语缩略词"作为"标出项"具有"翻转"的可能

从文化主体性角度看，这种不合乎传播衍生"逻辑"的存在物，是表意不完整的"符号半成品"，其在汉字世界中是属于非主体性的。"在文化中，有 A 范畴就会有 -A 范畴，任何意义范畴都有对立意义范畴，只要有对立，就会有不对称"，故"文化范畴的二元对立之间，有大量非此非彼情景"。[1] 这里，A 范畴是非标出项或正项（positive item），非此非彼是中项（middle item），-A 范畴是标出项或异项（negative item）。在汉字世界中，汉语是正项或非标出项，而外语缩略语或外语则是负项或标出项。由于"在对立文化概念的标出性中，中项偏边是共同特征，中项无法自我表达，甚至意义不独立……只能靠向正项才能获得文化意义"，[2] 因此，在中华文化中，人们更多地趋向于使用汉语。

然而，文化中的"正项—中项—异项"并非绝对"稳态"。"从文化演变上来看，前文化—文化—亚文化'标出项翻转'，可以在文化的许多符号范畴对立中观察到。例如，裸身与服饰：在前文化中，裸身为正常；在文化中，衣装为正常，裸身为标出。类似的意义地位变迁，在文化演变中处处可见到。例如血亲婚—乱伦禁忌—隐蔽血亲婚，文身—不文身—亚文化文身，生食—熟食—生食作为美味。"[3] 索绪尔认为，"语言是一种表达观念的符号系统"，[4] 要表达思想离不开语言，脱离语言而存在的思想，是难以想象的。这即是说，概念的变化即观念的变化，概念的变化，要么是对传统话语的反叛，要么让传统问题消失。[5]

由于，"非标出项因为被文化视为'正常'，才获得为中项代言的意义权力；反过来说也是对的：正是因为非标出项能为中项代言，才被认为是'正常'：中项是各种文化标出关系的最紧要问题。"[6] 在中华文化中，汉语与外语缩略语（或外语）之间总有大片的中项区（人、行为或概念），当中项认同汉语，整个社会文化则以汉语为主体；反之，社会文化趋向"动乱"，会产生标出项翻转的可能。

因此，"对立的意义概念争夺中项，以争夺正项地位，这是文化时时在进行的

① 赵毅衡：《文化符号学中的"标出性"》，《文艺理论研究》2008 年第 3 期。
② 赵毅衡：《文化符号学中的"标出性"》，《文艺理论研究》2008 年第 3 期。
③ 赵毅衡：《文化符号学中的"标出性"》，《文艺理论研究》2008 年第 3 期。
④ [瑞士] 费尔迪南·德·索绪尔：《普通语言学教程》，北京：商务印书馆，2001 年，第 37 页。
⑤ 高玉：《文论关键词研究的多重维度》，《中国社会科学》2019 年第 8 期。
⑥ 赵毅衡：《文化符号学中的"标出性"》，《文艺理论研究》2008 年第 3 期。

意义权争夺"。① 在中华文化中，要维持其意义秩序，消灭"外文缩略词"，在现实上就不可能，要的只是把"外语缩略语"明确标出为"异项"，从而控制其发生频率，也就是阻遏中项认同它们，时刻提醒中项要清楚自己的文化主人翁地位，即社会大多数人因为"恐惧"被标出从而趋向于"正项"。

### 三、媒体在"外文缩略词"规范中有何作为

美国新闻评论家和作家沃尔特·李普曼（Walter Lippmann）在《舆论学》中提出"拟态环境"（pseudo-environment）理论，他认为"追溯既往就可以看到，我们在认识我们仍然生活于其中的那个环境时是多么地迂回曲折。我们可以看到，它带给我们的消息时快时慢，但只要我们信以为真，我们似乎就会认为那就是环境本身"。②"……我们尤其应当注意一个共同的因素，那就是楔入在人和环境之间的拟态环境，他在拟态环境中的表现就是一种反应。然而，恰恰因为那是一种表现，那么产生后果——假如它们是一些行动—就不是激发了那种表现的拟态环境，而是行动得以发生的真实环境。如果那种表现不是一种实际行动，而是我们简称的思想感情，那么它在拟态环境中没有出现明显断裂之前，会经历一个漫长的过程。但是，一旦虚拟事实的刺激产生了针对事物或他人的行动，矛盾就会迅速发展，然后——从经验得知—便会产生用脑袋撞击石头墙的感觉……，总而言之，会因为失调而痛苦。"③

虽然有失调的痛苦，但是"在社会生活层面上，人对环境的调适是通过媒体构筑的拟态环境而进行"，④ 因为"直接面对的现实环境实在是太庞大、太复杂、太短暂了……"。⑤ 传播媒介正是通过对象征性事件或信息进行选择和加工、重新加以结构化之后向人们提供了一个可资参考的"拟态环境"。"拟态环境"是虚构，但绝非谎言，否则，谎言一旦戳穿，便会使身在其中的人们有"头撞墙之感"。

媒体作为社会公器，是"拟态环境"的构筑者，这些所谓的"GDP""MBA""NBA"等外语缩略语，虽然起到了我们认识世界时的"世界地图"作用，然而由上述分析知道，它们并非是合乎逻辑的"变异体话语"，它们也并非是汉语传统文化中的东西。在汉语语境中，一旦这种外语缩略语遍及到足以引起汉语传统语境的"震荡"时，人们便会感觉到因传统文化的缺失而引起的不

---

① 赵毅衡：《文化符号学中的"标出性"》，《文艺理论研究》2008 年第 3 期。
② ［美］李普曼：《公众舆论》，阎克文，江红译，上海：上海人民出版社，2002 年，第 4 页。
③ ［美］李普曼：《公众舆论》，第 12—13 页。
④ ［美］李普曼：《公众舆论》，第 13 页。
⑤ ［美］李普曼：《公众舆论》，第 13 页。

自然感。例如，从儒学的三次发展来看，牟宗三在《儒家学术之发展及其使命》一文中，系统地阐发了有关儒学发展的三个时期的理论。他认为，第一时期之孔、孟、荀为"典型之铸造时期"，其功效表现为汉帝国之建构；第二时期之宋明儒学为"彰显绝对主体性时期"，其功效见于移风易俗；第三时期之发展"将有类于第一期之态，将为积极的、建构的、综合的、充实饱满的"，它将在坚持儒家的道德精神的前提下，促成科学发展和实现民主建国。儒学在先秦、宋明和现代的发展乃是针对不同的问题、境遇而展开的。先秦儒学所面对的是社会大变革带来的礼崩乐坏的局面，宋明儒家所面临的是佛老泛滥，现代新儒学所面临的是西风东渐，传统价值的不断瓦解。[①] 儒家针对这三个阶段出现的危机，都采取了必要的"取舍"之手段，使儒学中的"一贯之道"得到了发扬光大。可见，每当中国传统文化在面临危机时，都能通过自身的变革，获得更大的发展。

在传媒高度融合的当今，在汉语世界受到"不合乎逻辑"的外语缩略语入侵时，新闻传媒出版界却在不经意地为入侵者推波助澜。因此，作为"拟态环境"构筑者的传媒工作者，就有义不容辞的责任，为妥善处理好"这件事"有所作为。

我们生活在一个新的世纪，一个速度为王的时代，外语缩略语因具有时代所要求的快捷优点，所以可谓之"时代宠词"。但是，今天的人们也不仅仅满足于天天吃"麦当劳"所带来的快捷方便之感，对于我们中国人来说，更热衷于感受那种围绕大圆桌吃饭，所营造出来的热闹和谐之气氛。汉字是中华文明的象征符号，它已经历了由繁到简的"整形"，再也经受不起"吸脂式"瘦身了，外文缩略词频繁闪现于汉语世界，是在向作为中华文化主体者的我们发出信号——中华文化正在缩水。新闻传媒出版界作为中华文化最有力的承载者、传承者之一，其目前表现让人堪忧，处于囧时代的人们已经被各种"符号"迷乱了双眼，新闻传媒出版界不能再利用手中的"权力"制造更多的"符号半成品"，应及早加入"现代新儒学"的行列，为保持中华文化的健康发展，肩负起应有之责。

笔者认为，新闻传媒出版界应该从以下三个方面，展开对自己当前权力与责任的问责，便可摆脱"非不能也，是不为也"之境况。

首先，消费主义浪潮催生了现代的符号性消费。对于处在全球化、市场经济中的现代人来说，购物不再是买进柴米油盐，才算是购物，即使是购买"符号"，也算是购物，因为通过购买符号获得了"一份心情"，展现了独具个性的自我。让·鲍德里亚在其《消费社会》一书中说："要成为消费的对象，物品必须成为符号，也就是外在于一个它只作意义指涉的关系——因此它和这个具体关系之间，

---

① 　[美]郑家栋：《现代新儒学概论》，南宁：广西人民出版社，1990年，第7—8页。

存有的是一种任意偶然的和不一致的关系，而它的合理一致性，也就是它的意义，来自它和所有其他的符号物之间，抽象而系统性的关系。这时，它便进行'个性化'，被消费的不是它的物质性，而是它的差异。"① 也就是说符号消费不仅仅是为了简单的吃饱穿暖而已，它已成了消费者体现"自我价值"的消费，消费者不仅仅是为了物或商品的消耗或使用，更是为了"标新立异"和"与众不同"。这种消费心理表现在语言文字的使用上，就是喜欢使用"陌生化"的外来语，而各种媒介恰好是这些"符号商品"的生产者，因此，新闻媒介在使用外来语时要具有规范性，制定相关的标准。

其次，新闻传媒出版界作为"公共话语"载体，只重话语权，而乏责任感。本文所摘录的外语缩略语都来自传媒出版品，许多娱乐或体育媒体，可堪称是外语缩略语寄生的天堂，就连严肃的中央级新闻媒体，也常把外语缩略语挂在"嘴边"。建议新闻传媒出版界在使用外来语上，要起到楷模作用，要相信受众模仿其所带来的"进步"。例如，各级广播电视台在报道中不再使用如"NBA"这一缩略语，而是使用"美国职业篮球联赛"（National Basketball Association），以起到率先示范的带头作用。

最后，就受众而言，"文化距离"对他们产生了审美吸引力。Mary Yoko Brannen 所提出的"文化距离"（cultural distance）概念，虽然被用于解释跨国企业如何在他国成功，但也反映了人们在追求"文化"时，对文化具有陌生感的要求。例如，在传媒巨头迪斯尼公司的主题公园推广过程中，出现了有趣的"矛盾现象"：乐园以原汁原味的"美国风格"在东京获得空前成功，而在欧洲，如法国却遭遇倒闭之灾，虽然法国人是迪斯尼产品的最大消费群。Mary Yoko Brannen 发现其原因在于美国与法国等欧洲国家共享同一符号体系，如"自由"。乐园中的很多童话主题，如"睡美人"就是源自法国本土。而美日之间，"个人主义"（individualism）和"集体主义"（collectivism）的文化要素对比较为鲜明，这是其成功的关键要素。② 鉴于此，新闻媒体要通过舆论引导人们对中华文化的热爱，让人们理解文化是具有主体性的，外国的再好，也非本国的传统文化。人们既有拥有、享用自己文化的权力，也有传承和规范地使用它们的义务和责任。

结语

通过从传播符号学的角度，对"外文缩略词"进行"发生学"意义上的传播

---

① ［法］让·鲍德里亚：《消费社会》，刘成富，全志钢译，南京：南京大学出版社，2001年，第122页。

② 李思屈，关萍萍：《传媒业的产业融合与符号学的新视域》，《浙江大学学报》2009年第2期。

衍生过程试推，发现"外文缩略词"在接受者话语语境中存在，是一种不合乎"逻辑"的存在物。同时，从文化具有主体性的角度试推，发现这种"存在"具有"标出项翻转"的可能性。诚然，在当今这个信息时代，外文缩略词在汉语世界中存在已为熟视无睹之现象，而且那种亚里士多德式的"理性逻辑推理"，对于解释外文缩略词在接受者语境中为何出现已然显现出不足。但是，也恰恰正是此不足，让笔者将分析过程引向了结合时代语境的分析思路，继而对外文缩略词如何威胁到接受者文化语境有所管见。正是基于以上试推，本文积极呼吁在国际传播中新闻传媒出版界作为"中间媒体"理当主动出击，利用手中的话语生产权，有所担当地参与到维护中华文化意义秩序的传播博弈中来。

# 华夏传播思想研究

主持人：田素美

# 罗盘有信：华夏科技传播媒介特性及时空观

## The Information of Compass: Medium Characteristics and Space-Time concept in Huaxia Technology Communication

邱子庆　徐小小 *

Qiu Ziqing　Xu Xiaoxiao

**摘　要**：“罗盘有信”的“罗盘”是时空信息的媒介，“信”是华夏时空观中“天地人”契洽特性的传播主旨。“天地人”的延伸是构成世界的基本要素，罗盘符号中承载的信息是天人合一时空观核心思想的具体体现，它既是媒介也是方法论。华夏时空观的内涵与主体的互应，罗盘媒介信息在当代时空中的再现，以及信息对应关系上所呈现出的古今“相似性”场性等，证明了“罗盘有信”传播理论的确定性。作为媒介的罗盘，它的全部信息堪比一部华夏时空观念简史。从传播学与哲学相结合的视角进行思考和论证，应然之中会产生更清晰的思路。“天地人”相应的时空观，不仅洽适于古人，它所具备的文化间性，是与世界多元文化互动交流的方便法门。我们确定发现了“罗经”完备的时空理论，其中关于“风水”文化内向传播的研究是“华夏传播研究”文库中的一项信息补充。

**Abstract**: The "Compass" in the "The Information of Compass" is the medium of space-time information. "Information" is the purpose of communication which runs through the characteristics of "Tian Di Ren" in the Chinese view of time and space. The extension of "Tian Di Ren" is the basic element that constitutes the world. The information carried in the compass symbol is the concrete embodiment of the core idea of the time-space concept of the unity of heaven and man. It is both the

---

*　作者简介：邱子庆，武汉理工大学法学与人文社会学院，新闻传播系副教授，硕士生导师。研究方向：跨文化传播、华夏传播。徐小小：英国拉夫堡大学伦敦设计创新研究所硕士研究生。研究方向：设计创新管理、华夏传播。

medium and the methodology. The interrelation between the connotation and the main body of the Chinese time-space concept: The representation of compass media information in contemporary time and space, as well as the "similarity" field of information correspondence between ancient and modern times, proves the certainty of the communication theory of "the compass has a letter". As a medium, all the information of compass is comparable to a brief history of Chinese space-time concept. Thinking and argumentation from the perspective of communication and philosophy will naturally produce a clearer idea. The time and space view corresponding to "Tian Di Ren" is not only suitable for the ancients, but also a convenient door for the interaction and communication with the world's diverse cultures. We have found the complete time-space theory of "Luo Jing", in which the study about the Intrapersonal Communication of "Feng Shui" culture is an information supplement in the library of "Chinese Communication Research".

**关键词**：罗盘信息；媒介特性；时空观；科技传播；人文情怀

**Key words:** Compass Information; Medium characteristic; Space-time concept; Technology communication; Humanistic feelings

对时空观的讨论是哲学领域的基本任务，也是物理学领域激动人心的课题，传播学研究领域对时空的关注起源于对传播技术哲学的探讨。[①] 像这类具有倾向性的哲学问题与传播学联系起来研究，显得十分有趣。如果之前这类话题媒介已经在华夏传播研究的平台上启动了"刺激性传播（Stimulus Diffusion）"效应，但又未近闻謦欬就遽然而止，实在可惜。《论语·述而》中所传播的"举一反三"的学习研究方法论信息，引示我们可以进一步深挖以古代华夏文明中的科技创造成果"罗盘"作为媒介，通过"罗盘"之"信"，与时空对话。让大众深刻理解"一穷二白"的中国"从一只小小的罗盘到走遍世界的基建巨人"的原因是背后的文化支撑和科技底蕴所演化的结果。

约翰·彼得斯（John Durham Peters）2008 年应邀回到本科母校犹他大学演讲中提道："我 1982 年离开犹他大学到斯坦福大学读传播学博士，当时的使命是要将大众传播哲学化，或可以也将我们研究对象称为传播哲学（communication philosophy）。"[②] 然而中国古代科学家们在创造作为科技媒介的"罗盘"时也同样

---

① 谢清果等：《与时偕行：华夏文明传播的时间偏向》，《现代传播》2021 年第 3 期。

② ［美］约翰·彼得斯（John Durham Peters）：《对空言说：传播的观念史》，邓建国译，上海：上海译文出版社，2017 年，第 11 页。

反映出这样的思考，并成功地付诸传播实践，罗盘作为时空哲学的传播媒介，这一创造比彼得斯的想法提早了三千两百年。当代量子物理学大家霍金对宇宙时空进行观察思考，追求"如何或者为何选取宇宙的定律和初始状态？"他在找到的答案并传播于世人的《时间简史》一书的结论中写道："如果我们确定发现一个完备的理论，在主要的理论方面，它应该及时让所有人理解，而不是仅仅让几个科学家理解。"①"如何或者为何选取宇宙的定律和初始状态？"史蒂芬·威廉·霍金（Stephen William Hawking）认定为是科学的任务，那么，将此观点类推，把古代科学发现的定律（宇宙规律）和初始状态的文化信息向"所有人"传播，这自然也是传播学的任务。我们已经发现了华夏文明中科学发明的一个完备科技媒介域，为什么不公开地向大众传播呢？

关于认识宇宙时空的经验，德国神学家鲁道夫·奥托（Rudolf Otto）等人，将其"概括为五种形式：科学、宗教、历史、哲学和艺术创造，并认为不涉猎这一切，就不能视为全面的人。"②换而言之，对"作为人的延伸——媒介"的研究，如果不涉猎到科技媒介信息的传播，似乎同样略显不完整。

罗盘有"信"，"信"在华夏文字传播的概念中是指真实的言语或信物，由言会意引申为"消息"，表示为确实义，可靠义，其中含有信息之意，英文表达为"Information"。在华夏传统观念认知中，"信"是儒家"五常"观念之一，历来被作为道德修养，立身之本。西方传播学将"信息"定义为消除事物中或事物任何不确定性因素的东西，包括消息、资料、情报、数据、图像、知识、思想等，并认为信息是构成世界的三大要素之一，构成世界的三大要素是物质，能量和信息（根据香浓的信息论）。笔者认为在华夏传播观念中"天地人"的延伸是构成世界的基本要素，它是媒介也是认识论。华夏传播对"信"的认识偏向于"软像"，具有过程运动性中抽象的确定感，而西方倾向于"硬像"，较重物理关系上的确定性。

本文以罗盘媒介之"信"对应西方的 Information，从媒介物理关系与形而上观念的对照路线上展开罗盘媒介信息的探讨，从而引诱出信息中的华夏时空观念及文化现象（图1），以此引证华夏科技创造成果罗盘媒介的特性，传播罗盘符号中的华夏精神和文化意义，借"华夏传播研究"尝试将华夏珍贵科技媒介"罗盘"这枚遗珠，展览于当代时空，以契合"华夏传播研究"开创的"在具体历史的语境中考察媒介技术型塑思维结构……深层秩序……"，在"媒介学的视野关照其中

---

① ［英］史蒂芬·霍金：《时间简史》，许明贤，吴忠超译，长沙：湖南科技出版社，2007年，第233页。

② ［英］李约瑟：《中国科学技术史》，袁翰青等译，北京：科学出版社，2018年，扉页。

文化脉络"①同时"追求和坚守人文情怀"。②

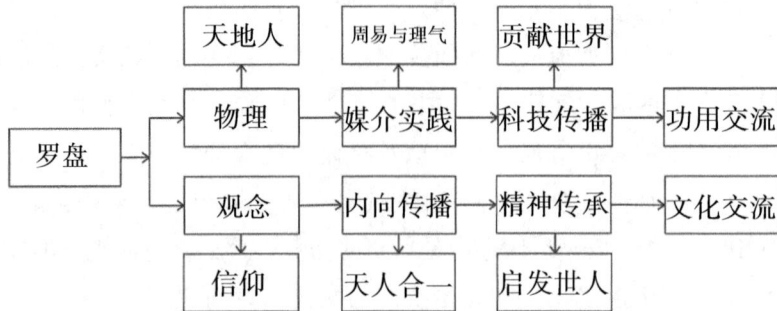

图 1　罗盘媒介的物理性与观念性对照思维延展路径图

### 一、作为媒介的罗盘最初始的时空追寻

在普罗大众的认知中，罗盘是古代传统的地学仪器，广泛应用于航海、勘察、军事等领域的方位测量上，它是中国古代的四大发明之一。在民间罗盘广泛使用于村落和宅院的布局选址，被视为民间堪舆的重要工具。

作为工具的罗盘，它是一项奇特的创造，是联系今天与过往的神器。

作为媒介的罗盘，它所承载的信息，涵盖了物理学与哲学的交叉实践内容，在观念的传播中建立起了一个有序的，有意义的时空文化世界。罗盘的全部信息就是一部华夏时空观念简史。

#### （一）司南的发明：华夏时空经验传播中的物理意指及应用信息

物理是内在规律或道理（innate laws of things）及人性物理。在中国，古代文字传播的物理意指有三。1. 事物。如《宗书·晋熙王刘昶传》："晋熙太妃谢氏，深沉无亲，物理罕见。"2. 事物的道理、规律。如《明道杂志》："升不受斗，不覆即毁，物理之不可移者。"3. 景物与情理。如高仲武《中兴间气集·张南史》："……'已被秋风教忆鲙，更闻寒雨劝飞觞'。可谓物理俱美，情致兼深。"4. 物理学的简称。早期物理学与哲学同源，物理学与哲学既有交集点，也有不相重合之处。中国古代创造的罗盘，就是具备这两门学科交集的特征。罗盘的前生是司南，司南是一种指示南北方向的指南器，亦名指南针。

传说司南是公元前 2700 年轩辕黄帝发明的，在黄帝和蚩尤的大战中，黄帝用

---

① 谢清果：《华夏传播研究：媒介学的视角》，北京：社会科学文献出版社，2019 年，序二，第 3 页。

② 谢清果：《华夏传播研究：媒介学的视角》，序一，第 6 页。

指南器在大雾中辩明了方向而战胜蚩尤。[①]有关司南的文字记载是在公元前三世纪左右的春秋时期，《吕氏春秋》："磁石召铁"的言说。哲学家王充在《论衡·是应篇》中有："司南之杓，投之于地，其柢指南，"的信息，"地"指司南的托盘，"柢"指杓柄。（图 2）因此可见，司南是中国古代物理学领域中的一项重要发明，司南是罗盘的前生。古代在建筑选择"辨方证位"和"航海定向"中广泛应用。1400—1433 年，由郑和率领的一系列非凡的海上远征一直在中国航海技术上占有中心位置。[②]由于罗盘的使用郑和比哥伦布的航海实践提前了半个世纪，成为航海史上的先导。

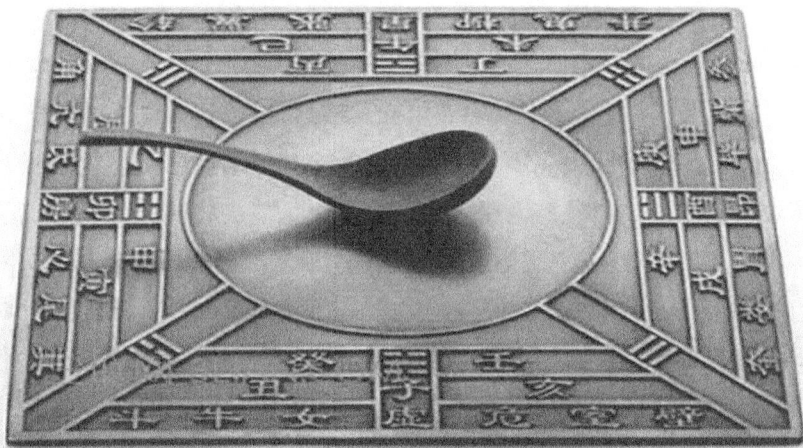

图 2

　　罗盘的制造观念核心是"天人合一"，物理上的设计实行也是罗盘媒介信息所承担载的文化的特征。物理上的设计实行是通过扩充指南器底盘外圈信息，将"河图"、"洛书"星图，易经八卦，天干地支等天文、地理符号进行编码，在实施解码时便将其中以哲学思维创造的信息运用"仪式性"传播方式与社会共享，类似詹姆斯·凯瑞（James W Carry）介绍的"仪式性，它不是指'信息'在空间里的延伸，而是指'社会'在时间中的维持和确认。传播最原初、最高级的表现不在于传送睿智的信息，而在于构建和维系一个有序的，有些意义的，作为人类行为

---

① [英]李约瑟：《中国科学技术史》第一卷，袁翰青等译，北京：科学出版社，上海：上海古籍出版社联合出版，2008 年，第 52 页。

② [英]李约瑟：《中国科学技术史》第四卷，汪受琪等译，北京：科学出版社，上海：上海古籍出版社联合出版，2008 年，第 613 页。

控制器和容器的文化世界。"① 罗盘就具备了这样的传播特性。

罗盘的形制是以指南针小圆盘为中心，采取中心点发射式圈层向外层层扩展而构成，将不同的天文、地理、物理象征等符码有秩序地进行组合、聚合，以此控制传播信息中能指和所指的关系规则，这样为传播过程中对第二次符号意义中科学与哲学文化内涵的言说搭建成坚固而永恒同构性质的讲台。

西方认为空间为宇，时间为宙。中国人认为时空是一体的，天地人是贯通的。罗盘的每个圈层就是一个宇宙体系，每个体系中的元素都由人类连接，人是主体。在信息使用时以主体性主导与环境感通是关键原则，此原则的确定就是对"三才"文化的肯定。"三才"符号的第二次意义中宣说出的真理就是罗盘信息中涵藏的天地人在时空中互动的规律，中国人将真理性的文字及符号奉为"经"，经中编入的是"不可磨灭的伟大教训"（《文心雕龙》）。因此，"罗盘"在古代传播史中也称之为"罗经"，当罗盘作为应用工具时，也叫"罗经仪"。罗经的理论构架是严谨无误的、理性的，但在实践运用中表达信息的内容和原理时，传者善于依时空的界定阶段、位置的移动变化和参考受者的信息熵，可能会将媒介的科学现象变成言情小说，以提升传播效果。"比如，潮汐现象。潮汐现象是因为月亮和太阳对地球各处引力不同所引起的水位、地壳、大地的周期性升降现象，这一引力现象比发现引力要早得多的中文辞典中找到潮汐的原因，它非常恰当的被称为'月亮对地球的爱情'……必须承认他们的观察力和我们一样好。"这样的言语，将物理科学讲得很感性、很温暖，因此被阿尔贝·雷米萨在1815年法兰西学院就职演讲中称赞说"非常恰当"。②

华夏的时空观中，因为有一个非西方时空概念的因素参加进来调庭时空，那就是"人"。当罗盘作为物理工具在实际应用时，人的思维融入时空并以身体力行的方式来言说时空真谛，中国人称为"传道"。老子《道德经》第51章"道生之，德蓄之，物形之，势成之。是以万物莫不尊道而贵德。道尊之，德贵之，夫莫之命而常自然"。当人与道一体，与天地产生感应，道就会生化它，德蓄养它、滋生它、安定它、修治它、供养它、维护它。今天的中国"在一穷二白的基础上创造了惊天动地的经济奇迹，用几十年时间完成了发达国家几百年的工业化历程。……从一只小小的罗盘到走遍世界的基建巨人……"③罗盘里面沉淀的天地道德与人互感互应的伟大观念和中国精神将成就，今天的民族"复兴大业"。

---

① 黄晓钟，杨效宏、冯钢主编：《传播学关键术语释读》，成都：四川大学出版社，2005年，第215页。

② [英] 李约瑟：《中国科学技术史》第一卷，第37页。

③ 慎海雄：《信物无声 精神永恒》，《学习时报》2021年5月31日，第一版。

（二）符号的妙道：罗盘时空信息中"天地人"符号的"数据式"集成

罗盘就是一个时空信息"数据库"。以"玄空学"罗盘为例①。罗盘中心圆内藏有一枚指南针，从中心圆向外层层展开，罗盘的第一圈图像内容层是星象八宫，符码元素来自于"洛书"星图，亦称"后天八卦"，这八组星象与罗盘中心指南针所居的同心的圆形进行组合，构成"九宫"的基础图形。古代智者认为天与人是两个相互感应的宇宙，根据对不同时空中的季节的颜色及性质进行分类，得出物质世界是由五种基本元素组成的物理结论。组成物质世界的这五种元素是"金、木、水、火、土"。而且在实验中认识到物质关系是不断运动变化的，变化的原因是因为物质在相互作用中的矛盾表现，中国话语表达为相克，相克产生矛盾现象，相生或相合则产生和谐现象。如，金克木，意象是金属或含金属的矿物质的坚利石斧，能砍伐树木；水与火也是一对矛盾关系，因为水能将火熄灭；唯有土比较具有中和性，理论上讲土克水，但土与水也可以相互涵纳，水可以为土再次塑形，土也可以改变水的流向，因此，九宫的中宫是一枚五行性质为土的概念星象，以无形居于其中，古人有将中国自诩为"中土"的喻称，九宫中心的星象名为"五黄廉贞星"，廉贞星具有勇于付出，敢于担当，一体两面，融通变化等特点。围绕在"五黄廉贞星"四周的其他八个星象分别安排在"五黄廉贞星"周围的八个方位。这八个星象分别称为一白贪狼星，二黑巨门星，三碧禄存星，四绿文曲星，六白武曲星，七赤破军星，八白辅星，九紫弼星，各自配置相应的五行。五行如果对应物质世界的人体五脏，其对应关系是金对应肺，其味辛，其色白；木对应肝，其味酸，其色绿；水对应肾，其味咸，其色黑；火对应心，其味苦，其色红；土对应脾胃，其味甜，其色黄。②

五行在观念上可以与儒家的"五常"对应，即礼、义、仁、智、信。金对应义；木对应仁；水对应智；火对应礼；土对应信。"洛书"九星在罗盘上应用时则须对应当时的时空信息在主体对应的动性规律中进行目标信息捕获，"玄空学"术语为"玄空飞星排盘法"，九星的排盘运行路线与现代物理学发现的"饶核公转电子轨道"路线相同。由此证实了宏观世界与微观世界之间的必然联系。

罗盘的第二圈层图像所表现的是"易经八卦符号"，这套八卦符号是远古时期伏羲所画，其媒介功能在于"以通神明之德，以类万物之情"。

伏羲八卦在罗盘上的符号形象是：离卦☲、坎卦☵、巽卦☴、震卦☳

---

① （清）沈竹礽：《沈氏玄空学》，李非，《白话释义》，郑州：中州古籍出版社，2005年，第134页。

② 肖萐父，李锦全主编：《中国哲学史》上卷，北京：人民出版社，1982年，第51页。

、兑卦☱、艮卦☶、乾卦☰、坤卦☷。八卦分别对应大自然中的火、水、风、雷、泽、山、天、地；人世间分别对应人物中的中女、中男；长女、长男；少女、少男；老男、老女。这些物理信息在罗盘的应用交流中可以对应当下时空作出方向位置、五行性质等判断，以便排除不确定信息。那么，八卦符号所象征的事物现象，其中信息的传播对当时人们思想观念中天人关系的建立，社会秩序的规范以及启示古人的内省思维智慧都产生了深刻的作用和深远的影响。

罗盘的第三圈层符码是以集合的形式有规律的安排十天干、十二地支以及乾、巽、坤、艮四个卦名设计于一个层次之中，这一层的信息功能是在罗盘应用时起到确立空间性质的作用。"罗盘中红、黑系将二十四山，分天地人三元。天元为父母，以子、午、卯、酉为阴，乾、巽、艮、坤为阳。人元为顺子，以乙、辛、丁、癸为阴，寅、申、巳、亥为阳，地元为逆子，以辰、戌、丑、未为阴，甲、庚、壬、丙为阳。戊己之阴阳以山向为准。又将洛书之数，一白贪狼水，配壬子癸；二黑巨门土，配未坤申；三碧禄存木，配甲卯乙；四绿文曲木，配辰巽巳；六白武曲金，配戌乾亥；七赤破军金，配庚酉辛；八白辅星土，配丑艮寅；九紫弼星火，配丙午丁；五黄廉贞星，配戊己中。"[1]

第四圈层是在实践应用中作为排布起星图所用的星曜。第五圈层是周易六十四卦。第六圈层是十二地支。第七圈层是二十四节气。第六与第七层在应用中联系起来，可得出太阳在每个节气所在的"山""向"的准确位置。

第八层是玄空山向飞星的卦之六爻分金；第九层是六十甲子纳音分金。第八层和第九层在"四柱"预测中作为媒介信息应用，可以推测出主体生命信息中的五行基因属性，即纳音的五行属性。

罗盘的九层意象就是道家的"九重天"的全息时空图景。罗盘中聚合的所有符号内涵拟似古代的一个时空信息"数据库"。罗经"数据库"具备了信息共享；减少冗余度；具有数据的独立性；数据实现集中控制；数据的一致性和可靠性等应用特性。

考察中西方学科历史进程中的信息记录，可以发现科学脱胎于哲学，当科学与哲学分体后，哲学便承担起引导科学的义务。西方古典哲学家重视对"世界是什么"的思辨——"爱智慧"（Philosophy），中国古代思想家善于将思想成果转化为改造世界的工具，并且不间断地在历史进程中代代相传，古代周易哲学思维就是实践性哲学的代表。

---

① （清）沈祝竹：《沈氏玄空学》，李非，《白话释义》，郑州：中州古籍出版社，2005年，第135页。

西方古典哲学思维相对纯粹，每个流派都善于精辟的思维，并且纵深到底，不屑于左顾右盼，或花心思为社会培训工匠。正因如此，我们现代人才听得到古希腊哲学家泰勒士因仰望星空行走而落入深坑，农夫笑之的故事。中国远古思想家伏羲同样善于"仰望星空"，"仰则观象于天，俯则观法于地，进取其身，远取诸物"（《易传·系辞下》），但是，伏羲是上看、下看、左看、右看，不断思想以后还要画出八卦来服务社会，解决实际问题，化"无用"为有用。之后又有周代姬昌思考为所有的问题找出答案的可能性，于是用"天人合一"的时空观做指导，通过科学的手段将世间问题归纳成 64 个类型后又细成分为 384 种情形，接着又给出问题方向性答案，同时将信息编程储备，供天下人解决社会各领域的问题时有根据可循，达到高效管理和精确施策的目标。由此可见，理论与实践结合来解决社会问题是华夏的学术传统，也是修养德性的方法。中国人在做形而上的功夫有"君子博学而日参省乎己"（《荀子劝学》），"吾上可陪玉皇大帝，下可陪卑田院乞儿"（《苏东坡传》），品德修养上的精神榜样在任何时空状态中，中国人都是在有形或无形中贯彻天地人互动交流，或进行内向传播的活动，这种习惯久而久之成了贯穿中国人探索真理长路上的如钢丝索般坚韧的扶手。西方人用思辨方式是不容易透彻理解中国人形而上修德重道的文化体验的。

用间接或联想式的方式体验理解罗盘媒介信息中的时空观，并且用于教化社会所带来的文化传播效果，最初始的活动之一就是"风水"。

## 二、罗盘沉浸式传播过程中的风水文化思考

罗盘信息在风水运作过程中基本采用的是经验实证主义的传播过程模式，如查尔斯·E.奥斯古德（Charles E.Osgood）、威尔伯·L.斯拉姆（Wilbur L.Schramm）提出的双行为模式，一个是来源单位，一个是目的单位，连结两个单位信息，信息不是从起点上被传至终点，而是循环式无止境的。在实践罗盘信息的传播活动中，操作罗盘者既是时空信息传达的编码者也是译码者，操作者就是一个传播单位。

罗盘作为基建工程在选择地质、空间环境及开工时间，主体方位朝向等堪舆工作中表现的角色是一种科学勘测工具，它被人创造，又为人所用。罗盘作为信息媒介，它其中所包含的时间、空间、人文等信息及意义以及相互关系的特点具备符号性。在应用实践中提取符号中的信息时，传播单位须在当时将作为工具的罗盘带入当时的空间中，首先"立极"[①]，即确定人的主体性原则，然后按技术要求

---

① "立极"，是堪舆学的专用术语，是找出阳宅空间中心位置的方法。

进行"九星排盘"编码，再将时空状态及天地人的伦理、道德关系的星位编入数字之中进行排列组合。但是这些数据符码恰是需要获得信息意义的受者无法辨识的，因此，操作者必须将编码译成意义，直接或间接地传输给接收者。例如，就像"风水"二字的编码代号是"涣卦☴☵"，然而"涣卦"的符号☴☵是普通受众无法理解的，那么就须操作罗盘的传者将涣卦符号内涵译成"风水"，因为涣卦的上卦是"巽卦"☴代表自然界的"风"；下卦是"坎卦"☵，代表自然界的"水"。涣，指消散，如"涣然冰释"，比喻疑难、误会的消散；又比喻帝王发出的指令等。"风水"活动，就具备消解疑难，化解误会，传达权威指令等效用。

　　涣卦的象辞白话说："风吹行在水面上，这就是涣卦的形象。先王由此领悟，要向上天祭献，并建立宗庙。"这就是圣人对"涣"卦形象的认知和联想。古代"君王在建造宫室的时候，要先建造宗庙，随后才能依次建立马厩和仓库以及建立居室"。[①]破土搞基建，造宗庙祭祖是神圣的行为，宗庙祭祀可以凝聚人心，祭献能使人忘掉眼前的成败得失，产生反始报本的感恩之心。祭祖的礼仪行为是为了提醒人们，利益不是一切，忆念祖先的恩德，祈福子孙后代，经历这些有关生命传承的体验后，人的行为就会有所收敛，做人就会更加厚道。曾子曰："慎终追远，民德归厚矣。"这就是祭祀的思维。像这类祭祀，建宗庙等具有精神内涵的事件，随时空变迁，人的"认识在形式上日益发展成概念性的，认识中的那些与事实相关的功利性内容也会骤然大增。但是人们原来的那种对事物进行直接把握的能力却会出现退化，甚至会荡然无存"。[②]因此，为了便于真实信息传播的延绵，传播单位将"涣"卦的编码组成元素及意义译释成"风"和"水"，这样在交流中方便寻根溯源，降低传与受双方的认识差异。即是在当代通过共同参与"风水"活动，不仅仅只是使受者产生对物质功利的目标期望值，同时通过译码的内容传承"天人合一"的思想观念及伦理、道德等内向功夫积累的习惯，对和谐天地人的关系，实现借"风水"传播华夏优秀文化，承接祖先福祉，余荫后人的物质信息和精神信息并重传播的功效，这才是"风水"的教化意义。

（一）理气观念的表征：风水实践中的九星运行技术实施与内向传播

　　中国南宋理学家、儒学集大成者朱熹认为，宇宙万物是由"理"和"气"两个方面构成的，气是构成事物的材料，理是事物的本质和规律。在现实世界中，

---

① 谢清果等：《华夏礼乐传播论》，北京：九州出版社，2021年，第56页。

② [美]亚伯拉罕·马斯洛：《动机与人格》，许金声等译，北京：中国人民大学出版社，2012年，第265页。

理、气不能分离，但从本源上看，理先于气而存在，这是客观唯心主义观点。朱熹发挥了程颐的"体用一源，显微无间"的思想。朱熹认为"理"是先于自然现象和社会现象的形而上者，"理"是事物的规律，"理"是伦理道德的基本准则。"理"在传播意义上归属于时间范畴。一切事物都有理，理虽无行迹，但却包含了事物的本质和其发展的可能性。"理"的全体是"太极"，这个太极就是一，是宇宙的本体。就每一事物来看，他们都完整的禀受了这个"理"，就如同天上的月亮只有一个，却完整的映在每一条江河之上。"气"是形而下者，有情有状，有迹，是铸成万物的材料，在传播意义上归属于空间范畴。天下万物都是气和理相统一的产物。罗盘在实践中的"九星排盘法"就是理气学说的应用，它就如同月亮可以完整地反映在不同时空的所有江河上。

　　运用"九星排盘法"，通过"洛书"八卦九星运行规律进行技术实施，历史案例证明，信息的择优功用能使受众目标在一定时空范围内实现愿望目标，但是若欲长久的保证空间中事物在发展中与受众所期望的效率及幸福指数一致，必须"三才"贯通，人的内向传播功夫是维护"数据"安全，与时更新的重要因素。善愿、善行及承蒙祖先余荫等，内向、外向同步的不断修正调整，"与时偕行""时空同步"是得到良善结果的根本保障，这样就能契合于"九星运行"中的"理"。因此，技术实施者在作为传播单位的任务执行中，以及参入者都须将罗盘指针与心学大家王明阳所指的"内心的定盘针"调试到重合的位置，方能实现"九星运行"理气说的境界。

　　时空意义中"九星排盘法"所指的"九星运行规律"是不变的，每个星根据时空转变，它们的位置相应发生改变，所以它是动性的，有生命轨迹的。如同华夏文化传承，在转化中不停更新。"风水"文化传承至今，它悄然无声地在为人类社会排除不确性的信息，使人规避物理障碍，在内向传播中补充修养的材料，在交流中扮演"神秘"角色，它是一个与"道""德"相应的一枚饱满的人文种子，环境适宜时就会发芽，其果实惠益于时代。

　　（二）形势构成的意义：易经八卦中的时空指向及人文精神传播

　　"形势"的信息，是传统"风水"流派中"峦头"派考查与实践判断的重要依据。"玄空学"的理论与实践是"理气"与"形势"二派精华的提取，并且在实践中得到综合应用。

　　"形势"，在古代称"峦头"，峦指的是山，在风水信息判断中是以人为主体，对主体周围的山势高低、形象的立卧、植被颜色的五行属性以及地质、地貌、地气等为依据来确定取舍。现代都市则是以主体周围的建筑物高低、形态曲直、外墙颜色及夜晚的灯光等元素进行比较来确定主体优选的空间方位。当时空方位对应在罗盘上的"八卦"上，传播单位再来作为"实然"与"应然"之间的双向调庭，即根据"卦象"进行定性，而产生诉求结果。根据"洛书"八卦的方位分布定向，罗盘信息指定，南方为"离"卦、北方为"坎"卦、东方为"震"卦、西方为"兑"卦、东南方为"巽"卦、西南方为"坤"卦、东北方为"艮"卦、西北方为"乾"卦。

"离"卦在观念时空中五行性质属火，象征自然界的光明，物理空间中对应的人物是中女，具备柔美之德。离代表丽，丽表示依附，附丽。火性依附于木材、灯烛而发光。因此，《周易·象辞》白话描述离卦："光明重复升起，这就是离卦。大人由此领悟，要代代展现光明，来照耀四方的百姓。"① "大人"，指的是德行完备的人。代代展现光明，用意在于坚持，延续。形而上的启示为修德之事是没有止境的，当美好的文明交错于眼前时，便能达到离卦中的"黄离，元吉"的境界，黄色的附丽表示吉祥。古人穿上黄色衣袍，主体的内向传播信息是要觉悟自己的身份及行为尺度，因此元吉。离卦的信息对接现代时空，启示利于推行文化、艺术类的传播及相关的物理运作。离卦与主体交通的能量来自宇宙之南的方向，时节对应为夏季。

"坎"卦观念时空中五行属水，象征自然界的凹陷之地，聚水之险处。在物理空间中对应人物是中男，具备坚定信仰之德。② 正如："不管风吹浪打，胜似闲庭信步，子在川上曰：逝者如斯夫。风樯动，龟蛇静，起宏图。"（毛泽东诗词：《水调歌头·游泳》）的情势。坎卦也称习坎，古人认为大江大河的水流湍急，要渡过大河，掌握水性就需要反复练习。因此坎卦象辞描述坎卦的白话是："水连续不断地流过来，这就是坎卦。君子由此领悟，要不断修养德行，熟悉政教之事。君子的学习要像流水一样，日夜不停地努力练习，择善固执。"坎卦传播的信息是启示现代人，坎的物理本是完善和有应变能力的，客观局面是要涉过险阻，必须克服自我怀疑的心态，建立成功的信仰。决断与冒险对主体的胆识，行动力的提升是趋于目的抵达的有效能量。坎卦与主体交通的能量来自宇宙的北方，对应的时节为冬季。

"震"卦在观念时空中五行属木，象征自然界的雷。在物理空间中对应人物为长男，具备临危不乱，掌握大局之德。震卦象辞白话为："接二连三地打雷，这就是震卦的情形。君子由此领悟，要有所恐惧，修正省察自己。"③ 震卦信息提示主体对天地应存敬畏之心，同时要扩展认识度，在动荡不安的情势下，勿失进取心，

---

① 邱子庆，徐小小：《易画解码》，武汉：武汉理工大学出版社，2020年，第238页。
② 邱子庆，徐小小：《易画解码》，第186页。
③ 邱子庆，徐小小：《易画解码》，第296页。

争取获得现实表象背面的支持力，从而无所畏惧地投入生活。在形而上建立正确目标，以正知正见来表现物理上的沉稳处事的作风和严肃的生活态度。主体与震卦交通的能量来自宇宙的东方，对应的时节为春季。

"兑"卦在观念时空中五行属金，象征自然界的沼泽。在物理空间中对应人物为少女，具备善于交流，撒播喜悦之德。兑卦白话象辞描述兑卦的情形是："沼泽与沼泽相互依附，这就是兑卦。君子由此领悟，要与朋友一起讨论和实践。"[①] 人类不断地提升发展，其中沟通交流是促成知识提升，文化进步的主要因素。兑是喜悦，物理上让大家开心，当人内心真正获得喜悦，自然会为国家或家庭及朋友奉献，兑卦信息传递的是在形而上决策时，须以人为本，并且照顾到主体与环境的和谐互依等多层次的关系。兑卦与主体交流的能量来自于宇宙的西方，对应的时节为秋季。

"巽"卦在观念时空中五行属木，象征自然界的风。在物理空间中对应人物为长女，具备通达之德。古人体验到风有无处不入的特性，所以认为风有传递信息的最佳功能，现代常用"随风飘扬"的成语犹言巽卦。因此，白话象辞描述巽卦："风与风相随而来，这就是巽卦。君子由此领悟，要反复宣布命令，推行政事。"[②] 物理上的提示是搞传播的最佳时机，而且能有附加的利益反馈。以仁善而又不失原则的态度澄清疑难，以更加明晰的头脑和判断力去行事，从而事半功倍。在形而上启示主体"巽与之言，能无说乎？绎之为贵。"（《论语·子罕》）意思是巽卦吹出的风，作为媒介之说是令人愉快的，但能对信息加以思辨，理出头绪，明了因由才是可贵的。巽卦与主体交流的能量来自宇宙的东南方，对应时节是春夏之际。

"坤"卦在观念时空中五行属土，象征自然界的地。在物理空间中对应人物是老女，具备温柔、顺和、包容之德。坤卦象辞写坤卦白话是："大地的情形顺应无比，君子因而厚植自己的道德以承载众人。"[③] "地势坤，厚德载物。"古人谈"物"是包括人在内的，如大众言说中的"待人接物"，接物就是与人相处。物理上坤卦具有母性的特色，母性的特性之一就是为了养育子女，她会自觉地将自己历练得坚强，"女子虽弱，为母则强。"坤卦柔中藏刚。坤卦在形而上启示主体吸收有养分的思想，倾听内在原本善良的声音，与天地相应，一切将顺畅、通达、吉祥。坤卦与主体交流的能量来自宇宙的西南方，对应时节是夏秋之际。

"艮"卦在观念时空中五行属土，象征自然界的山。[④] 在物理空间中对应人物

---

① 邱子庆，徐小小：《易画解码》，第146页。
② 邱子庆，徐小小：《易画解码》，第336页。
③ 邱子庆，徐小小：《易画解码》，第58页。
④ 邱子庆，徐小小：《易画解码》，第107页。

是少男，具备诚信奉献之德。象辞描述艮卦说："两座山重叠在一起，这就是艮卦的意象。"君子由此领悟，思考问题不要超出自己的职权范畴。[①] 止于至善，"艮"卦之"止"是止得其所，子曰：不在其位，不谋其政。"艮"卦提示主体应懂得适可而止，把握时机。所处位置不同所获得的资讯与思考问题的角度都会不同，该停止时便停止，该行动时就行动，不产生敌对，便能全身而退。主体与艮卦交通的能量来自宇宙的东北方，对应时节是冬春之际。

"乾"卦在观念时空中五行属金，象征自然界的天。在物理空间中对应人物是老男，具备刚健纯正之德。白话象辞描述乾卦："天体的运行刚健不已，君子由此领悟，要求自己不断奋发向上。"[②]"天行健，君子以自强不息。"乾卦是易经的首卦，万物借乾元而生。乾卦所指的"天"，包括自然界的天和与天相应的天下的大地以及天地之间的万物。自然之天运行的规律成为"天道"。天道在物理中是指人间法则，形而上是指真理。乾卦与主体交流的能量来自宇宙的西北方，对应时节是秋冬之际。

以上八卦信息在风水"形势"的判断中、定性功效十分明确。玄空学罗盘的第五圈层将周易六十四卦信息完整收录盘中，将八卦进行延伸扩展，其信息基本对应古今社会各领域中的各种问题，并在时空定向探寻中对应情景回答所有的问题，同时指示解决问题的方法。以上阐述是笔者长期以来运用罗盘媒介的时空观信息，遵循理论结合实践的科学研究方法，不断地在科研开发中进行实践性积累，酝酿中不断地寻找古今对接的观念性空间接点和时间的共通性，并实验性的在经济、文化、心理建设、艺术创新等领域传播活动中进行检验。感悟最深的是古今时空内涵与主体互应中媒介传播效果与当代时空现象及信息对应关系上表现出"遥远的相似性"特点，从而证明了"罗盘有信"这一信息传播理论的确定性。这样的研究，对我们面向世界把我国的"珍宝"介绍出去，让世界在对"和谐"观念的理解中，享受共建"人类命运共同体"的惠益是具有现实价值的。

### 三、罗盘信息的跨文化传播

罗盘在最初始是为建筑选址辨方定位，建筑是历史的里程碑；是空间形态的艺术表现；是凝固的音乐；是未来的见证者。中国古今代表性建筑中的思想观念，在时间和空间中的流变以及人类共享和互动交流的过程中，将华夏"天人合一"的时空观作为核心信仰对国人进行人文深化启示，同时将其能量场向国际进行撒播，有效地将中国文化精神影响了世界，成为华夏建筑的观念空间中灵动着悠长

---

① 邱子庆，徐小小：《易画解码》，第 104 页。
② 邱子庆，徐小小：《易画解码》，第 7 页。

的智慧，如果人类能在天人相应，人天互动观念的显性与间性中洽适，将人类、自然和科学技术视为组合体中共同相互作用、平衡、转化的要素，就实现了"天、地、人"融合运转的主体内向传播过程，进而在多元化文化认同的基础上找到"大同"，"共生"的优美平衡姿态，这样会使当今科技发展方向超越以人类为中心的狭隘视野，全面迅速的恢复人类长期休眠的宇宙意识，激活蛰伏于基层的"天地人"共同体的意识和良知，将"和谐共生"观念转化到人类行为之中，避免功用化科技发展导致的灾害，如此，人类才有可能"生生不息"。

（一）传承与创新：建筑形态塑型中的华夏时空观蛰思的激活与拓展

罗盘信息在当代本土大众记忆中是"堪舆术"实践中用来"证方定位"的工具，大众通过各种故事所了解到的情结是历代帝王在选择宫殿、寿陵、兴建城池、道路、桥梁、塔舍、神龛、牌楼、园林等建筑时必须使用的技术媒介。例如，北京紫禁城的建造，按当时的时空运势，在罗盘上进行整体结构的方位定向。罗盘九宫的中心所指为黄极之地，紫禁城的太和殿和乾清宫都因此规划在四正线的正中。子午线上的南端是午门，北端是人工积土形成的景山，总体形势背高面低。主要宫殿位于南北轴线上，与地磁场南北相应，其他建筑均向东西两侧延展成均衡形式排列。美国建筑家亨利·墨菲（Henry Killam Murph）说"这条轴线在今天世界上是最伟大的。它从钟楼向南，经过景山上的中心（万春亭），穿过紫禁城中一些覆盖着庄严黄瓦顶的主要横向建筑物，再经过高耸的前门楼，止步于五英里以外介于农坛和天坛之间的南面城门永定门，这个建筑群的布局组合不是用生硬的对称来标志的，而是采用标准的平衡感，这正是所有中国艺术的特征。"[①]

又如，明十三陵是当今世界上保存最完整的埋葬皇帝最多的墓葬建筑群。十三陵运用罗盘信息中的意指，完美地调和了建筑与自然的关系及先帝之间的伦理与环境位置选择匹配相应等关系。群墓建筑落成后的全景观感后人赞为"群山自南来；后尻坐黄花，前面临神京；中有万年宅，名曰康家庄；可容百万人，豁然开明堂"，堪称寿陵建筑群设计杰作的典范。[②]因此，英国科技史大家李约瑟在对《中国建筑的精神》研究中特别提到"在东方，人与环境间的关系是具体的直接的，东方人是以自身适应自然，并以自然适应自身是以彼此关系作基础的；西方人对自然作战。"罗盘所承袭的"天人相应"的远古智慧影响了中国一代又一代传人，并且在媒介的继承和创新上，当代的中国不断奉献出卓越的创新成果。

---

① ［英］李约瑟：《中国科学技术史》第四卷，第 82 页。
② 邱子庆主编：《室内设计基础》，武汉：武汉出版社，2016 年，第 87 页。

2008 年北京奥运会场馆"鸟巢"和"水立方"配套建筑的设计理念，传承了易经"离"卦和"坎"卦的精神内涵及形势表现。离卦属火，对应人物是女性，对应动物是凤凰，隐喻"凤归巢"。火的特性是向上，是能量启动产生光明和动态的物像，代表力量与速度。"离"与丽谐音，含有"美好"之意。坎卦属水，也称习坎，对应人物是男性。喻义多次不断地在水中练习游泳，历经艰难，建立自信才能成功。中国电视新闻发言人对外媒传播时是以人文的语境向世界言说：流线型构成的圆巢象征柔美女孩；直线构成的方正透亮的"水立方"象征健美男子。当一个女孩和一个男孩同时出现在大众视野中就是中国文字中的"好"。发布会现场呈现出良好反应，实现了本土文化观念信息走向国际视听空间的传播效果，使世界了解中国是如何将人文情怀付诸于建筑来表达对人类的善意和美好祝愿。方圆之中见乾坤，刚柔相济传道行。"鸟巢"和"水立方"成为世界公认的中国易经哲学思维所创造的当代优秀建筑的典范，是传承中国古文化观念的基础上，所创造的全新建筑成果。

（二）间性式洽适：罗盘"定向"中的中西方思维取向差异化生成及主体显性与间性的共洽

罗盘信息的国际交流在中古时期就对世界产生了影响，并带来国际社会的重大变化。"交流"的本意最早指的是传输的物理过程和形而上学的同体过程（Consubstantiation），但是西方人在接受罗盘媒介信息时，大多是在对物理过程中产生的功用主义的认同，对中国形而上的观念交流是根据自己的传统而做出反应。在西方发生的认同度取决于当地的文化对中国文化的移植的向度选择。西方对罗盘信息时空观念中的文化来源、精神内涵的理解是模糊的，但是西方人对技术的应用是准确的。在《中国科学技术史》中，当对中国风水关于地质问题，环境与人相互适应的选择取向及时空与人的互感等问题时，李约瑟也会借用中国语境把当代地质学家李四光肯定的冠以"我们时代的'土宿真君'"，将中国罗盘及古代科学发明家称为"中国神人"。当他们遇到中西方观念冲突时，也会以讲故事的方式去化解矛盾，从而产生情怀互动，以诚恳的幽默铺设继续往前的道路。在西方，科学史家李约瑟代表性地早就接受了中国的科技观念，并用"世界文化一律平等"，"神人一体"的间性思维接受了虚实相生"天人合一"的中国时空观，也清楚了解到"华夏文明中的时空内涵是独特的，它是融时间、空间和人的主动性为一体的时空情景"。[①] 中国人对西方认识中国的现象论抱以理解。中国科技创造的背后有

① 谢清果：《与时偕行：华夏文明传播的时间偏向》，《现代传播》2021 年第 3 期。

一根贯穿始终的经线，就是"道"，有了它的牵引，科技与文明的发展就不会失衡。西方人的思想引导是把人类的生命进步到可以脱离地球环境制约的"宇宙生命"，东方思想主张守护地球家园，实现人与自然的和谐共存，构建人类命运共同体。

　　李约瑟在《中国科学技术史》第一卷 215 页至 253 页列举了 26 项中国科学技术向西方传播的项目，其中（X）项是"磁罗盘，最初用于堪舆术，后来用于航海"，在第三卷，544 页用充足的历史事件证明中国人比意大利人、西班牙人、葡萄牙人和泰罗尼亚人应用罗盘信息进行绘制航海图等科技活动要早得多。"欧洲人是在 1200 年之前不久才知道磁极性的存在的。""郑和时代的中国航海家除了使用罗盘定向外，还已知道测定并沿纬度航行的方法"。[①] 他们借罗盘信息引导给航线周边的国家运输了大量的中国文明成果。因为有了东西方的运输交通，西方人在对中国物产的兴趣中感到了快乐，功用主义观念的驱使，接下来西方把罗盘科技能量发挥到极致。马克思在《自然力和科学》一书中精辟有力地传播了罗盘信息被西方所使用时产生的功用及力量："罗盘打开了世界市场，并建立了殖民地。"不同的观念指导了不同的行为，也促成了东西方思维差异的生成。中国人运用罗盘在国际交流中互通有无，增进了解，平等互惠，传播中国文化精神。通过罗盘在海运中的"定向"，中国陶瓷器具走向世界，并将中国的制造技术和艺术创造的智慧撒播到众多国度，受到世界的肯定和赞誉，赢得了"瓷器之国"的美称。西方人运用罗盘打开世界市场，建立殖民地，为自己获取更多的资源。英国皇家学会会员罗伯特·胡克（Robett Hooke）在《皇家学会哲学汇刊》，1688 年第六卷，第 35 页写道："希望能继续发现其余的一切。我谨借此机会奉上研究中国文献的心得，希望能启示和激励那些更有才华更有条件的人去完成这一伟大功业。去和这个王国古往今来的最优秀和最伟大的人物进行交流，并通过新的'贸易'把这些珍宝带到我们这里来。"

　　1988 年 5 月李约瑟写道："在过去的 30 年间，经历了一场名副其实的新知识和新理解的爆炸。对中国人来说，这确实是一个理解所有当然值得自豪的巨大源泉，因为中国人在研究并用以造福人类方面，很早就跻身于全世界先进民族之列了。"[②] 面对今天的科技传播，我们面对西方时，是否也应该有新的认知和新的理解呢？

　　结语

　　任何媒介的传播返本归元时，将又是一个新的起点。中国古代的传播单位拥

---

①　[ 英 ] 李约瑟：《中国科学技术史》第四卷，第 617 页。
②　[ 英 ] 李约瑟：《中国科学技术史》第一卷，第 xvi 页。

有一只"罗盘"，就近似于现代人拥有一个观念时空中的"空间站"，主体可以使用它寻找到所需要的信息。一只小小的罗盘不仅只是用于"辩方证位"产生物理价值，罗盘所传播的华夏时空观将会在当代影响更多的国家理解和平共处的重要性，而走到"人类命运共同体"的时空中。

发展科技文明是当代中国的核心问题之一，也是中华民族走向强大昌盛的重要道路，"从传播学的角度说，传播的第一要义是传承文化遗产"①，作为科技文化遗产的华夏时空哲学，是现代科技创新的文化"底气"，它所蕴含的"天人相应"特性是中国人刻在骨子里的气蕴，并且一脉相承，生动不已。他的形象是圆融的；动态是平衡的；人文关照是和谐的；物质与精神的关系是互为表里、循环推进的。有这种贵"德"尊"道"的观念作为创造发展的基底，并将此观念大力向世界撒播，那么，像爱德华·霍尔（Edward T.hall）这样的人类学大家所警惕的今天"人工智能狂飙突进的时代以及将来技术侵入人类机体和心里"，人被物奴役的趋势必将得到制约，这样才有希望规避技术过度发展产生失衡而给人类带来灾难。罗盘所富含的信息更偏重于人文的指向，所有符号都在传达人与时节，人与空间环境，人与生物之间等关系。人类命运共同体的构建思维，就是中国传统思想文化和智慧的创新型传承。以"德"行之于天下，以"道"融通于世界，是"从一只小小的罗盘到走向世界的基建巨人"的坚实底盘，也是华夏文化所秉承的"天人合一"大道的现代化体现。

---

① 谢清果等：《华夏礼乐传播论》，北京：九州出版社，2021年，序一，第10页。

# 眉目传情：人际交往中的华夏非言语传播论

## Conveying emotions by eyes and eyebrows: Chinese Communication Philosophy of Non-verbal Communication in Interpersonal Communication

林宇阳 *

Lin Yuyang

**摘　要：**"眉目传情"是人际交往中富有华夏传播特色的身体非言语传播行为。本文通过对"眉目传情"历史变迁的钩沉索隐和非言语功能的展演，展现其在历史时空里和现代生活中的传播功能。在"礼文化"的社会背景下和"察言观色"的华夏人际互动原则中，人们会主动采用身体图像修辞，以眉眼间的"视觉之势"传情达意。不论是言语的修辞，还是非言语的修辞，真心诚意、推己及人的交往之道都是其内核，注重"和谐传播"的华夏非言语传播展现着中国人的交往智慧。"眉目传情"还是"身体交往观"的中国阐释，在媒介飞速向前演进而"身体缺席"的今天，重新回到身体交往的维度，不失为一种更有效的交流方式与追求和谐的生活旨趣。

**Abstract:**"Conveying emotions by eyes and eyebrows" is a special non-verbal communication way that carries with Chinese communication philosophy in interpersonal communication. Based on the historical changes of "Conveying emotions by eyes and eyebrows" and its non-verbal communication functions, this article aims to reveal its communication functions in historical time as well as in the modern life. Under the social background of "ritual culture" and the Chinese interpersonal communication principle of "Read somebody's face", Chinese people initiative to use body image rhetoric to convey their feelings with the "visual power" between the eyebrows and eyes. Speaking of rhetoric, whether it is verbal or non-verbal one,

---

\* 作者简介：林宇阳（1997—），男，福建厦门人，厦门大学新闻传播学院硕士研究生。

sincerity and empathy are always the core. And Chinese communication philosophy of non-verbal communication, which stresses the "harmonious communication", exactly shows the wisdom of Chinese people. Moreover, "Conveying emotions by eyes and eyebrows" is also the "physical communication" in Chinese context. Nowadays, with rapid evolution of the media leading to the "absence of the body", returning to the dimension of physical communication would be a more effective way to communicate and to pursue the harmony in life.

关键词：眉；目；人际交往；非言语传播；身体媒介

Key words: Eyes; Eyebrows; Interpersonal Communication; The Body As Medium

"信息总量 =7% 的言词 +38% 语音 +55% 面部表情。"[①] 非语言符号作为传播符号中的重要组成部分，在传播信息时所起的作用并不亚于语言符号，它能够为语言的多义性以定位。非言语传播是指赋予除言语行为（说话与书写）之外的一切社会行为及其语境因素以意义的过程，并且宋郡勋在《非言语传播学》中，将人际传播中的非言语传播又分为了"视觉非言语传播"（服饰、神态、舞蹈等等）与"听觉非言语传播"（音乐、音响等等）。[②] 非言语传播和非言语传播符号在身边无处不见，人类使用非言语进行传播的历史也远长于言语传播的历史。摩尔根（Thomas Hunt Morgan）曾在《古代社会》中指出，人类"必然先是有了思想后才有语言，也必然是先用姿势或手势来表达语义，尔后才有的音节分明的言语"。[③] 回望灿烂悠久的华夏文明，则会发现华夏的祖祖辈辈可谓是非言语传播的高手。

在《礼记·乐记》中就有记载："说之，故言之；言之不足，故长言之；长言之不足，故嗟叹之；嗟叹之不足，故不知手之舞之，足之蹈之也。"意思是说，喜爱它，因此用语言表达它，用语言表达还觉得不尽情，可以把声音拉长；拉长声音还觉得不尽情，可以发出叹美之声；发出叹美之声，还觉得不尽情，可以不由自主地手舞足蹈，先辈们善用语调、音高等副言语以及舞蹈等动态非言语来表达自己的情感。自古以来，华夏便素有"礼仪之邦"的美称，从非言语传播的角度去理解"礼乐传播"，便更明了地体会古人的传播智慧。"礼"中包含礼法、礼义、礼器、辞令、礼容等等，"礼"含有丰富的视觉非言语传播元素，"乐"中的诗歌、音乐、舞蹈等等便是听觉非言语传播，千百年来，礼乐传播将中华民族的道德品格与行为准

---

① 宋昭勋：《非言语传播学》，上海：复旦大学出版社，2008 年，第 19 页。
② 宋昭勋：《非言语传播学》，第 8 页。
③ [美] 摩尔根：《古代社会》，北京：商务印书馆，1981 年版，第 5 页。

则代代相传，起到了文化的习得与文明的传承功能。[①] 在中华民族的各个历史时期，人们通过"礼乐"搭建的"信息之网""意义之网""关系之网"来习得中华文化，随着历史的流转，在"礼乐"的继承与丰富中发展中华文化。从宏观社会层面的礼乐协同到微观人际层面的察言观色，非言语传播的意义使用素来受重视，许多学者也就华夏非言语传播中的服饰、建筑、礼仪等进行了探讨。[②] "低眉信手续续弹，说尽心中无限事。"在白居易《琵琶行》中，离愁别绪在"低眉"的非言语符号中展现得淋漓尽致。"执手相看泪眼，竟无语凝噎"，柳永在《雨霖铃》中吟诵的凄美绝句也流传至今，"泪眼"一词说尽心中无尽的不舍与哀思。可见，人们通过"察眉""观眼"就可以了解人的喜怒哀乐。人们常言"眉语目笑"，古人在眉眼之间就能完成信息的传递与意义的共享，注重"身体媒介"的运用，注重自我表现与自我体察，这种传播特质有别于西方古典时代萌生的"雄辩术"的说服传统。本文便将研究重点聚焦于"眉"和"目"，将挖掘、整理、探讨其作为华夏特色非言语传播的功能特点。"眉、目"是人际交往中华夏非言语传播的重要媒介，通过"眉、目"便可以了解千百年来"不曾断流"的华夏文明中人际交往的行为规范和精神气质，并以此窥察背后的社会特质和文明底蕴。

一、眉语目笑："眉目"作为人际交往中非言语传播符号的历史流变

明末清初戏曲家袁于令的《双莺传》中，有这样一段描写："今朝何幸聚多娇，偏称是粒面乌纱年少，记歌娘子，与周郎眉语目笑。"词中的"哥娘子"用"眉语"和"目笑"来传达对"周郎"的感情。"眼睛是心灵的窗户"，眼睛是能够表达感情、反映个性的生动的器官，而不少学者在发现"眉"在我国古代文学作品中同样具有表意作用。[③] 眉清目秀、龙眉凤目、慈眉善目、横眉怒目、眉目如画、眉清目朗……实际上，"眉"与"目"二者相辅相成、相得益彰，成为华夏文明人际交往中重要的非言语传播符号。

"眉语"一词最早出见于李白的《上元夫人》，"眉语两自笑，忽然随风飘"。[④] 中国人对于"眉"的重视从战国时期就已经初现端倪，那时还没有特定的画眉材料，妇女就直接用烧焦的柳枝涂在眉毛上，加深描眉。尔后，"黛"成为了画眉的材料。屈原在《楚辞·大招》中写到的"青色直黛，美目媔只"便可予以佐证。随

① 谢清果，林凯：《礼乐协同：华夏文明传播的范式及其功能展演》，《新闻与传播评论》2018年第6期。

② 谢清果：《华夏文明与传播学本土化研究》，北京：九州出版社，2016年，第276页。

③ 王德明：《眉是心灵的窗户——唐宋词中的眉及其传情功能》，《中国韵文学刊》2006年第2期。

④ 张宏星：《说"眉语"》，《修辞学习》1998年第1期。

着汉代丝绸之路的贯通发展，西域出产的矿石在社会中更广泛的流通，"黛"成为妇女用来眉饰的主要原料之一。①"黛，画眉也。"许慎在《说文解字》中对便把"黛"定义为"画眉"工具。画眉之风于战国初现，兴于秦时，盛于两汉，唐代的《妆台记》便记载道："汉武帝令宫人作八字眉。"东汉的刘熙在《释名》中更是补充注释到一些不满先天生眉形的女子，便会剃去眉毛，用"黛"重新画过——"黛，代也。灭眉毛去之，以此画代其处也。""双眉未画成，那能就郎抱。"南北朝时期《读曲歌》展现了画眉的蔚然成风。唐代诗人李商隐《无题诗云》中写道，"八岁偷造镜，长眉已能画"，展现了未成年的小孩子也模仿大人画眉，体现了隋唐时期画眉风俗的普及性。对于"眉"的重视在唐朝就已到达了高潮，实际上"眉"已然成为人际间重要的非言语传播符号，是日常生活常见和普遍的样貌、妆容形态，同时也是身份地位的重要象征。正如诗人张祜所写："虢国夫人承主恩，平明骑马入宫门，却嫌脂粉涴颜色，淡扫蛾眉朝至尊。"（《集灵台》）虢国夫人嫌脂粉会脏了她美丽的脸庞，于是便淡描蛾眉而进皇宫朝见皇上，言下之意正体现出了"眉"在人际间传播的标志性与重要性。

当然，"眉"也并不是女性的专属，在《梁书·陶弘景传》中便有"及长，身长七尺四寸，神仪明秀，朗目疏眉，细形长耳"的描述，"朗目疏眉""剑眉星眸""浓眉大眼"等等都是对古代俊男子的赞美。可以说，古人以"眉"为媒，画眉的过程正是把"原始讯息"进行信息编码的过程，各式各样的眉形——如远山眉、三峰眉、分梢眉、涵烟眉、月眉、柳叶眉、白妆精黛眉等等便是传播的讯息内容。在交往中作为"解释者"的人们便不断感知和解释复现的讯息——即"眉语"。"人类传播中很大一部分是见解和隐含的或者说是比喻性的"②，非言语的"眉语"便是富有华夏文明特色的人际传输信号。

同样在春秋战国时，通过眼睛来"相人"便已盛行。"蜂目而豺声，忍人也"（《左传·文公元年》）宰相令尹认为公子商臣的眼睛像蜜蜂一样凸显，声音又像豺狼一样粗野，便断定他是凶残之人，如果他做了太子，一定会做出不义的事来。"古者论神，有清浊之辨。清浊易辨，邪正难辨。欲辨邪正，先观动静。"（《人物志》）早在三国时期，魏国大臣刘劭所著的《人物志》就无比重视对于目光与眼神的考察，他将"神"分为清与浊两种。眼神清浊易辨但正邪却易区分，若想分辨"神"的邪正，则从眼神的动静两种状态进行观察。《人物志》是一部系统品鉴人物才性的著作，北魏的官吏刘昞在注解《人物志》时更是写道"目为心侯，故应

---

① 王晓珺：《"眉、眼（目）"族词语的民俗文化阐释》，《青海师范大学民族师范学院学报》2015年第2期。

② [美]里奇：《传播概念 Information》，上海：复旦大学出版社，2009年，第23页。

心而发；心不倾倚，则视不回邪；志不怯懦，则视不衰悴。"①由此可见，古人重视人的眼部形态表情所传播的信息，并认为其中将涵盖个人的行为动机与个性，"察目观人"的背后体现的是富有华夏文化特色的非言语传播传统。美国心理学家赫斯经大量研究后也发现，瞳孔的收缩与放大既取决于光线作用也受影响于心理作用，眼睛具有反映深层心理的功能。②古人则重视这种身体非言语的信息，并以主动地体察或是主动地表现来完成意义的传递与共享。古人不仅对"眼神"有所归纳总结，而且，对于"眼型"所传播的信息意涵也有长久的研究。杏仁眼、丹凤眼、鸟眼、细眼、蝶翅眼、吊客眼、直眼窝、喜鹊眼、荔枝眼等等多种样式所传播的信息也有所不同。"一双丹凤三角眼，两弯柳叶吊梢眉，身量苗条，体格风骚，粉面含春威不露，丹唇未启笑先闻。"在《红楼梦》中对于王熙凤的描写也便首先落脚于她的"丹凤三角眼"之上，"一双丹凤三角眼"这一经典的非言语传播特质也让无数人记住了王熙凤美丽、华贵、俊俏，机敏善变，善于察言观色、机变逢迎的人物形象。

曾有学者统计《全唐词》《全宋词》等文学著作中出现"眉"与"眼"相关词类的频次。在约两万首的《全宋词》中，"眼"字共出现了1530次、"目"字出现了789次、"眸"130次、表示眼光的"双波""横波"55次，与眼部有关的字词频次合计2504次。"眉"字共出现了1509次，"黛"字222次、"蛾"字201次、"颦"字216次，与眉毛部有关字词的频次合计2148次。③由此可见，在中国古代文学中"眉"与"目"是十分重要的意象之一，"眉"与"眼"共同构成了视觉非言语传播符号，在人际传播活动中扮演着重要的角色，这也体现了古人始终重视对于"身体媒介"运用。④自十九世纪中叶以来，随着对于快速发展的媒体技术以反思，一直处在黑暗中、被遮蔽的人类身体得到了关注，西方哲学界"身体意识"的觉醒就是例证之一。无论是"物质的身体"还是"文化的身体"，抑或是"作为技术建构的身体"，这些理论与思考都彰显了以"身体为媒介"的思考，"身体性"理论日渐发展成熟，⑤西方先哲苏格拉底认为"交流的双方必须亲身在场"，在亲密的互动中实现灵魂与灵魂间的交往，他认为文字是"先天难产"和"后天培养不当"的结果，文字的撒播是对"受众的漠不关心，形式是单向的"，其"传播视野

---

①　刘邵：《人物志》，刘昞原注，王玫评注，北京：红旗出版社，1996年，第13页。

②　宋昭勋：《非言语传播学》，上海：复旦大学出版社，2008年，第97页。

③　王德明：《眉是心灵的窗户——唐宋词中的眉及其传情功能》，《中国韵文学刊》2006年第2期。

④　刘明洋，王鸿坤：《从"身体媒介"到"类身体媒介"的媒介伦理变迁》，《新闻记者》2019年第5期。

⑤　谢清果，赵晟：《身体交往观视域下的老子思想新探》，《文化研究》2019年第2期。

偏向传者"。① 在重视"身体媒介"的运用中，双方可以根据身体非言语符号，即时进行反馈互动，及时调整传播内容和方式，以保证传播讯息的准确和有效。② 然而，媒介不断演进的过程中，身体一直处于被遮蔽的状态，甚至认为，媒介技术的发展就是为了克服身体的障碍，幻想实现"不在场的精神交流"。③ "眉目传情"无疑是对"身体媒介"这个问题的智慧回应，展现了不同于"身体缺席"的西方传播学传统的特质。不管是在历史上，还是在今日的社会，重视对于身体非言语符号的理解和体悟，一直都是华夏人际交往的重要准则。

## 二、蛾眉美目：作为非言语传播的眉目功能展演

非言语传播的功能大致分为两大类，其一为"独立表意功能"，二为"伴随言语功能"。"独立表意功能"指的是不借助言语表达，单独完成信息传播和情感表达的各种具体功能，并且可细分为"替代功能"和"美学功能"。"伴随言语功能"是指言语传播同时交互使用、共同表意传情的各种具体功能，并可细分为"补充强化功能""否定功能"以及"调控功能"。④ 综上，本文将从"替代功能""美学功能""补充强化功能""否定功能""调控功能"五个方面对"眉目"的非言语传播进行功能的展演，探究"眉目"将如何具体地发挥传情达意的功效。

### （一）"眉黛分愁，眼波传信"：眉目作为非言语传播的替代功能

用非言语传播方式替代言语信息进行人际交往时，即是替代功能。⑤ 宋代词人刘一止在《踏莎行》中是这样写道："眉黛分愁，眼波传信。酒阑画烛交红影。有期无定却瞑人，索强我早谙伊性。"无独有偶，在词人方千里的《过秦楼》中也有相同的意象，"何况逢迎向人，眉黛供愁，娇波回倩。料相思此际，浓似飞红万点"。在上述两首词中所描写的场景里，"眉黛""眼波""娇波"就起到了替代言语信息的传情达意功能，两首词皆以"眉""目"起首，以"眉"诉尽心中之愁，以"眼"诉诸心中所思，"眉眼"替代了言语信息的平白直诉。

"都缘自有离恨，故画作远山长。"欧阳修的《诉衷情·眉意》在表现这位女主人的感情时是通过她画特定的眉的样式——"远山眉"来表现的。女主人公之所

---

① ［美］约翰·彼得斯：《对空言说：传播的观念史》，邓建国译，上海：上海译文出版社，2017年，第51—68页。

② 刘明洋，王鸿坤：《从"身体媒介"到"类身体媒介"的媒介伦理变迁》，《新闻记者》2019年第5期。

③ ［美］约翰·彼得斯：《对空言说：传播的观念史》，第8页。

④ 宋昭勋：《非言语传播学》，第45页。

⑤ 宋昭勋：《非言语传播学》，第46页。

以画成远山眉，是因为她心中有着离愁别恨，"远山眉"替代了言语传递了愁情。眉不仅能表现愁情，同样也能表现喜悦之情。"八彩眉开喜色新。边陲来奏捷书频。百蛮洞穴皆王土，万里戎羌尽汉臣。"宋代词人晁端礼的《鹧鸪天》便用"眉开喜色"来表现战事告捷。文学艺术源于生活，在诗词中"眉目"的替代功能也反映着日常生活中人们以"眉语"说情，用"目笑"达意的交往行为。

（二）"双眸相媚弯如翦"——眉目作为非言语传播的美学功能

"艺术这种非言语传播手段具有独立表意传情的美学功能。"宋邵勋认为非言语传播的美学功能在"不言"的艺术中展现得淋漓尽致，他表示，艺术不仅是表达情感的手段，同时发挥着潜移默化的审美教育功能，激励人们满腔热情地走向社会实践。②反观"眉目"，其是否具有"美学功能"呢？答案是肯定的。

画眉即是显美。①"五代宫中画开元御爱眉、小山眉、五岳眉、垂珠眉、月稜眉……"从陶谷《清异录》卷下"装饰"条载的记载情况来看，五代时期的宫眉样式丰富多样，并且善用比拟的修辞手法来命名，同时已有大量对于眉的美学特征的抽象。盛唐时期，画眉更是风靡一时，而显美便是最原始的动机。这一方面是自我的内向传播，即满足对于美貌的追求，另一方面便是"显美"，向人们展现美。"娟娟侵鬓妆痕浅。双眸相媚弯如翦。一瞬百般宜。无论笑与啼。"词人谢绛的《菩萨蛮》突出的是女子"相媚如翦"的眼睛，表现了"一瞬百般宜，无论笑与啼"的美丽动人，它使人们的审美得到满足，激发了饱满情感态度，达到了非言语传播的美学功能。

（三）"秋悲春恨，只在双眉"——眉目作为非言语传播的补充强化功能

非言语传播常用来补充言语信息，加强言语语势，例如人们常加强语气，同时用紧握的拳头和有力的手势来辅助言语的信息。②"十年不见柳腰肢。契阔几何时。天遥地远，秋悲春恨，只在双眉。"词人刘学箕在《眼儿媚》中，以"眉"作结尾，强化了天遥地远的相思之苦，使人仿佛看到了紧锁的双眉，诉不尽的悲恨情仇。"春山总把，深匀翠黛，千叠在眉头。"（石延年《燕归梁·春愁》）"愁聚两眉端。又叠起千山万山。"（韩玉《太常引》）诸如此类以"眉"作为补充结尾的诗词还有许多，它们都强化了诗词描写的情境中的情感。

人们在愤怒的时候，常常会横眉怒目、怒眉睁目、横眉立目、张眉努目、怒

---

① 王德明：《眉是心灵的窗户——唐宋词中的眉及其传情功能》，《中国韵文学刊》2006年第2期。

② 宋昭勋：《非言语传播学》，第46页。

目睁眉、横眉努目、瞋目竖眉等等的表现，在喜悦和舒缓的时候会眉舒目展、眉扬目展、眉清目朗，这一系列的微动作、微表情都补充和强化了人们的情感，这种非言语行为方式更好地传播了人们的感受。相术典籍《观胆经》便有这样一段描述："目定而光，志气高强；坐而斜视，所思不正；鹰视狼顾，心怀嫉妒；视达者多智，视下者多毒，视平者多德；瞻视无力，不可与共事；视专者多阴狠；视反者多阴贼，睛屡转者多奸计。"[1]实际上，抛开面相学的在诠释学意义上的一些紧张，究其背后在非言语传播中的逻辑便是古人发现了非言语的行为会补充和强化其他传播信息，成为其辅佐。古人就由此反推，察人品性。

### （四）"横眉冷目"——眉目作为非言语传播的否定功能

非言语传播的否定功能即是用非言语的方式来否定言语信息，产生"言行不一"的结果，在人际交往中，人们总是通过"观色"来"察言"，通过非言语传播信息来判断言语信息的真伪。[2]《列子·说符》中记载有"察眉"之典故，"晋国苦盗，有都雍者，能视盗之貌，察其眉睫之间而得其情。"晋国的都雍能根据偷窃者眉眼间的变化，体察实情。[3]"存乎人者，莫良于眸子。眸子不能掩其恶，胸中正，则眸子瞭焉，胸中不正，则眸子焉。"（《孟子·离娄上》）孟子认为，心里正直的人，眼睛是明亮的；而心里阴暗的人，眼神则透露着阴影。实际上这两则典故所体现的便是非言语的否定功能，同时这也是体现着对于否定功能的放大。前文所提至的"面相学"便与此有异曲同工之妙，通过眉眼间传递出来的信息与其言行相比较，当产生矛盾时，非言语的否定之意就将产生，其中也便有言外之意。

同时，在生活中人们也常主动使用"眉眼"动作去传递否定的意涵。当人们内心不喜欢某个事物的时候，但"碍于情面"不得不说褒扬之词是，人们常会"横眉冷眼"，传达轻蔑、不满之意；当人们"故作谦虚"而言说假意否定之词的时候，"眉开眼笑"的微表情则将难掩心中的激动，从而否定"否定之词"，传达肯定之意。爱德华（Hall·Edward）在《沉默的语言》中写到："当我们沉默时，每个毛孔都在流露着真实的情感。"[4]人们在"不言"时，往往简单的皱眉挤目就能够传达否定意涵。

---

[1] 关绍箕：《中国传播理论》，台北：中正书局，1994年，第226页；转引《照胆经》卷下。
[2] 宋昭勋：《非言语传播学》，第47页。
[3] 张宏星：《说"眉语"》，《修辞学习》1998年第1期。
[4] Hall, Edward.The Silent Language ,New York:Doubleday , 1959. p142.

（五）"眉来眼去"——眉目作为非言语传播的调控功能

非言语传播常常用来调节或者控制现场气氛及传受双方彼此之间的相互关系，正如同关系相熟的朋友之间，往往不必用"你说完了吗""该我说了吗"等言语信息来结束谈话过程，用一些非言语的表达（语气词、表情、动作）即可达成目的。[①]不仅是一些"嗯嗯""啊"的副言语以及手势可以调控人际间的交往氛围、相互关系，古人便常用眉语目笑来打造与人际交往的良好体验。"眉来眼去"就是一个形容眉语互动、目光流动的样子。辛弃疾在《满江红·赣州席上呈陈季陵太守》中写到，"还记得眉来眼去，水光山色。"他以"眉眼"的交流互动展现出人际间的互动场景，表现了他曾与故友陈季陵谈笑风生的交往情景。

"论交眉语，惜别心啼，费情不少。"（丁默《华胥引》）"一团香玉温柔。笑颦俱有风流。贪与萧郎眉语，不知舞错伊州。"（刘克庄《清平乐》）在这两首词中，展现的是男女之间以"眉眼"来谈情说爱，用"眉语"来调节传受双方彼此之间的相互关系。在词人丁默笔下，男女二人是通过"眉"来相识，在眉目的互动相恋。而在词人刘克庄描写的场景中，作为女主人公的歌女只顾着和萧郎眉来眼去，以眉传情，竟然将要表演的节目都弄错了。[②]在生活中，也常用眉部和眼部的微动作来维持人际交流的持续性，目光的交汇、眉毛的动态等非言语行为都是在调适沟通的状态。同时，眉眼也作为了"共同的意义的特殊符号"，让交往双方可以进行有效地传播与交流，正如米德所言："如果他对构成该群体所有的成员都具有这一意义，那便有借助表意的符号进行交流的基础。"[③]

三、目成眉语：华夏人际非言语符号的传播机制

在元代词人李治的《摸鱼儿》中写到："六郎夫妇三生梦，肠断目成眉语。"词中男女相爱以目光传情，双眉达意，从而两心相许。眉目传情作为一种人际传播的沟通艺术，在中华文化中源远流长、意味深刻。通过对于人际间非言语传播活动的体察，也亟须探讨其如何嵌入华夏文明的日常交往之中，以期窥视到背后思想与文化观念，探究华夏人际交往之间的规范准则与运行机制。

（一）"眉语目礼"——华夏"礼"文化背景下的人际传播符号

中国自古以来素有"礼仪之帮"的美称，"礼"是中国古代人际传播关系假设

---

① 宋昭勋：《非言语传播学》，第48页。

② 王德明：《眉是心灵的窗户——唐宋词中的眉及其传情功能》，《中国韵文学刊》2006年第2期。

③ [美]米德：《心灵、自我与社会》，赵月瑟译，上海：上海译文出版社，2008年，第244页。

中的传播规范，要想在人际传播中"不逾矩"，就需要"文质彬彬"，对非礼的事情勿亲、勿视、勿言、勿动，使自己的行为合乎礼的要求，否则就会造成社会秩序混乱与不和谐。[①] 在《说文解字》中"礼"被解释为"履"，引申为"合乎时宜"的行为。"礼"的最表层含义便是现代文明层面意义上的礼仪，是人与人交往之间表达尊重、合乎情境的行为。《汉书·叙传上》曾记载："上以伯新起，数目礼之。"同时，颜师古注："目视而敬之。"在《后汉书·江革传》中也有相关描述，"每朝会，帝常使虎贲扶侍，及进拜，恒目礼焉"。由此可见，尊"礼"尚"礼"的中华民族以目成礼，充分调动起了身体器官进行非言语传播，用眼神和目光就表达出礼仪。在生活中，人们也用注目礼传达着尊重。礼基本上包含了人们社会生活的方方面面，"礼"的仪容自然便包括了眉眼的形态。前文已经提到："虢国夫人承主恩，平明骑马入宫门，却嫌脂粉涴颜色，淡扫蛾眉朝至尊。"画眉被虢国夫人视为必要完成的仪容，虽然不想脂粉装点，却也要"淡扫蛾眉"才进宫朝觐。在宋代成书的《事物纪原》中也记载了"汉武帝令宫人扫八字眉"的宫廷妆容礼，并且后历代竞相延习，尤盛行于中、晚唐时期。为了合乎"礼"，不同交往的情境下往往需要有不同的仪容，自然也包括不同样式的"眉型"，古人通过"画眉"等各种方式制成的妆容以尊"礼"。

陈来曾表示，"在礼乐关系上……乐所代表的是'和谐原则'，礼所代表的是'秩序原则'，礼乐互补所体现的价值取向，即注重秩序与和谐的统一，才是礼乐文化的精华。"[②] 同样，在礼文化运转之下的眉目之礼也不仅仅只体现着"相互尊重"的和谐礼仪基因，古人的眉语目礼更是表现着潜藏于人际交往互动中的秩序原则。在"礼"的框架下有着严格的等级制度，而这种等级制度是要通过服饰、举止、教育等等方面表现出来的"礼"进行区隔，人们可以通过言语和非言语行为去大致判断其社会地位与身份背景。所以，古人重视眉与目的非言语传播也是"克己守礼"的表现，时刻摆正自己在礼制的等级制度中的位置。"张敞画眉"的经典故事正体现了古人对于眉目之礼的重视。《汉书·张敞传》有言："敞为京兆，朝廷每有大议，引古今，处便宜，公卿皆服，天子数从之。然敞无威仪，时罢朝会，过走马章台街，使御史驱，自以便面拊马。又为妇画眉，长安中传张京兆眉妩。有司以奏敞。上问之、对曰：'臣闻闺房之内、夫妇之私，有过于画眉者。'上爱其能，弗备责也。然终不得大位。"其意思便是，张敞有非凡的能力，朝廷大臣们都

---

① 胡河宁，孟海华，饶睿：《中国古代人际传播思想中的关系假设》，《安徽史学》2006年第3期。

② 陈来：《古代宗教与伦理：儒家思想的根源》，北京：生活·读书·新知三联书店，1996年，第248、278页。

十分佩服。但是张敞没有做官的威仪，经常在家给妻子画眉毛，长安城中也传说张京兆画的眉毛很妩媚。有人就以此事禀告皇上。虽然张敞的回答无比巧妙——"我听说闺房之内，夫妇之间亲昵的事，有比描画眉毛还过分的。"皇帝也爱惜他的才能，没有责备他，但张敞最后也没得到重用。在汉代，"张敞画眉"这种亲密的行为是视作是"非礼"的典型范例，是破坏礼制的大不敬。在《后汉书·梁鸿传》中写道："每归，妻为具食，不敢于鸿前仰视，举案齐眉。"由此可见，合乎礼制的夫妻关系和交往准则应该是"不敢仰视""举案齐眉"，达到相敬如宾的恩爱夫妻关系。"仁者人也，亲亲为大。"（《中庸》）仁礼合一，以"仁"为核心价值观的"礼"从最亲密的夫妻关系、家庭开始，由近及远，于是就有了"身—家—国—天下"的同心圆式的传播结构，正所谓修身、齐家、治国、平天下。① 而"眉语目礼"的华夏非言语传播方式也从人际间的交往中出发，贯穿在这个同心圆式的传播逻辑里，不管是在作为非言语符号的生成或是展现的过程中，都遵循着"礼"的规则。同时，作为华夏"礼"文化背景下的人际传播符号之一，人们也重视以其传情，它展现着华夏传播"和谐"与"秩序"的文明内核。

（二）"龙眉凤目"——专注日常表达的华夏修辞传统

当代修辞学家们认为，修辞是人类运用符号相互交际的独特能力，是人类一切行为的基础。② 在《水浒传》中，施耐庵笔下的"小旋风"柴进是"生得龙眉凤目，皓齿朱唇"。在文学文本中，这是一种"以语言文字符号为传播媒介，以取得最佳视觉效果为目的"的语言视觉修辞行为。③ 文学里对"眉眼"的刻画既体现了语言视觉修辞的生动性，也表露了日常生活情景里古人对于身体图像修辞的关注与重视。在生活中，对于眉眼的修饰也是一种"修辞"，是以身体图像为媒介的传播行为，即图像视觉修辞。同时，修辞者的表情、体态、动作等辅助语言符号的修辞功能也是以视觉实现。④ 重视"眉眼"的修辞正体现了与西方"修辞学"不同底色的华夏修辞传统。

源于罗马广场演讲与论辩的传统，西方修辞学的更注重于说理，重视逻辑性，但中国的修辞核心体现于"修辞立其诚"，更关注于情感的共鸣与求"善"的意义。这体现了中国的"德性交往观"，处理好人际关系是中国人交往的首要取向，真诚

① 吴予敏：《无形的网络》，北京：国际文化出版公司，1988年，第212—216页。
② Sonja K.Foss, Karen A.Foss, and Robert Trapp , *Contemporary Perspectives on Rhetoric* , Illinois : Waveland Press, Inc., 1985, p21 , 11, 243.
③ 陈汝东：《论视觉修辞研究》，《湖北师范学院学报（哲学社会科学版）》2005年第1期。
④ 陈汝东：《论修辞研究的传播学视角》，《湖北师范学院学报（哲学社会科学版）》2004年第2期。

的理念深深地留存在文化基因里。正如李红所言，在中国语境中，并不存在西方意义上的修辞，因为中国并不存在西方式的民主和论辩传统，中国的修辞学专注在日常表达和文艺上，并不指向存在、社会与政治。[①]华夏视觉修辞理论更强调对于整体的"势"的把握，重视情感的修辞表达到达说服的目的，"对图像无限阐释所引发的资源或力量的综合之力"。[②]人们主动运用"眉目传情"的修辞框架，以"身体为媒"，用身体图像修辞来传情达意，眉目中蕴含的无限意义也在观者的阐释与解码之中泛起情感之力。

视觉修辞的活力常常来自视觉之势，即视觉所引发的无限潜力。从成语之中也便能发现古人善用"视觉之势"来对眉眼进行视觉修辞。"空间的落差、视觉的不均、间隔的距离、视觉的趋向等"，这是"势"产生的重要前提。[③]横眉竖眼、挤眉弄眼、眉飞目舞、扬眉眴目等等一些的成语体现眉与目在空间布局、视觉趋向上的奇异特点，而映射到人际交往的具体场景中，这也便体现了修辞主体巧用"视觉之势"进行说服的非言语传播行为。同时，在日常生活中"象形合一"的运用，也是视觉之势的生发之源。"见乃谓之象，形乃谓之器"（《周易·系辞》），"象"因为视觉意向性的介入而携带了无限的精神之力。[④]"螓首蛾眉，巧笑倩兮，美目盼兮。"《诗经·卫风·硕人》中这句描写卫庄公的夫人姜氏美貌的千古名句让后来诗人往往用"蛾眉"作为美的意象。"蛾眉"将本体和喻体合二为一，"蛾眉美人"的修辞手法在中国文学中成为重要表现手法，运用至今。龙眉凤目、剑眉星眸、蛇眉鼠眼、鼠眉狼眼……这一系列的成语都做到了"象形合一"，人们借以此类"象比结合"的非言语传播符号来相互交流，心领神会。隐喻修辞是人类基本的认知方式，莱考夫和约翰逊（Lakoff &Johnson）曾在 *Metaphors we live by*（《我们赖以生存的隐喻》）一书中指出，"隐喻不但渗透在语言，它还渗透在日常生活和思维活动。我们思维和行动的普通概念系统在本质上都是隐喻的"。[⑤]人类的认知总是以自我熟悉的、可"体验"的事物或可"经历"的概念为基础，来理解不熟悉的事物或概念。[⑥]古人常以身体器官的眉与目充当始源域，并将和目标域

---

① 李红：《再论视觉之势：传统、内涵及其合法性——基于中西比较的视野》，《南京社会科学》2019 年第 2 期。

② 李红：《再论视觉之势：传统、内涵及其合法性——基于中西比较的视野》，《南京社会科学》2019 年第 2 期。

③ 李红：《视觉之势：论视觉修辞的活力之源》，《新闻大学》2018 年第 4 期。

④ 李红：《再论视觉之势：传统、内涵及其合法性——基于中西比较的视野》，《南京社会科学》2019 年第 2 期。

⑤ Lakoff G , Johnson M, *Metaphors We Live By*, University of Chicago Pr.,1980,p5

⑥ 卢卫中：《人体隐喻化的认知特点》，《外语教学》2003 年第 6 期。

联系起来，为始源域到目标域的映射提供可能①，所以在如今才能看到大量的"眉、目"组成的成语、诗句、典故，他也反映了在生活中，中国人善用其作为隐喻修辞而进行沟通交流的人际传播传统。

（三）"察眉观目"——植根"察言观色"的华夏人际互动论

非言语传播具有广泛性、整体性、语境性、暗示性等特点。②同时，相比于声音，视觉文本常常是沉默的、被动的，除非观者主动寻求，视觉对象难以主动进入观者的意向。③但是，"察眉观目"却是中国传统社会中重要的人际交往环节，源于"察言观色"的人际交往原则深深植根于中国人千百年的交往实践。子曰："视其所以，观其所由，察其所安。人焉廋哉？"在《论语·为政》中，孔子将"视""观""察"作为"识人"的重要准则，强调对语言与非言语传播活动的情境化理解，由此更好体察人之本性。"即事须尝胆，苍生可察眉。"（杜甫《夔府书怀四十韵》）自古便有"察眉"典故，前文也反复提至"通过观目以揣摩心理"的面相术，这种"高语境"的非言语传播方式之所以如此盛行，与"察言观色"的华夏人际互动论是密不可分，同时这也体现了中国人的沟通智慧。

"察言观色"论强调的是受者视角以及其对符号的观察与领悟，强调在人际沟通中对于言语和非言语的细节观察，是人的心灵与社会经验的结合。④谢清果曾借以戈夫曼的社会情境论与米德的符号互动论对"察言观色"论加以阐释。在"察言观色"中的视觉活动与心灵活动共同作用，进而与洞察本质，而在社会情境论中，戈夫曼也认为人们在不同情境中会表现出不同的非言语符号和语言符号，强调对情境的洞察。⑤"八彩眉开喜色新"（晁端礼《鹧鸪天》）、"双眉淡薄藏心事，清夜背灯娇又醉"。（牛峤《应天长》），正如同诗句里所描述的，多彩而舒展的眉妆展现着喜悦之情，而淡妆浅抹的眉毛里暗藏着忧愁之情，在不同社会情境中，视觉与心灵相呼应，展现着不同的修辞，只有通过"观色"才能洞察其心境。在符号互动论中，米德强调人们在传播中可以运用大家能够懂得、表达共同意义的非言语符号来

---

① 丁丽，高蕴华：《"眉"的隐喻认知特点——以汉语现当代文学语料为例》，《海外英语》2016年第21期。
② 宋昭勋：《非言语传播学》，第49-50页。
③ 李红：《再论视觉之势：传统、内涵及其合法性——基于中西比较的视野》，《南京社会科学》2019年第2期。
④ 谢清果，米湘月：《说服的艺术：华夏"察言观色"论的意蕴，技巧与伦理》，《现代传播》2019年第10期。
⑤ 谢清果，米湘月：《说服的艺术：华夏"察言观色"论的意蕴，技巧与伦理》，《现代传播》2019年第10期。

进行交流，如表情、体态、语音语调等等。①"我们便有了一个具有一种共同的意义的特殊符号。如果它对构成该群体的所有的成员都具有这一意义，那便有了借助表意的符号进行交流的基础。"②"察言观色"论的核心是对言语与非言语符号的解读，需要建立在人的社会化经验上，与符号互动论所指的"共享意义的符号是在不同的环境下的人经历社会化过程而得出认知"相呼应。"有个人人，袅娜灵和柳。君知否，目成心授，何日同携手。"（王之道《点绛唇·和张文伯》）通过"观色"，得以目成心授、通晓眉语，通过非言语的传播符号就能领会彼此的意思。

"家长制"的传统、"集体主义"的意识和强劲的"纵向传播"取向等等因素让"察言观色"深深地植根于中国人交往的互动场景之中。③察言外之意，观伴言之行，非言语的传播行为有着补充、辅助、强调、否定言语信息的功能，人们主动通过"察眉观目"去揣摩交往对象的对象，同时也主动采用"目成眉语"的非言语传播方式来表达自我。

### 四、慈眉善目：以"和谐传播"为取向的华夏非言语智慧

"礼之用，和为贵。"（《论语·学而》）无论是"礼"的社会运行准则还是"察言观色"的人际互动论，其根本目的还是在于保持社会关系的和谐。由此，几千年来人们也主动进行视觉修辞，追求"喜形于色，厌藏于心"的"和谐传播"，力图以"慈眉善目"充分展现仁爱之心，构建和谐的人际关系。在现代汉语中，"眉""目"的修辞也仍广泛地使用。在当下，"和谐传播"的理念可以被理解为"人与人之间彼此倾听、彼此宽容与理解的文化关系"。④在现代生活中，人们也同样重视通过眉目等方式进行非言语传播以传情达意，以期形成彼此倾听、彼此宽容与理解的和谐关系，这是自古流传下来的华夏特色的非言语智慧。有学者曾通过对现当代文学语料库对"眉"的隐喻进行研究，他发现汉语"眉"的隐喻广泛分布在语料库中，并可投射到情感，物质，态度等多个领域。⑤应更深入地讨论"眉目传情"等非言语传播方式在新时代社会传播中的现代意义，以华夏非言语传播智慧回应西方传播学界所提出的"交流的无奈"，真正做到"对传统文化中适合于调理社会关系和鼓励人们向上向善的内容，要结合时代条件加以继承和发扬，赋

---

① 郭建斌，吴飞：《中外传播学名著导读》，杭州：浙江大学出版社，2005年，第23页。

② [美]米德：《心灵、自我与社会》，第49页。

③ 谢清果，米湘月：《说服的艺术：华夏"察言观色"论的意蕴，技巧与伦理》，《现代传播》2019年第10期。

④ 单波，薛晓峰：《西方跨文化传播研究中的和谐理念》，《国外社会科学》2008年第6期。

⑤ 丁丽，高蕴华：《"眉"的隐喻认知特点——以汉语现当代文学语料为例》，《海外英语》2016年第21期。

予其新的涵义"。① 从而实现"和谐传播"的理想境界，达到"心传天下"、和谐共生的至高价值旨归。

## （一）"明眸善睐"：以和谐人际交往为导向的华夏非言语智慧

建设和谐社会的出发原点从人际间的和谐交往开始，由此扩散到家庭和谐、群体和谐、组织和谐、社会和谐。"和为贵"是中国古代人际传播思想中的传播态度②，在汉代名儒董仲舒的《春秋繁露·循天之道》中便写道："和者，天之功也，举天地之道而美于和。"时刻以"中正仁和"来鞭策自己的中华民族，无比重视人际间的和谐。通过"长时段"的华夏传播活动考察，便会发现华夏传播的智慧蕴含着行胜于言的传播取向③，虽有"一言九鼎""一诺千金"的箴言，但孔夫子"巧言令色，鲜仁矣"的告诫仍在耳畔回响，时至今日，通过非言语传播达到"只可意会，不可言传"的心领神会的境界或许是一种有效沟通途径。"行胜于言"的"行"既可以指真实的行动，也可以表示通过身体姿势、表情等来传达身体体语。著名语言学家罗曼·雅各布森曾经指出，语言符号不提供也不可能提供传播活动的全部意义和交流所得，相当一部分来自语境。④ 语境，在传播学视角下便是传播情境，非言语符号是传播情境的重要构成，它将为符号文本产生新意义或制约其符号文本自身。⑤ 在现今社会的人际交往中，交往双方若是能主动以"明眸善睐""慈眉善目"等形象进行沟通，便能够有效地助力和谐关系的构建。前文已分析了"眉目传情"的替代作用、美学作用、补充强调作用、否定作用、调适作用，实际上都体现了非言语传播方式为实现和谐人际关系的"可供性"。在"高语境"社会背景下，时刻重视非言语传播所带来的丰富信息，是构建起人际间友善和谐往来桥梁的华夏非言语传播智慧。

"眉黛分愁，眼波传信。"（刘一止《踏莎行》）、"眉黛供愁，娇波回倩。"（方千里《过秦楼》），这是非言语的替代功能，实际上也是以"身体为媒介"进行主客体交互。在彼得斯看来，肉身"在场"是人际交往的重中之重，"意会不能为言

---

① 习近平：《在纪念孔子诞辰 2565 周年国际学术研讨会暨国际儒学联合会第五届会员大会开幕会上的讲话》，《人民日报》2014 年 9 月 25 日，第 2 版。

② 胡河宁，孟海华，饶睿：《中国古代人际传播思想中的关系假设》，《安徽史学》2006 年第 3 期。

③ 周伟业：《东方范式：华夏传播理论的内涵、特征与价值——以汉语成语、谚语、俗语为中心的思考》，《南京政治学院学报》2010 年第 5 期。

④ 霍克斯：《结构主义和符号学》，上海：上海译文出版社，1987 年，第 83 页。

⑤ 郭庆光：《传播学教程》第 2 版，北京：中国人民大学出版社，2011 年，第 41 页。

传所替代"，保障人与人之间和谐、有效地交流，需要亲临"在场"的传播。① 这里的"言传"既包括了言语与非言语。"如果我们认为交流是真实思想的结合，那就是低估了身体的神圣。……对'在场'的追求本身未必会使你更便利地进入到对方的心灵，然而它的确可以使你更便利地接触对方的身体。"② 强调身体的在场和体验，在人际间的非言语传播的情景下，便可以理解为主动以"身体为媒介"来传播非言语符号，或是积极对身体所展现的非言语符号以体验。③ 孔子也主张"言传身教"，所谓"身教"也正是注重身体非言语传播在人际交往中对意义的传递和共享的作用。在整合了肉体与技术的双重逻辑的"赛博人"快速崛起的今天，或许的"在场""再现""真实""实在"等等概念都亟须重构。但我们仍坚信④ 但仍坚信人际间非言语传播的智慧仍没有变，无论是在生活中的面对面交往还是在赛博空间中虚拟人的"面对面"交往，重视"身体图像"的修辞使用，重视非言语和言语的配合，重视眉目等非言语"在场"表达的华夏非言语传播智慧将助力传情达意，实现和谐"人际交往"的最大化。

（二）"眉清目秀"：以和谐自我形象构筑为诉求点的华夏非言语智慧

戈夫曼认为，"人的身体不仅是物理意义上的工具，而是能作为传播媒体的作用"。⑤ 沿着"身体作为传播媒体"的思路，便会发现语言是不是表达的唯一媒体，表情、体态等等非言语都十分重要，人际传播是真正意义的"多媒体"传播，有着丰富的传播手段、渠道、方法。⑥ 外观形象是自我表达的重要手段，自古以来人们便无比重视自我外观形象，这种非言语的表现形式成为人际交往与传播中的"第一印象"。在《红楼梦》中，当贾宝玉看到林黛玉时，就先为其动人的眉眼所吸引，"两弯似蹙非蹙笼烟眉，一双似喜非喜含情目，态生两靥之愁，娇袭一身之病，泪光点点，娇喘微微"。由此可见，非言语传播符号可以建立个人独特的形象。构建一个"内心和谐、人际和睦、天人合一的和谐人生、和谐社会、和谐宇宙"是理想生活的最高旨归⑦，而这一切的起点便是"自我形象"的构建。自我表达是否准确，表达方式是否合适，将直接影响传播效果，以"眉清目秀""慈眉善目""和

---

① 孙玮：《交流者的身体：传播与在场——意识主体、身体 - 主体、智能主体的演变》，《国际新闻界》，2018 年第 12 期。

② [美] 约翰·彼得斯：《对空言说：传播的观念史》，第 386 页。

③ [美] 约翰·彼得斯：《对空言说：传播的观念史》，第 388 页。

④ 孙玮：《赛博人：后人类时代的媒介融合》，《新闻记者》2018 年第 6 期。

⑤ [加拿大] 欧文·戈夫曼：《聚集现象的结构》，日译本 1 版，东京：诚信书房，1980 年，第 108 页。

⑥ 郭庆光：《传播学教程》第 2 版，第 75 页。

⑦ 谢清果，祁菲菲：《中西传播理论特质差异论纲》，《现代传播》2016 年第 11 期。

眉悦目"的非言语传播进行自我表达，充分发挥非言语传播的补充、强调、调适等功能作用，有助于更有效地建构自我形象，实现和谐地交往，这也便是华夏传播的非言语智慧。

同时，当主动追求"眉清目秀""慈眉善目"的个人形象表达时，便也完成了和谐原则的内向传播。米德认为，每一次与他人互动中引起的暂时的"自我想象"，最终将明确为或多或少、稳定的、可归为某一类客体的"自我概念"；借助"自我概念"，个体行动获得了一致性，这些行动将贯穿于个体作为某类人的始终如一的态度、意向或意义之中。①由此可见，"相由心生"，自我意识对人的行为决策有着重要的作用，而人际非言语传播行为实际上是内向传播活动的延伸和外显。如果能够始终追求并做到"眉清目秀""慈眉善目"的"自我想象"，这便是和谐"自我概念"追求的体现。同时也只有不断追求和谐的交往态度，才会有和谐的人际非言语传播的表现。构筑和谐自我形象的华夏非言语智慧既是人际交往间的和谐，也是和谐的自我修身、内向传播。"己欲立而立人，己欲达而达人。"（《论语·雍也》），自我内心对和谐的参照、领悟、调整与升华，即米德所提出的"主我"不断召唤"客我"，而"客我"又不断地改造"主我"的过程，以此不断循环促使自己成为一个和谐的"自我"。②最终，并将以和谐的外表展现出来。

### （三）"眉舒目展"：以和谐跨文化交流为旨趣的华夏非言语智慧

塞缪尔·亨廷顿提出的"文明冲突论"（Clash of Civilizations）预言今后的国际冲突将主要在各大文明之间上演，旷日持久而且难以调和。究其背后的本质，便是中西文化对于"文明"的认识不同，体现了文化交流与传播的核心价值观的认知差异。但他仍希望，"在多文明的世界里，建设性的道路是弃绝普世主义，接受多样性和寻求共同性"。③"文明冲突"彰显了"文明和谐"的可贵，而人与人之间的跨文化的和谐交往是解决"文明冲突"的最基本的出发点。正如单波所言，坚持和谐理念的跨文化传播的目的。"不是像某些后现代理论那样强化个体文化身份的独特性和不可替代性，而是形成人与人之间彼此倾听、彼此宽容与理解的文化关系。"④在跨文化传播语境中，面对母语沟通失效的困境，如何提高传播质量，减少信息冗余，避免误解，实现良好的意义共享，形成和谐沟通环境一直都是值得关切的问题。

---

① 郭建斌，吴飞：《中外传播学名著导读》，杭州：浙江大学出版社，2005 年，第 20 页。

② 谢清果，林凯：《先秦儒家"仁"观念的内向传播功能阐释》，《宏德学刊》2018 年秋季号。

③ [美] 塞缪尔·亨廷顿：《文明的冲突与世界秩序的重建》，北京：新华出版社，1998 年，第 369 页。

④ 单波，薛晓峰：《西方跨文化传播研究中的和谐理念》，《国外社会科学》2008 年第 6 期。

"执大象，天下往，往而不害，安平泰。"（《道德经》第 35 章）在老子的思想中，人的身体外显的具象正是传播媒介，是可以在任何语境传递信息的普适媒介。身体是一个动态的整体，不仅表现着肉体的具体视觉对象，还凝结着人对自身的认知、情感、意志和行动。[①]维特根斯坦曾言，"人的身体是人心灵的图像"。由此出发，也更能够理解跨文化的人际间非言语传播的重要作用，在面对语言不通、语义鸿沟的"交流无奈"时，以"眉语目笑""眉舒目展"的华夏非言语传播智慧弥合文化间的沟壑，或许是最基础的交往桥梁搭建的方法。虽然非言语在不同的语境下会展现其民族性，比如不同的身体姿态在不同的文化中往往有着不同的含义，但不可否认的是，有许多的基本动态是属于全人类的，诸如哭与笑、悲与怒的面部表情。[②]同样，眉部和眼部的形态往往也蕴含着普适、相似的意义解读，当人们以"眉扬目展""眉舒目朗"的真诚进行交流，而非"挤眉弄眼""横眉竖目"的傲慢，才能够真正体会到彼得斯所阐释的，"我们应放弃追求'心灵融合'的交流梦想，应该为我们拥有通过语言和媒介相互联系的能力而感到高兴"。[③]当然，这里所指的媒介，既是身外的媒介物，也是"作为媒介的身体"，言语和非言语的共同配合，才可以更好地助力人际间的跨文化传播。

## 结语

华夏身体传播非语言的面向的高妙之处在于，眉眼不仅可以传情，而且可以言志。"昨夜洞房停红烛，待晓堂前拜舅姑。妆罢低声问夫婿，画眉深浅入时无？"这首唐诗《近试上张水部》是诗人朱庆馀向张籍行卷而作。朱庆馀以新妇自比，以新郎比张籍，以公婆比主考，写下了这首诗，征求主考官张籍的意见。诗句里的"她"用心梳好妆，画好眉之后，还是觉得没有把握，只好问一问身边丈夫的意见了。朱庆馀所运用的一语双关、一箭双雕的技巧让人惊叹，自然也征服了张籍。"安能摧眉折腰事权贵，使我不得开心颜！"（李白《梦游天姥吟留别》）在李白的诗中，眉是骨气的代表！眉目中所要传播出的信息，不仅是在人际传播的取向上，也在内向传播的意涵之中。当然，慈眉善目并不代表着伪善。中国人的和谐交往是以"仁"为核心，用真诚态度来实现"心传天下"。本文通过对"眉目传情"历史的钩沉索隐和非言语功能的展演体现了其在历史时空里和现代生活中的传播功能。同时置于"礼文化"的社会背景下和"察言观色"的华夏人际互动原则中，人们也主动采用身体图像修辞，以眉眼间的"视觉之势"传情达意。"修辞

---

① 谢清果，赵晟：《身体交往观视域下的老子思想新探》，《文化研究》2018 年第 2 期。
② 宋昭勋：《非言语传播学》，第 51 页。
③ ［美］约翰·彼得斯：《对空言说：传播的观念史》，第 386 页。

立其诚"，不论是言语的修辞，还是非言语的修辞，真心诚意、推己及人、将心比心的待人处世之道都是其精神内核，由此注重"和谐传播"的华夏非言语传播也在这个"对空言说"的社会里展现着中国人的交往智慧。

"眉目传情"还是"身体交往观"的中国阐释。"眉、目"在人体头部是最动人的器官，是人际交流交往的重要身体媒介。麦克卢汉在《理解媒介》中虽然振聋发聩地提出"媒介是人的延伸"，但实际上完整的表述却是"任何技术发明都是人的延伸或者'自我截除'"。① 身体作为人类交流最初的媒介，总在历次媒介革命中被悬置，在数字时代，强大的电子媒介无疑使身体更加分裂。② 法国技术哲学家贝尔纳·斯蒂格勒把技术比作人类的"义肢"，是人类因"埃庇米修斯的'遗忘'"才发明技术补足自身在生物遗传中的缺失，但技术原是人的力量，可如今却畸变为一种毁灭人类自己的力量。③ 他在著作《技术与时间》中写道："技术产生了各种各样前所未有的新型装置：机器被应用于流通、交往、视声……"思维"等一切领域，在不久的将来，它还会被应用于感觉、替身（模拟现实），以及毁灭……类似"狮身人面兽'的生命奇观，现在不仅触及无机物的组织，而且也影响到有机物的再组织。"④ 身外的媒介剥夺了身体器官中"怎样去做"的知识，数字技术则剥夺了心理器官中"怎样去生活"和"怎样去思考"的知识。⑤ 有学者认为，这是一个"身体死亡，符号狂欢"的时代，由于大众传媒和数字媒介对于身体的忽视，人热衷于收藏、保留各种符号文本，如"他者、异端、敌人……"，而文化能力欠缺的青少年在醉心于收藏、保留符号中无疑受害严重。⑥ 当下，强调对于人际间非言语传播是对于"身体交往"的价值重估，是在"媒介作为人的延伸"迅猛向前、"技术作为人的义肢"快速增殖的"超级媒体"时代的一种传播学反思，是主张人本主义的喘息与缓和，希望能给"身体"在数字传播时代能有一个席位，是能够偶尔回归交流的"身体维度"。"身体很重要，其障碍不可能被克服。"⑦ 也正如彼得斯所言，重视"身体"在交往中的作用，人际间的和谐关系才可以更加有效得达成。

---

① [加拿大] 马歇尔·麦克卢汉：《理解媒介》，何道宽译，北京：商务印书馆，2001 年，第78 页。

② 王彬：《身体、符号与媒介》，《中国青年研究》2011 年第 2 期。

③ 张一兵：《斯蒂格勒：西方技术哲学的评论——〈技术与时间〉解读》，《理论探讨》2017 年第 4 期。

④ [美] 斯蒂格勒：《技术与时间》（第 1 卷），裴程译，南京：译林出版社，2000 年，第 101 页。

⑤ [美] 陈明宽：《斯蒂格勒广义器官学视野下的人类世思想阐释》，《国外社会科学前沿》2020年第 12 期。

⑥ 王彬：《身体、符号与媒介》，《中国青年研究》2011 年第 2 期。

⑦ [美] 约翰·彼得斯：《对空言说：传播的观念史》，第 21 页。

# 华夏文艺传播研究

主持人：王皓然

# 楚简书法艺术语言传承研究

## A Study of the Artistic Language Inheritance of Chu Bamboo Slips Calligraphy

韦 思*

Wei Si

**摘 要：**楚简书法艺术语言传承研究，目前相较于楚简文字学研究、文辞研究、简牍书法史研究等而言，相关成果微乎其微，从楚简书法艺术语言审美传承的视角切入，窥探长江流域楚文化传承，可以成为重要突破口。楚简书法艺术波谲云诡、瑰玮流丽，映射出楚人对巫觋与祖先神灵崇拜，楚简文字的蘖变传衍经历了漫长的历史进程，彰显了楚地先贤在浓厚的神灵意识笼罩下审美意识的觉醒，是人神思想交融的生动写照。文章将楚简书法艺术的情感映射放在楚人鬼神观、神灵崇拜的背景下探讨，进而阐述楚简书法的叙事传承，最后解读楚简书法艺术语言的审美传递，从楚简书法艺术形式美窥探其渗透出的浪漫精神。楚简书法艺术语言传承研究为长江文化提供别样的解读视角，楚简书法艺术是楚人思想观念的物化呈现，作为研究长江流域楚文化的第一手资料、直观切入点，力求通过楚简艺术形态挖掘长江文化研究的更多观念内涵，从而使长江文化与简牍传承研究相互促进。

**Abstract:** At present, compared with the study of Chu bamboo slips' philology, diction and history of bamboo slips' calligraphy, the research on the artistic language inheritance of Chu bamboo slips calligraphy has little achievement. From the perspective of aesthetic inheritance of the artistic language of Chu bamboo slips calligraphy, it can be an important breakthrough to spy on the inheritance of Chu culture in the Yangtze River valley. The Chu bamboo slips calligraphy is mysterious, magnificent and beautiful, which reflects Chu people's worship of wizards and ancestors'

---

\* 作者简介：韦思，南开大学哲学院博士研究生，研究方向：书画艺术与美学。

gods. The evolution of Chu bamboo slips has gone through a long historical process, which shows the awakening of aesthetic consciousness of Chu sages under the strong consciousness of gods. It is a vivid portrayal of the communion between human beings and gods. This paper discusses the emotional mapping of Chu bamboo slips calligraphy under the background of Chu people's notion of guisheng and worship of gods, and then expounds the narrative inheritance of Chu bamboo slips calligraphy. Finally, it interprets the aesthetic transmission of the artistic language of Chu bamboo slips calligraphy，and explores its romantic spirit from the formal beauty of Chu bamboo slips calligraphy. The research on the artistic language inheritance of Chu bamboo slips calligraphy provides a different interpretation perspective for the Yangtze River culture. Chu bamboo slips calligraphy is the materialized presentation of Chu people's ideas. As the first-hand information and intuitive starting point for the study of Chu culture in the Yangtze River valley, we strive to explore more thought connotations of the Yangtze River culture research through the artistic forms of Chu bamboo slips, so that the Yangtze River culture and the inheritance of bamboo slips can promote each other.

**关键词：**楚简书法；艺术语言；映射情感；叙事传承；传递审美

**Key words:** Chu bamboo slips calligraphy; Artistic language; Mapping emotions; Narrative inheritance; Conveying aesthetics

楚简字里行间所蕴藏的美学思想、观念意味通常覆盖在书法的视觉形态之中，文字这种记录语言、思想的载体而言，有直接呈现的"可视"意义，摄取其中蕴含的一些内容信息而视为叙事符号，书法文献本身展示的"面貌"，能给人带来审美愉悦。前人对楚简的研究较多地在书法艺术学、文字学、哲学思想等方面进行，文章将在前人研究基础上对楚简书法艺术语言的探讨诉诸鬼神观。楚人鬼神信仰、神灵崇拜之情通过书写记叙得以凝练于竹简上，观念内涵得以传承，竹简作为人神之间交流的媒介，承载诸多情感观念，它为后人提供了一条寻绎楚民族鬼神观的渠道。对楚简书法艺术语言传承的探究，不妨以文字书写之前酝酿在楚地先贤心中的情感为逻辑出发点，即从鬼神观角度去追索书法审美情感符号，从而探索楚简书法形态背后的精神活动，归纳楚简书法艺术语言审美内涵，凝聚于映射情感、叙事传承、传递审美三个方面，进而探讨其书法美学建构。

### 一、楚简书法艺术语言映射情感

书法艺术是"情生于性"的物态化呈现，这决定了其含具映射情感的意义。"楚艺术瑰丽流畅、情感外露、富于抽象形式美感的风格，是体现为'人神交融'方式的一种人与自然关系的生动艺术写照。它的独特的艺术智慧和超乎寻常的艺术想象力，源于楚民族达观的生命态度，源于他们对精神生命的执着与热爱，以及对神秘未知世界和自由精神境界的忘我追求。"① 在鬼神观的背景下，楚简书法艺术充分彰显其传达情感的作用，发挥媒介作用。通过书写抒发对神灵的崇拜之情及其他各种情愫，继而这个过程留驻于竹简载体上，这种宣情方式冥合楚人遇事占卜、沟通神灵的文化心理。

楚地的文化风俗对楚简文字有着颇深影响，尤其是巫文化、鬼神观，其中的习俗、观念等都成为楚简书法艺术的重要元素。楚人"信巫鬼，重淫祀"，承袭了夏商文化崇巫尚鬼的特色，较为完整地保留了巫文化。"巫"乃卓尔不群的精英，形貌昳丽，具有掌管知识和历史的职能，当先民遇到难以抉择和无法理解的事，会求助于巫，巫可以凭借巫术通灵，成为神意志的化身。"巫，祝也，女能事无形，以舞降神者也，象人两袖舞形，与工同意；觋，能斋肃事神明也，在男曰觋，在女曰巫。"② 除了祭祀、歌舞等，先民凭借书法沟通神灵、表情达意，楚简书法和巫觋都是连接人、神之间的中介。

"巫"因其德行和才干鹤立鸡群，他们担当的职能在历史演变过程中渐渐多样化，包括天文、历法、医学、占卜、求雨、祈神、招魂、祭祀、歌舞仪式等。显而易见，"巫"渗透到楚人生活的方方面面，解惑除疑、禳灾祈福、求神驱鬼等会找巫。由"巫"衍生出的一系列占卜和祭祀恰恰是楚人热衷的宗教仪式，无论在遇到困难、面临灾祸、出征与否等个人小事或社稷大事，都先进行占卜，与"神"交流、问"神"，宣泄思想感情，文字在其中扮演重要角色，不仅在占卜过程中被人、巫觋用来向神传达情感意念，同时还用于记录占卜和祭祀的事件本身，文字在"神"的影响下产生各种形态。

如《楚辞·卜居》中屈原遇到困惑，向神灵问卜："屈原既放三年，不得复见。竭知尽忠，而蔽鄣于谗。心烦虑乱，不知所从。往见太卜。郑詹尹曰：'余有所疑，愿因先生决之。'詹尹乃端策拂龟，曰：'君将何以教之？'屈原曰：'吾宁悃悃款款朴以忠乎？将送往劳来斯无穷乎？……宁正言不讳以危身乎？……詹尹乃释策而谢，曰：夫尺有所短，寸有所长，物有所不足，智有所不明，数有所不逮，神

① 皮道坚：《楚艺术史》，武汉：湖北教育出版社，1995年，第6页。
② （东汉）许慎撰：《说文解字》，长沙：岳麓书社，2006年，第100页。

有所不通。用君之心，行君之意。龟策诚不能知此事。'"① 在此体现屈原问卜以宣泄情绪为主，寻求神明指点是其次，龟策不能决君之志，在人的意志力当中起辅助作用。说明楚人问卜，已然成为生活中一种习惯。

在巫文化的影响之下，楚简书法艺术的创作自然吸收了其中的元素，运用了大量的神秘色彩，例如上博简《鬼神之明》《鲁邦大旱》《竞公疟》《子羔》《恒先》《容成氏》《三德》等，都是典型的巫文学、书法作品，都是巫文化的特有标记。楚人对巫信仰的较大变化与春秋后期东南越族人频繁迁入楚地息息相关，越人的巫鬼之俗融入其中。楚文化之所以力量强盛，是因为它不断革新、兼收各方之长，积极求变，具有勇于抗争的民族精神，和周边民族区别鲜明。楚灵王时期征服了鬼方等国，西南尚鬼文化风俗渗入楚地。大抵从那时起，楚人鬼魂迷信已经与巫文化正式结合，形成巫鬼结合的敬鬼狂热。

楚人心目中，鬼、神的区分并不十分明确②，"鬼""神"二者基本上可以相通，囊括了所有自然物化成的精灵神怪，包含了大部分超人力、超自然的力量与存在。楚简帛书中的"'神'不过是自然现象、自然规律的抽象。既然天地山川、日月星辰各有司神，那么认识神也就是认识自然规律。人神具有因果联系，人间置闰不当，会有地震、水灾，会有日月星辰的变异；人间淫祀，神不赐福，这种表达方式也是以人为中心"。③"人来自于神，依附于神，而又回归于神。正确地认识自然诸神，存安自然诸神，敬重自然诸神，是亘古不变的法则。"④ 楚人在相应的事情上会找相关的神表达情感意志，楚人认为群神各有不同的力量、不同的意志，各司其职，对鬼神进行祭拜成为不可或缺的宣情方式。

在万物有灵、鬼神奇多的楚地，加之巫文化盛行，巫觋作为人与鬼神之间的媒介，运用超自然的力量联系鬼神，楚人的生活与鬼神密切，楚地的鬼神也被赋予了人格化形象，对鬼神采取积极亲近的态度，相信鬼神知人性、读懂人的心声、有七情六欲，因此相信鬼神可助人解决问题、接收情感信息，他们习惯于求神问卜却不依赖鬼神。卜筮这一行为也为楚简书法增添了神秘奇谲的朦胧意蕴，楚简书法艺术语言的情感内涵在传达古典意蕴的同时还折射出多彩的宗教意味。如《楚

---

① （西汉）刘向辑，（东汉）王逸注，（宋）洪兴祖补注，孙雪霄校点：《楚辞》，上海：上海古籍出版社，2015年，第221页。

② 杨华：《楚简中的"上下"与"内外"——兼论楚人祭礼中的神灵分类问题》，见：武汉大学简帛研究中心主办：《简帛》（第四辑），上海：上海古籍出版社，2009年，第237—238页；"楚地卜筮祭祷简一般为战国中后期的记录，它们所反映的楚人神灵崇拜已经显露出天神、地祇、人鬼三大系统，但恐怕尚未完全定型，正处在逐渐确定的过程之中。祖先神与自然神的界限也比较模糊，有些自然神如河、岳、地祇、山、川等，其人格化特点十分明显，地位与祖先神相等。"

③ 刘信芳：《出土简帛宗教神话文献研究》，合肥：安徽大学出版社，2014年，第16页。

④ 刘信芳：《出土简帛宗教神话文献研究》，第42页。

辞·离骚》："灵氛既告余以吉占兮，历吉日乎吾将行。"①楚人用卜筮术选择黄道吉日，对未知命运的祷告、对神秘力量的敬畏等，只有借助占卜来寻求精神慰藉，故而在楚简中留下了卜筮类墨迹。楚简书法艺术更有利于将言语无法涵盖的情感丰富性与情绪多变性，汇入丰富多变的形式元素中，从而进一步深化了楚简书法艺术语言映射楚人生活情感的内涵。

## 二、楚简书法艺术语言叙事传承

楚简楚书法艺术审美性得以提升，有赖于笔墨的发明运用，为记录祭祀占卜等历史事件、传承楚文化艺术发挥了重要作用。"信巫崇祀在楚简中有比较全面的反映，卜筮文书占了相当大的比重。这种卜筮通常是为墓主举行的，贞问的内容主要有两类：一类是贞问'出入侍王'是否会有灾咎以及仕途前景如何，一类是贞问疾病的吉与凶。基本格式是先记录举行卜众的时间、贞者姓名、贞卜工具以及何人贞卜，然后记贞问的事由，接着是根据卜筮结果所做出的吉凶判断，最后往往还有祷祠方面的内容。这些形式和内容表明，在楚地可能存在着一套比较完善的、系统的有关卜筮的制度。传世文献记载的楚地崇巫之术，正好与这些出土资料互为补证。"②楚人在蒸蒸日上的环境中孕育浪漫热烈、锐意进取的民族情感，楚简书法在千余年风云变幻中叙述着绚丽的楚文化，积淀着睿智宏博的民族精神。

楚简书法艺术的叙事传承是了解经典书法文献的一个切入点，它展示了以经典文献中列举的人物和展开的事情为中心的更广泛的历史活动。书法文献的叙事方式与早期的历史记叙、书写和传播有关，所有这些都是基于言语和行为。这些楚简书法文献中的记叙事件可能会交叉不同的经典文本，并且具有独立于其原本客观生活形态的主观创造力。被纳入经典楚简书法文献的人物和事件，必不可少地具备了有杰出的成就、影响或功绩的条件，其叙述的重要性与垂范后世密切相关。任何人或事件如果进入了简牍等书写载体上、经典书法文献当中，才有可能成为后世所追溯的历史叙事符号。"不论是语言的'叙事表达'，还是作为意识功能的'叙事表达'，都不过是作为整体的叙事表达的具体表现。在微观的层面上，叙事表达就是特定符号或者记号中的意义给予和传达。当符号是感性符号时，叙事表达就表现为符号借助自身的内在分连与综合功能把特定的感性材料加工成一个意义整体，并把这个意义以直接而当下的方式展示出来；当一个符号是非感性的逻辑或理论符号时，它通过自己在一个纯粹关系系统中的位置而获取自己的意义。在宏观的层面上，一切文化都是叙事表达，因为它们共同的特征就在于，把

① （西汉）刘向辑，（东汉）王逸注，（宋）洪兴祖补注，孙雪霄校点：《楚辞》，第49页。
② 王祖龙：《楚书法史》，武汉：湖北美术出版社，2016年，第225—226页。

外在的印象转换为'我'的表达。"①从符号的叙事内涵传承的角度来看，也可以考察楚简书法艺术和书家的精神观念。

楚简书法本身可以看作是一个叙事符号，一旦文字在简牍上留下痕迹，自然就有了传承的契机，也将增加其传播的影响力。楚简书法艺术凝合宣情、叙事、审美三位一体，它足以通过宣情和叙事，以普通的书面语言记录和传承。但书法审美是不同的，它是一种艺术符号，可以以物理形式即书写载体传递，只有看到面貌才得以知晓气韵生动与否。楚简书法艺术的重新被重视需要机缘与境遇，随着时代的发展，近年来简牍研究的浪潮涌动、书法创作日新月异，不仅楚简书法艺术的地位再次提高，而且稳固了其内容本身的叙事意义，作为楚系书法美学传承符号伴随历史演进。楚简书法艺术形式与内容经书家、文字学家、哲学家们努力探索、极力推崇，书写了楚系书法发展中具有浓墨重彩的一笔。

楚简书法发展本身就是通过对自身的叙事演进而呈现于历史维度中，在书法叙事当中，一旦书法作品成为经典文献符号，将与文学一起发挥多一重维度的相关作用。与此同时，书法传承叙事将超出书写时事件的原型，并拥有焕然一新的创造力。楚简书写者囊括官吏和民间书手，内容涵盖官方叙事和非官方叙事，非官方叙事的作用并不低于官方叙事，对于楚简书法艺术的大多数追摹者，叙事内容更增强了对它探求的渴望程度，使内涵更加饱满，书写形式与内容形成交互性。然而，成为经典符号的楚简书法作品，不能只凭借在经典文献符号中的叙事传承，艺术和文学不一样，它必须通过具体的美学形式证明其存在。楚地先民创造文字观物取象、道法自然，通过文字与"神"交流、"问神"，文字在"神"的影响下产生各种审美形态和意蕴，文字把"天地人神"四方召唤、聚集、"物化"，楚文字记录言说与静默的语言、思想，不断演变发展，"天地人神"在文字中栖留。

楚简书法叙事传承叙述了原始巫文化向审美文化的转向，"原始巫术文化是由多种文化因素组成的复合体，其中有神话、哲理、伦理、心理、审美、艺术方面的要素，也有天文，地理、数学等方面的要素。这些文化要素都不具有独立自在的性质，它们相互渗透、彼此融合，形成混沌一体的状态。由于原始巫术文化是由多种文化因素组合而成的，这就为它未来的发展提供了多种可能性。"②从楚人敬鬼事神的观念与行为来看，虽然与寻求神灵启发有密契关系，但主要是从实用功利方面出发的。实用性先于艺术性，由起初的实用向后来的审美转化，是一条必然之路。原本鬼神崇拜活动中的实用功利因素，随着楚人实践活动的演进和深化，

① 石福奇：《"符号性孕义"与卡西尔的符号形式哲学》，北京：人民出版社，2016年，第89页。
② 孔智光：《中西古典美学研究》，济南：山东大学出版社，2002年，第216页。

这种实用的、功利的因素不断向非功利的、审美的方面过渡，从而使巫术活动中的书写叙事从整体上由原始宗教实用内涵向审美内涵转变。

### 三、楚简书法艺术语言传递审美

楚简的书写虽为实用而成，但审美意识和对书法艺术创新的尝试在书写过程中展露无遗，是楚人浪漫热烈、锐意进取、睿智宏博精神的自然流露。楚简书法艺术语言的审美传递，在形式上尤为直观。

首先，体现在用笔的跌宕起伏。竹简表面多纹路，透过流畅的笔迹可以窥见运笔果敢酣畅，在简上留下的点画浑成古朴、秀而不媚、多姿多彩。或浑厚粗犷、恣肆奔放、洒脱不羁；或信手拈来、不计工拙、一任自然；或整饬清劲、精致稳健、秀美俊丽；或不激不厉、风规自远、游刃有余，表现出非凡的书写水平。文字点画线条曲直相生、修短随化、粗细协调、轻重得宜。

其次，体现在文字结构的摇曳多姿。楚简文字形貌，既朴拙自然、又古奥诡谲，魅力十足。这除了本身具备审美因素外，竹简狭长的媒介也促成了楚简文字在视觉效果上比同时期的金文、玺印文字强烈。加之毛笔的使用，人们对书写批量与效率的需求提升了，因此，楚简书法中涌现不少简化文字结构、笔画简省的现象，即"草化"现象，将篆书匀称平稳的体势改为参差欹斜，将篆书当中明显的曲线过渡为直线、向下垂的竖线条变为旁逸斜出的线条，运动感强烈，既纵逸恣肆又灵动自由。结构的简化、异化，本来就是楚简书法的一大亮点，书写者在创作中为了适应竹简布局的需要，变化文字结构，如笔画增减、偏旁位移、部件夸张等，使整体丰赡多变但协调美观。

第三，表现在章法布局的变化多端。由于竹简这种特殊的书写媒介，多枚编连而成并卷在一起成册，书写者书写时，左手执简、右手持毛笔，从最右边第一枚开始写，整册简书写从右至左行进，每一枚由上而下布局，如此书写顺序与书写行款，对中国书法的章法影响至关重要。因楚简文字本身的奇谲古奥，为章法增添瑰异多姿的美感：或疏可走马、密不透风，或大小穿插、左右避让，或长短交替、上下呼应，或平中见奇、稳中造险，或虚实相生、拙巧互显，构成强烈的对比。竹简边缘或规整不苟、或残缺参差，与里面文字排列互相映衬，繁简有致、欹正生姿、方圆增辉，极具审美情趣。

下面选取楚简当中有代表性的一些作品进行分析，以上博楚简为例。

图 1　《鬼神之明》<sup>①</sup>

《鬼神之明》（图 1）：用笔上，起笔皆为较粗重的顿笔、尾部收笔尖细，落笔不尽露锋、兼有藏锋，与"蝌蚪文"特征颇相近。但总体来看，笔画相对匀细工巧，线条经过凝练、简化，形成了楚地特有的诡秘清奇的审美特征，艺术价值较高，可作为楚简书法的典范。字形大多圆扁或略长、大小相间，笔画排叠促使结体相对紧密，如 ▨（则）、▨（法）左部、▨（赏）、▨（幽）<sup>②</sup>上部；体势斜正不拘，较注重向右上方倾斜，如 ▨（下）、▨（笑）<sup>③</sup>、▨（矣）；横画向右上倾斜后多半再向下引带弯曲，如 ▨（所）、▨（天）、▨（元）中的横画，以达到整体平衡的效果。"口""曰""日"部的半包围曲线圆劲若"折钗股"，如 ▨（意）<sup>④</sup>、▨（古）、▨（智）、▨（善）、▨（明）中的圆弧曲线，将整体字势

①　马承源主编：《上海博物馆藏战国楚竹书（五）》，上海：上海古籍出版社，2005 年，图版第151—152 页。

②　[日] 浅野裕一著，佐藤将之监译：《上博楚简与先秦思想》，台北：万卷楼，2008 年，第 84页：释作"幽"。

③　[日] 浅野裕一著，佐藤将之监译：《上博楚简与先秦思想》，第 84 页：释作"笑"。

④　[日] 浅野裕一著，佐藤将之监译：《上博楚简与先秦思想》，第 84 页：释作"意"。

引向右上倾斜，凸显楚简书法独特风貌，此般处理，无疑打破了讲究对称工稳端庄的篆书体势，给人以恣肆动荡的审美感受。在章法上因字距空间较大、排列无定势，而显得疏宕潇洒，体现了楚式浪漫恣肆的书风，与秦系书法形成鲜明的对比。

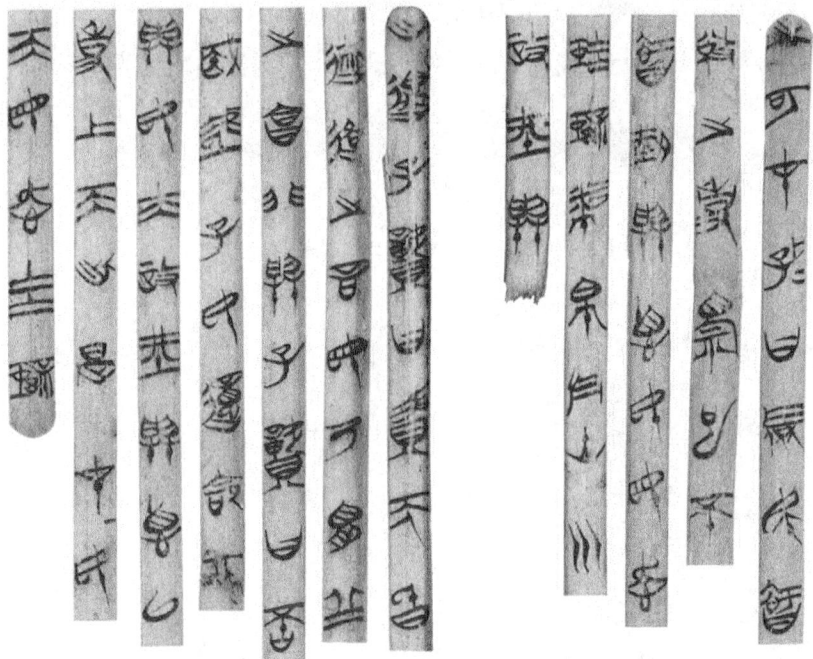

图 2 《鲁邦大旱》①

《鲁邦大旱》（图 2）：用笔圆转流畅中见方劲，较多地保留着铜器铭文的书写风格；笔画舒展、干净，起收笔线条犀利劲细，如▨（曰）、▨（孔）、▨（民）、▨（政）等字；粗线条沉实，如▨（鲁）、▨（刑）②、▨（答）③；折笔锋棱清晰，如▨（川）、▨（视）、▨（贡）④、▨（可）。有的笔画中间有圆点来做饰笔，如▨（与）、▨（不）、▨（才）、▨（毋）、▨（昏）等，这种装饰性笔画，有些是取代短横之意，有些则完全是装饰作用。结体纵长与方扁交替，如

---

① 马承源主编：《上海博物馆藏战国楚竹书（二）》，上海：上海古籍出版社，2002 年，图版第 52—53 页。

② [澳]陈慧、廖名春、李锐：《天、人、性：读郭店楚简与上博竹简》，上海：上海古籍出版社，2014 年，第 182 页：释作"刑"。

③ [澳]陈慧、廖名春、李锐：《天、人、性：读郭店楚简与上博竹简》，第 182 页：释作"答"。

④ [澳]陈慧、廖名春、李锐：《天、人、性：读郭店楚简与上博竹简》，第 182 页：释作"贡"。

（贡）、　（赐）、　（也）、　（肤）等字纵长，　（大）、　（之）、　（非）、　（上）等字平扁，保留了较多的同时代金文篆书风格特征。字势多数向右上倾斜，且字的体势与笔画的圆活结合得自然和谐，整体追求匀整，有一种工稳整饬之致。字距比较舒朗，线条的曲直相生凸显出章法流动感与节奏变化。

图 3 《武王践阼》①

《武王践阼》（图3）：线条粗细起伏变化鲜明，强调头粗尾细或两头细中间粗、两头粗中间细，出锋峻锐，爽畅逸然；多数笔画呈拱曲的弧形，横画多呈圆弧形，如　（于）、　（名）、　（恶）②，纵向笔画多作从右向左侧弯曲撇出，如　（折）、　（则）、　（夫）、　（先）；一些笔画收笔多有勾连，

---

① 马承源主编：《上海博物馆藏战国楚竹书（七）》，上海：上海古籍出版社，2008年，图版第18—19页。

② 李松儒：《战国简帛字迹研究：以上博简为中心》，上海：上海古籍出版社，2015年版，第247页：释作"恶"。

如 （席）①、（端）、（可）。起笔、收笔露锋明显，转曲处皆圆浑劲挺，

类似"竹叶书""倒薤书"。横向笔画收笔时常做重按，如 （怠）、（义）、

（后）、（得）②。结体活泼多变，疏密相映，字体虽属大篆，但体式简略，

这就使得字体构形逐渐向横势过渡，间以椭圆扁平状，颇与后来的隶书相近。通篇章法落落大方，字距疏落有致，面貌精致流丽，有着明快、欢谑的色彩，给人带来异常轻松的视知觉感受；而文字间或出现的各种灵异笔画，更烘托出楚文字书写奇谲、神秘之风韵，生机无限。

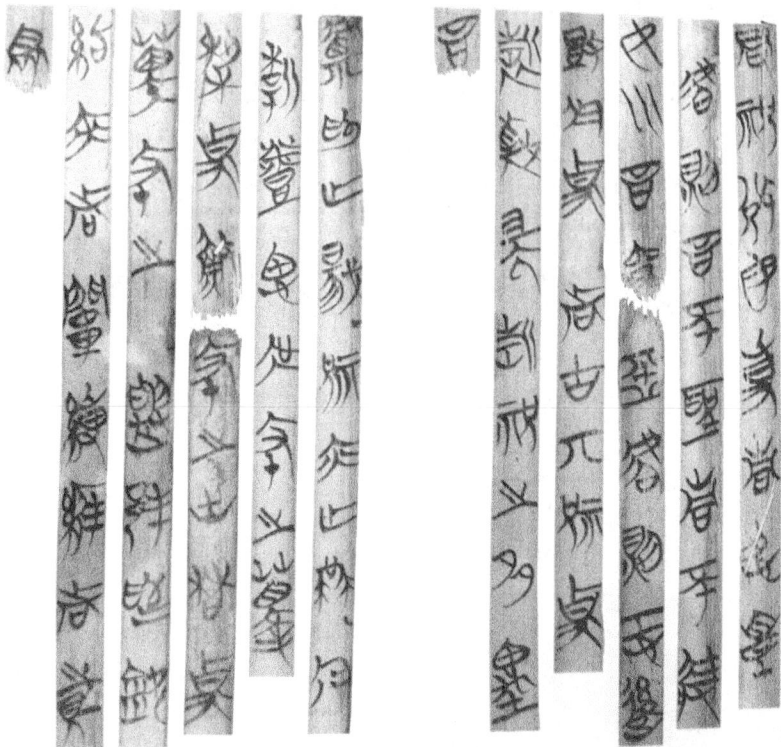

图 4　《竞公疟》③

---

① 李松儒：《战国简帛字迹研究：以上博简为中心》，第 247 页：释作"席"。
② 李松儒：《战国简帛字迹研究：以上博简为中心》，第 247 页：释作"得"。
③ 马承源主编：《上海博物馆藏战国楚竹书（六）》，上海：上海古籍出版社，2007 年，图版第 24—25 页。

　　《竞公疟》（图4）：文字出现较多的简化和异形，如 ▨（齐）、▨（竞）、▨（于）、▨（量）、▨（或），书体为大篆向古隶过渡的典型。结体取纵势，以纵长为主，字势从左下向右上方倾侧，体势开阔。用笔犀利爽健，阳刚之美充溢其间，笔力劲秀挺拔，颇有气韵飞扬之致；长笔画弧状线条潇洒优美，如 ▨（丧）①、▨（割）、▨（君）、▨（矣），竖画悬针状较为明显，如（祝）、▨（折）、▨（守），横画多向右上方倾斜，转折处多呈圆转，如（币）、▨（贪）、▨（退），撇、捺笔画则露锋掠出呈尖挺之状。起笔多数以顿锋下笔，以中锋出挑；落笔重而收笔轻，笔锋藏露相间；运笔气脉连贯，弹性十足，极具潇洒跌宕之韵。章法上，每枚简的字数不等，字体大小因势而异；字与字之间虽然没有笔画连属，但照应自然、紧凑，张力十足。书写的目的是为了记录齐景公为政之道与祝史的祭祀咒术关系，而非为有意地书法创作；若书写者没有精湛的技艺，也不能如此般从容自然、不饰雕琢，将简牍稚拙古朴的韵味表现出来。

---

① ［日］浅野裕一著，佐藤将之监译：《上博楚简与先秦思想》，第159页：释作"丧"。

图 5 《彭祖》①

《彭祖》（图5）：用笔清劲稳健、秀美俊丽，提按变化不明显，转曲处颇有规律，如 （富）、（首）、（得）、（胃）；笔画多为尖起疾出，使得线条劲健挺拔、锐气十足、富有弹性，并自然形成了一种自左向右顺势弧形的惯性，并由此带来字形体势向右上方欹侧；横画长线条，从左至右横贯简面，在本篇中最为显著，起到了调节全篇节奏的作用，为曲线主导的流动体势篇章增添静态感与休止符，如 （一）、（三）、（命）、（百）；由于线条工巧与恣意并进，故于圆劲中呈现出灵活多变，于生动中透露出蓬勃之气，颇为潇洒倜傥。简中大部分文字，多为从左下部向右上旋转，但相较《竞公疟》而言结体趋于平缓。在字形结构的简省、用笔的轻重、线条的方向等方面或多或少地流露出了些许隶书意味，将自然、率真、工稳的基本特征协调统一，显示出典雅、秀美、洒脱、奔放的审美情态。体势的平正与欹斜，结体的疏朗与紧凑，线条的圆转与方折、粗细，章法的疏密与呼应等，尽管与其他简不尽相同，但都表

---

① 马承源主编：《上海博物馆藏战国楚竹书（三）》，上海：上海古籍出版社，2003年，图版第127—128页。

现出了一种强烈的浪漫气息、一股旺盛的生命力量。

图 6　《吴命》①

《吴命》（图 6）：用笔轻松活泼，线条相对于《竞公疟》《彭祖》而言略显粗，多数弧笔、斜笔画首尾尖细、中段较粗，起笔上提、行笔稍按、收笔锐意出锋、奇诡夸张，如 ◯（也）、◯（道）、◯（臣）、◯（多）；横画粗细起伏不大，笔道均匀，横逸奋张，如 ◯（三）、◯（王）、◯（不）、◯（天）；方折笔画硬朗，有意识地将曲线改成直线的现象明显，如 ◯（灵）、◯（灵）、◯（所），因此方直笔画与圆转笔画相间的情况偶有出现。字形纵长，如 ◯（吏）、◯（东）、◯（幅）、◯（余），将其中的纵向笔画拉长延伸；字形平扁，如 ◯（之）、◯（日）、◯（臣）、◯（兀），横势突出。章法曲直搭配自然洒脱、动中寓静、气韵生动，"布局紧凑，字间距密集，简首尾不留空白，满简书写。全篇字迹整体特征一致，应为同一抄手所写。"②整体风格与《竞公疟》《彭祖》近似。

---

① 马承源主编：《上海博物馆藏战国楚竹书（七）》，图版第 143—144 页。
② 李松儒：《战国简帛字迹研究：以上博简为中心》，第 218 页。

图 7 《三德》①

《三德》（图 7）：用笔圆熟老练，多以侧锋运行，重按轻提，迅疾弹掠；线条飘拂飞动，既秀逸轻巧，又恣肆劲拔；不少笔画呈现连带，融入行草意味，纵横驰骋，韵律感强烈，宛若演奏乐律起伏跌宕、变化有致的楚声，缠绕的连绵笔意似余音绕梁，书写者的情感得以酣畅淋漓地宣泄。弧线引带文字形体顺势旋转，如 ▨（明）、▨（忻）、▨（胃）、▨（宣）、▨（官），体势上则篆、隶、草诸势皆备、面目新颖，是楚简书法中较为草率的作品，可谓"草化"。字形结构以及笔画中，有多层堆叠的现象，如 ▨（怀）、▨（无）、▨（豊）、▨（齐）、▨（地），而且许多字的用笔已较大程度地透露出草化的信息，如 ▨（易）、▨（幽）、▨（而）、▨（节）、▨（孙）。除此之外，文字点画形态变化多端、鲜活轻松，使得结构造型诡谲清奇，增加了辨识难度，这也为作品本身带来了神秘浪漫的味道。这不仅是楚系书法的一个明显特征，而且离不开楚人崇敬鬼神巫术的观念与行为，书写时仿佛有神力的加持，从而获得快慰感，带来审美愉悦。

① 马承源主编：《上海博物馆藏战国楚竹书（五）》，图版第 128—129 页。

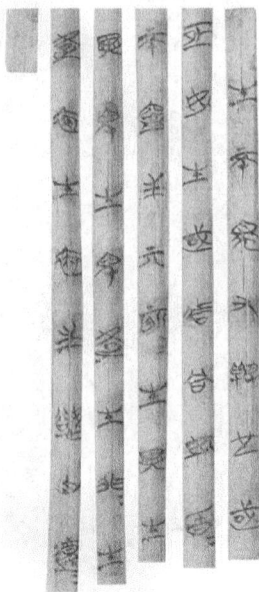

图 8　《中弓》① 　　　　　　　　图 9　《恒先》②

　　《中弓》（图 8）和《恒先》（图 9）：二者审美特征相近，与前面的简书相比，有着明显不同的面貌，极具天生丽质的风韵。用笔自然干净、婉丽遒劲、细入轻出，如 ▢（女）、▢（老）、▢（从）、▢（又）、▢（既），颇有恬适雅淡之意；线条圆实均匀，弧画弯曲有韧性，整体虽然平淡疏阔，但引人注目的是，笔画中的圆点饰笔清晰可见，如 ▢（弓）、▢（宗）、▢（生）、▢（不）等，都是与《鲁邦大旱》（图 2）、《孔子诗论》（图 10）、《子羔》（图 11）等使用同一种性质的装饰笔触，如果从风格窥探，可以将它们视为同一种类型的书风。字形结构俊秀工稳，《恒先》结体趋扁，字内空间排叠绵密，内收外敛，如 ▢（或）、▢（乍）、▢（复）、▢（法）、▢（智），给人字外疏宕空灵字内严谨的空间印象，与较大间隔的字距形成了巨大的反差，给人带来了不仅对比鲜明而且和谐统一的审美情趣。在章法布局上，字间行距相对均衡齐整，字距宽阔，显得疏空爽朗、清淡简远。由此推断，书写者技艺精熟、态度认真严谨，因此书写痕迹自始至终都工整简净，未出现笔画连接时的错误或重笔的迹象，与同时期的一些恣肆率意的楚简比较，形成鲜明对照。字间、行距的疏密组合自然和谐，整幅作品近乎完美，书写者若无平和恬

---

　　①　马承源主编：《上海博物馆藏战国楚竹书（三）》，图版第 77 页。
　　②　马承源主编：《上海博物馆藏战国楚竹书（三）》，图版第 107 页。

静的心态，则完成不了此般长篇作品，故此简给以安详静谧的审美感受。

图 10 《孔子诗论》①

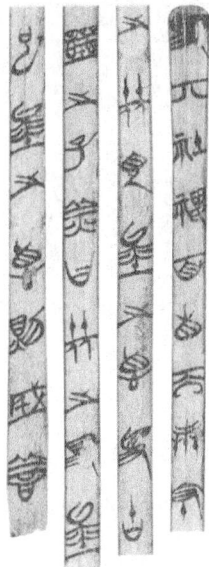

图 11 《子羔》②

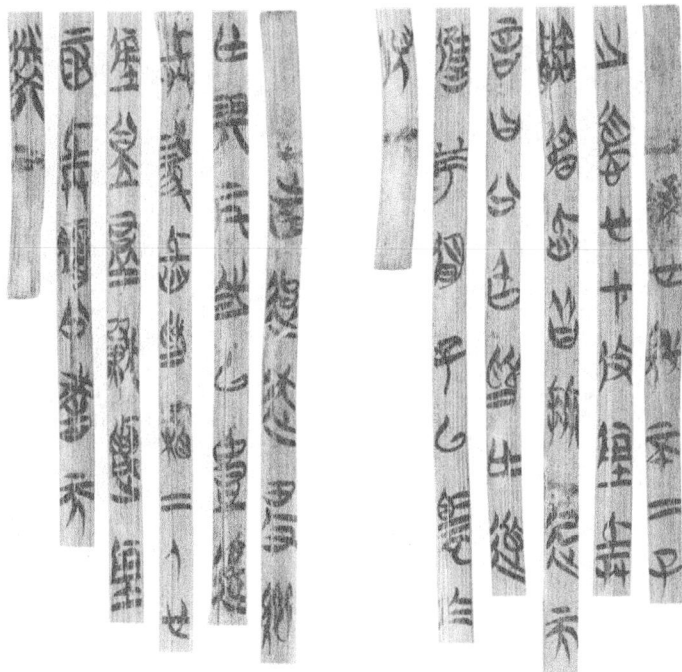

图 12 《竞建内之》③

① 马承源主编：《上海博物馆藏战国楚竹书（一）》，图版第 20 页。
② 马承源主编：《上海博物馆藏战国楚竹书（二）》，图版第 39 页。
③ 马承源主编：《上海博物馆藏战国楚竹书（五）》，图版第 26—27 页。

《竞建内之》（图12）：用笔沉稳中寓灵活，朴茂中含峻利，线条粗浑敦厚，横竖笔画、斜笔画起笔收笔主要是尖起尖收，弧形笔画亦是两头尖细、中间厚重坚实饱满，如 （取）、（而）、（也）、（才）、（齐）。字形轮廓以修长为主，如 （昔）、（皋）、（祭）、（法）、（量），结构安稳，较多保留着篆书字形体势的平稳状态，相对匀称工稳，呈现闲适安详之貌。这除了与书写载体简策的狭长纵向有关，或许还离不开书写者所追求的审美效果，因此没有对字形体态、结构位置进行疏密收放的特殊处理，也没有对笔画长短、倾斜角度刻意夸张经营。整体风格浑厚、雍容，艺术水平极高，应是此类楚简书法中的翘楚，有一种渊雅怡静的仪态，具有极高的审美价值。此时的文字书写面貌已较为明显地由篆向隶转化，但本篇的书法风格却没有显示出这种倾向，而是沿袭了篆书的基本特征，与同时期的金文书法维持着一贯风貌。书写者出于对书写内容的虔敬[①]，字体选择正体，以整饬严谨为追求，这也就决定了此类简书端雅谨饬。

图 13 《容成氏》[②]

---

① 高婧聪：《从上博简〈竞建内之〉所引商史事看经学在战国时期的传承》[J]，《管子学刊》，2010 年第 1 期，第 104 页："上博简《竞建内之》篇记述了齐国大夫鲍叔牙与隰朋借发生日食之机向齐桓公进谏之事。"

② 马承源主编：《上海博物馆藏战国楚竹书（二）》，图版第 140—141 页。

《容成氏》（图 13）：与《竞建内之》的审美特征相似，较《竞建内之》而言更增灵动飘逸。用笔上，属于笔道粗壮一路，线条浑厚、没有凌锐之气，如 （王）、（者）、（西）、（之）、（为），书风朴茂圆浑、质拙高古；加上弧线居多，浑圆转曲的个性突出，以圆劲为主，如 （而）、（可）、（智）、（利）、（高），有着较为明显的篆书弧画的圆转与垂势，顺锋运笔，起收笔不藏锋，笔势流畅，尽显精神气；书写者在运笔时落笔较轻、中段加重、提笔较轻，故笔画两端呈锥形状、中间粗。从笔迹上看，书写者态度一丝不苟，与楚金文书法的审美特征有着趋同性，故金文的意味浓重。结体多以方扁取势，结构茂密与舒朗得宜，开阖有度，字形大小适度，自成情趣；篆书的面貌虽在，但已有渐渐脱离的萌芽。字间距离排列紧密，字距较窄，章法饱满，整体显得满简墨色氤氲，古拙恣肆之态跃然。

从简与简之间所形成的编连成册的整体章法来宏观，可以真切地感受到其谋篇布局的不同韵味。各篇由于书写者和书写境地各不相同，自然形成了风格各异的审美特征。有的字数多而大，字距相对较窄，文字排列贯气紧密，显得章法紧凑而茂密；有的一枚竹简上字数较少，但行款布白疏朗空阔，大象无形，尤显从容自如。布局上的疏密开阖变化，是由于众多书写者的不同书写习惯而自然流露出来的，但它却使楚简的章法布局异彩纷呈，为当今楚简书法美学研究与创作提供了无尽意趣和可能性。

结语

通过楚简书法艺术语言传承研究，可以清晰获得这样的印象：楚简书法孳生于极具地域风情和个性魅力的荆楚之地，波谲云诡、瑰玮流丽，映射出楚人对巫觋与祖先神灵崇拜，楚简文字的蘖变传衍历经了漫长轨迹，从初始的情感萌生、到孕育积淀叙事，而后浪漫激情澎湃地喷涌，延祚已久。映射情感、叙事传承、传递审美在楚简书法作品当中相互作用、相互影响。在这里，鬼神观将楚简书法艺术的情感、叙事、审美三位一体融合而成，审美展开的整个过程依循书写发展脉络，前者是后者的基础，后者增强了前者的含义。没有情感喷薄，就没有简牍内容记叙，没有叙事环节，就没有书法视觉艺术形态；没有楚简作品物质媒介、叙事内容和书写者情感，就难以追溯鬼神观思想语境。

　　楚简书法艺术充分彰显其传达情感的作用，书写者抒发对神灵的崇拜之情及其他各种情愫，继而这个过程留驻于竹简载体上，这种宣情方式冥合楚人遇事占卜、沟通神灵的文化心理。楚简书法艺术的叙事传承是探寻楚系书法文献的一个切入点，书法文献的叙事方式与早期的历史记叙、书写和传播有关，所有这些都是基于观念、言语和行为。楚人借助卜筮向鬼神寻求精神慰藉，进行书写叙事，故而在楚简中留下了墨迹，为探寻楚民族鬼神观等思想文化内涵增加了一条渠道，以研究楚文化、寻绎书法审美轨迹。楚简书法艺术语言审美内涵的丰厚，不仅得益于它作为艺术作品展示与传承，而且是创作者审美观念的物态化呈现，形式美渗透出鬼神观、浪漫精神，彰显了在神灵意识笼罩下楚地先贤审美意识的觉醒，是人神思想交融的生动写照，为地域性书法美学研究提供镜鉴。楚简书法艺术语言传承研究为长江文化提供别样的解读视角，楚简书法艺术是楚人思想观念的物化呈现，作为研究长江流域楚文化的第一手资料、直观切入点，力求通过楚简艺术形态挖掘长江文化研究的更多观念内涵，从而使长江文化与简牍传承研究相互促进。

# 老庄自然论及其影视传承 *

# *LaoZhuang*'s Theory of Nature and Its Film and Television Inheritance

刁生虎　高泽伦 **

Diao Shenghu　Gao Zelun

**摘　要：** 作为中国文化思想传统的重要一脉，自然论由先秦老庄开其端绪，并与"道""无为""天人合一"等构成一个关联性理论系统。随后经由魏晋人与文的自觉实现了从哲学到艺术的转化，并深刻影响了中国文艺的发展方向。中国现代影视亦深受这一传统影响，在作品风貌、拍摄手法、创作风格以及批评标准上都追求以自然为上，并集中体现于场景设置、镜头运用、叙事方式乃至于作品的精神内涵等影视创作的各个要素之中，形成了中国影视创作和批评的基本法则，传承和发展了老庄所开显出的中国自然审美传统。

**Abstract:** As an important part of Chinese ideological tradition, the theory of nature is based on *LaoZhuang* in the pre-Qin Dynasty, and forms a related theoretical system with "Tao", "inaction" and "the unity of man and nature". Then, through the consciousness of people and literature in the Wei and Jin dynasties, it realized the transformation from philosophy to art, and profoundly influenced the development direction of Chinese literature and art. Chinese modern film and television is also

---

　　* 基金项目：2020年度国家广播电视总局部级社科研究项目"历史题材影视剧创作与中华优秀传统文化传承发展研究"（项目编号：GD2010）、2020年度教育部人文社会科学规划基金项目"中国电视剧改编史（1958—2018）"（项目编号：20YJA760064）、2021年度北京市习近平新时代中国特色社会主义思想研究中心暨北京市社会科学基金重点项目"和：中华民族的文化基因"（项目编号：21LLZXB086）。

　　** 作者简介：刁生虎，文学博士、博士后，传播学博士后，中国传媒大学人文学院教授、博士生导师，从事先秦两汉魏晋南北朝文学、易学与儒道文化、古代文论与美学以及传媒艺术与文化研究；高泽伦，中国传媒大学人文学院硕士研究生，从事先秦两汉魏晋南北朝文学、影视文化与传播研究。

deeply influenced by this tradition, putting nature first in terms of work style, shooting techniques, creative style and criticism standards, and it is mainly reflected in the various elements of film and television creation, such as scene setting, lens use, narrative way and even the spiritual connotation of the works, forming the basic creative and criticism rules of Chinese film and television, inheriting and developing the Chinese natural aesthetic tradition shown by *LaoZhuang*.

**关键词**：老庄；自然；影视传承；审美传统

**Key words**: *LaoZhuang*; Theory of Nature; Film and Television Inheritance; Aesthetic Tradition

一

崇尚自然是道家乃至整个中国文化的基本倾向。自然是"道"的基本属性，亦是道家思想的核心范畴。在老子哲学体系中，"道"是宇宙万物的本原："道生一，一生二，二生三，三生万物。"[1] 而"自然"是"道"运行的法则："人法地，地法天，天法道，道法自然。"[2] 王弼将其中的"道法自然"注解为"道不违自然，乃得其性，'法自然也'"[3]，即强调了这一点。"道"与"自然"的一致性决定了"道"在生成万物时"生而不有，为而不恃，长而不宰"[4]，即纯任自然而不刻意作为。与此同时，老子在"人法地，地法天，天法道，道法自然"[5] 的逻辑中亦建立起人与自然之间的"天人合一"关系。"道"既然遵循自然规律而运行，那么由"道"所"生"的人自然也要效法自然而生存。人遵循自然规律，落实到现实世界就是"无为"，不干涉万物的自在状态。反之，人为干涉就是"有为"，就如同老子所说的"五色令人目盲；五音令人耳聋；五味令人口爽"[6] 一样，反而会妨害到人的生存。当然"无为"并非是让人什么都不做，而是说要人的任何行为都不违背自然本性，即所谓"道常无为而无不为"[7]。

随后的庄子继承并发展了老子的自然论思想，进一步提出"法天贵真"的理论主张："礼者，世俗之所为也；真者，所以受于天也，自然不可易也。故圣人法

---

① 陈鼓应：《老子今注今译》，北京：商务印书馆，2003 年，第 233 页。
② 陈鼓应：《老子今注今译》，第 169 页。
③ 王弼著，楼宇烈校释：《王弼集校释》，北京：中华书局，1980 年，第 65 页。
④ 陈鼓应：《老子今注今译》，第 108 页。
⑤ 陈鼓应：《老子今注今译》，第 169 页。
⑥ 陈鼓应：《老子今注今译》，第 118 页。
⑦ 陈鼓应：《老子今注今译》，第 212 页。

天贵真,不拘于俗。愚者反此。"①"真"来自"天"即"自然",属于人的自然本性,所以圣人应效法自然而以本真为贵,庄子强调"真"与"自然"的一致性,并批判世俗礼制对人自然天性的束缚,提出回归本真的命题。可见庄子的"法天贵真"与老子的"道法自然"一致,都以自然作为最终指向。同时庄子更加关注天与人的关系,提出"天人合一"的命题:"无始而非卒也,人与天一也。"②并指出:"有人,天也;有天,亦天也。"③回答了为何天人一体的问题,这也呼应了其"法天贵真"的观点,即只有顺应自然规律方能去伪存真,实现天人同一。总之,在老庄自然论体系中"道""无为""天人合一"等概念相互关联且内在统一,最终指向万物的自然状态,体现了老庄对人返归自然的不懈努力与追求。

先秦老庄自然论主要体现在哲学领域,魏晋时期开始向文艺领域转化。"自然论被运用于文艺领域,以文艺美学的理论形态出现则肇自魏晋时代。"④随着魏晋玄学的出现,一度沉寂的老庄思想重新受到重视。玄学对人与自然、社会的关系进行探讨,产生了"名教与自然"之辩。其中以阮籍、嵇康为代表的"越名教而任自然"一派对人的自然本性与精神自由推崇备至。同时魏晋时期出现的人物品评之风亦不像汉代察举制那样只关注人的才能品性,而更强调人的外貌、姿态、神气等审美特质。因此老庄道家所崇尚的自然、本真、平淡等思想深受魏晋士人的推崇,老庄自然论开始向审美领域转化。人物品鉴中的审美追求也影响到了艺术领域,正如宗白华所言:"中国美学竟是出发于'人物品藻'之美学。美的概念、范畴、形容词,发源于人格美的评赏。"⑤总之玄学的流行与人物品评之风对老庄自然论向艺术领域的转化起到了重要推动作用,其中文学受老庄自然论影响尤为明显。南朝文论大家刘勰在其巨著《文心雕龙》开篇《原道》一章就提出:"心生而言立,言立而文明,自然之道也"⑥。将文学的起源归于自然之道。而《文心雕龙》中对创作构思阶段"物与神游"之主客体融合的强调,也是老庄"天人合一"思想在文艺领域的延续。刘勰在艺术审美上推崇自然之美,"故自然会妙,譬卉木之耀英华;润色取美,譬缯帛之染朱绿。朱绿染缯,深而繁鲜;英华曜树,浅而炜烨:秀句所以照文苑,盖以此也。"⑦认为自然之巧妙比人为的修饰更胜一筹。刘勰之后,文论家钟嵘在其诗歌评论专著《诗品》中将自然之美作为诗歌的最高审美

---

① 陈鼓应:《庄子今注今译》,北京:中华书局,2020 年,第 822 页。
② 陈鼓应:《庄子今注今译》,第 526 页。
③ 陈鼓应:《庄子今注今译》,第 527 页。
④ 蔡钟翔:《美在自然》,南昌:百花洲文艺出版社,2001 年,第 28 页。
⑤ 宗白华:《美学散步》,上海:上海人民出版社,2005 年,第 358 页。
⑥ 刘勰著,范文澜注:《文心雕龙注》,北京:人民文学出版社,1958 年,第 1 页。
⑦ 刘勰著,范文澜注:《文心雕龙注》,第 633 页。

原则，他在评颜延之诗时引汤惠休语"谢诗如芙蓉出水，颜诗如错彩镂金"[①]，欣赏诗歌自然本色，反对文辞上过度修饰。同时强调文学创作中"直寻"的重要作用，认为只有直觉感悟出的内容才具有"自然英旨"，即没有经过人为雕琢的自然之美。可以说老庄自然论经过魏晋文论家在理论建构中的进一步拓展，逐步实现了由哲学思想向文学艺术的转化，并在后世文艺中得以不断继承和发展。"艺术发展是一脉相承的，新艺术形式的产生离不开对传统理论的继承，这对于中国现代影视艺术来说亦不例外"[②]，老庄自然论在中国影视中也得到了进一步的传承。

二

中国影视虽属西方舶来品，但一经诞生便迅速与中国本土文化紧密结合，从而使其无论在文化品格还是精神气质上都具有浓郁的民族特色。"中国的文化传统与影视艺术有着天然的联系。中国古代就有灯影、皮影、木偶戏等艺术样式，反映了人们对活动影像的追求愿望。中国古典戏剧、诗词、绘画等艺术作品，在处理时间和空间的技巧上，常常与蒙太奇镜头语言神似；细加分析也是运用特写、远影、中景等画面和画面组接的技巧，这为我们影视艺术创作和发展，提供了美学的启示。"[③]老庄自然论对中国文艺影响深远，亦被中国影视艺术所继承，并在作品风貌、拍摄手法、创作风格以及批评标准上多有体现。

老庄自然论强调万物的自然本质，并涉及文艺的理想状态问题。老子提出"大方无隅；大器晚成；大音希声；大象无形"[④]，认为无声无形即为音与象的最佳状态，这样才能超越声与形的限制，完全合于自然。庄子在《齐物论》中将声音分为三个层次："人籁""地籁"与"天籁"。其中"人籁"是人用乐器演奏的声音，"地籁"是风吹孔窍的声音，"天籁"则是"使其自己也，咸其自取"[⑤]。"天籁"之音即为"天乐"，无声无形，归于天然，这是庄子理想中的最高艺术境界。后世文艺大家对自然美的论述众多，如唐代诗仙李白提出"清水出芙蓉，天然去雕饰"[⑥]的审美追求，推崇清丽自然的诗歌风格，追求清新明丽与天真自然的统一。金代诗人元好问评陶渊明的诗："君看《陶集》中，饮酒与归田。此翁岂作诗，直写胸

---

①　钟嵘著，曹旭集注：《诗品集注》（增订本），上海：上海古籍出版社，2011年，第351页。

②　刁生虎：《论气韵与中国影视的美学品格》，《现代传播》2012年第10期。

③　刁生虎：《前古典与后现代的视界融合——道家文化的美学意趣与中国影视的审美追求》，《创作与评论》，2012年第8期。

④　陈鼓应：《老子今注今译》，第229页。

⑤　陈鼓应：《庄子今注今译》，第38页。

⑥　李白著，王琦注：《李太白全集》，北京：中华书局，1977年，第574页。

中天。"①强调陶诗中个人情感与生活的真实体现,重视诗的真实与自然之美。清末四大词人之首的况周颐在其论词著作《蕙风词话》中强调:"作词有三要:曰重、拙、大。"②"拙"即自然本来之色。清末民初著名学人王国维在《宋元戏曲史》中言:"元曲之佳处何在?一言以蔽之,曰:自然而已矣。"③高度赞赏元曲的自然之美。可见,中国古代对艺术自然之美的追求之中,合乎自然状态的"真"被认为是优秀艺术作品的应有特质之一。

中国影视继承了老庄自然论开显出的中国文艺自然美传统,尤其在影视作品风貌上求"真",力图呈现自然而真实的画面,其中场景设置的自然化、生活化即为突出一点。场景在影视作品中具有十分重要的地位,"一个场景即是一个缩微故事——在一个统一或连续的时空中通过冲突而表现出来的、改变人物生活中负载着价值的情境的一个动作"④。场景设置的真实与否直接影响观众对影视作品真实性的认知,本真而充满生活气息的场景不仅使观众具有较强的沉浸感,更能增添作品艺术上的自然之美。徐耿执导的影片《警察有约》中,主角片警赵六安巡逻时遇到一个走失的小男孩豆豆,所长看赵六安跟孩子很投缘,短时间内又找不到他的家人,就将看护的任务交给了赵六安,一大一小二人在这一过程中产生了种种趣事,故事也由此展开。影片的主要场景也围绕着赵六安的工作与生活,忙碌的派出所、狭窄的老北京胡同、零乱的宿舍,将赵六安的警察生活营造地真实而自然。社区派出所总是有各种鸡零狗碎的报案与求助要处理,警察经常是进进出出忙个不停,影片中就很好地描写了这一点。赵六安穿梭于胡同之中处理居民的生活琐事,更是贴近片警真实的生活,具有地方特点的北京胡同也为全片添加了一丝京味意趣。而赵六安接到所长看护豆豆的任务后,宿舍中逐渐多了许多孩子的用品,零乱的房间也有了家的气息,则将赵六安喜爱孩子的形象塑造地更为生动。侯孝贤执导的影片中生活化场景使用颇多,电影《恋恋风尘》的开场就在火车上,随着火车从隧道中缓慢驶出,画面逐渐变得明亮,周围的乡村景物陆续展开,背书包的阿远和阿云在车厢中谈论着数学考试,全片平淡朴实的基调在这里就营造了出来。同时火车是那个年代重要的交通工具,火车上的开场使影片一开始就带有浓厚的生活气息,片中热情打招呼的老板娘、哄孩子吃饭的阿公、经常停电的乡下,也都是十分生活化的场景,使观众在观影时能迅速融入台湾的乡村生活之

---

①　元好问著,姚奠中主编:《元好问全集》(上),太原:山西人民出版社,1990年,第62页。

②　况周颐撰,屈兴国辑注:《蕙风词话辑注》,南昌:江西人民出版社,2000年,第6页。

③　王国维撰,叶长海导读:《宋元戏曲史》,上海:上海古籍出版社,2019年,第127页。

④　[美]罗伯特·麦基:《故事:材质、结构、风格和银幕剧作的原理》,周铁东译,北京:中国电影出版社,2001年,第271页。

中，更增添了影片的真实美感。李安执导的电影《饮食男女》以主角老朱为家人准备晚宴作为开场，身为资深大厨的老朱操作行云流水，尽情展示了其高超的厨艺。而做饭的过程也展示了老朱的生活环境：不大的厨房内锅碗瓢盆一应俱全，墙上挂着琳琅满目的刀具，一些老朱与名人的合照也摆在一旁，房屋旁的小院也收拾得错落有致，摆放整齐的瓦罐里放着各种调料，还养着做菜用的鸡和鱼。这些场景真实而贴近人物身份，不仅充分显示出老朱的厨师身份和他对自己所从事职业的热爱，并为之后老朱因失去味觉等事件改变人生看法的情节埋下了伏笔，同时也充满着浓厚的生活气息，有其独特的真实自然之美。

三

老庄自然论强调人在现实生活中的"无为"，要遵循自然规律生存而不对外物加以人为的干涉。但艺术由人创造而产生，若要追求作品的自然状态，则需在创作时最大限度减少人为的干预。老子云："为者败之，执者失之。"[①]"为"与"执"就是指执于人为而违反自然，过分的人为干涉反而会适得其反。庄子在《应帝王》中所说"顺物自然而无容私焉，而天下治矣"[②]即强调治理天下的根本要义在于顺应外物自然本性而不容个人私心泛滥。后世艺术家同样受老庄自然论影响，追求作品的自然而得，反对过多人为雕琢。唐人司空图所撰《二十四诗品》在论及意境特点时所说的"俯拾即是，不取诸邻"[③]，就是强调意境创造的自然而得，而不是经作者苦思冥想所出。明代计成的园林建造理论著作《园冶》中，也追求一种"虽由人作，宛自天开"[④]的园林意境，认为要在园林建造中秉持"天人合一"的自然观，依照师法自然的原则，减少人工的痕迹，营造园林的天然状态。明代泰州学派宗师李贽在艺术上推崇"化工"，以自然造化为美。其《杂说》中对"画工"与"化工"做了辨析，"画工"为人造，"化工"则为天然。他指出"画工虽巧，已落二义矣"[⑤]，认为天然的"化工"艺术境界在人为的"画工"之上。清人金圣叹评价《水浒传》时提出了文章的"三境"："圣境""神境"与"化境"。其中层次最高的"化境"即李贽所说的"化工"境界，特点是"心之所不至，手亦不至焉"[⑥]。创作

---

① 陈鼓应：《老子今注今译》，第 188 页。
② 陈鼓应：《庄子今注今译》，第 223 页。
③ 司空图著，郭绍虞集解；袁枚著，郭绍虞辑注：《诗品集解续诗品注》，北京：人民文学出版社，1963 年，第 19 页。
④ 计成原著，陈植注释：《园冶注释》，北京：中国建筑工业出版社，1981 年，第 44 页。
⑤ 李贽撰，陈仁仁校释：《焚书·续焚书校释》，长沙：岳麓书社，2011 年，第 168 页。
⑥ 施耐庵原著，金圣叹评点：《金圣叹批评第五才子书水浒传》，天津：天津古籍出版社，2006 年，第 3 页。

时心手似已不存，这时作品就完全没有了人为痕迹而达到"物化"状态，实现了审美主客体的合一。清初诗人王士禛论诗有"神韵说"，追求自然而有韵味的审美理想，其论及诗歌创作时讲到"当笔忘手，手忘心，乃可"①，则与金圣叹的"化境"之说一致，强调审美主客体的一致。

　　中国影视创作者在拍摄手法上，也继承了传统艺术中对自然美的追求，经常通过减少镜头画面人为操控感的手段，使影视作品达到一种自然而成的状态，从而具有独特的美感，并尤其注重长镜头的使用。"长镜头原指景深镜头，是相对于蒙太奇剪辑中分解的镜头而言的"②，长镜头使得画面长时间聚焦人物的行为，观众则仿佛是场景之中的旁观者，从而增加观看时的真实与沉浸之感。顾长卫执导的影片《孔雀》开场，便用了近一分钟的固定长镜头去拍摄主人公一家在走廊吃饭的场景：五口人挤在长廊里，使得原本就不宽敞的空间显得更加局促，远处的鸟鸣声、儿童的打闹声、行人来来往往的嘈杂声不绝于耳。可就是这样不加修饰、纯粹自然的画面，更能让观众感受到生活的气息，仿佛与影片人物一起回到了二十世纪七十年代。贾樟柯执导的电影以纪实性风格著称，长镜头运用也十分广泛，更使其作品有一种原生态之美。其执导的电影《小武》中，小武去小勇家想询问为何结婚不通知自己一幕，就使用了一个漫长的长镜头。这一幕开始时为小武的第一人称视角，表现其走到小勇家门口却犹豫而止步的过程，同时小勇犹豫时还看到了墙上画的量身高的横线。之后镜头转入第三人称，小武抚摸了墙上的横线又转头看了一眼后最终离开。这一长镜头一气呵成、流畅自然，简单却真实地表现了人物的内心活动：小武看到墙上横线而想起他和小勇打小认识，但现在因为自己当过小偷，所以结婚都不通知自己。二人从亲密无间到形同陌路，小武心中充满感慨并最后决定还是不上门去问。这些内容仅通过一个长镜头而无需人物的台词就充分表达了出来。又如侯孝贤执导的电影《恋恋风尘》中，阿远在军队收到阿云结婚消息后趴在床上痛哭一幕，也使用了一个长达几十秒的固定长镜头，以无任何修饰的方式记录阿远的哭泣，使观众能直观感受到阿远的痛苦，给人以情感上的巨大冲击。另一幕阿远与家人在山间吊桥散步的场景则采用了远景固定镜头。悠扬的吉他声中几个人缓慢移动，身后是重重大山，表现出人与自然的和谐，同时也体现了乡间独有的自然之美，舒缓了影片此时的节奏，并为后续剧情的发展做好了准备。

---

　　① 王士禛著，袁世硕主编：《王士禛全集》，济南：齐鲁书社，2007年，第4104页。
　　② 许南明，富澜，崔君衍主编：《电影艺术词典》（修订版），北京：中国电影出版社，2005年，第155页。

## 四

老庄自然论追求"淡"与"朴"，"淡"本指味道不浓，老庄则用"淡"来形容"道"的特点，老子的"道之出口，淡乎其无味"①、庄子的"夫虚静恬淡寂漠无为者，天地之本，而道德之至"②均为此意。"朴"也被老庄经常使用，老子言"道常无名、朴"③，庄子也讲"既雕既琢，复归于朴"④。"朴"和"淡"意味相似，都被用来形容"道"的平淡质朴特质，后世则将其延伸至艺术层面。魏晋时期的阮籍在《乐论》中提出："乾坤易简，故雅乐不烦；道德平淡，故五声无味。不烦则阴阳自通，无味则百物自乐，日迁善成化而不自知，风俗移易而同于是乐，此自然之道，乐之所始也。"⑤认为音乐源于自然之道，平淡无为就是其本质特点。宋代江西诗派创立者黄庭坚在《与王观复书》中写道："但熟观杜子美到夔州后古律诗，便得句法。简易而大巧出焉。平淡如山高水深，似欲不可企及。文章成就，更无斧凿痕，乃为佳作耳。"⑥强调平淡自然而不过于造作的诗文才是佳作。元代诗人方回评梅尧臣诗："梅诗似唐而不装不绘，自然风韵，又当细咀。"⑦对梅诗的自然平实大加赞赏。明代诗人袁枚论诗提倡"性灵"，要求诗要有自然之美，他在《随园诗话》中提出："诗宜朴不宜巧，然必须大巧之朴；诗宜淡不宜浓，然必须浓后之淡。"⑧也体现出其对诗歌平淡质朴之美的追求。

"传统道家的美学精神，追求以虚无恬淡为美，以清雅淡远为韵。受此传统影响，作为众多艺术门类之一的中国影视艺术同样形成了一支以简淡为美的创作流派。这一流派的影视艺术不追求华丽、浓艳的画面，而钟意于平淡、委婉的镜语，更是反对刻意地雕琢与修饰。"⑨自然论中对平淡质朴之美的追求也在中国影视的作品风格中所体现，在叙事方式上则表现为含蓄舒缓的特点。"叙事指的是用来组织故事的策略、符码和惯例"⑩，不同的叙事方式影响着影视作品的表达效果。许多影视创作者经常使用线性叙事的方式，以时间的推进缓慢铺开剧情，不以曲折的情节与激烈的冲突吸引观众的眼球，而通过如同普通人的日常生活一般的叙事节奏

① 陈鼓应：《老子今注今译》，第 205 页。
② 陈鼓应：《庄子今注今译》，第 348 页。
③ 陈鼓应：《老子今注今译》，第 198 页。
④ 陈鼓应：《庄子今注今译》，第 516 页。
⑤ 阮籍撰，陈伯君校注：《阮籍集校注》，北京：中华书局，2014 年，第 67 页。
⑥ 黄庭坚：《黄庭坚全集》，成都：四川大学出版社，2001 年，第 471 页。
⑦ 方回选评，李庆甲集评校点：《瀛奎律髓汇评》，上海：上海古籍出版社，1986 年，第 169 页。
⑧ 袁枚著，顾学颉校点：《随园诗话》，北京：人民文学出版社，1982 年，第 150 页。
⑨ 拙文：《前古典与后现代的视界融合——道家文化的美学意趣与中国影视的审美追求》，《创作与评论》，2012 年第 8 期。
⑩ [英]苏姆·海沃德：《电影研究关键词》，邹赞、孙柏、李玥阳译，北京：北京大学出版社，2013 年，第 340 页。

使人沉浸其中，使观众感受平淡质朴之美。孔笙执导的电视剧《父母爱情》就为这一类型影视作品的代表之作，此剧讲述了海军军官江德福与资本家小姐安杰的爱情故事，全剧的时间跨度长达五十年，从他们年轻时相识相爱开始，一直到二人年老结束。这部电视剧整体采用编年体一般的叙事方式，剧情依时间的推移逐步发展，以他们相识相爱、生儿育女、离家驻岛、离岛搬家等几个线索连贯叙述。同时全剧主要剧情就是几个家庭的日常琐事，只能以大的时间段来划分剧情的发展阶段，部分剧情也显得有些琐碎。但该剧的特色也正在于此，普通人家的日常生活就是连续而零乱的，这样的叙事就显得十分自然而贴近现实。通过剧内时间的逐步推移，观众跟随角色经历他们的人生，也从中感受到生活的温情，体会到"人间至味是清欢"的平淡自然之美。除了线性叙事外，如同串珠一般的散文化叙事方式也被中国影视所使用，散文化叙事的特点就是平淡质朴，将故事娓娓道来而不失韵味。同时，以情感为线串联起诸多事件，使观众更能深入角色内部，从而产生情感上的共鸣，增加观影时的沉浸感。如吴贻弓执导的影片《城南旧事》，其改编于林海音的同名小说，通过一个小姑娘英子的视角，叙述她遇到的三个小人物——疯女人秀贞、供弟弟读书的小偷、女佣苏妈的故事，并从侧面展示了二十世纪二十年代北京城平民百姓的生活图景。导演没有采取传统的单一线性结构，而是以英子的情感为线索，将三个并不相关的故事勾连起来。影片中三个分散的小故事都没有强调开头和结尾，缘由和离开后的状况也没有都进行说明。但秀贞、小偷、苏妈在英子的生活中出现又离开，突出了影片的"离别"主题，渲染了一种平淡悠远的哀愁与回忆之情。散文化叙事使得影片如同潺潺流水一般自然流淌出来，从容不迫地呈现一个小姑娘眼中老北京的人和事，有条不紊而意蕴深远。再加上影片中大量使用留白、重复等手法，增强了故事之间的衔接，让影片的叙事更加自然流畅，最终形成散文诗般淡雅而含蓄的艺术效果，为《城南旧事》成为中国电影史上的经典之作奠定了基础。

## 五

中国影视不仅在作品风貌、场景设置等要素上深受老庄自然论影响，还将是否自然作为衡量影片成功与否的重要标准，尤其强调作品在思想内涵上对其的深刻领悟与吸收。不少影视作品将自然论的"天人合一""无为"等内涵融入作品的思想意旨之中，以带给观众更为丰富且深刻的观影体验，李安执导的电影《卧虎藏龙》无疑就为其中的代表之作。《卧虎藏龙》作为经典的武侠电影，从人物外形、故事结构到主题思想上都充满了浓厚的中国气息。李慕白作为男主角，一出场就是一位无功无名的世外高人形象，他身穿长袍、持剑临风，即使在与玉娇龙争斗的过程中也仍然淡定而从容，显示出武功高强且修养深厚之人的余裕。李慕白无论何时何地总是气定神闲，竹林中他与玉娇龙大战，李慕白白衣飘飘立于翠竹梢头，不动声色、沉稳超逸。玉娇龙站在竹梢上却摇摇欲坠、急躁不安，凸显二人境界的不同。而竹子本身既柔又坚、刚柔合一，李慕白与玉娇龙也一个热烈，一个沉稳；一个外放，一个内敛。二人使用轻功在竹梢上前后追逐，上下不止，动静转换中显示出场景和人物设置的哲学隐喻。李慕白与玉娇龙二人争斗追赶的过程中，身影融入茂盛飘逸的竹林，也暗含了道家"天人合一"之意。李慕白的思想中也体现了道家的"自然无为"追求，他对江湖人世看得十分透彻，在与玉娇龙交手中通过剑法教导她"勿助、勿长、不应、不辨，无知无欲"。而李慕白叙述其闭关感受时说"我一度进入一种很深的寂静中，四周只有光，空间以及时间都不复存在了"，更是体现了道家"坐忘"的"天人合一"状态。影片结尾，玉娇龙纵身一跃结束了自己的生命，看似悲剧的结局也蕴含了深刻的思想内涵。玉娇龙一直在追求外在的"自由"，她敢爱敢恨、无惧一切，但也陷入了他人的阴谋中无法逃离，造成了李慕白的死亡。而结尾的纵身一跃显示出她已领悟了"道"之境界，玉娇龙终于放弃了一直以来对于外在"自由"的执念，在"天人合一"的境界中获得了真正的心灵"自由"，充满了道家自然哲学的意味。李安执导的《卧虎藏龙》对中国传统文化尤其是道家哲学有着深刻领悟，作品的艺术风格既自然流畅又含蓄蕴藉，于2001年荣获了第73届奥斯卡金像奖最佳外语片、最佳艺术指导、最佳原创配乐、最佳摄影四项大奖。由此也可看出，影视作品的自然之质是迈向优秀作品的重要门槛，其中场景设置、故事结构的自然流畅是作品成型的基础，思想内蕴的深厚更是提升作品艺术价值的法宝。

与之相对，失之自然的作品轻则造成观感上的迟滞，重则使整个作品沦为平庸或失败之作。例如现在大量出品的历史题材影视剧，许多作品仅于服饰、场景等方面对历史真实有所还原，剧情发展则缺失真实感与自然感，同时也不具有深层次的文化内涵。例如2020年播出的电视剧《大秦赋》，在热播的同时争议不断，《大秦赋》虽较为全面地展示了秦国征伐六国、一统天下的历史，但某些剧情的逻辑与台词的设置也存在不少问题，如出现了嬴政半夜在嫪毐赵姬床前悬剑恐吓这种不合理的情节，嬴政向吕不韦求证身份时所说的"你若是我的生父，我愿意跟你一起离开秦国，愿意跟你浪迹天涯"的台词听起来也让人倍感尴尬。同时全剧也没有充分展现激荡的时代背景和统一的天下大势，剧情多停留在宫廷派系的内斗中，过于关注君主贵族间的斗争而较少涉及平民百姓的生活状况，没有展示出时代的全景。这些问题都使得全剧的艺术水准无法达到较高层次，总体显得格局狭小而品质平庸。同样的，在一些艺术水平较高的作品中也或多或少存在影响作品自然品质的问题。侯孝贤执导的电影《刺客聂隐娘》总体来说较好地融入了中国传统思想中道家"无为"与禅宗"明心见性"的哲学思考，并且在拍摄手法上也多有意境之美，影片通过大量的长镜头渲染自然风光，视觉上追求苍茫空灵之美。但有时由情到景的投射渲染不够，人物性格情感梳理不清，反而使得优美的画面掩盖了情感表达与情节发展，产生画面与中心思想和情感的疏离。同时影片的节奏也因此受到了影响，降低了全片的整体性与自然观感，在艺术上留下了缺憾。由此可见，作品是否在外在形式乃至于思想内涵上具有自然特质，不仅影响着作品上映后的反响，更在很大程度上制约着影视作品的艺术水准。

综上，中国影视深受老庄自然论影响，不仅汲取了中国传统艺术创作经验，而且结合现代视听艺术特点，将自然这一审美追求具体到影视创作中的场景、镜头、叙事乃至思想内涵之中，实现了自然审美传统的现代传承与发展，形成了中国影视独特的自然审美形态。这也可看出中国博大精深的传统文化在当今时代仍有无穷的生命力，通过思想上的继承与形式上的创新之后，可以焕发出新的生机与活力。同时，只有坚持影视作品的自然之质，方能保证其艺术水准、走向艺术成功，而失败的作品多失之自然甚至矫揉造作，这也对今后的影视创作提供了经验与教训。中华优秀传统文化是当今艺术创作的不竭源泉，理应对其予以深入挖掘与系统传承，并进行创造性转化与创新性发展，从而使中华文化走向世界、面向未来，在新的历史时代绽放出其特有的光彩。

# 华夏"两创"研究

主持人：张宏峰

# 数字技术赋能背景下中华优秀文化典籍跨文化传播的优化路径 *

# The optimal path of cross-cultural communication of excellent Chinese cultural classics under the background of digital technology empowerment

和　曼　雷江琳 **

He Man　Lei Jianglin

**摘　要:** 中华优秀文化典籍跨文化传播对于增强国际话语权、推动构建人类命运共同体、创新中华传统文化保护和传承的方式具有深远意义。5G、大数据、云计算、VR/AR 等数字技术在文化传播领域的渗透推动了文化典籍跨文化传播模式的革新，助推全球文化产业价值链转型升级、带给受众沉浸式参与和互动式体验、提高典籍文化流通效率和受众普及率。数字化时代，应积极探索文化典籍"走出去"的新路径，坚持文化科技融合的总体思路，强化技术的核心支撑作用，树立"以人为本"的跨文化传播理念，落实数字资源体系建设。

**Abstract:** The cross-cultural communication of excellent Chinese cultural classics is of profound significance for enhancing international discourse power, promoting the building of a community with a shared future for mankind, and innovating ways to protect and inherit traditional Chinese culture. The penetration of 5G, big data, cloud computing, VR/AR and other digital technologies in the field of cultural communication has promoted the innovation of the cross-cultural communication

①　基金项目：本文系河北省引进留学人员资助项目"基于虚拟现实技术（VR）的红色文化传播创新研究"（项目编号：C20210311）的研究成果。

②　作者简介：和曼（1981—），女，河北大学新闻传播学院副教授，中国传媒大学传播研究院博士，研究方向：文化传播，舆论学；雷江琳（1997—），女，河北大学新闻传播学院研究生。

mode of cultural classics, boosted the transformation and upgrading of the value chain of the global cultural industry, brought audiences immersive participation and interactive experience, and improved the circulation efficiency and audience penetration rate of classical books and culture. In the digital era, we should actively explore the new path of "going out" of cultural classics, adhere to the overall idea of integrating culture and technology, strengthen the core supporting role of technology, establish the concept of "people-oriented" cross-cultural communication, and implement the construction of digital resource system.

**关键词**：数字技术；中华文化典籍；跨文化传播；优化路径

**Key words:** Digital technology; Chinese cultural classics; Cross-culture communication; Optimal path

作为中华传统文化的重要载体，中华文化典籍的跨文化传播对于新时代提升中华文化感召力和扩大中华文化国际影响力具有深远意义。从广义上看，中华文化典籍指的是中华文化在文明发展的历史进程中，其文脉传承及其精神内涵创造所形成的重要文献。[①] 从狭义上看，中华文化典籍主要指历朝流传下来的哲学、历史、人文、科技等方面的古籍，主要存在形式有写本、刻本、拓本、稿本等。[②] 它们是中国古代先贤思想智慧的集中体现，也是中国乃至世界文化的宝贵遗产。

2022 年 5 月，中共中央办公厅、国务院办公厅印发的《关于推进实施国家文化数字化战略的意见》明确提出，到"十四五"时期末，基本建成文化数字化基础设施和服务平台，形成线上线下融合互动、立体覆盖的文化服务供给体系，实现中华文化全景呈现。[③] 数字技术将成为中华文化典籍"走出去"的推动力量，在继续推进中华优秀典籍翻译出版工作的基础上，创新中华优秀传统文化的呈现形式，赋能中华文化典籍在海外市场实现大众化普及，对于实现文化强国战略目标具有重要意义。

---

① 王学强：《中华优秀文化典籍外译何以"走出去"》，《人民论坛》2019 年第 9 期，第 132—133 页。

② 杨静：《中国典籍海外英译研究学术资源考》，《出版发行研究》2019 年第 12 期，第 83—90 页。

③ 新华社：《中共中央办公厅 国务院办公厅印发〈关于推进实施数字化战略的意见〉》，2022 年 5 月 22 日，http://www.gov.cn/zhengce/2022-05/22/content_5691759.htm，2022 年 7 月 28 日。

## 一、中华优秀文化典籍跨文化传播的时代价值

### （一）增强国际话语权，提升文化软实力

典籍中所蕴含丰富的中华文化是增强国际话语权的坚实根基。随着经济的发展，我国国际地位日益提升，但构建国际话语权的能力始终迟滞于综合国力。国际舆论场中依然存在"中国崩溃论""中国威胁论"等不良言论，一直以来，西方话语霸权导致国际社会对中国持有刻板偏见。因此，充分挖掘中华民族发展进程中积淀下来的思想资源、历史资源和文化资源，推进中国文化理念的外宣，增强中华文化感召力和中国话语说服力成为新时代对外传播的重要课题。中华文化典籍浩如烟海，体量庞大，为讲好中国故事，向外国友人展示真实、立体、全面的中国提供了丰富选题。作为提升国际话语权内生力量的传统文化，蕴含着我国长期以来的发展经验、历史智慧和价值信仰，是国际传播的源头和基础，在充实对外话语内核方面发挥积极作用。正如英国哲学家罗素所言："中国至高无上的伦理品质中的一些东西，现代世界极为需要。"① 因此，应当谋划中华文化典籍走出去的战略布局，充分挖掘中华文化典籍里凸显中国气质、彰显民族气节的历史故事，如苏武牧羊、岳飞精忠报国、文天祥过零丁洋等，深度提炼中华文化典籍里蕴含深厚底蕴的思想观念，如天人合一、仁爱孝善、天下大同等。打开文化典籍传播的国际市场，帮助世界人民了解真实多元的中华文化，有效增强国家话语权，提升文化软实力。

### （二）为构建人类命运共同体贡献中国智慧

中华文化典籍所蕴含的传统思想观念对于现阶段构建人类命运共同体具有借鉴意义。第一，典籍中蕴含的"怀柔远人"的天下观为构建人类命运共同体奠定精神基石。古人所秉承的天下观与西方所追求的个人利益存在本质区别。自古以来中国人按照"修身齐家治国平天下"的逻辑依次实现自身价值，《孟子·滕文公（下）》要求大丈夫"立天下之正位，行天下之大道"。张载的"为天地立心，为生民立命，为往圣继绝学，为万世开太平"更是体现出了仁人志士以天下为己任的使命与担当。 2018 年 7 月习近平在访问塞内加尔时引用《北史·吐谷浑传》中的"单则易折，众则难摧"，意思是"一支箭容易被折断，多支箭捆在一起则难以被摧毁"，阐释各国应坚持共建共享，建设一个普遍安全的世界。此外，习近平总书记在多个外交场合发表"天下一家""协和万邦"等反映其天下观的言论，指出

---

① ［英］伯兰特·罗素：《中国问题》，秦悦译，上海：学林出版社，1997 年，第 167 页。

"人类是一个整体，地球是一个家园。面对共同挑战，任何人任何国家都无法独善其身，人类只有和衷共济、和合共生这一条出路"。

第二，典籍中蕴含的"和而不同"的文明观为构建人类命运共同体提供思想引领。亨廷顿在《文明的冲突与世界秩序的重建》中提出"文明的冲突"是对世界和平最大的威胁。全世界有200多个国家、2500多个民族，各国文明因国情、历史发展、风俗等不同而呈现出差异化特征。中华传统文化中的文明观强调包容文明的多样性，认为文明只有地域、特色之别，没有高下、优劣之分。例如，《礼记·中庸》提出"万物并育而不相害，道并行而不相悖"，万物一起生长而互不妨害，遵循各自的规律而互不冲突，强调的是和谐共生的关系。再如《国语·郑语》里的"和实生物，同则不继。以他平他谓之和，故能丰长而物归之"。和谐是创造新事物的前提，同一则导致事物停止发展，将不同事物结合起来而使其得以平衡，这叫作和谐，所以万物能丰盈而成长起来。对于文明范畴亦是如此，不同文明应当互学互鉴、互相包容，共同推动人类文化向前发展。2017年1月习近平在联合国日内瓦总部演讲时引用《三国志·夏侯玄传》中的"和羹之美，在于合异"，①羹汤的美味在于味道之间的调和，因此国家合作要求同存异，尊重人类文明差异，共同建设包容开放的世界。

第三，典籍中蕴含的"以义为先"的义利观为构建人类命运共同体提供行动指南。中国古人主张"义以为上"的义利观与西方政客持有的"利益至上"的外交理念形成鲜明对比，为世界各国处理国家命运与全球发展之间的辩证关系提供了基本遵循和行动指南。无论是个人层面还是国家层面，古人都强调坚守道义。"君子喻于义，小人喻于利"（《论语·里仁》）和"不义而富且贵，于我如浮云"（《论语·述而》）强调个人对正当利益的追寻。"国不以利为利，以义为利也"（《大学》），强调在国家交往中将"义"置于比"利"高的地位。"义，利也"（《墨子·经上》）体现的则是"尚利贵义"的思想，承认用正当方式追求利益的合理性和合法性。2019年3月习近平总书记在中法全球治理闭幕式上提出"以义为先，义利兼顾"的外交理念。②在构建人类命运共同体语境下，典籍里蕴含的义利观有助于引导各国实现共赢，寻求合作发展的最大公约数。

---

① 习近平：《共同构建人类命运共同体》，2021年1月1日，http://www.qstheory.cn/dukan/qs/2014/2021-01/01/c_1126935900.htm，2022年7月28日。

② 新华网：《习近平在中法全球治理论坛闭幕式上的讲话》，2019年3月26日，http://www.gov.cn/xinwen/2019-03/26/content_5377046.htm，2022年7月28日。

### （三）创新中华文化保护和传承的方式

保护是利用的前提，传承是创新的保障。作为"四大文明"古国之一的中国，是唯一文化历经沧桑而能薪火相传的国家，民族危难和国运变化均未使得中华文化出现断层，中华文化能够表现出如此强大的生命力主要得益于文化典籍的保护与传承。习近平总书记在中国人民大学考察时强调，"深入挖掘古籍蕴含的哲学思想、人文精神、价值理念、道德规范，推动中华优秀传统文化创造性转化、创新性发展"。作为中华传统文化的重要组成部分，典籍"走出去"为中华传统文化创造性转化和创新性发展开辟新路径。为扩大受众范围，提高中华文化影响力，文化典籍的跨文化传播应以学术场域为中心向外延伸，继而转向公众场域。基于此背景，文化典籍"走出去"的内涵不应仅局限于翻译出版，为迎合国外普通受众的审美旨趣，达到良好的传播效果，中华文化典籍首先要在传播模式上进行创新，打破原有的单向传播模式，取而代之的是对话式的双向传播。突破文化差异、时间差、语言差等藩篱，创新表达形式，尽量避免长篇大论式的线性叙事结构，转而采用多舞台、多场景、多空间的非线性叙事结构，激活文化典籍的生命力，引发受众共情。其次要利用媒介技术赋能作用，推进文化典籍的融合传播。运用VR/AR、人工智能、5G等新兴技术实现历史与现实两大空间的交织，通过可视化呈现梳理文化典籍的精神文脉，精准构建中华民族精神谱系，带给国外受众沉浸式体验。因此，中华文化典籍"走出去"是对中华传统文化创造性转化和创新性发展的探索，创新中华文化保护和传承的方式。

## 二、中华优秀文化典籍跨文化传播：历史溯源与传播现状

### （一）中华优秀文化典籍跨文化传播的历史溯源

据考证，中华文化典籍对外传播最早可追溯至5世纪初，朝鲜半岛百济国人王仁受邀赴日，将《论语》和《千字文》传入日本。[1] 隋唐时期，日本派出"遣隋史"和"遣唐使"到中国学习隋唐文化，并将中国古籍带回日本，这一时期掀起的访书热使得中日文化交流进入盛行时期，中国古代典籍在日本的传播对于古代日本政治、教育、文化均产生了深远影响。[2] 在"东学西渐"浪潮下，中华文化典籍流入世界各国。

---

[1] 具体年份中日学界存在争议，《日本书纪》《古事纪》等日本古籍均记载该事件发生于应神天皇16年，按照《日本书纪》纪年，该时期为公元285年。中国学者通过考证史料，推断出应神天皇16年为公元405年，这一说法得到国内学界普遍认可。

[2] 张改：《新时代中国典籍走出去的模式与路径》，《中国出版》2022年第4期，第51—55页。

16—18 世纪，来华传教士将中国古籍的海外传播推向新阶段，自此打开了中国典籍走向西方国家的大门。据统计，自从利玛窦进入中国至耶稣会被解散的将近 200 年间（1582—1773 年），来中国的传教士多达 478 名。这些传教士或是携带中国皇帝赠书回国，或是受其所在国家的博物馆或图书馆委托。1637 年法国传教士白晋受康熙皇帝委托，将 400 多种共计 300 余卷珍贵古籍带回法国赠予路易十四。1682 年传教士柏应里将 400 余种数千册古籍带回比利时。1697 年法国传教士马若瑟受法国汉学研究开创者傅尔蒙委托搜集千卷中国古籍。①

也正是从 16 世纪开始，中国文化经由典籍翻译进入西方视野。 1592 年西班牙传教士高母羨将《明心宝鉴》翻译成西班牙文，这是中国典籍首次被翻译成欧洲语言。据统计，16—18 世纪，西方翻译出版的中国古代图书多达上千种，但值得注意的是，海外汉学家多从个人对中华文化的认知出发，缺乏对中华文化的整体把握和全局意识，因此被西方学人译介的典籍并不能完全反映真实的中国文化。尽管如此，一些西方学者对中国优秀传统文化寄予浪漫的崇拜。伏尔泰高度褒扬中国典籍对文化的书写，认为"中国人的历史书中没有任何虚构，没有任何奇迹，没有任何得到神启的自称半神的人物。这个民族从一开始写历史，便写得合情合理。"可见中国文化一度受到欧洲学界的认可与敬仰。

19—20 世纪中华文化典籍输出海外的方式更加多元化。首先，国内学者对外译介为中国典籍走向世界开辟新路径。该时期涌现出一批为中华典籍外译事业做出卓越贡献的国内学者，如陈季同、辜鸿铭等。作为近代"东学西渐"第一人，陈季同先后将《聊斋志异》《中国戏剧》《中国人自画像》《我的祖国》等翻译成法文，将中国的传统文化展现给西方读者。其中，《聊斋志异》法文版（《中国故事》）于 1844 年在法国巴黎卡尔曼出版社出版，成为介绍中华文化的西洋畅销书，后被译介为英文版本。"清末怪杰"辜鸿铭先后翻译了《论语》《大学》《中庸》等承载儒家思想的经典著作，向世界展示东方智慧。② 其次，外交馈赠也是一种将中华文化典籍推向世界的重要力量，1869 年同治皇帝将 10 种明清刻书共计 905 册赠予美国政府。1892 年法国驻华公使馆专员回国时带走《汉书》和《史记》。再者，战争掠夺使中国珍贵古籍被迫流散世界。鸦片战争时期，大量珍贵典籍被外国列强掠夺，1860 年俄军将数万册珍贵中国古籍运往俄国。英军多次对中国文物古籍进行抢掠，目前在大英博物馆收藏的中国古籍、书画、雕刻品等国宝达三万余件。在

---

① 潘德利，王凤娥：《中国古籍文献流散轨迹与形式研究》，《图书情报工作》2009 年第 7 期，第 10—14 页。

② 胡萍英：《追寻中国文化对外传播的足迹》，2021 年 10 月 12 日，https://m.gmw.cn/baijia/2021-10/12/1302636529.html，2022 年 7 月 28 日。

抗日战争时期，日本对中国的文化侵略严重，大量古籍文献遭受掠夺。严绍璗根据《中国战时文物损失调查报告（图书类）》厘清了中国古籍被日本掠夺的总体概况，在 1930—1945 年 8 月这一时期，被洗劫运往日本的中国古籍文献共有 23675 种，合计 2742108 册。[①]

### （二）二十一世纪中国典籍对外传播现状

近年来，随着中华文化典籍跨文化传播事业的不断推进，中华文化典籍在海外的影响力和社会反响不断增强。据联合国教科文组织统计，中国的《道德经》成为发行量最大、翻译语言种类最多的传世经典。多年来受到外国读者推崇，有读者在全球图书网购平台上评论："太幸运我读到了这本书！""强烈推荐，古老、简洁而清晰的东方智慧。"[②]梳理中国典籍跨文化传播现状，总结出以下几个特点：

第一，顶层设计日臻完善。进入 21 世纪以来，国家高度重视中华文化典籍的保护及对外传播问题，持续推进中华文化典籍"走出去"战略。首个国家战略层面的中华文化典籍对外传播工程《大中华文库》在 21 世纪得到持续推进。此外，开启"中国图书对外推广计划""经典中国国际出版工程""中国文化著作翻译出版工程"等系列中华典籍文化对外传播精品工程。党的十八大以来，国家持续优化文化典籍走出去的战略布局，加大气力提升古籍的整理与传播工作。2021 年《中华优秀传统文化传承发展工程"十四五"重点项目规划》指出国家古籍工作重点在记忆、传承、创新、传播四个方面着力。目前，文化家底基本摸清，截至 2021 年底，全国累计完成古籍普查登记数据 270 余万部，累计修复估计超过 385 万叶，培训古籍从业人员 1 万余人次，制定颁布古籍保护国家标准、行业标准 17 项。[③]建立文化资源数据库，加强典籍整理编纂出版工作，逐步厘清中华文化的历史渊源、发展脉络和基本走向。

第二，传播模式多元，典籍翻译出版为主。典籍外译是中华文化典籍跨文化传播的主要路径，通过文字的转码展示华夏文明是向外国友人"讲好中国故事"的重要手段。目前中国典籍外译有三种模式：海外自发译介、国内学者译介以及中外译者合作。其中，国外译者或者中外译者合作翻译的版本在国外的传播影响力更大、传播范围更广。就《大中华文库》英汉对照版而言，在"被美国 20 家以上图书馆收藏"的 55 部英译典籍作品中，国外译者译本共计 12 部，中外译者合

① 潘德利，王凤娥：《中国古籍文献流散轨迹与形式研究》，《图书情报工作》2009 年第 7 期，第 14 页。

② 肖人夫：《"中译外"：千帆竞发仍需通盘谋划》，《光明日报》2022 年 2 月 21 日，第 13 版。

③ 王钰：《让优秀传统文化活起来、传下去》，《人民日报》2022 年 5 月 19，第 1 版。

作译本共计 7 部；尤其在馆藏数量排名前十的译本中，国外译者译本及中外译者合作译本共计 7 部，占比达 70%。[1]

第三，传播内容覆盖逐渐全面，哲学、历史、人文占比大。门类多样化，涵盖《论语》《道德经》等哲学类典籍；《史记》《左传》《陈书》等历史类典籍；《本草纲目》《九章算术》《山海经》《天工开物》等科技类典籍。然而，国外翻译家、汉学家、出版家对中国典籍的翻译、研究和出版家主要集中在其擅长或感兴趣的领域，因此海外自发译介模式下的典籍门类主要集中在哲学、历史、人文等，而医学、科技类经典著作占比较小。

第四，语种多元化，英译版典籍作品占比最大。文化典籍的翻译语种随着国家典籍"走出去"系列精品工程的推进而不断丰富，例如《文库》工程在第二阶段启动多语种编撰项目，以汉语与英、法、俄、日、韩、德等多种语言对照形式出版典籍 193 种，在第三阶段实施"一带一路"沿线国家语言对照版的翻译出版计划，涉及 29 种语言。[2]但从总体来看，典籍多被译成西方发达国家语种，据统计，英文版本的中华文化典籍占比达到 60%。[3]

### 三、数字技术对中华优秀文化典籍跨文化传播的赋能价值

目前，中华优秀文化典籍跨文化传播还存在一些问题，古籍受众市场吸引力不足。以《文库》为例，其是国家为了推动典籍迈出国门而实施的一项翻译出版工程。然而，据统计美国图书馆对《文库》英汉对照版的收藏数普遍在 20 至 40 家之间，收藏中国"四大名著"等经典小说的美国图书馆也只有 60 至 70 多家，而且在这些图书馆中，大部分是科研机构或大学图书馆等学术型场馆，公共图书馆极少。[4]因此，需要从多个维度入手，加强中华优秀文化典籍的跨文化传播。数字技术革新了文化典籍走进国外公众视野的路径，对于文化传播产业具有以下三方面赋能价值。

#### （一）生产者视角：重塑文化产业链，助推全球价值链的转型升级

首先，数字技术对文化产业链的重塑具体表现为横向产业链延伸。"技术＋文

① 吕剑兰：《〈大中华文库〉汉英对照版在美国的传播》，《中国文化研究》2021 第 4 期，第 170—180 页。
② 黄友义，黄长奇：《党领导下的新中国对外翻译出版事业发展回顾——以中国外文局为例》，《中国翻译》2021 第 3 期，第 28—35 页。
③ 张改：《新时代中国典籍走出去的模式与路径》，《中国出版》2022 年第 4 期，第 52 页。
④ 吕剑兰：《〈大中华文库〉汉英对照版在美国的传播》，《中国文化研究》2021 年第 4 期，第 178 页。

化"推动典籍向影视、音视频、全息影像等多种呈现方式演变，使得产业链上的专业分工越来越细且产业链上价值创造的环节越来越多。不仅要推动产业链条向创意设计等上游方向拓展以实现数字文化产品的精品化与高端化，还要深化产业链条向智能制造等中游方向拓展，推进版权和品牌运作等下游方向拓展，从而实现产业的可持续发展。

其次，数字技术助推文化典籍传播向全球价值链跃升。人工智能、大数据、AR/VR等数字技术在文化产业中的渗透改变了原本产业链主体间的关联格局，打破产业集群原有的"空间"和"时间"维度上的限制，构建起文化传播领域的虚拟产业集群。在新技术加持下，文字、音视频、游戏、网络展览、直播等多种形式的数字化文化传播内容在设计、制作、分发和营销等各环节均已形成全球数字内容服务价值链。[①]传统媒体时代，典籍的跨文化传播主要依赖对外翻译出版、学术交流、典籍博物馆吸引海外游客参观等方式进入外国友人视野。进入网络数字化时代，借助虚拟现实、大数据、物联网等新兴技术充分释放中华文化典籍新活力，将中华文化资源转化为可消费的文化产品，形成文化典籍数据库建立、展览内容数字化创作、媒体平台宣传、全球观众网络参观、衍生产品创作等环节畅通的全球价值链，加速各种资源要素流动，创造文化科技活动的集聚效应，推动文化产业从内容驱动向技术驱动和数据驱动转型，进一步推进中华文化典籍走向世界的步伐。

（二）受众视角：沉浸式参与和互动式体验，阅读方式更为多元

第一，数字技术通过全程直播、全景图像、全景视频等形式实现中华文化典籍的历史空间再造和历史场景再现，这种沉浸式的情境传播带给受众"身体在场"式的视听奇观。具体来说，数字技术为文化创意提供了物质条件，对于重塑文化呈现样态、加速文化现代化转换及内化进程起到了推动作用，其独特的成像处理技术将古籍文化以文字、图像、音频、视频等多模态形式呈现给受众，充分调动受众的视觉、听觉、触觉等多种感官，使受众最大限度地沉浸于个人化动态定制的情境当中。心理学家米哈里·契克森米哈赖 Mihaly Csikszentmihalyi 认为"沉浸"是一种正向且积极的情绪体验，当人们对某种事物或活动持有高度热情并可以投身其中时，便能获得一种高峰体验。[②]例如，国家典籍博物馆推出的"旷世宏

---

① 方英，吴雪纯：《我国文化贸易数字化发展的正效应及推进方略》，《现代传播（中国传媒大学学报）》2020 第 11 期，第 1—7 页。

② 周凯，杨婧言：《数字文化消费中的沉浸式传播研究——以数字化博物馆为例》，《江苏社会科学》2021 年第 5 期，第 213—220 页。

编文献大成——国家图书馆藏《永乐大典》文献展"利用数十米的弧形环幕和两台投影仪实现典籍的全息化投影技术虚拟展示，通过场景复原、环绕立体声播放、游戏互动等多种手段为受众打造沉浸式体验。[①]

第二，数字技术使文化传播形式突破单向度传递的藩篱，进而转向多维度互动的交互式传播。正如美国传播学家亨利·詹金斯提出的"参与式文化"，即公众不仅是被动的文化消费者，还利用媒介手段参与到文化的创造与传播过程中。[②]一种方式是社会化互动，具体来说是利用数字媒介的大众参与、信息共创共享等特点，一方面使外国受众通过点赞、评论、转发等互动行为获得交互式体验，实现中华典籍文化的社会化传播，另一方面外国受众可以依托自身文化背景对典籍文化进行再构建与再诠释，以图文或视频等方式实现典籍文化二次传播，此时外国受众成为中国典籍跨文化传播网络上的重要节点，在延长和拓宽中华文化传播的时空维度上发挥重要作用。但值得注意的是，应加强交互式传播过程中的介入和引导，对于合理性内容进行肯定和专业化注解，对于非理性内容及时回应与驳斥。另一种方式是人机交互，在交互技术嵌入下，文化典籍表现为具有互动功能的超文本形式，此时受众从被动的信息接收者转变成主动的参与者，打破传统意义上的"文化典籍被展览"的单向阅读模式，塑造"参与式互动"的体验景观，实现数字技术、文化典籍和受众三者之间的融通。例如，国家典籍博物馆推出的"咫尺天下——舆图"展览运用体感互动技术对受众观展时的动作进行抓取，并通过定位识别、图像识别等对受众位置变化做出判断，当受众的动作发生改变时，窗口会触发舆图不同部分的指令进而切换舆图呈现内容，以此提升受众的参与感。

（三）市场环境视角：提高典籍文化流通效率和受众普及率

首先，数字化技术为文化典籍提供了新型传播媒介，提升了典籍文化在海外市场的流通效率。传统媒体时代，纸质典籍图书受藏地、版本等限制，翻译出版物是其在海外流通的主要形式，而典籍的翻译出版是一项耗时长的高投入低产出工作。数字技术突破图书这种单一媒介的限制，将文化典籍转化为图像、影像等便于传播的形式。一方面典籍文化的生产者可通过实时发布使内容在互联网平台上迅速传播，另一方面，受众可以随时对文化典籍内容进行浏览、转发甚至二次创作与传播，大幅缩短从创作生产到传播再到消费的时间，提高文化典籍在海外

① 全凤燕：《典籍展览新技术的应用与创新——以国家典籍博物馆为例》，《乾陵文化研究》2020年，第423—427页。
② 黄琳，张毅：《嵌入、融合、共生：传统文化的数字新图景——技术逻辑下电视综艺节目的文化创新》，《中国电视》2022年第5版，第60—66页。

市场的流通效率。

其次，数字技术提高了中华文化典籍海外市场的受众普及率。中华文化典籍不应仅仅停留于服务学术研究的层面，还应从学术场域延伸至民众场域，使束之高阁的典籍走出"深闺"，走向大众视野，扩大中华文化典籍的辐射范围和影响力。数字化技术重视觉与听觉等非语言系统的符号叙事模式降低了国外受众对文化典籍中古典意象的解码难度，推动文化典籍走向通俗化，更加符合大众主体的审美期待。虚拟现实、全息影像等高科技实现了典籍从文本这一线性且静止的符号到图像、视频等多模态、立体化艺术的跨越。受众只需调动多种感官便能理解创作者所要传达的文化意蕴，缩短读者和文化作品之间的审美距离。在数字技术赋能的情境下，晦涩难懂的文化典籍跳出学术研究与传播的狭窄圈，走入海外公众的视野。

## 四、数字化背景下中华文化典籍跨文化传播的优化路径

### （一）坚持"数字技术＋文化传播"的总体思路，打造典籍跨文化传播新模式

#### 1. 以数字技术促进文化典籍的内容创新

之前国外市场上出现文化典籍重复出版、内容雷同、形式单一现象的主要原因是文化典籍跨文化传播局限于翻译出版形式，内容挖掘大多停留在文本层面。[①]需要注意的是，文字只是文化古籍的外显，其蕴含的价值观念等抽象内涵才是文化古籍的内容精髓，因此应当利用数字技术促进典籍优质内容的创新，将典籍中的深层次文化内涵表征出来。第一，坚持"内容为王"的传播理念，深入挖掘、提炼中华文化典籍中具有国际传播价值的成分，并探索数字技术作为传播手段之外的更高阶的赋能作用，寻求数字化技术和文化传播更深层次的结合方式。数字化传播时代，技术带来的不止有绚丽的舞台效果和高级的画面感，更重要的是新技术引发了内容制作、传播与消费底层逻辑的嬗变。随着数字化技术在文化传播各个环节的渗透，文化典籍有了更宽广的表达空间。在技术赋能条件下，解构和重构经典文化，并赋予文化新的内涵和基因，催生更多具有新意的文化内容出现。例如，《中国诗词大会》《国家宝藏》等传统文化类综艺，从最初的诗词、汉字、文物，到进一步深耕中国音乐、书法、文博、考古等垂直类文化内容。第二，要建立健全数字化文化典籍跨文化传播的内容遴选机制，在体量庞大的文化典籍中筛选出适合对外传播的优质内容，争取提升内容力以扩大典籍文化在海外文化圈层的传播力，尤为重要的是应深入研究思想观念、道德理念等深层次的中华文化

---

① 姜小青：《功崇惟德 业广惟勤——〈关于推进新时代古籍工作的意见〉几点体会》，《出版广角》2022 年第 10 期，第 6—10 页。

内容的国际化表达方式与传播路径，打造具有影响力的文化品牌，推出更多深受海外受众喜爱的文化爆款

2. 以数字技术刷新文化典籍的传统面貌

利用数字技术刷新文化典籍的传统面貌，让书写在文化典籍里的文字"活"起来，是赓续中华古老文明、实现中华传统文化创造性转化和创新性发展的有效路径。借助数字展览技术、仿真投射技术等推动博物馆在文化典籍展陈形式上的创新，充分释放典籍文化势能，催生数字文博产业诞生。2021 年 11 月国务院办公厅印发的《"十四五"文物保护和科技创新规划》首次将文物事业发展上升到国家战略高度，《规划》指出要推动博物馆发展线上数字化体验产品，提供沉浸式体验、虚拟展厅、高清直播等新型文旅服务。首先，应当运用数字技术手段建立文化典籍数据库和数字化档案，将文化典籍从文物转变为数字资源。其次，应当加大多媒体展示、三维扫描、虚拟现实等技术在文化典籍展陈与传播中的投入，将科技与古籍文献阅读服务巧妙结合，加快数字文博建设速度。国家图书馆推出的 5G 全景 VR《永乐大典》采用 5G + VR、全景视频拍摄、三维动画制作等多种技术全方位呈现国宝典籍《永乐大典》的前世今生，沉浸式地向受众讲述成书情况、装帧抄写、回归辑佚、古籍修复等流程，对文化典籍里蕴含的知识体系、人文精神和思想观念进行立体化、场景式呈现。同时还设置透明屏互动游戏，让观众切身体验台阁体书法，学习古籍版本知识。再如，大英博物馆推出的中国诗画《秋林读书图》3D 展览融入 VR/AR 等数字技术，联合打造虚实结合的典籍文化传播共享空间，使原本静态的山水画灵动起来。公众的视线跟随镜头进入画中，穿过树林山间，蹚过小溪河流，俯瞰连绵远山，跟随极具故事感的画面切身感受画中的丰富细节。在短短三周时间内，便在海外获得 200 万次播放量、2.3 万次点赞量以及 6.3 万次转发量。在未来，应当加强中外文物展览合作交流，组织策划精品出境展览，将数字化创新展览成果推广至海外。

3. 以数字技术推动中华文化典籍的多元衍生

通过开发中华文化典籍衍生品的方式打造国家文化符号，加强典籍数字文创产品的设计和推广。典籍本身可读性低、故事性弱，读者要真正理解其意涵需要具备一定的中华文化基础，中国读者在理解上尚有难度，遑论吸引海外普通受众阅读。因此，应当运用数字化技术加大力度创新文化典籍衍生品形式，打造多种形式的典籍文化类 IP，强化文化典籍的活化塑造，使其更为贴近普通受众。

"文化 IP"是一种承载用户情感并接受市场检验的文化符号，具有高辨识度、长变现周期和强变现穿透能力。在数字技术赋能背景下，典籍文化类 IP 主要形式包括影视、综艺、动漫等。例如，法国的 Pumpkin Studio 团队以中华文化典籍为

蓝本创作的《庄周梦蝶》这一动漫作品融入凸显中华文化气质的水墨画元素，对典籍里蕴含的哲学思想进行二次演绎，深受观众喜爱，上映当年入围昂西动画节官方精选。同时，腾讯动漫借助此次热度推出《庄子》系列动漫作品，受到法国观众的广泛关注，点击量和下载量均位于前列。[①]

值得注意的是，数字文化具有鲜明的现代性或后现代性特征，而文化典籍蕴含的中华优秀传统文化属于前现代性社会的产物，文化典籍数字化衍生产品将前现代性元素与后现代性元素何为一体，因此要对传统文化的价值进行审视与现代化转化。清华大学美术学院陈楠及其团队打造的甲骨文 IP 极具现代性，借助数字高科技对古籍里的汉字文化进行创新，推出了世界首套甲骨文设计字库——"汉仪字库陈体甲骨文"，并基于该字库开发了甲骨文表情包、甲骨文视频、甲骨文歌曲等多维关联的文创产品，这些衍生品超越古代语言文字范畴，升华为艺术与现代化科技的结晶。依托线上线下相结合的营销推广模式向国内外进行产品推介，其中，该团队通过参加国际研讨会、汉字国际巡展等活动将甲骨文文明推向世界。[②]

（二）利用技术为核心支撑，创新典籍跨文化传播机制

1. 探索中华文化典籍跨媒介叙事与传播

数字化网络时代，推动中华文化典籍"走出去"仅仅依靠专业化的典籍出版机构或典藏馆的单一力量是不行的，而是需要凝聚社会各方力量，形成多主体、多中心协作的文化传播格局，依托数字新媒体技术对文化典籍进行媒介转化，形成跨媒介、超文本、全流程的叙事体系，让文化典籍以更为丰富的呈现形式走进国外受众的视野。人类学家爱德华·霍尔将文化划分为高语境文化和低语境文化，并认为低语境文化依赖于浅层次的交际语言本身，而高语境文化依赖于深层次的交际语境。[③]相较于书籍等文化折损率较高的语言演绎文化产品，画面、影像等跨媒介叙事拓展了文本内涵，更加直观地阐释、更加完整地保留了典籍承载的文化意蕴。例如，由中央广播电视总台推出的综艺节目《典籍里的中国》通过影像媒介对典籍里的古老文字进行现代化表达，依托媒介化场景设置实现"古今对话"，运用虚拟现实、环幕投屏等数字化媒介技术进行多时空景观呈现。并搭载新媒体技术"出海"，节目官方将其发布在 YouTube 平台，截至 2021 年 7 月，获得超过

①　陈柯：《典籍文化数字衍生品翻译出版发展策略》，《中国出版》2017 年第 8 期，第 56—58 页。

②　李晶，李青松：《数字化时代文创产品的开发创新——以"汉仪字库陈体甲骨文"衍生产品开发为例》，《出版广角》2020 年第 18 期，第 59—61 页。

③　张馨，赵树旺：《中国舞蹈影像的跨文化传播研究——以〈唐宫夜宴〉为例》，《传媒》2021 年第 11 期，第 65—68 页。

144 万次的播放量，同时还引起了欧洲华语广播电台、《华尔街日报》等国外媒体的关注。此外，2022 年央视春晚节目《只此青绿》通过舞蹈影像对《千里江山图》进行跨媒介演绎，受到外国友人的广泛关注。目前，在数字技术赋能背景下，影像对于文化典籍进行跨媒介表达已发展至相对成熟的阶段，未来还应拓展文化典籍跨媒介表达的媒介种类，比如数字游戏媒介，实现文化典籍多样式、现代化表达。

2. 自建数字化平台和"借船出海"双重拓宽文化典籍传播渠道

着力探索文化典籍数字化传播新路径，充分利用数字媒介技术时代网络传播的独特优势，拓宽传播渠道，积极探索多媒体、多终端、多渠道的中华文化典籍宣传推广方式，以满足当下国外读者的需要。第一，利用自建的海外传播平台推动文化典籍跨文化传播。一方面，打造注重社群生态建设的主流媒体国际传播平台，现阶段，数字新媒体因具有传播速度快、传播渠道多样、信息更新周期短等优势而越来越成为跨文化传播的重要平台。基于网络媒体技术的成熟与国际传播转型的现实需要，新华社、人民日报、中央电视台等在内的国家主流媒体纷纷在海外设立数字化网络平台，这些平台成为文化典籍国际传播的重要阵地。通过社群生态建设发起用户对话、吸引用户访问、增强用户黏性以解决自建的国际传播平台在海外落地困难的问题。可联合知识型网络意见领袖参与平台内容生产，将中华文化典籍以沟通、互动、对话的方式展示给外国友人。另一方面，搭建开放、共创、共享的典籍文化数字新媒体传播平台。网络新媒体对文化典籍等传统文化内容进行重构与再生产，创新了典籍文化的表达与呈现。数字新媒体传播平台以其全球化、开放性特征实现了文化典籍在世界范围的传播，并且降低典籍文化内容生产的门槛，让更多用户参与中华文化的二次创作和二次传播中来，推动中华文化的创意创新。

第二，借助海外文化平台。《关于推进新时代古籍工作的意见》明确指出"加强古籍工作对外交流合作，充分利用海外文化平台开展古籍对外宣传推广工作，加大展示展销力度。"推动文化典籍"借船出海"，充分利用海外线上和线下平台资源进行文化典籍的推广，实现典籍文化跨圈层传播，突破中华文化因地缘政治等因素造成的落地受阻问题，增强海外受众的跨文化认同，形成更深层次的文化共鸣与良性互动。首先，依托海外书展、博物馆展览等文化活动开拓文化典籍的场景渠道。例如，中国出版机构联合"一带一路"国家的主流书店设立"中国书架"，助推中华文化典籍走进海外大众视野。其次，依托亚马逊等世界范围内数字资源交易平台，助力文化典籍进入国际主流市场。此外，依托海外网络传播平台，尤其是全球网民的聚集地——社交媒体。We Are Social 和 Hootsuite 联合发布的调查报告显示，截至 2021 年 1 月，全球互联网用户数量达 46.6 亿，普及率达 59.5%，社交媒体用户数量占全球人口总量的 53.5%。[①] 探析不同国家和地区的社交媒体选择和文化传播规律，从而实施"靶向性"的精准传播是增强文化典籍全球影响力的关键。一方面应充分意识到社交媒体对于不同文化的黏合与聚集，增强"回音室"社群文化认同效应。另一方面应进一步探索不同国家的网民选择社交媒体的偏好，比如中国人习惯使用微信、QQ、抖音，而西方人习惯使用 Facebook、YouTube 和 Twitter。基于此，开设应用于跨文化传播的专门化海外社交媒体平台，确保典籍文化的有效输出和精准抵达。

（三）树立"以人为本"的跨文化传播理念，提升典籍跨文化传播效果

1.增强受众意识，实现典籍文化精准传播

在传统媒体时代的跨文化传播范式中，多采用独白式的传播方式，注重出版资源的投入和译介出版图书的数量，反而忽略了海外受众的阅读偏好及其对中华文化的认同度。[②] 数字化时代，应当摒弃以往独白式的文化传播方式和单向度的传播理念，探索对话式文化传播机制，精准把握海外受众的审美偏好、心理期待，不断提高中华文化典籍走出去的影响力。一是做好海外受众群体调研工作。跨文化传播环境下，不同国家和地区的人群对中华文化的喜爱和接受程度受地域、文化背景等因素的影响呈现出差异性。有学者将中华文化国际传播受众群体划分为"基本盘"和"重点盘"。"基本盘"主要包括华人华侨、传统友好国家受众、周边国家受众以及与我国政治、经济、文化联系密切国家的受众。这类受众对中华文化有一定的共通话语基础。"重点盘"主要囊括西方国家受众，这类群体对于中华文化了解程度不高，甚至存在认知层面的偏差或误解，但这类受众当中的精英受众群体对于"中国观"的形成与发展具有深远影响。[③] 以四大名著在海外文化圈传播为例，其在东亚、东南亚国家传播范围最广，其中《三国演义》深受日本追捧，并衍生出了大量的影视剧、戏剧等文化产品，热度并不亚于国内。而在西方国家，《西游记》更具影响力，主要原因是其所彰显的冒险主义、英雄主义与西方国家文化精神底色更为契合。相比之下，蕴含大量中华传统文化元素的《红楼梦》，对于

① 翟慧霞：《中华文化数字化国际传播的路径探索与思考》，《传媒》2021 年第 19 期，第 74—76 页。

② 王超：《从独白到对话：中国文学出版走出去的思维转向》，《中国出版》2018 年第 7 期，第 14—17 页。

③ 黄娴，丁柏铨：《论国际传播"五力"——对加强国际传播能力建设的几点思考》，《新闻爱好者》2021 第 8 期，第 18—23 页。

西方读者而言在接受上存在一定的障碍。[①] 因此，应当充分做好海外受众群体文化偏好的调研工作，了解其对中国典籍的文化认同与接受偏好，做到"在什么山头唱什么歌"，实现文化典籍内容的分区块精准式投放。

二是加强海外用户画像研究。同一国家受众也因文化水平、年龄等不同产生文化偏好的差异，而且信息盈余时代的用户对于文化消费需求呈现个性化、多样化趋势。数字化技术催生了智能型平台的诞生，受众角色也由信息接收者转变为用户，在传播过程中应当利用大数据、人工智能等技术获取用户行为数据，准确刻画用户画像，实现内容的精准式发放。同时嵌入区块链等技术来接收海外受众的反馈，检验传播效果并及时调整典籍文化传播策略。

2. 关切受众需求，实现跨文化传播理性表达

重视受众文化背景和需求是实现跨文化对话的有效路径。第一，采取本土化的话语表达。文化典籍跨文化传播实质上是中华文化的表征从一种语境向另一种语境的跨越，因此应当尊重不同文化间的差异，坚持受众本位原则。文化典籍无论以何种呈现方式，文本都是其不可或缺的元素。对典籍文本部分进行精准翻译来解决语言差异问题，以准确表达蕴含在传播内容当中的文化意义。

第二，积极探索海外年轻群体对文化典籍的接受心理。年轻一代是数字化时代新媒体主要受众群体，《全球移动互联网市场报告》显示，在全球移动互联网用户中，34岁以下的青年群体占比超过60%，[②] 而且年轻人群体还未形成固化的中国形象认知，其对中国态度较其父辈更为积极，尤其是随着"Z世代"越来越成为国际社会的新生力量，他们对中华文化的认知将会影响中国国家形象的海外传播。这类群体猎奇心理强烈，娱乐化、趣味性的文化形式更容易被其接受。因此，文化典籍在对外传播中应当争取以保持原著文化精髓的为前提，兼顾目标受众所对应民族的本土文化元素和欣赏趣味。

（四）落实文化典籍的数字资源体系建设

第一，创新典籍数字传播智能技术应用是落实数字资源体系建设的核心。现阶段，在第四次工业革命浪潮中，我国在新技术领域处于领先地位，在科技赋能文化传播的研究和应用方面实现重大突破，在此背景下，创新文化典籍数字传播智能技术。首先，推进数字文化核心技术研发工作。加速AI智能、大数据、虚拟

---

① 季璇：《以文化典籍传播助力构建人类命运共同体》，2020年10月15日，https://m.gmw.cn/baijia/2020-10/15/34270657.html，2022年7月28日。

② APUS：《2020全球移动互联网市场报告》，2021年5月28日，https://tech.sina.com.cn/roll/2021-05-28/doc-ikmxzfmm5070703.shtml，2022年7月28日。

现实、区块链、云计算、物联网等新兴技术的迭代升级。其次，强化数字化技术在典籍文化生产、传播和消费等各环节的渗透作用。推进数字图书馆、数字典藏馆、数字博物馆的建设进程；通过建立文化典籍数据库革新其存在形式，从物质形态转变为数字形态，从而实现文化典籍表达形式的智能创新和网络传播；利用VR/AR 等技术改善文化产品或文化服务带给受众的消费体验。

第二，建立健全典籍数字化标准是落实数字资源体系建设的关键。当前我国典籍数字化标准体系主要包括三个维度——技术标准、工作标准和管理标准。其中，技术标准较为完善，而工作标准和管理标准涉猎面小。[①]在今后的标准制定中，应当秉持拓展性、开放性、系统性原则，完善文化典籍对外传播数字化标准体系，同时制定与国际接轨的通用合作标准，推动我国与世界各国在典籍跨文化数字传播领域的交流合作。

第三，加强典籍数字版权保护是落实数字资源体系建设的保障。保护数字文化版权是推动文化产业发展的核心要义，立足文化传播角度，中华文化典籍的数字化再造衍生出多元的数字化文化产品（服务），应加强不同形态数字化产品的版权保护与版权运营，确保典籍文化数字化再生产的可持续发展。其一，完善知识产权法制体系建设。加大知识产权保护力度，制定新技术、新领域、新业态的保护规则和机制，保障参与规划建设的多方主体在运行中的合法权益。其二，加大版权保护技术投入。引入区块链等新兴技术，降低数字文化作品版权确权、维权的难度，并且利用区块链技术非对称加密机制，为数字文化内容的安全性提供保障。其三，构建多方版权治理主体格局。可借鉴美国的模式，成立版权税审查庭、版权办公室、信息政策委员会等单位机构，实现数字文化产业版权保护多元主体联动协同。

---

① 张文亮，薄丽辉：《我国古籍数字化标准体系现状及应对策略研究》，《新世纪图书馆》2016年第 2 期，第 38—42 页。

# 文化传播：对话、路径与新文科建设

## ——以《文化与传播十五讲》为考察中心

# Cultural Communication: Dialogues, Pathways, and the Construction of a New Liberal Arts

## ——*Fifteen lectures on culture and communication* as the center of examination

郭增强 *

Guo Zengqiang

**摘　要：**文化传播与人类文明休戚相关，一部文化传播史，就是一部人类文明演进史。文化传播的话题，是"辨章学术，考镜源流"的学术史议题。《文化与传播十五讲》观照中西视野里"文化的传播"和历史脉络中"传播的文化"的互文关系，形成"和而不同"的文明对话。在跨文化传播的中西视野下，聚焦物质文化与科技传播，剖析制度文化与伦理传播，诠释"教化"和"净化"之关系；审视精神文化与思想传播，深描"天人合一"和"天人相分"之议题；透视审美文化与艺术传播，阐释艺术觉醒和人的觉醒之话题；挖掘地方文化与民俗传播，揭示家风传承和民俗传播之脉络。在跨媒介传播的历史谱系中，聚焦古今文化传播现象，依据媒介融合的跨界之思，言象互动与符号关系，人—媒介共生关系，彰显跨媒介传播的文化路径。在跨学科传播的人文关怀中，强调从"人的媒介"到"媒介的人"的双重维度，强化以人的传播实践为本的认识理念，表达人类与技术、社会之间的现实关怀。作者将文化传播融入新文科建设之中，有利于推动新闻传播学科的建设，有助于中西文化传播的文明互鉴。

---

　　* 作者简介：郭增强（1993—），男，山东聊城人，安徽师范大学文学院文艺学专业 2021 级在读博士研究生，主要研究方向为文艺、文化与传播。

**Abstract**: Cultural communication is closely related to human civilization, and a history of cultural communication is a history of the evolution of human civilization. The topic of culture and communication is a subject of academic history, which is "to identify the academic chapter and to examine the origin and flow of the mirror". The Fifteen Lectures on Culture and Communication looks at the intertextual relationship between the "communication of culture" in the East-West perspective and the "culture of communication" in the historical context, forming a civilizational dialogue of "harmony and difference. In the cross-cultural communication between East and West, it focuses on material culture and technological communication, analyzes institutional culture and ethical communication, interprets the relationship between "edification" and "purification", examines spiritual culture and ideological communication, and deeply describes the relationship between "the unity of heaven and man" and "the unity of the mind". The seminar also examines spiritual culture and ideological communication, and deeply describes the issues of "the unity of heaven and man" and "the separation of heaven and man"; it looks at aesthetic culture and artistic communication, and explains the topics of artistic awakening and human awakening; it digs into local culture and folklore communication, and reveals the lineage of family traditions and folklore communication. In the historical context of cross-media communication, we focus on ancient and modern cultural communication phenomena, and highlight the cultural path of cross-media communication based on the cross-border thinking of media fusion, the interaction of words and images and symbolic relationships, and the symbiotic relationship between people and media. In the humanistic concern of interdisciplinary communication, he emphasizes the dimension from "human media" to "media human", reinforces the concept of human communication practice as the basis of understanding, and expresses the realistic concern between human, technology, and society. The author's integration of cultural communication into the construction of new liberal arts is conducive to the construction of the discipline of journalism and communication, and to the mutual appreciation of Chinese and Western cultures and communication.

**关键词**:《文化与传播十五讲》；跨文化传播；跨媒介传播；媒介融合；新文科

**Key words:** *Fifteen Lectures on Culture and Communication*; cross-cultural communication; cross-media communication; media convergence; new liberal arts

　　文化传播与人类文明休戚相关，一部文化传播史，就是一部人类文明演进史。一代有一代之文化，一代有一代之传播，一代有一代之媒介，一代文化、一代传播、一代媒介自成一代人。文化传播的话题，是文化研究抑或传播研究的典型命题，亦是"辨章学术，考镜源流"的学术史议题。文化传播的过程，离不开媒介传播，而媒介在文化传播中并非一成不变，有着时空偏向的特质，在时间上形成纵向传播，在空间中呈现横向传播，从而"传播媒介对知识在时间和空间中的传播产生重要影响，因此有必要研究传播特征，目的是评估传播在文化背景中的影响"①。文化传播除了与媒介传播相关联，还亟须不同文化之间的交流，"交流与传播实践跨越不同的物质技术和社会机构的开放式迁移"②，有利于连接网络传播、大众传播、人际传播之间的媒介融合，形成有效的文化传播。传播需要交流，交流有利于消解观念的矛盾，拓展自我认识的边界，对他者观点的理解，形成公共舆论的社会现象。不过，这只是美丽的梦想，"我们梦想之中如天使般的直接交流，其核心其实横亘着沟壑"③，文化传播亦是文化交流，传播的过程，或成为沟通的桥梁，也可能是交流的沟壑。正因交流是无奈的、语言是烦恼的、对空言说是存在的，恰恰说明传播是难的，文化传播是更艰巨的。

　　由于交流的困难重重，依然进行文化传播，方显其价值和意义。詹姆斯·W.凯瑞积极倡导"作为文化的传播"，将"研究传播"作为洞察有意义的"符号形态被创造、被理解和被使用这一实实在在的社会过程"，同时"把传播学的目标设想为文化学较为合适，且更具人性"④。在此意义上，杨柏岭教授和张泉泉副教授（以下简称"作者"）主编的《文化与传播十五讲》聚焦文化与传播的内在理路，融合文化与传播的理论观念，观照"文化的传播"和"传播的文化"的互文关系，形成双向互动、双重阐释的知识谱系。在世界文明传播中，"需要确立'在世界中'的意识，超越'中西'二元对立，展开'之中'"⑤的中西视野和文明对话。作者以"万物并育而不相害，道并行而不相悖"⑥的兼容并蓄之胸襟，融通中西文化之风貌，倡导中西文化传播议题的互通互鉴。这样既避免全盘西化，又回避全盘继承的偏

---

　　① ［加拿大］哈罗德·伊尼斯：《传播的偏向》，何道宽译，北京：中国人民大学出版社，2003年，第27页。

　　② ［丹］克劳斯·布鲁恩·延森：《媒介融合：网络传播、大众传播和人际传播的三重维度》，刘君译，上海：复旦大学出版社，2012年，第17页。

　　③ ［美］约翰·杜翰姆·彼得斯：《对空言说：传播的观念史》，邓建国译，上海：上海译文出版社，2017年，第199页。

　　④ ［美］詹姆斯·W.凯瑞：《作为文化的传播："媒介与社会"论文集》，北京：中国人民大学出版社，2019年，第29、51页。

　　⑤ 曾军：《中西文论互鉴中的对话主义问题》，《中国社会科学》2022年第10期，第186—203页。

　　⑥ 陈晓芬，徐儒宗：《论语·大学·中庸》，北京：中华书局,2016年，第352页。

执态度，有利于拓展传播学研究的时空坐标（中西视野、历史脉络），将文化传播融入新文科建设之中，延伸中西文化的知识图谱，形成"和而不同"的文明对话。

## 一、中西视野：跨文化传播的文明对话

在中西方的文化传播过程中，不仅有和睦相处的状态，还有针锋相对的时刻。亨廷顿主张的"文明冲突论"，将文明与权力相连接，文明的兴盛与权力的运行相关联，以二元对立的视野，把世界文明分为西方文明和非西方文明，基于此，他说道，"当其他文明的力量相对增强、西方文化的感召力消退之时，非西方国家的人民对其本土文化的自信心和责任感也随之增强"[①]。这种制造冲突的文明观，不是人类文明发展的唯一之路。回溯文明史，文明不是狭隘的政治文明或权力文明，文明还与物质、地理、制度、社会、经济、集体心态与精神文化等方面相关联。一部人类的文明史"既用作单数形式又用作复数形式"[②]。

由于文明是"复线"的，在传播学研究中才能实现"跨文化研究"的"语境化"（文内）和"脉络化"（文外）[③]的文明对话。作者在跨文化视野下建构当代传播学的研究进路，试图超越文明对抗论和相对论，形成"和而不同、多元互竞的文明对话心态"，进而实现"天下大同、创新发展的文明对话目标"[④]。可知，作者依据对话的平等意识，力图推动当代传播学"重大与原创的问题"，与此同时仍需"深描"当代传播学"特殊而具体的"[⑤]内在路径。不过，中国部分传播学研究现状，一方面陷入西方话语体系旋涡之中，另一方面沉浸本土传播的窠臼里，作者能在中西文化之间突围，倡导"各美其美，美人之美"的文明对话策略，实属难能可贵。

在中西文化交流中，虽然有差异分别、矛盾冲突的观念，但是以平等多元、相互尊重、开放和谐的对话方式，有利于跨文化传播和文明互鉴。《文化与传播十五讲》以中西文化视野观照传播活动，用中西传播视角阐释文化现象，形成了文化与传播的跨界方式。全书分为"物质文化与科技传播""制度文化与伦理传播""精神文化与思想传播""审美文化与艺术传播""地方文化与民俗传播"五大

① ［美］塞缪尔·亨廷顿：《文明的冲突与世界秩序的重建》（修订版），周琪等译，北京：新华出版社，2009年，第161页。
② ［法］费尔南·布罗代尔：《文明史：人类五千年文明的传承与交流》（第2版），常绍民等译，北京：中信出版社，2017年，第9页。
③ 李金铨：《传播纵横：历史脉络与全球视野》，北京：社会科学文献出版社，2019年，第424—425页。
④ 杨柏岭：《文明对话：跨文化视野下当代传播学的研究进路》，《现代传播》（中国传媒大学学报）2021年第12期。
⑤ 林毓生：《中国传统的创造性转化》（增订本），上海：生活·读书·新知三联书店，2011年，第47页。

板块。"物质文化与科技传播"关注"四大发明""工业革命"和"智媒时代"等中西物质文化的技术元素。"制度文化与伦理传播"聚焦"教化"传播和"净化"传播以及制度交流。"精神文化与思想传播"深描"天人合一"和"天人相分"以及文明对话。"审美文化与艺术传播"侧重艺术觉醒和人的觉醒以及多元一体的跨文化传播。"地方文化与民俗传播"深挖"家风传承"和"民俗传播"以及文化记忆。

具体而言，《文化与传播十五讲》在中西维度中的跨文化传播，仍包含五个层面。其一，四大发明和工业革命在物质与科技之间的跨文化传播。保罗·莱文森所讲："作为一个发明了印刷机及其他许多开创性技术的国度，中国在数百年乃至数千年里都是这种媒介进化中的佼佼者。"[①]可知，四大发明在世界范围内有着深远影响。除此之外，工业革命有技术革命、经济更迭、文化革新、观念演进等跨文化传播因素。四大发明和工业革命犹如"星丛"一般，既是一个复杂的系统工程，又是人类精神文明的演进阶段。其二，"教化"和"净化"在制度与伦理之中的跨文化传播。中西传统文化分别以礼乐文化、宗教文化，构成各自制度文化的民族特色，形成中西制度文化的传播智慧。中华礼乐制度偏向"文武之政，布在方策"[②]的教化传播，西方宗教制度侧重宗教仪式、伦理指向的净化传播。其三，"天人合一"和"天人相分"在精神与思想维度里的跨文化传播。中国古代传播学中"天人本无二"之"道"论，"俯仰天地间"之"人"论，"易以道阴阳"之"象"论，揭示出天人合一的哲学根基。西方古代传播学的两个世界、双重真理、二元标准构成了天人相分的思想基础。其四，艺术觉醒和人的觉醒在审美与艺术之间的跨文化传播。在中西艺术上，魏晋南北朝和文艺复兴时期的绘画艺术，渗透着人类的文化智慧和审美结晶。在魏晋南北朝艺术中，纸张、文字、意象的绘画媒介，形神、骨肉、神思的艺术觉醒，蕴含着跨文化思潮。文艺复兴时期，从彼岸的神性回归到此岸的人性，由宗教信仰落到世俗追求，表现出人的觉醒，氤氲着跨文化思绪。其五，家风传承和民俗传播在地方与民俗之中的跨文化传播。中西地方文化表征着特定区域和特定人群共享的文化记忆。中国地方宗族文化的家风传承，以及西方民间仪式文化的民俗传播，在二者之间有着文化记忆的跨文化特质。

客观来讲，《文化与传播十五讲》在中西跨文化传播视域之间，有慧心之处，亦有不足之处。比如教化传播和净化传播、天人合一与天人相分，制度交流及文明对话等话题，极具有启迪性；但是审美文化与艺术传播中缺少中西影视传播议

---

① ［美］保罗·莱文森：《人类历程回放：媒介进化论》，邬建中译，重庆：西南师范大学出版社，2016年，第2页。

② 朱熹：《四书章句集注》，《中庸章句》，北京：中华书局，1983年，第28页。

题，当然，以"理解的同情"之态度，不可过于求全责备。不过，以"真切地批评"来讲，仍需实事求是，好处说好、坏处说坏。《文化与传播十五讲》的中西视野，聚焦在中西文化传播，不是一味地求同，而是审视文化差异性和多样性。譬如四大发明与工业革命、艺术觉醒和人的觉醒、家风传承及民俗传播。然而，本书缺少了中西文化传播过程的异中之同、同中之异的叙述张力和合力。也有另一种可能，这样的叙述张力和合力或许隐含在书中的角落而不明显。正如作者并未明确论述"轴心时代"（公元前 800 年到公元前 200 年）① 所铸就的"轴心文明"一样，但在书中散落着这样的思想智慧。在 21 世纪人类文明演进中，"轴心文明"的人类思想智慧，值得汲取和弘扬，呼唤具有创造性精神的"新轴心时代"②。中西视野的跨文化传播，凝结着人类的智慧结晶，而回溯人类文明史，更利于采撷人类文化传播的硕果。

## 二、历史脉络：跨媒介传播的文化路径

文化传播史并不是"任人打扮的历史"，而是尊重文本内在语境的历史。文化传播史的研究、不可脱离文本、信马由缰、信口开河，当然，也不可固守文本疆域，故步自封，墨守成规，而是观照历史脉络的"视域融合"。文化传播史与媒介传播史休戚相关，往往媒介传播的历史，昭示着人类生活的缩影。但是，"现代媒介文化和理论对历史研究的漠视态度"③，忽视媒介传播的历史，也遮蔽着文化传播。媒介传播亦非局部讯息系统，也非纯媒介之间的传播问题，而是在文化传播历史中的媒介议题。除此之外，媒介传播并非是纯化和泛化的过程，而是具有复杂性和动态化的演变过程，以跨媒介传播方式，表现人类的生存境况。因此，媒介决定着我们的生存处境，媒介即人类之存在，人媒互存之思考。媒介不仅进入了人类社会，还进入了自然世界，媒介具有了自然、社会和文化的多重属性。不仅仅是媒介议题，更是跨媒介命题，它"既是对人类境况的沉思，也是对非人境况的沉思"。④《文化与传播十五讲》聚焦古今文化传播现象，以历史眼光透视跨媒介发展，通过媒介融合的跨界之思，言象互动与符号关系的跨媒介思维，人—媒介共

---

① ［德］卡尔·雅斯贝尔斯：《论历史的起源与目标》，李雪涛译，上海：华东师范大学出版社，2018 年，第 8 页。

② 金观涛：《轴心文明与现代社会：探索大历史的结构》，北京：东方出版社，2021 年，第 631 页。

③ ［美］埃尔基·胡塔莫，尤西·帕里卡：《媒介考古学：方法、路径与意涵》，唐海江译，上海：复旦大学出版社，2018 年，第 3 页。

④ ［美］约翰·杜海姆·彼得斯：《奇云：媒介即存有》，邓建国译，上海：复旦大学出版社，2020 年，第 14 页。

生关系，凸显跨媒介传播的文化路径。

在古今文化传播中，凸显媒介融合的跨界之思。中国的四大发明和西方的工业革命，以及当下的智能时代，所呈现的物质媒介与科技传播，并非是纯媒介层面，而是一种媒介融合之后的跨媒介。在审美文化与艺术传播之中，诠释出魏晋南北朝和文艺复兴时期各自绘画艺术之间的跨媒介问题。当代的现实主义绘画，后现代的艺术景观，均具有跨媒介传播的文化特质。譬如从米勒到陈丹青的绘画中，可以审视到创作者以跨媒介思维，创作出现实直观和凝重美感的艺术作品。徐冰作品以汉字媒介的冥想，透视出意境悠远的禅意，傅中望作品通过榫卯媒介的逻辑，展现出关系意味，上述后现代艺术有着跨媒介性特征。在地方文化与民俗传播之中，从祠堂到家风馆，从民俗文化到民俗仪式，均与跨媒介传播息息相关。当代家风动画传播和家风电视节目传播，凭借蒙太奇和长镜头的影像装置，蒙太奇让语言变得可见，长镜头把图像变得可感。这些影像制作始于"取景操作"，不是强调"看"的重要性，而凸显"看过"后的剪辑影像。因此，电视节目拍摄之前，把物象转化为语象，语象提纯后的图像进而生成影像。动画和电视艺术看作是"影像的超越性"，这种在影像机器中的"超越性"，除了超越生命经验的实在与潜在的直接—时间影像之外，还具有语像—影像的跨媒介之意。

在古今文化传播中，表征言象互动与符号关系的跨媒介思维。在中国文化传播中"尚象"的民族思想，形成了"言以观象"和"象以言著"的"言象互动"[①]符号系统。"言象互动"的媒介语言，奠定了中国古代文化传播的基础。此"言象互动"可理解为"阴阳天道，象之成"所延伸出媒介的象数思维。作者在中国古代传播观念中，以媒介的象数思维，阐发出由"'观物取象'至'观象制器'的媒介符号化，由'言象互动'至'立象尽意'的媒介超越，由'得意忘言（象）'至'象外之象'的媒介功能最大化"[②]。此"言象互动"的媒介象数思维，也是一种跨媒介的符号思维，在言—象—意之间的跨界转化。作者考察当代文化传播，阐释了符号化隐含着跨媒介的另一向度。文化本身是象征符号体系，媒介又具有文化特性。那么，以互联网为代表的新媒介，表现出信息共享和符号化的突出特征。作者在分析新媒体的共享性，新型主流媒体的建设，媒介与人格塑造时，重视互联网文化传播的跨界与融合特质，抑或说跨媒介特性。

在古今文化传播中，揭示人—媒介的跨媒介关系。"人在创造、运用媒介的同

---

① 汪裕雄：《意象探源》，合肥：安徽教育出版社，2013 年，第 159 页。
② 杨柏岭：《道、人、象：天人合一视阈下中国古代传播观念》，《安徽师范大学学报（人文社会科学版）》2021 年第 1 期。

时，始终与媒介处于共生状态，或是媒介的一部分，或直接扮演着媒介。"[①]这里作者主张的"人即媒介说""传播角色论"，以及绪论中所论述的"人的媒介"与"媒介的人"，既是说明人与媒介的共生关系，也可表现为人—媒介的跨媒介关系。人与媒介的关系，人运用媒介以及人扮演着媒介，从"人的媒介"到"媒介的人"，是一种人媒互动的跨媒介思维。作者以孔子的"教化"传播，阐释在道与人的互动关系中，表现"人"成为"弘道"媒介的自觉意识，于是，孔子构建了以"言传身教"为主要形式，凸显"人即媒介"的传播观。论述了作为媒介的人，是传播信息或表达言说的"人"，并非自然状态的个人行为，而是扮演着某种"角色"，是被"话语形构"所设定的"角色"。作者观照当今社会的媒介现象，人工智能时代，揭示出媒介扮演着公共教师或者说导师的职能。可知，本书叙述了古代文化传播中人扮演媒介，当代文化传播中媒介扮演人的跨媒介思维。

跨媒介传播的文化路径，透视出人与媒介的共存关系，或者像黄旦所讲的"媒介道说"。"'媒介道说'的中心就是人与媒介的共存以及相互介入和运作这一根本，并由此切近媒介并道说媒介"[②]。跨媒介传播，本质上是媒介传播，或者说是媒介与人之间的文化传播。事物之所以成为媒介，在于一切事物所存在的上手性，延伸出的特殊目的性，使其物有物性，物有媒介性，因而，一切存在的物均是媒介。媒介作用于人，在于媒介的中介化，在于"它们本身是不可见的"[③]，也就是说人与媒介的关系，似乎人可观察媒介，而在媒介与人的跨媒介关系中，是不可见的。譬如我们观看电影时，银幕从视线消失，成为不可见的媒介。文化传播跨媒介的历史脉络，尤其在中国本土传播学中具有重要作用。"像'化'观念就贯穿了传播活动的全过程，彰显了中国文化对传播活动的独特理解"[④]，正如作者诠释的"化"观念传播论，贯通天人之道的信息融合、藉格物以致知的万物皆媒，有着媒介融合的特质。其实，中国本土传播中"化"的观念史，有着深刻的跨媒介智慧。在传统与当代的历史脉络里，文化传播的跨媒介路径，揭示出人媒互动的关系。文化传播的历史亦是人类自我探索的历史，文化传播的议题，仍是以人为本、人文关怀的学科命题。

---

① 杨柏岭：《孔子的文化传播实践及现代意义——兼论"媒介，人的延伸"》，《学术界》2016年第12期。

② 黄旦：《辨音闻道识媒介》，哈特穆特·韦斯勒：《哈贝马斯论媒介》，闫文捷译，北京：中国传媒大学出版社，2021年，第10页。

③ [美] 戴维·J.贡克尔，保罗·A.泰勒：《海德格尔论媒介》，吴江译，北京：中国传媒大学出版社，2019年，第124页。

④ 杨柏岭：《本体、认识与价值：中国古代"化"观念传播论》，《新闻与传播研究》2021年第8期。

### 三、人文关怀：跨学科传播的新文科建设

《文化与传播十五讲》是"普通高校文化与传播类专业系列教材"之一。编撰本书初心在于，"观乎人文，以化成天下"①，选择文化史的命题，从人文化成维度挖掘传播学的问题，提升当代大学生文化与传播的基本理论素养，为人文学界建构"文化与传播"的知识体系。本书以文化的逻辑结构为主线，以时间轴为内在线索，汲取文学、历史学、哲学、社会学、艺术学等学科理论，呼应跨学科和多学科的新文科建设。作者"针对媒介技术决定论及其带来的媒介文化神秘主义，从'人的媒介'到'媒介的人'的维度，强化以人的传播实践为本的认识理念"②。作者认识到以互联网为代表的新科技，发展迅猛、影响深远，改变了人类认识世界的方式方法，重塑着对"人"自身的改变，包括生活方式、思维方式和生存体验等。基于此，"探讨新文科建设，既要考虑科技元素对文科发展不可忽略的作用，又离不开对不断变化着的'人的观念''人的培养'等问题之理解与思考"③。在此意义上，《文化与传播十五讲》是一部具有人文关怀的诚意之作。

《文化与传播十五讲》创作动机与新文科建设背景密切相关。2020 年 12 月 26 日，作者参加"新文科建设背景下新闻传播学科发展高峰论坛暨院长论坛"，以《逻辑起点·历史机遇·实践之旅：作为新文科的新闻传播学科建设》为题，从逻辑起点、历史机遇和实践之旅三个方面讨论了新文科的新闻传播学科建设。作者提出要具有全球与中国、"旧"与"新"和内涵与外延的关系意识，辩证地看待新文科建设，这与《文化与传播十五讲》的中西视野和历史脉络相互吻合。作者指出要以新闻传播学的历史机遇为契机，强化新闻传播学科思维"破"与"立"、"危"与"机"、"道"与"术"的知识谱系，"思想引领，现实关怀，文化掘发，融合发展"的学科定位，打造适应现代传媒变革、具有自身特色的新闻传播学科，这与《文化与传播十五讲》的跨学科传播、新文科建设和人文关怀息息相关。因此，本书是在跨学科传播视域下，思考技术、社会与人类之间的人文关怀之作。

人类与技术之间的关怀意识。从人类与物质之间，所形成的动物—技术学的视角看，人类的行为往往与技术活动密切相关，"人类行为即技术"④。其实，作者仍然追问技术与人之间的关系。绪论中提到，如何学会将情感、思想转化为纸上

---

① 黄寿祺，张善文：《周易译注》（上册），北京：中华书局，2016 年，第 215 页。
② 杨柏岭：《作为文化的传播：人、媒介与社会关系的形上之思》，《现代传播（中国传媒大学学报）》2020 年第 8 期。
③ 杨柏岭：《大力推进新文科建设创新发展》，《光明日报》（06 版），2021 年，9 月 17 日。
④ [法] 贝尔纳·斯蒂格勒：《技术与时间：1. 爱比米修斯的过失》，裴程译，南京：译林出版社，2019 年，第 101 页。

文字、视频符号，以及如何掌握此过程中的体力和脑力活动，探究媒介心理学、人类学与数字技术媒介化的文化建设方向。确实如此，现代生活存在技术压倒一切的现象，在忙于娱乐和消费，追求名和利之间，现代人难以思考"较高的内心生活和较纯洁的精神活动"①，因时空的压缩和生命感知的裂变，使得现代人出现思想轻飘和情感飞逝的境况。在物质的海洋和信息的浪潮中正在解构着"诗意栖居"的神话。因此，基特勒将技术操纵称为人类的实体之夜，"人类在最近几百年里称为思考的那些东西根本就不是思考，而是控制技术和数据处理"②。当然，科技进步，为人类带来便捷的同时也带来了戕害。作者在看待人类与技术之间的关系时，既不过于悲观，也不过分乐观，而是更倾向于尊重现实社会发展的客观规律。

人类与社会之间的现实关怀。人类与社会之间的话题，已被许多思想家思考。譬如鲍德里亚的"消费社会"，居伊·德波的"景观社会"，乌尔里希·贝克的"风险社会"，韩炳哲的"透明社会"和"倦怠社会"。韩炳哲所说的倦怠社会，亦是倦怠的人，单向度的人，"功绩社会和积极社会导致了一种过度疲劳和倦怠"③，人类生命的多样性和复杂性，简化为单一化与机械化。不过，作者以展望式的方式，叙述到此现象是人类面向未来，需要持续思考的旅程。面对人工智能时代、媒介化社会、媒介与社会耦合等一系列问题，作者以一种客观态度，回应这些现象，是理解"我们做事、思考的方式"，进而揭示"我们是什么"，以及"我们不是什么"等人类文化学的问题，有利于构建自身和社会群体。

作者在绪论结尾处，考察人与媒介、社会和文化的关系，提出"文化就是人化"，由人创造的文化和人作为文化品牌的双向关系，并且以假设的态度，批评一味地鄙视被新媒介文化塑造的人，进而以乐观的心态，叙述被新媒介塑造的90后、00后等"后浪"，期许他们未来创造的新文化。诚然，不可过度批评被新媒介文化塑造的人，因为生活在智媒时代中的人，都被镶嵌在新媒介之中，但是仍需警惕的是，数字化信息和社交媒介正在侵蚀人们的日常生活空间，数字化交流正在占领现实生活交流，部分"后浪"正在渐变为"没有灵魂，没有思想的数字群"④。因此，媒介由人创造，人也被媒介创造的话题，始终是我们自豪而忧虑的话题。正如莱文森所言："我们就可以踏上信息革命的历史之旅和未来之旅，我们将考察信

---

① ［德］黑格尔：《哲学史讲演录》（第一卷），贺麟，王太庆译，上海：上海人民出版社，2013年，第3页。
② ［德］弗里德里希·A.基特勒：《实体之夜》，李双志译，上海：上海社会科学院出版社，2019，第35页。
③ ［德］韩炳哲：《倦怠社会》，王一力译，北京：中信出版社，2019年，第54页。
④ ［德］韩炳哲：《在群中：数字媒体时代的大众心理学》，程巍译，北京：中信出版社，2019年，第16页。

息革命如何使我们的世界成为可能，又将产生什么样的世界。"①

## 结语

撰述《文化与传播十五讲》的书评，是困难的事情。虽然一直在文化海洋中遨游，但文化传播的浪花仍未采撷。撰文本质上是学习，借此鉴赏"前浪"的浪花，来助力"后浪"的奔涌。那么，我应如何看待《文化与传播十五讲》？在文本细读与反复思考之后，应基于六点治学态度和三点未来希望。其一，温情与敬意的平等意识。面对前人的学术研究，不可求全责备和过分批评，而是以谦虚之心态，对充满诚意之作，报以敬意去考察。其二，理解与同情的诠释方式。在文本细读的基础上，以理解、交流、商议的方式，接近创作者的生命体验与思考价值。其三，不疑处怀疑的治学精神。怀疑不是质疑，怀疑是学术入门的通行证，是学术创作必经的"否定之否定"阶段。其四，真切地批评的客观态度。本文不是充满溢美之词的书评，而是探讨学术问题的文章。其五，反思之反思的独立追求。不仅要反思《文化与传播十五讲》提出的学术命题，而且要反思作者的理论话语，还要反思本文笔者的评论话语。其六，追问之追问的未来展望。追寻真理的道路呈现出一条怀疑之路，有时很难获得真理，但愿能无限接近真理。对《文化与传播十五讲》的未来展望：一则，延伸文化传播与"新新媒介"之关系；二则，拓展文化传播与时代精神的互动关系；三则，强化文化传播与人类命运共同体的微观思考。文化传播亟须立足中国社会语境，"推动形成哲学社会科学中国学派，创造光耀时代、光耀世界的中华文化"②，同时放眼世界，进一步思考人类命运的境况，追问和反思"文明风险的全球化"和无法否定的"数字化生存"。

---

① ［美］保罗·莱文森：《软利器：信息革命的自然历史与未来》，何道宽译，上海：复旦大学出版社，2011年，第8页。

② 中华人民共和国教育部：《新文科建设宣言》，2020年11月3日，http://www.moe.gov.cn/jyb_xwfb/gzdt_gzdt/ s5987/202011/t20201103_498067.html，2021年3月1日。

# 媒介化时代礼乐文化的创造性转化与传播 *

## ——以《中国礼 中国乐》为中心的考察

# Creative transformation and dissemination of ritual music culture in the media era
## ——An Investigation Centered on *Chinese Rites and Chinese Music*

董 浩 赵 将 **

Dong Hao  Zhao Jiang

**摘　要：** 鉴于大众传播媒介在礼乐文化的继承与创新方面发挥的作用越来越大，文章以我国首档礼乐创新传习节目《中国礼 中国乐》对我国礼乐文化的创造性转化与传播为例，探究媒介化时代借助媒介的力量创造性的转化、传播礼乐文化的理路。研究发现，我国礼乐文化在媒介技术的赋权下，按照媒介的逻辑，采取虚实相结合、古今相辉映的方式，不断更新礼乐文化的发展理念，形成了顺应媒介文化不断更新、迭代的内在发展逻辑，在继承中创新、引领的发展思路。在此发展理念的指导下，我国礼乐文化运用模块化呈现、故事化叙述、讲解与讨论并重的方式进行演绎，并采取"线上＋线下"联动的方式，不断增加礼乐文化的再媒介化传播概率，进而在媒介的助推下，促进礼乐文化在全社会的践行。与此同时，文章还认为，我国礼乐文化通过借助媒介的力量，以《中国礼 中国乐》作为尝试的探索经验，将为我国礼乐文化未来更好地发展提供一定的参考与借鉴。

**Abstract:** In view of the increasing role played by mass media in the inheritance

---

　　* 基金项目：本文系国家社科基金重大项目"我国青少年网络舆情的大数据预警体系与引导机制研究"（基金编号：20&ZD012）的阶段性成果。

　　** 作者简介：董浩，男，南京林业大学人文社会科学学院广告与传播学系讲师，研究方向：新闻传播史论、媒介社会学、政治传播。赵将（1992— ），男，硕士，江南大学人文学院讲师，主要从事新闻传播学、媒介社会学研究。

and innovation of ritual and music culture, the article takes China's first ritual and music innovation program "China's ritual and music" as an example to explore the creative transformation and communication of our ritual and music culture in the media era with the help of the power of the media. The research found that under the empowerment of media technology, China's etiquette and music culture, in accordance with the logic of the media, adopted the way of combining the virtual with the real and reflecting the ancient and modern, constantly updated the concept of the development of etiquette and music culture, formed an internal development logic that conforms to the constant updating and iteration of media culture, and innovated and led the development ideas in inheritance. Under the guidance of this development concept, the etiquette and music culture of our country is interpreted in the way of modular presentation, storytelling, explanation and discussion, and adopts the linkage of "online+offline" to continuously increase the probability of re media transmission of the etiquette and music culture, and then, with the help of the media, promote the practice of the etiquette and music culture in the whole society. At the same time, the article also believes that China's etiquette and music culture will provide some reference for the better development of China's etiquette and music culture in the future by using the power of the media and taking "China's etiquette and music" as the exploration experience.

**关键词**：礼乐文化；《中国礼中国乐》；媒介化；创造性转化

**Key words**: etiquette and music culture; *Chinese Rites and Chinese Music*; Mediation; Creative transformation

　　自华夏文明形成以来，礼乐文化作为一种具有丰富内涵的传统文化，一直以来都在中国社会的运行中发挥着或明或显的作用，不仅是指导中国人言行举止、为人处世、社会交往、社会协作基本的社会道德规范，如"夫礼始于冠，本于昏，重于丧祭，尊于朝聘，和于乡射，此礼之大体也《礼记·昏义》"，"人有礼则安，无礼则危，故曰：礼者不可不学也《礼记·曲礼上》"，同时也是中国古代社会进行治国理政的基本制度与文化资源，如"为政先礼，礼其政之本也"《礼记·哀公问第二十七》。①"《礼记·乐记》有云"乐者，天地之和也。礼者，天地之序也"，礼乐是天地和谐秩序在社会中的体现，礼乐文化的精髓即为"秩序"和"和谐"。

---

① 谢清果：《华夏礼乐传播论》，北京：九州出版社，2021年，第1页。

近代以前，中国一直是世界强国之一，我们的人民对自己的文化有着强烈的认同感、自豪感和归属感。但鸦片战争后，中国陷入了内忧外患的境地。随着西学东渐潮流的兴起，在"欧风美雨"中，西方文化侵入中国，中国传统文化体系开始受到西方文化和思潮的猛烈冲击，以儒家为代表的中国传统文化甚至出现沦落的趋势，中国逐渐被西方文化所裹挟，甚至出现了"全盘西化论"的极端论调。在这种情况下，作为中国传统文化重要组成部分的礼乐文化自然也受到影响，甚至被质疑、被遗弃。新中国成立后，礼乐文化这种被忽视、质疑的情况得到了一定的改善，但总的来讲，长期以来，我国礼乐文化所受到的重视不够，传承更是面临着断代的危险。事实上，儒家礼乐文化是中华传统文化的核心内容之一，它承载、塑造并传递了中国古代仁、义、礼、智、信等核心价值观，潜移默化地影响了中国人的价值观念和行为方式，具有"日用而不觉"的特性。[1]沿袭数千年的儒家礼乐文化一直具有独特的中国风格、中国特色、中国气派，它不仅仅是一种文化，更是一种流淌在中国人骨髓中的社会的规范、运行的规则。在中国特色社会主义进入新时代、世界面临"百年未有之大变局"的时候，我们如何重拾传统的礼乐文化资源，进一步挖掘深藏其中的中国智慧，继承与创新我国优秀的礼乐文化，如何在当代有计划地建立和规范一些礼仪制度，进而让礼仪成为我国文化传承、践行社会主义核心价值观、教化人民、进行治理社会、坚定文化自信的有效方式，成为这个时代我们必须面对也必须解决的重要理论问题和实践问题。

检视已有研究之后发现：为了更好地继承与创新我国礼乐文化，社会各界纷纷采取行动，保护与弘扬礼乐文化，如国际层面，孔子学院在世界各地的建立；国内层面，各种礼乐文化传习所、研究院的建立，国家课题的立项、礼仪文化课程的推出等等，并形成了一种继承与弘扬礼乐文化良好社会氛围。但总的来讲，目前，已有的研究，仍处在一定的不足，如已有的学术研究对作为当今媒介化时代一种越来越重要的行动力量的媒介，在礼乐文化的继承与创新中所发挥的作用关注甚少，缺乏探究。

自报刊、广播、电视等大众媒体发明以来，媒介就被赋予了多种多样的功能，如传播知识、启蒙民众、移风易俗、去塞求通、沟通内外等。近年来，随着互联网等新媒体技术的发展，媒介迸发出前所未有的社会行动力量，甚至逐渐成为一种新的"社会行动者"，社会文化的演变也越来倚重媒介作为传播基础设施的作用。[2]正如延森所言，一直以来，传播在人类应对复杂的认知与文化难题、推动那

---

① 韩云忠：《儒家礼乐文化与价值观》，《走进孔子》2022年第4期。

② ［英］库尔德利：《媒介、社会与世界：社会理论和数字媒介实践》，何道宽译，上海：复旦大学出版社，2014年，第19页。

些不断涌现的实际目标的实现、协调人类社会的行动等方面都发挥着重要的作用。①因此，在礼乐文化的继承与创新方面，不仅需要重视媒介的力量，更需要善于借用媒介的力量。

鉴于此，文章将以我国首档于 2022 年 6 月 29 日晚在山东广播电视台齐鲁频道及各大互联网平台播出的中华礼乐创新传习节目《中国礼 中国乐》对我国礼乐文化的创造性转化与传播为例，探究媒介化时代如何借助媒介的力量创造性的转化、传播礼乐文化的。具体而言，文章将沿着影视媒介的运行逻辑，从我国首档礼乐创新传习节目《中国礼 中国乐》的技术赋权、发展理念、叙事结构、传播策划、礼乐风尚的形成等方面，探析媒介的力量作为一种新的社会行动力量在礼乐文化的创造性转化和传播中所发挥的作用。

一、技术赋权：虚实结合，古今辉映，沉浸式体验

在当今的媒介化时代，随着媒介逐渐成为一种像自然环境一样的存在，任何社会主体都无法忽略媒介的存在，甚至随着互联网等新媒体技术的发展，媒介已成为咨询内容的中介者、新的社会、文化形态的激活者、整合者和建构者②。因此，在这种情况下，继承与发展优秀礼乐文化，一个重要的标志就是学习如何按照媒介的逻辑，在互联网等新媒体技术的赋权下③，再现与还原中国礼乐文化的文化之美、内涵之丰富。此种借助媒介力量的再现与还原，不是对传统简单的复制与照搬，而是与时俱进的根据新时代中国特色社会主义的文化需求、价值观，在取其精华、去其糟粕的基础上，顺应媒介化时代发展的趋势，借助现代发达的互联网等新媒体技术强大的社会实践、社会建构能力④，所构建的一个虚拟与现实相结合、古代与现代交相辉映、沉浸感十足的当代礼乐文化盛宴。

具体而言，首先，在《中国礼 中国乐》29 秒的的节目片头部分，就以"有凤来仪"的虚拟凤凰点亮 XR 舞台，并以 AR 等虚拟现实技术，建构了一个以"有凤来仪、礼乐重光"为主题的"超真实"空间。在 XR、AR 等虚拟现实技术的加持下，营造了一个具有非常契合节目定位的精美画面：一块有着历史韵味的褐色玉

① [丹]延森：《媒介融合：网络传播、大众传播和人际传播的三重维度》，刘君译，上海：复旦大学出版社，2012 年，第 5 页。
② 喻国明，赵秀丽，谭馨：《具身方式、空间方式与社交方式：元宇宙的三大入口研究——基于传播学逻辑的近期、中期和远期发展分析》，《新闻界》2022 年第 9 期。
③ 郑永年：《技术赋权：中国的互联网、国家与社会》，邱道隆译，北京：东方出版社，2013 年，第 49 页。
④ [丹]夏瓦：《文化与社会的媒介化》，刘君等译，上海：复旦大学出版社，2018 年，第 19-21 页。

佩在"鎏金"动画的作用下，慢慢幻化成洁白无瑕的玉璧，玉璧圆周有亮光绕动。而后缓缓打开"礼敬""乐和""仁人"等具有浓郁中国传统建筑风格的回廊之后，一只金色凤凰飞过玉质的青绿山水以及金文的"礼""乐"等大字，并驻足在本节目的主标识上，引导观众进入节目。背景音乐引入部分采用中国礼乐制度确定以来，经常出现在宫廷宴会、朝聘、祭祀等各种仪典、宴飨中的打击乐器——编钟，音色清亮。而后，弦乐渐强，节奏明快，恢宏大气。镜头极致唯美，体现了中华优秀传统文化中对君子淑女气质的追求，彰显节目对中华礼乐文化的创新弘扬。

其次，除了节目片头部分，在每期节目中，《中国礼 中国乐》还运用大量的XR、AR 等虚拟现实技术，以媒介的力量与方式，再现与还原了古代礼乐运用情景，创设复合型审美空间，打造了一个个奇幻的"礼乐空间"和问礼场景。在舞台设计上，《中国礼 中国乐》首先以蕴含着"有凤来仪"意涵的凤凰开篇，在这个过程中，随着镜头的推进，接着以玉璧、玉璜、帛、鼓、瑟等能够代表中华礼乐的符号来传递中华礼乐之美；在节目形态上，《中国礼 中国乐》借助影视、音乐、舞蹈等现代艺术形式，来展示中华礼乐文化之美，讲述中华礼乐文化故事之深刻。如在首期节目"婚礼"中，《中国礼 中国乐》在现代科技的赋权与加持下，一面沿着历史的进路，从全唐诗《袍中诗》的爱情故事切入，带观众一同体会"却扇""同牢""合卺"等传统婚仪礼节；另一方面，从技术场景与时空的角度，带领观众在古今之间穿梭，在现实与历史之间不断跳跃、穿梭的过程中，领略与体味着中华婚仪礼节的风采与魅力。

二、发展理念：顺应媒介文化发展的内在逻辑，在继承中创新、引领

鉴于在当今的媒介化时代，数字媒介不仅是当代人生活、工作、学习的新空间、新场所，而且也是一种启发人们思维与创新社会发展思路的"制度"，激发着各种新的类型的政治、经济和文化行动。[①]礼乐文化的媒介化适应、转型与发展也不例外。进而言之，即必须借助媒介的力量来延续我国礼乐文化的精神血脉、文化血脉。而在当今的媒介化时代，借助媒介的力量的一个重要前提或者说基础性的工作，就是创新我国礼乐文化在媒介化时代的发展理念。更具体来讲，就是礼乐文化发展与转型的理念，需要在保持自身文化内核的同时，顺应网络空间中媒介文化发展不断更新、迭代的逻辑。

这种不断更新、迭代的媒介文化发展逻辑，实际上，与文化发展、创新的逻辑是一致的，即在继承中创新，在创新中发展，在发展中引领。这也正如习近平

---

① ［丹］延森：《媒介融合：网络传播、大众传播和人际传播的三重维度》，刘君译，第 18—19页。

总书记就传承与弘扬中华优秀传统文化问题所提出的要求所言："要继承和弘扬我国人民在长期实践中培育和形成的传统美德，坚持马克思主义道德观、坚持社会主义道德观，在去粗取精、去伪存真的基础上，坚持古为今用、推陈出新，努力实现中华传统美德的创造性转化、创新性发展，引导人们向往和追求讲道德、尊道德、守道德的生活，让十三亿人的每一分子都成为传播中华美德、中华文化的主体"[①]。同样，习近平总书记在庆祝中国共产党成立 100 周年大会上的重要讲话中明确提出"把马克思主义基本原理同中国具体实际相结合、同中华优秀传统文化相结合"的重大理论观点。礼乐文明作为中华文明精神的共同标识，代表中华文化核心价值的共同形象。习近平总书记提出的关于"两个结合"、传统文化的"两创"思想同样适用于礼乐文化在当代的发展、创新。

2022 年 6 月 29 日晚在山东广播电视台齐鲁频道及各大互联网平台播出的我国首档礼乐创新传习节目《中国礼 中国乐》，就是借助现代媒介的力量，以影像的方式践行习近平总书记提出的关于传统文化的"两创"思想，创造性的转化、传播礼乐文化的一个典型代表。据节目出品人、策划人，山东广播电视台党委书记、台长吕芃介绍：礼乐文化是中华优秀传统文化的重要组成部分。中国之所以为中国，中国之所以为这样的、曾经的中国，礼乐的作用至关重要。这档节目的创作，一开始就确定了一个基调，那就是：在传承中创新，在创新中发展；在继承中创造，在创造中转化，让中国传统礼乐适应新时代的变化和需求。节目总制片人、山东广播电视台齐鲁频道总监孙珊在接受采访时也表示：节目创意之初，就提出一定要在创新上做文章，紧紧围绕吕芃台长"绝对不能泥古、复古"的要求。[②] 正是在这样的发展理念指导下，《中国礼 中国乐》创新研发中华新礼乐，以中华文化之美引领礼仪文明新风尚，将古代礼乐制度与当代礼仪习惯进行有机结合，从相见礼、婚礼、饮食礼、成人礼、尊师礼、容止礼六个方面介绍古今中外的礼仪文化，详细解读礼乐对于当代中国社会的重要意义，一定程度上实现了我国礼乐文化在当今媒介化时代的创造性发展与转化。

### 三、叙事结构：模块化呈现，故事化演绎，讲解与讨论并重

文化作为一个国家、民族发展的原动力之一，其传承工作十分重要。因为文化传承工作不仅是一个简单的世代延续与传递现象[③]，还是一个如何在继承的基础上进行再阐释、再创新以及社会传播，最后让这种文化成为"人们的一种生活方

---

① 习近平：《习近平谈治国理政（第一卷）》，北京：外文出版社，2014 年，第 160—161 页。

② 王禹：《〈中国礼 中国乐〉追寻"礼乐文化"的星辰大海》，《广电视界》，2022 年 6 月 30 日。

③ 马克思主义哲学编写组：《马克思主义哲学》，北京：高等教育出版社，2009 年，第 247 页。

式"①的工作。具体到我国礼乐文化的传承工作更是如此。在中国的传统社会，人们对礼乐文化的习得往往是通过家庭和共同体的自发的教化而完成的，如礼乐文化传统的继承方式是按照经典的典籍的记载与规定，文人、士大夫学习之后向民间进行传播，传播的方式有以教授学生、老百姓向当地的文人、士大夫请教等为主，然后老百姓在日常生活中学习、遵守、奉行的一般叙述结构。因此，这种环境下人们与礼乐文化"血脉相联"。现在，在当今的媒介化时代，随着大众传播媒介越来越成为传授知识、记录与保证社会遗产代代相传、激发新的政治、经济、文化类型、引导社会成员朝着特定方向发展的重要工具，②我国礼乐文化的继承与发展，也开始不断地学习、借鉴大众传播媒介的叙事方式来讲述关于自己的故事。总的来讲，这种利用媒介的叙事是一种与传统礼乐文化基于文本、口耳相传的叙事方式是不同的，这种媒介化的叙事是一种由现代视觉语言建构的一种碎片化的、拼贴式的、风格化的、急促的、故事性的、炫丽的蒙太奇叙事，甚至是带有一定的表演性、仿真性与刻意追求奇观化。③因此，为了创新礼乐文化的传承方式，《中国礼 中国乐》主动采取大众传播媒介模块化呈现，故事化演绎，讲解与讨论并重的叙事结构。

所谓的"模式化的呈现"，是指《中国礼 中国乐》每期节目的逻辑线索都是沿着"荐礼""寻礼""问礼""传礼"的故事主线循序渐进地展开，且每个模块都是精心设计的。而所谓的"故事化演绎，讲解与讨论并重"则是指在故事、讲解与讨论等叙述方式渗透在四个单元模块中。在"荐礼"模块，为了更好地继承与发展礼乐文化，《中国礼 中国乐》节目邀请了礼乐研究方面的知名学者如陕西师范大学历史文化学院教授、博士生导师教授于赓哲，湖南大学岳麓书院教授、国家社科基金重大项目"中国礼教思想史"首席专家殷慧，曲阜师范大学中华礼乐文明研究所所长、教授宋立林等知名学者来担任荐礼人，并且根据现代社会的需求和本节目的定位，精心设计了每期节目的礼乐主题。在"寻礼"环节中，《中国礼 中国乐》为了让读者更好地理解各种礼仪的渊源，增加观众观看节目的沉浸感、代入感，采用了剧综结合的模式，在寻礼人的带领下，引导着观众一同解读、见证与古代礼仪相关的故事。在"问礼"环节，则采取的习礼人提问，荐礼人与专家团回答，讨论与讲解并重的方式。在"传礼"环节，则是通过观看现实生活中普

① [美]詹姆斯·罗尔：《媒介、传播、文化：一个全球的途径》，董洪川译，北京：商务印书馆，2012年，147页。
② 郭庆光：《传播学教程》，北京：中国人民大学出版社，2011年，第101页。
③ [美]凯尔纳：《媒体奇观：当代美国社会文化透视》：史安斌译，北京：清华大学出版社，2003年，第73页。

通人的礼乐传承方式，然后，习礼人再发表感言；最后是习礼人与专家团、荐礼人、寻礼人等就礼乐文化如何在当代生活中运用进行讨论。

### 四、传播策划："线上 + 线下"联动，再媒介化传播

鉴于礼乐文化在当代中国社会中的传承出现了比较严重的断裂与空缺，很多中国人对礼乐文化缺乏比较深入、全面的了解，甚至有点陌生。因此，礼乐文化的传承首先需要解决的是，让更多的中国人以他们喜闻乐见的、熟悉的方式了解与认识礼乐文化。而现代中国人比较喜闻乐见的与熟悉的方式就是媒介化的阅读与传播方式。根据第 47 次《中国互联网络发展状况统计报告》最新的调查数据显示，截止到 2020 年 12 月，我国网民规模为 9.89 亿，互联网普及率高达 70.4%；我国网民规模占全球网民的五分之一左右，构成了全球最大的数字社会。[1] 故在此情况下，《中国礼中国乐》不断要学习媒介逻辑，利用媒介的力量传播礼乐文化与引领新时代礼仪文明的新风尚。

集中"线上 + 线下"的传播力量，畅通礼乐文化传播的渠道。在当今的媒介过剩、注意力分散[2] 的时代，为了让更多的人看到《中国礼中国乐》与礼乐文化传播得更远，《中国礼中国乐》集中各方面的传播资源，立足融媒特色，强化融媒制播，创新传播方式，建立了包括山东广播电视台齐鲁频道与各大互联网平台等在内的线上与线下相结合的矩阵式的传播方式，充分整合了传统媒体与各种互联网等新媒体技术两方面的传播优势，力图实现"多屏共振"的效果。畅通中华礼乐文化传播，最大限度地增加了礼乐文化在社会上的媒介显现度，扩大了礼乐文化的传播范围。

积极、主动的进行传播策划，力促礼乐文化的再媒介化传播。在当今的媒介化时代，衡量传播效果大小不再是以单个媒体的传播效果为标准，而是需要测量多个媒介所产生的综合效应。而在这个测量过程中，一个重要的指标就是测量媒介的再媒介化传播力量。所谓再媒介化传播，是指"一个媒体上的内容通过在另一个媒体中再现与再传播，让原有的媒体从其他媒体上获取资源和灵感，从而使原有媒体获得新的意义"[3]。现在随着微博、微信、短视频等社交媒体技术的发展，再媒介化传播更是呈现出前所未有的社会传播能量。具体到《中国礼 中国乐》的

① 中国网信办：《第 47 次〈中国互联网络发展状况统计报告〉》，2021 年 02 月 03 日，http://www.cac.gov.cn/2021-02/03/c_1613923423079314.htm，2022 年 10 月 29 日。
② [澳] 哈桑：《注意力分散时代：高速网络经济中的阅读、书写与政治》，张宁译，上海：复旦大学出版社，2020 年，第 99 页。
③ Bolter J D，*Grusin R. Remediation*. Cambridge，MA：MIT Press，1999，p.45.

传播情况也是如此。如《中国礼 中国乐》在"成人礼篇"播出后，抓住社会关切热点——排爆英雄张保国女儿的"成人礼"，积极进行传播策划，推出的短视频《破防！排爆英雄的女儿长大穿上警服》，被人民日报、新华社、央视新闻等三大央媒双微集体再媒介化传播之后，成功出圈，单条视频全网传播量突破 7 亿次，并引发巨大的社会反响。

五、礼乐风尚的形成：媒介的助推与全社会范围内礼乐文化的践行

通过以《中国礼 中国乐》为例研究发现，媒介化时代，我国礼乐文化在媒介技术的赋权下，按照媒介的逻辑，采取虚实相结合、古今相辉映的方式，不断更新礼乐文化的发展理念，形成了顺应媒介文化不断更新、迭代的内在发展逻辑，在继承中创新、引领的发展思路。在此发展理念的指导下，我国礼乐文化运用模块化呈现、故事化叙述、讲解与讨论并重的方式进行演绎，并采取"线上＋线下"联动的方式，不断增加礼乐文化的再媒介化传播概率。

因此，未来，我国礼乐文化在保持自身的文化内涵、精神内核不变的情况下，通过与时代偕行，即按照媒介的逻辑运行、传播，其可见性[①]一定会得到了进一步的凸显，人民对于礼乐文化的兴趣一定会得到了进一步提高、认识与理解也一定会得到了加强，社会影响力也将更大。然后，在这种礼乐文化不断兴盛的情况下，继续借助大众传播媒介与现代发展的新媒体技术强大的社会传播力量及其"涵化作用"，我国社会一定会逐渐形成一股学习、践行、认可礼乐文化的良好社会氛围。

具体举措包括：第一，鉴于"使用媒介时间越长的人，涵化现象或培养效果越明显"[②]，我国礼乐文化应继续加大学习、利用媒介的力量促进礼乐文化的媒介化转型与传播，这是非常关键的基础性工作。正如刘金波所言，利用大数据、人工智能技术、5G 技术推动礼乐文化的传播，可以进一步拓展礼乐文化的传播范围、传播方式，提升传播效果；加速公共平台媒体的建设，结合文旅、文创产业，可以拓展礼乐文化的跨界传播，[③]推动中华优秀传统文化更好融入经济社会发展和人们日常生活，继续焕发永恒魅力和时代价值；第二，采取多种措施，鼓励人们在现实日常生活中对于中国礼乐文化的采用与践行，如培养礼乐文化方面的意见领袖、积极策划关于礼乐文化的社会活动、鼓励举办中式婚礼、鼓励成人礼的举办、从小就开始对中国孩子进行餐桌礼仪、交往礼仪、尊师礼仪等进行系统的礼乐文

① Brighenti, A. Visibility: A category for the social sciences. Current Sociology, 2007，55，323-342.

② 郑兴东：《受众心理与传播引导》，北京：新华出版社，2014 年，第 157—158 页。

③ 刘金波：《兼性：礼乐文化传播的中国智慧研究》，《社会科学文摘》2021 年第 10 期。

化教育等；最后，对这种礼乐文化发展兴盛的盛况再进行媒介报道，强化中国优秀礼乐文化传播的话语建构，利用媒介建构、传播的"象征性现实"，吸引更多的中国人民加入。如此循环往复，即通过媒介的助推、多种鼓励措施的采取与人民长期的践行，相信在不久的未来，我国礼乐文化一定会重新恢复其应有的社会影响力与社会重要性。

### 结语：媒介的力量与我国礼乐文化的创造性转化和传播

综上可知，我国礼乐文化通过借助媒介的力量，以《中国礼 中国乐》作为探索的尝试取得了良好的社会反响，确实为我国礼乐文化在当今媒介化时代的创造性转化和传播做了一个有益的尝试，其经验为未来我国礼乐文化更好地发展具有重要的参考与借鉴价值。不过，需要注意的是，我国礼乐文化在媒介化转换、传播的过程中还要谨防媒介逻辑对文化本身的内在逻辑的侵蚀与异化，不能被媒介逻辑、商业逻辑、资本逻辑牵着鼻子走 [①]，而是要为我所用的利用媒介的力量发展、壮大礼乐文化，否则，就会得不偿失，违反了借助媒介的力量促进礼乐文化发展、转型的初衷。

---

① ［德］托马斯·梅耶：《另一种民主》//《传媒殖民政治》，北京：中国传媒大学出版社，2009年，第6页。

# 华夏非遗传播研究

主持人：李海文

# 廿年回顾：情感视域下中国非遗传播研究及其探索展望 *

## The Review of Twenty Years: Research and Exploration Prospect of the Communication of Intangible Cultural Heritage in China from the Perspective of Emotion

李海文　谢清果 **

Li Haiwen　Xie Qingguo

**摘　要：** 以史为鉴，继往开来，是非遗传播研究的应有之义。近二十年来，非遗传播与情感的研究不断发展，从内容切入可整理归纳出价值论、本体论和方法论三大板块。在价值层面，非遗传播与情感关系密切，相互影响，日渐成为一种共识。在本体层面，非遗传播不管是媒介上还是在传播类型上，都必须重视和合理利用情感机制。在方法层面，非遗传播广泛服务于其他学科研究和社会应用，情感何以可为值得深入探讨。当前学术界亟须理清非遗传播与情感的关系，系统分析情感与非遗的互动，建构一套"非遗传播情感说"。

**Abstract:** Taking history as a mirror, carrying forward the past and opening up the future is the proper meaning of the study on the communication of intangible cultural heritage(ICH). In the past two decades, the research on the communication and emotion of ICH has been developing continuously. From the perspective of content, we can sort out and conclude three major parts: "axiology", "ontology"

---

＊ 基金项目：国家社科基金一般项目"华夏文明传播的观念基础、理论体系与当代实践研究"（项目编号：19BXW056）；2021 年度福州市社科规划一般项目"短视频背景下福州市非物质文化遗产的保护与传承研究"（项目编号：2021FZC19）。

＊＊ 作者简介：李海文（1985—），男，福建武平人，厦门大学新闻传播学院博士研究生，主要从事华夏文明传播与媒介学、文化遗产传播方面的研究。通讯作者：谢清果（1975—），男，福建莆田人，哲学博士，厦门大学教授，博士生导师，从事华夏文明传播与话语权研究。

and "methodology". At the value level, the communication of ICH and emotion are closely related and interact, which has become a consensus. On the ontological level, the emotional mechanism must be paid attention to and rationally used in the communication of ICH, whether in the media or in the types of communication. At the methodological level, the communication of ICH has been widely used in other disciplines and social applications, and how emotions can be used is worth exploring in depth. At present, the academic community urgently needs to clarify the relationship between the communication of ICH and emotion, systematically analyze the interaction between emotion and ICH, and construct a set of "emotion theory of ICH communication".

关键词：非遗传播；情感；研究

**Key words:** Communication of intangible cultural heritage; Emotion; Research

保护和传承非物质文化遗产（以下简称非遗）是当前一大重要课题，具有重大的社会价值和经济价值。非遗发展离不开传播，保护、保存、展示、传承等任何环节的勾连都需要传播作用。在业界，不管是联合国教科文组织《保护非物质文化遗产公约》，还是《中华人民共和国非物质文化遗产法》，都有条款直接涉及传播。在学界，传播学者先驱拉斯韦尔早就认为，大众传播具有环境监视功能、社会协调功能和社会遗产传承功能。非遗专家高丙中教授也说："传播和传承一起，成为推动非遗工作的两个轮子。"[①] 在当今注意力稀缺时代,非遗传承作为一种历时性传播，还需要共时性传播的赋能。非遗传播成为非遗发展的一大路径，也新兴成为华夏传播研究之中一块子领域。对何为非遗传播，学术界表达不一，未有公论。在笔者看来，非遗传播在广义上既有纵向的代际传播，即为非遗传承，主要媒介是人；也有横向的共时传播，主要媒介是物，通常是指媒体传播。在狭义上，非遗传播与非遗传承并列看待，其重在信息告知他人，参加仪式，偏向组织传播、大众传播，效果强弱不一；而非遗传承则重在口授心传技艺，中转文化，偏向人际传播、群体传播，效果要求强大。

人既是传播的动物，又是情感的动物。何为情感？情感是"对外界刺激肯定或否定的心理反应，如喜欢、愤怒、悲伤、恐惧、爱慕、厌恶等"[②]，相比情绪具有较大的稳定性、深刻性和持久性。不管是保护与传承，还是传播与创新，非遗必

---

① 张玉玲：《非遗传播：怎样凝聚关注的力量》，《光明日报》2018年07月10日，第9版。
② 中国社会科学院语言研究所词典编辑室编：《现代汉语词典（第7版）》，《商务印书馆》，2016年，第1068页。

须"见人见物见生活"，情感都贯穿其中。"情感是人类精神活动的起点。"[①] 近年来，社会科学研究呈现出了一个新变化，即"情感转向"，被一些研究者视为"社会科学自'语言学转向'（the linguistic turn）和'文化转向'（the cultural turn）之后的第三次重大的范式革新"[②]。因此，研究非遗传播与情感之间的互动，既有可能也有必要，还应有可为。

自从 2005 年国务院下发《关于加强我国非物质文化遗产保护工作的意见》和《国务院关于加强文化遗产保护的通知》之后，中国非遗的保护与传承越来越受到学界的广泛关注与研究。以史为鉴，继往开来，是非遗传播研究的应有之义。2001 年昆曲申遗（人类口头和非物质遗产代表作）成功开启中国"非遗"元年，2021 年是非遗工作二十周年。本文所依据的材料，在时间上以近二十年（2001—2021）为范围，在出版物上主要以图书、核心论文（北大核心、CSSCI、CSCD）和博士学位论文、中央级报章为范围。截至 2022 年 3 月 21 日，笔者通过图书馆网站和人工阅读方式，经过去重、筛选等环节，检索到具有"情感"论述的图书 17 本；在中国知网以"非物质文化遗产"或"非物质遗产"或"非遗"与"情感"为主题词，共检索到核心论文 44 篇，博士学位论文 17 篇，中央级报章 6 篇。下面就以上述材料为基础，从内容角度为切口，梳理非遗传播（取其广义）与情感互动的研究情况，从而整理聚类，产生出价值论、本体论和方法论三大板块，挂一漏万，略述大端。

## 一、价值论：非遗传播与情感关系

非遗具有活态性、地域性和民族性，与情感有着天然联系。正如学者所言，非遗"又是一个承载人类多种情感信息的载体，是一个储满人类情感的仓库"[③]。它本身蕴含且要求人对它的情感认同。"人的思维和情感影响着非物质文化遗产的传承。"[④] 在《"十四五"非物质文化遗产保护规划》中所提发展目标就有情感维度，"人民群众对非遗的认同感、参与感、获得感明显提高"。这很大程度上使得非遗传播与情感关系密切，相互影响。

---

① 杨岚：《人类情感论》，天津：百花文艺出版社，2002 年，第 17 页。
② 田浩：《反思性情感：数字新闻用户的情感实践机制研究》，《新闻大学》2021 年第 7 期。
③ 王文章主编：《非物质文化遗产概论（修订版）》，北京：教育科学出版社，2013 年，第 135 页。
④ 何华湘：《非物质文化遗产的传播研究》，华东师范大学论文，2010 年。

（一）非遗传播必须重视和合理利用情感赋能

非遗传播必须重视和合理利用情感赋能，日渐成为一种共识。非遗延续生命需满足的三大条件之一是能够唤起共同体成员情感上的共鸣，"如果不能引起情感上的共鸣，得不到共同体、群体和个人的认可，非物质文化遗产传承出现断层，就会面临生存的危机"[①]，情感是非遗传播的必备要素[②]。民间传统技艺蕴含历史信息和情感内涵，应该继续关注、重视和珍惜，重建关于非遗的正确价值观[③]。非遗产品和服务是表达情感的载体，与休闲经济结合起来"既可以使非物质文化遗产得到有效保护和传承，也可以使现实的人们感受到非物质文化遗产各种样式的价值和魅力，唤起保护和传承的热情，形成保护和传承的自觉"[④]。创意产业创造的情景再现"要和人的情感体验联系，让人感到好像是回到了从前的这个地方")[⑤]，这样的非遗传播才有生命力。"任何民歌文本都承载着一定的情感，歌手也都通过演唱民歌来传情达意"[⑥]，必须保护情感信息。"农业时代的非遗传播传承主要靠情感维系，是在有限的亲缘关系和地缘范围内进行的[⑦]。"利用情感有助非遗传播，正如不少学者的呼吁"挽救非遗需唤醒全民文化情感"[⑧]，"以民族情感保持'非遗'文化影视作品的'灵韵'"[⑨]。认识到情感的作用，学者们提出了情感运用对策，如彝族民间舞蹈跳菜应加强情感的启发和培养，才能有助非遗传承、发展[⑩]；博物馆是非遗传播的新兴场域，其展示的基本理念之一便是情感化[⑪]；非遗的传承发扬"要善于借助大事件大活动大热点，在传播中注重情感因素，拉近与传播对象之间的距离，调动大众的参与度和分享热情"[⑫]。唤醒情感有助非遗传播，但过度利用情感也会

① 王巨山：《非物质文化遗产的特征及其保护的再认识》，《社会科学辑刊》2006 年第 5 期。

② 王巨山：《非物质文化遗产概论》，北京：学苑出版社，2012 年。

③ 刘魁立：《民间传统技艺的人性光辉》，《中南民族大学学报（人文社会科学版）》2009 年第 4 期。

④ 谭宏：《非物质文化遗产保护与传承的一条新路径——从休闲消费到休闲产品》，《民族艺术研究》2010 年第 5 期。

⑤ 仲富兰：《非遗传播与创意产业》，《江南大学学报（人文社会科学版）》2011 年第 4 期。

⑥ 彭栓红：《音乐类非物质文化遗产保护策略刍议——以河曲、左权原生态民歌保护为例》，《文艺理论与批评》2013 年第 2 期。

⑦ 刘倩：《马克思主义文化观视野中的中国非物质文化遗产保护与传承》，华南理工大学，2019 年。

⑧ 马知遥：《挽救非遗需唤醒全民文化情感》，《山东社会科学》2011 年第 9 期。

⑨ 李玥，张金尧：《<雪花秘扇 >：非物质文化遗产的"银屏"投射》，《电影评介》2019 第 Z1 期。

⑩ 李瑶：《彝族民间舞蹈跳菜及其传承、发展之探析》，《民族艺术研究》2011 年第 3 期。

⑪ 杨红：《非物质文化遗产展示与传播前沿》，北京：清华大学出版社，2017 年，第 107 页。

⑫ 秦彧：《非遗全媒体传播的现状及趋势分析报告》，载《中国非物质文化遗产保护发展报告》(2019)，北京：社会科学文献出版社，2020 年，第 132 页。

带来反噬。当下非遗传播中有贩卖情怀的不良倾向，"不断打悲情牌和贩卖情怀，唯独缺少对受众充分尊重的诚意……最后只能引起受众和消费者的反感"①。除了适度利用情感，还要巧用情感，发挥主体间性，打造共情传播空间。文遗纪录片的创作要从他者性的情感逻辑转到共情式的情感逻辑上来，运用角色式共情、故事化共情、生活化共情、技术式共情四种主要手段营造共情空间，实现观众与作品的共鸣②。在正在到来的智能传播时代，从时、度、效把握情感，探索情感规律，推进非遗的精准传播，存在着研究空间。

（二）现代媒介技术对情感具有双面影响

情感对于非遗传播不可或缺，基本已无争议，但媒介如何介入却众说纷纭。新兴媒介高速发展，日益嵌入生产生活之中，不少人持"拥抱技术"的态度，利用技术赋能非遗传播。非遗"进行数字化挖掘、开发时要格外重视其精神观念、情感认同、社会责任及人文关系的表达，从而保留民族的原始思维、价值观念，用发展的观念构建民族的心理图腾③。"有学者在分析日本歌舞伎传承创新时指出，"充分利用现代科技手段和数字技术创新和丰富非遗呈现方式，将情动机制融入非遗传承的全过程，进而激发受众认知、了解和参与传播的积极性，为世界各国非遗的创造性转化与创新性发展提供了有益的借鉴"④。但也有学者对技术处理做出反思或警醒，认为现代媒介是一把双刃剑，一方面促进了非遗的保存与推广，另一方面传播使非遗"脱域化"以致真实性、情感性受损。例如，大众传播方式具有一定的霸权性，隔断了传受双方的亲和关系，使人直接面对的是非人的机器设备，造成了民俗艺术传播中情感的缺失和人性的疏离⑤；非遗"媒介技术化的影像传播正使非物质文化遗产本身与传统非物质文化遗产活动特有的氛围渐行渐远，非物质文化遗产传播的现场感的缺失与人际交流的淡化，使非物质文化遗产独有的感染力与触动力被削弱"⑥；参与主体在"非遗"数字化中处于技术远程在场状态，存

① 王燕：《现代化进程中的非物质文化遗产与保护》，北京：文化艺术出版社，2018年，第291页。

② 苏皓男，杨艳君：《文遗纪录片他者空间到共情空间的转向研究》，《中国电视》2021年12期。

③ 廖丹，李奇：《时空视角下非遗数字化问题与策略研究》，《艺术评论》2021年第2期。

④ 韩若冰：《非物质文化遗产的活化、传承与创新——以"情动机制"为视角》，《民俗研究》2019年第6期。

⑤ 孙发成：《民俗艺术符号及其现代传播》，《民族艺术研究》2011年第2期。

⑥ 张兆林，齐如林，束华娜：《非物质文化遗产保护领域社会力量研究》，北京：中国社会科学出版社，2017年，第129—130页。

在技术话语统治和文化情感"零度化"的技术伦理问题①。对同一遗产，人们情感不尽相同，甚至相左。如何从情感上尽可能地扬长避短，也是提升非遗传播一个路径。"相比那些积极情绪，这些为数不多消极情绪却更加值得探讨。因为对于京剧文化的传承和发展，群众不满意之处就是京剧文化发展和改进的动力和方向②。"非遗传播不仅需要情感，如何唤醒，如何产生正面情感，如何把短期情感转换成持久情感，这些等增强情感能量的话题是值得开拓的领域。

## 二、本体论：情感视域下作为内容的非遗传播

非遗传播探讨的是非遗领域的传播，其本体应是传播活动、现象及其本质，目的在于探寻传播之道。"非遗传播"更多的是在研究非遗基于人际代际传承、横向扩布行为，研究跨地域、跨民族的传播轨迹、规律和其流变性特征，也还包括利用现代媒介实现非遗信息与知识的传播③。非遗传播是一大庞大体系，从不同的维度具有不同的内容构成。

### （一）情感化媒介增强非遗传播

若以媒介来划分，在器物媒介上，设计、生产、销售非遗产品，也是一种非遗传播。不少学者看重情感化设计方法，应用于产品、教研活动等中。例如，应依据文化创意艺术品的文化基因、情感体验、实用性与艺术性等特质，注重设计内涵的提炼与完善，设计具有特色性应用的文创艺术品④。少数民族非遗众多，面对外来文化冲击，更要以情感化的产品来应对。有学者以土家族织锦为个案，探索了基于情境地图的非物质文化遗产衍生品的设计方法⑤。非物质文化景观是非遗的一大物质体现，要设计完整的情感性旅游产品，通过意境场的营造、意象点的诱发和意境流的形成三大步骤来实现⑥。在大众媒介上，新闻、动漫、影视、短视频等媒介更是非遗传播的主打媒介。皮影这种具有诗意化表现的艺术形式，有效

---

① 高旸，陈鹏：《技术主导与情感零度："非遗"数字化技术伦理反思》，《广西社会科学》2020年第7期。
② 侯文军，乐梦云：《传播视域下对京剧文化的认知分析》，《北京邮电大学学报（社会科学版）》2020年第2期。
③ 杨红：《非物质文化遗产展示与传播前沿》，北京：清华大学出版社，2017年，前言，第2页。
④ 杨晨，杨天明：《辽海文化视域中文化遗产传承与再生设计研究》，《包装工程》2019年第14期。
⑤ 胡鸿雁，唐颖欣，颜祺芳，姚湘：《非物质文化遗产衍生品设计方法研究》，《包装工程》2020年第14期。
⑥ 廖嵘：《非物质文化景观旅游规划设计》，同济大学论文，2006年。

表达了诗意的情感，中国非遗动画传播一定要把握诗学意涵①。动漫可以引导青少年对非遗的情感，"优秀的动漫往往能够引发受众的情感共鸣，并以强烈的代入感使受众对动漫内容产生心理认同"②。"'非遗'纪录片不仅要注意创作层面上的诉求，而且要重视和关注受众的感受、理解、反馈，在文本内容、形态、情感等方面契合受众的诸多需求，提升作品的传播力、影响力，在接受中体现'非遗'文化的意义，同时成就纪录片的隽永价值③。"从 2017 年开始短视频爆发，非遗也进入短视频时代。2019 年，快手推出"非遗带头人计划"，抖音推出"非遗合伙人"计划，相关的研究也随之兴起，渐有燎原之势，但涉及情感的成果较少难见。"感人心者，莫先乎情（白居易《与元九书》）。"怎样打造具有情感触点的非遗短视频，使其在海量的短视频中脱颖而出，"提升用户情感，实现非遗文化的长效传播"④，对于非遗传播亦是值得探讨的一个研究点。短视频的"短"既是它的优势，也是劣势，存载的内容毕竟有限，或许可以拓展到具有陪伴价值的"慢直播"，探索新媒介与情感的融合路径，更好地发挥情感传播功能。

（二）任何类型传播均需情感加持

若以传播类型来划分，非遗传播主要体现在自我传播、人际传播、群体传播和大众传播等方面。观光旅游可谓是人与外部环境之间的自我传播，如学者提出密切关注游客的个性和情感需求，完善旅游体验从而加强非遗保护。⑤尽管他们没有直接说明自我传播的概念，但对情感所思所想契合了自我传播的需要。千百年来，非遗传承主要方式是言传身教、口授心传，这正是人际传播和群体传播的体现。对于濒临灭绝的非遗而言，亟须改变窄小范围的传播，寻求新的传播机制。情感促进传承人的群体的"关系"建立，形成民间习武共同体维系机制，为民间传统武术传播提供了思路⑥。组织化的群体传播，即为组织传播。博物馆（非遗馆/厅）展示非遗是各地非遗传播的一大普遍做法。不少学者阐释了博物馆非遗展览展示的理论观点和应用思路。例如，在"戏剧性"维度上，以科技赋能传统文化，

---

① 潘俊，李昱昊：《非物质文化遗产类动画的诗学意涵研究》，《电影评介》2020 年第 10 期。

② 陈少峰：《非物质文化遗产的动漫化传承与传播研究》，山东大学论文，2014 年。

③ 邵雯艳：《大众接受视阈下"非遗"纪录片的文本构造》，《中国电视》2017 年第 10 期。

④ 彭慧，秦枫：《互动仪式链视角下非遗短视频用户互动研究——以抖音"非遗合伙人"为例》，《未来传播》2021 年第 3 期。

⑤ 王红宝，谷立霞：《基于旅游体验的非物质文化遗产保护性旅游开发研究》，《广西社会科学》2010 年第 11 期。

⑥ 吕韶钧，李向阳，彭芳：《非物质文化遗产传承人群体的"关系"研究——基于民间习武共同体的"关系"建构及维系机制研究》，《民俗研究》2020 年第 3 期。

形成互动式感官和情感体验①；以苏州非遗馆桃花坞展区为个案，从儿童情感化体验的角度出发，在本能、行为、反思三个层面探讨了如何将苏州非遗文化元素与儿童行为特征、心理特点进行连接与转化，进而实现从感官到情感的综合体验②。近年来，"非遗进校园""非遗进课堂"的号召与政策得到践行。学校开展非遗教育亦属于组织传播。有许多个案研究，例如以清水江流域贵州民族地区为例，指出非遗地方课程存在情感价值剥落的困境，要引导学生重建非遗与自我的成长与发展的交互关系③。学校教育是非遗社会传承的一种新兴方式，学者多从教育学、文化学的角度去谈，缺乏从组织传播角度探讨。面对有些非遗（如地方传统戏剧、曲艺等）后继乏人的困境，如何从"家传""师传"扩展到"校传"，如何更好地开展"校传"值得进一步的探讨。

## 三、方法论：情感视域下作为方法的非遗传播

非遗传播不仅对自身的赓续至关重要，而且对其他领域亦有重要价值。《"十四五"非物质文化遗产保护规划》在序言中说：保护好、传承好、弘扬好非遗，对于延续历史文脉、坚定文化自信、推动文明交流互鉴、建设社会主义文化强国具有重要意义。许多学者已把非遗传播置于广大的社会环境之中，视为一种方法或路径，服务其他学科研究及其社会应用，主要体现在以下三个方面。

### （一）用于社会认同、形象建设

社会（族群、城市、乡村）认同、形象建设是当下社会科学研究的一大热点，如何实现也引进了非遗传播视角。例如，"歌咏文化凝聚了一代又一代壮族人的生命情感与诗性智慧，涵载着壮族成长的悠悠记忆，建构起壮族集体认同的文化纽带。"④ 其实，整体而言，中国非遗是"中华民族的情感基因，是我们集体记忆的根源，也是我们今天与过去的沟通渠道"⑤。非遗与族群认同、冲突密切相关，如何科学保护、传播非遗作用十分关键。⑥ 有学者采用情感迁移等理论，以中国非物质

① 林淑娟：《场景理论视角下的博物馆非遗展览展示》，《中国艺术报》2021年08月02日，第7版。
② 李嵇扬，章宇：《面向儿童的非遗文化交互体验研究——以苏州非遗馆桃花坞展区为例》，《装饰》2021年第5期。
③ 杨蕴希：《非物质文化遗产地方课程开发研究》，湖南师范大学论文，2020年。
④ 平锋：《壮族歌咏文化与壮民族的族群认同》，《黑龙江民族丛刊》2007年第4期。
⑤ 王文章主编：《非物质文化遗产概论（修订版）》，北京：教育科学出版社，2013年，第128页。
⑥ 宋俊华：《非物质文化遗产保护与族群冲突弥合》，宋俊华，比尔·艾伟，黄永林编，文化对话：中美非物质文化遗产论坛，广州：中山大学出版社，2007年。

文化遗产——苏绣为研究对象，研究基于新浪微博的非遗数字信息对受众城市认同的影响。[①]非遗具有显著的地域性，往往成为地域文化的标识，如齐鲁文化里的"沂蒙小调"、三秦文化里的"信天游"、广府文化里的"广彩瓷"等。因此，通过非遗来加强社会认同和形象建设，不仅可能，而且必要。许多介绍非遗的图书，立意之一就是服务于文化自信、民族认同，正如"通过这本书，读者……增强文化自信……民族自豪感和爱国主义精神"。[②]2021 年中华民族迎来了"第一个百年"奋斗目标，开启了迈进"第二个百年"目标的新征程。若要把中国建成社会主义现代化强国，形象建设、社会认同是应有之项。尤其是海峡两岸认同、粤港澳地区认同等，事关国家主权与领土的完整。如何进一步发挥非遗的媒介作用，还需要以情感为链条把技术—传播—社会（TCS）三者有机贯穿起来。

（二）用于脱贫攻坚、乡村振兴

脱贫攻坚、乡村振兴是近年来政界、商界、学术界共同关注的焦点。例如，"素人主播（侗族七仙女）由于其原本便来自草根阶层，在与受众的互动中具有更强的参与感和代入感，更能激发直播平台的情感链接与消费活力"。[③]广西"舞草把龙"仪式具有情感联结等功能[④]，有利于乡村文化的传承创新。虽然我们实现了脱贫攻坚的目标，但城乡之间依然存在较大差距，共同富裕其路漫漫。民族要复兴，乡村必振兴。中国 73% 以上的非遗项目保存在传统乡村，非遗是实现乡村振兴的重要抓手。[⑤]国家也提出了"加强中国传统村落非遗保护""建设非遗特色村镇"等政策目标，非遗如何赋能，如何变现，探索其中的传播机制大有可为。像乡村民俗等非遗是集体记忆的表征，有效传承将能促进人看得见山水、记得住乡愁。值得注意的是，保护非遗要坚持真实性，工艺产品要有艺术性、个性化，生产性保护不能简单等同于产业化，因此必须继续做好非遗本身的价值阐释。

（三）用于学校德育、社会教化

立德树人是我国社会主义办学的指导方针。非遗用于学校德育，覆盖范围从

---

① 薛可，李柔：《非物质文化遗产数字信息对受众城市认同的影响——基于新浪微博的实证研究》，《现代传播（中国传媒大学学报）》2020 年第 11 期。

② 《国家级非物质文化遗产大观》编写组编：《国家级非物质文化遗产大观》，北京：北京工业大学出版社，2006 年，序言。

③ 栾轶玫，张杏：《"多元传播"赋能的非遗扶贫新模式——以脱贫网红贵州"侗族七仙女"为例》，《云南社会科学》2020 年第 5 期。

④ 李玉雄，李静：《乡村文化传统的实践与乡村文化振兴——以清潭街"舞草把龙"为例》，《云南民族大学学报（哲学社会科学版）》2021 年第 1 期。

⑤ 宋佳烜：《活态传承 赋能乡村》，《中国文化报》2021 年 03 月 07 日，第 8 版。

学前教育乃至高等教育。非遗启蒙教育能促进幼儿道德情感的发展，一能丰富幼儿的道德观念，并且使这种观念与一定的情绪体验联系起来；二具有感染的作用，能引起幼儿的共鸣，从而扩大幼儿道德实践的间接经验与情感内容；三为幼儿提供了表达情感的形式，丰富了幼儿的道德情感体验。[①] 薅草锣鼓具有较高的伦理价值和德育功能，"能使人在参与演唱的过程中获得情感交流、情感体验和情感宣泄的机会，帮助人们从现实世界的各种物欲中解放出来，回归生命本真，从而使人变得更加纯洁高尚"[②]。非遗进校园传播，具有较强的高校德育功能，"增强他们的民族自豪感和自信心，激发爱国主义情感，为形成正确的人生观提供良好的保证"[③]。有学者在书中专设一章探讨非遗与高校思政教育的关系，认为两者相互联系、相互促进[④]。近年有关博硕士论文呈增长趋势，视角也日益多元。有博士学位论文系统论述了非遗的思想道德教育功能，非遗"不仅是社会教育产生与历史发展借以实现的重要形态，也是社会教育现实存在的重要形态，因为非物质文化遗产是各民族长期以来生活经验的积淀，它融汇在各民族的生产、生活、文化、教育、宗教和传统习惯中，支撑着民族的心理和意识"[⑤]。课程思政是当前全国各学校教育的新兴热点，如何利用非遗作为媒介，如何利用情感赋能，开展好"三进"（进教材、进课堂、进学生头脑），值得科研者、教育者进一步探讨。

作为中华优秀传统文化的重要组成部分，非遗与现代人的生产生活还有千丝万缕的联系，应用舞台远不止上述三个方面。其有效融入重大国家战略，服务社会经济发展，如旅游活化、文化创新、提升软实力等方面，都需要媒体的参与，需要传播的勾连，有待实践与理论的不断探索。

## 结语

传播是非遗保护与传承的内在属性、基本特征和基本路径，非遗传播研究有待进一步认知和开拓。非遗传播是"见人见物见生活"的人文传播，情感贯穿其中。如何提升情感既是非遗传播的目的又是动力，然而已有研究虽有零珠碎玉，但缺乏系统性和针对性的整体研究。社会正在迎来智能传播时代，"以人为本"是传播的核心逻辑，情感（如情绪共振、共情体验、孕育灵感等）在实现跨越圈层

①　张继林，陈德艳：《非物质文化遗产启蒙教育对幼儿道德品质发展的影响》，《山东师范大学学报（人文社会科学版）》，2008 年第 6 期。

②　胡晓萍：《薅草锣鼓的伦理价值和德育功能初探》，《四川戏剧》2011 年第 3 期。

③　王水维，许苏明：《论非物质文化遗产的高校德育功能》，《江苏高教》2015 年第 5 期。

④　张兆林，齐如林，束华娜：《非物质文化遗产保护领域社会力量研究》，北京：中国社会科学出版社，2017 年，第 168 页。

⑤　王水维：《非物质文化遗产的社会教育功能研究》，东南大学，2015 年。

的心理连接和社会认同方面作用日益凸显。理清非遗传播与情感的关系，系统分析情感与非遗的互动，激发大众传承非遗的自觉性，亟须建构一套"非遗传播情感说"，这有待同仁努力。

# 我国非物质文化遗产传播研究综述 *

# A Summary of Studies on the Dissemination of Intangible Cultural Heritage in China

苏　文　朱文慧**

Su Wen　Zhu Wenhui

**摘　要：** 本文回顾了我国非物质文化遗产传播的研究脉络，梳理了 2007 年至 2021 年该研究领域的主要成果，并对已有文献的所属学科、国家课题资助情况、研究主题与对象、研究方法进行归纳和分析。研究指出，在涉及学科方面，文化学和新闻传播学是非物质文化遗产传播研究的主要学科，占研究数量近七成；国家社科基金资助课题中，该领域研究主要是在网络传播、媒体传播策略、新媒体使用等新闻传播学重点关注领域下的边缘议题，主要探讨非物质文化遗产的新媒体传播；研究主题方面，"媒体"是核心关键词，"新媒体""数字化""技术"也是重要关键词，音乐类非遗是较多的研究对象；研究方法上，案例分析、参与式观察等民俗学方法是非物质文化遗产传播研究的主要研究方法，而量化方法的探索性研究较为有限。该领域研究的进一步推进依赖于研究议题的拓展、测量工具的改进、研究方法的创新以及自身理论的建构。

**Abstract:** This paper reviews the research context of intangible cultural heritage communication in China, combs the main achievements in this field from 2007 to 2021, and summarizes and analyzes the disciplines, national project funding, research topics and objects, and research methods of the existing literature. The study points

---

\* 基金项目：本文系中央高校基本科研业务费项目"我国新一线城市的城市品牌建构研究"（项目编号：2072021019）阶段性成果。

\*\* 作者简介：苏文，博士，厦门大学新闻传播学院助理教授，硕士生导师；研究方向：日本广告表现，网络口碑营销，泛在网络与社交媒体，基于社会网络分析的消费者行为研究等；朱文慧，厦门大学新闻传播学院硕士生。

out that, in terms of disciplines involved, culturology and journalism and communication science are the main disciplines in the study of intangible cultural heritage communication, accounting for nearly 70% of the research amount; Among the projects funded by the National Social Science Fund, the research in this field mainly focuses on the marginal issues under the key fields of journalism and communication, such as network communication, media communication strategies, and new media use, and mainly discusses the new media communication of intangible cultural heritage; In terms of research topics, "media" is the core keyword, "new media", "digital" and "technology" are also important keywords, and music intangible cultural heritage is the subject of more research; In terms of research methods, case analysis, participatory observation and other folklore methods are the main research methods of intangible cultural heritage communication research, while the exploratory research of quantitative methods is limited. The further promotion of research in this field depends on the expansion of research topics, the improvement of measurement tools, the innovation of research methods and the construction of its own theory.

**关键词：** 非物质文化遗产；新闻传播学；研究综述；社会网络分析

**Key words:** intangible cultural heritage; Journalism and Communication; Research review; Social network analysis

在联合国教科文组织 2003 年通过的《保护非物质文化遗产公约》中，"非物质文化遗产（Intangible Cultural Heritage）"被定义为"被各社区、群体（有时是个人）视为其文化遗产组成部分的各种社会实践、观念表述、表现形式、知识、技能以及相关的工具、实物、手工艺品和文化场所"①。《公约》指出全世界范围内非物质文化遗产都面临着消失的严重威胁，强调非物质文化遗产对丰富文化多样性和人类创造性的重要作用。

中国是一个历史悠久的文明古国，全国各族人民在长期生产生活实践中创造的丰富多彩的非物质文化遗产，是中华民族智慧与文明的结晶，是中华文化的瑰宝。党的十八大以来，以习近平同志为核心的党中央高度重视非物质文化遗产保护工作。2021 年 3 月 12 日公布的《中华人民共和国国民经济和社会发展第十四个五年规划和 2035 年远景目标纲要》提出，强化重要文化和自然遗产、非物质文化

---

① 中国非物质文化遗产网：《保护非物质文化遗产公约（2003）》，2003 年 12 月 8 日，https://www.ihchina.cn/zhengce_details/11668，2022 年 10 月 12 日。

遗产系统性保护，健全非物质文化遗产保护传承体系。同年 8 月 12 日，中共中央办公厅、国务院办公厅印发的《关于进一步加强非物质文化遗产保护工作的意见》提出，要加强国家重大战略中的非物质文化遗产保护传承的专题研究。

我国近年来逐渐重视对其的发掘和保护工作，截至 2022 年 6 月，中国入选联合国教科文组织非物质文化遗产名录项目共计 42 项。正如联合国《公约》里所说，非物质文化遗产的"保护"，指"确保非物质文化遗产生命力的各种措施，包括这种遗产各个方面的确认、立档、保存、保护、宣传、弘扬、传承和振兴"。这个非物质文化遗产的"保护链条"实际上就包括了非物质文化遗产的传播过程，"链条"的前半程"确认、立档、保存、保护"是确保高质量传播内容的过程，而其后半程"宣传、弘扬、传承、振兴"则指明了传播的目的与其所要实现的效果。在人类社会飞速发展、各种流行更新换代、新兴文化不断涌现的当下，利用各类媒介有效传播我国丰富的非物质文化遗产，快速提升全民族特别是年轻一代对非物质文化遗产保护的重视是保护工作的重要环节，非物质文化遗产传播研究也因此具有重要的现实价值。

为了把握目前我国非物质文化遗产传播研究的现状，本文以"非物质文化遗产"与"传播"为篇名在中国知网（CNKI）数据库对期刊论文进行检索，辅助使用滚雪球引文索引方法，对非物质文化遗产传播研究现状进行梳理，在回顾该领域主要研究议题和成果的基础上，提出未来的研究路径。

## 一、非物质文化遗产传播研究的现状

截至 2021 年 12 月 31 日，在中国知网（CNKI）数据库中以"非物质文化遗产"与"传播"为篇名进行检索，得到中文期刊论文 492 篇，论文数自 2007 年以来持上升趋势，如图 1 所示。这些文章中，核心期刊 111 篇，中国社会科学引文索引 82 篇，国家社会科学基金资助文章 44 篇，教育部人文社会科学研究基金资助文章 7 篇。从这些数据可以看出，非物质文化遗产传播研究起步至今的十多年时间里，逐渐受到学术界与国家哲学社科科学部门的关注与重视，研究成果逐年积累。

图 1　CNKI 数据库检出文献数量与发文时间趋势图

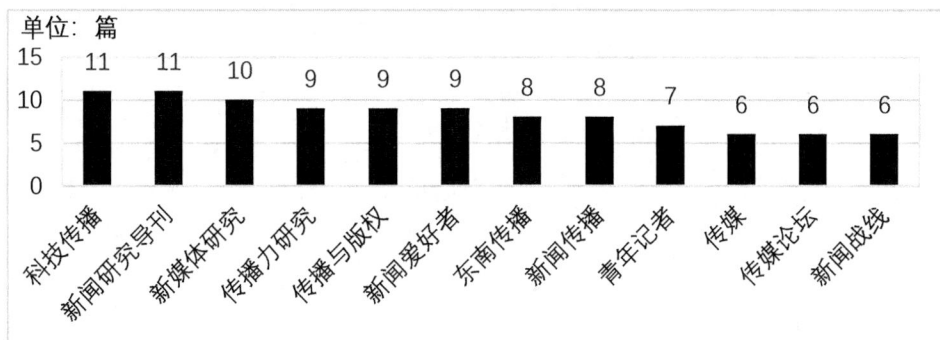

图 2　新闻传播学非物质文化遗产传播发表期刊（仅显示发文数大于 5）

　　从论文所涉及的研究领域来看，非物质文化遗产传播研究覆盖了多个学科，如文化学、新闻与传媒学、艺术学、体育学、档案学、信息学等。文化学研究领域的非物质文化遗产传播研究有 337 篇占总体文献的 41.97%，主要涉及非物质文化遗产中民族文化传播、民俗文化、地方文化传播的研究；新闻与传媒学领域的研究，文章数为 223 篇，占文献总数的 27.77%，成为该研究领域第二主要的研究学科，主要涉及非物质文化遗产的传媒传播、新媒介技术传播等方向；此外艺术学方向的研究则较为分散，如戏剧电影与电视艺术（5.48%）、美术书法雕塑与摄影（4.41%）、音乐舞蹈（3.24%）等专业性研究，多为针对具体非遗对象的艺术性探讨。这些涉及多学科的非物质文化遗产研究展现了该研究领域的多元性与交叉性，也表明了基于文化学和新闻传播学视角研究非物质文化遗产传播的重要性。

　　通过筛选新闻传播学领域的研究论文所发表的期刊如图 2 所示。从发表期刊来看，非物质文化遗产传播的相关研究主要发表在《科技传播》《新闻研究导刊》《新媒体研究》《传播力研究》《传播与版权》、《东南传播》《青年记者》等新闻传播学期刊上，部分文章被《传媒》、《新闻爱好者》、《中国出版》（3 篇）、《出版广角》（3篇）、《传媒观察》（3篇）等较有影响力的中国社会科学引文索引（CSSCI）扩展版期刊收录。而在《国际新闻界》《新闻与传播研究》《现代传播》《新闻大学》等新闻传播学最重要的核心期刊上的论文还很少见。可见就目前而言，在新闻与传播学领域非物质文化遗产传播研究数量不断积累但还需深耕，由于该议题的研究涉及多学科背景，偏向实践贡献，该议题仍为新闻传播学学科研究中较为边缘的探讨议题。

表 1　新闻传播学领域国家社科基金论文资助情况

| 立项时间 | 项目信息 | 发表非遗传播相关文章 |
| --- | --- | --- |
| 2010年 | 文化产业的媒介品牌与创意发展战略研究（国家社科基金，新闻与传播学，10XXW011，常凌翀） | 常凌翀.西藏非物质文化遗产的影像化传播路径.兰州学刊,2010；常凌翀.互联网时代西藏非物质文化遗产的数字化传播路径.中央民族大学学报,2014 |
| 2012年 | 蒙古族非物质文化遗产的网络传播方式研究（国家社科基金，新闻学与传播学，12CXW025，达妮莎） | 达妮莎,李晓斌.非物质文化遗产的网络传播空间和场域.大连理工大学学报,2014；达妮莎,李建阁.线下引发线上：非遗微博传播效果的影响因素及实证分析.湖南大学学报,2018 |
| 2013年 | 非物质文化遗产的创新保护模式与媒体传播策略研究（国家社科基金，新闻学，13CXW016，郑春辉） | 郑春辉,朱思颖.黑龙江省非物质文化遗产的新媒体传播方式研究.文化遗产,2013；王冬,郑春辉.非物质文化遗产的新媒体保护及传播方法研究——以陶瓷工艺为例.传播与版权,2015 |
| 2013年 | 文化创意产业发展与品牌传播研究（国家社会科学基金艺术学项目，13BH079，樊传果） | 樊传果,孙梓萍.人工智能赋能下的传统手工艺非物质文化遗产传播.传媒观察,2021 |
| 2014年 | 健全坚持正确网络舆论导向的体制机制研究（国家社科基金，新闻学与传播学，14AZD037，黄永林） | 张武桥,黄永林.移动互联时代的非物质文化遗产对外传播研究.广西民族研究,2015；张武桥.中国非物质文化遗产网络传播媒介研究.湖北民族学院学报(哲学社会科学版),2015 |
| 2017年 | 维吾尔族青少年网络新媒体使用与民族意识表达研究（国家社科基金，新闻学与传播学，17CXW031，毛颖辉） | 毛颖辉,吴琳.新媒介技术环境下非物质文化遗产的传播与传承研究.中国出版,2021 |

续表

| 立项时间 | 项目信息 | 发表非遗传播相关文章 |
|---|---|---|
| 2018 年 | 中国非物质文化遗产数字传播研究（国家社会科学基金艺术学重大项目，18ZD22，薛可） | 薛可，李柔．非物质文化遗产数字信息对受众城市认同的影响．现代传播，2020；薛可，龙靖宜．消弭数字鸿沟：中国非物质文化遗产数字传播新思考．中国非物质文化遗产，2021；薛可，龙靖宜．促进非物质文化遗产广泛传播．中国非物质文化遗产，2021； |
| 2019 年 | 中国非物质文化遗产的数字典藏、智能创意平台设置与全球化传播（国家社会科学基金重大项目，19ZDA336，郭良文） | 牛金梁．非物质文化遗产智能化传播的数字技术赋权逻辑．湖南师范大学社会科学学报，2020 |

从论文的资助基金来看，虽然各学科一共有 44 篇受到国家社科基金资助的文章，但属于新闻传播学领域或重大项目资助论文并不多，具体的资助项目与发表文章信息如表 1 所示。这些国家社科基金资助项目主要以"网络传播方式""媒体传播策略""网络新媒体使用""媒介品牌""网络舆论导向""全球化传播"等媒介研究和新媒体传播为主要议题，在这些宏大且重要的新闻传播学研究议题的框架下，非物质文化遗产传播是项目的子课题或研究者的关注议题，刊发的研究主题均主要围绕着非物质文化遗产的数字化传播、网络传播、移动传播和智能化传播展开，体现了新媒体时代政府与学界关心的焦点主要在于非物质文化遗产的新媒体传播议题。但整体来看，针对非物质文化遗产传播为主题的系统性研究项目仍较少，多是新媒体传播相关课题下的边缘议题。

通过统计已有文献的主题关键词，可以得到图 3。如图 3 所示，除去"非物质文化遗产"和"传播研究"外，大量的研究主题关注到非物质文化遗产的新媒体传播（80 篇），其中包括"新媒体传播""新媒体时代""新媒体环境下"等关键词为主题的研究，以"数字化传播"为主题的研究也有 25 篇。其次，具体的传播要素研究也是主要的探讨主题，包括非物质文化遗产的"传播策略""传播路径""传承与传播"研究，以及涉及具体传播内容的研究，如非物质文化遗产的"文化传播""影像传播""对外传播""跨文化传播"等。另外出现了较为高频的"音乐类非遗"关键词，说明了研究者对非遗研究对象的侧重，在多类型的非物质文化遗产中，以音乐类非遗为对象展开较多的探讨。结合论文的国家社科资助情况，以及这些主题关键词的分布可以看出，新媒体的发展为非物质文化遗产的传播提供了新的方向，学者们在探索非物质文化遗产的传播策略、传播路径、传播形式等传播结构主题的同时，更加关注新时代传媒对非物质文化遗产传播赋能的相关议题。

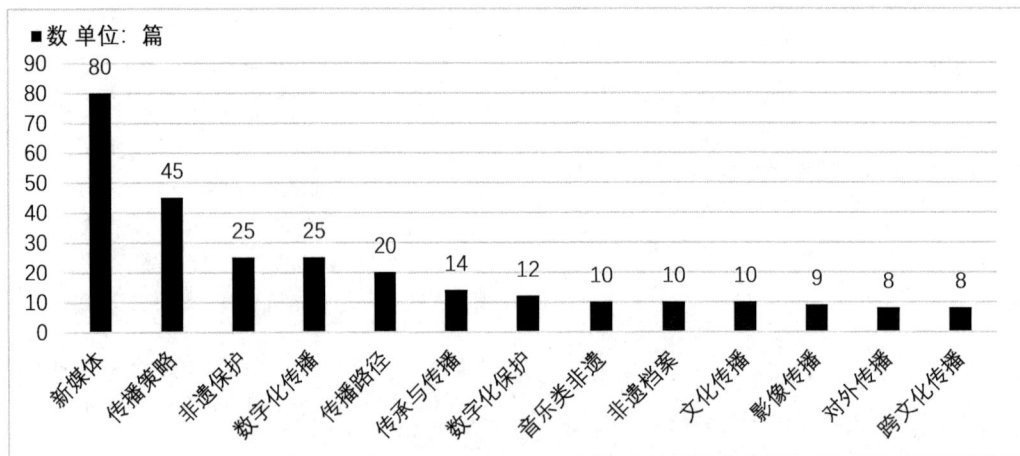

图 3　非物质文化遗产传播的论文主题分布

　　为了进一步明确已有研究主题的主要研究内容，我们将新闻传播学领域的论文标题文本进行社会网络分析，得到论文主题关键词之间的关系，从而了解各研究议题主要的研究方向。如图 4 所示，非物质文化遗产传播为中心关键词及其边上的多个关键词，其中包括"人工智能""数字化""技术""手机"等与新媒体相关的关键词，回顾文献就能发现涉及非物质文化遗产的新媒体传播研究的论文标题中常常含有如"人工智能赋能""人工智能背景""数字化传播""数字化语境""数字化采集""数字化保护""手机出版"等表述，说明数字化相关研究代表非物质文化遗产研究的一个重要方向。

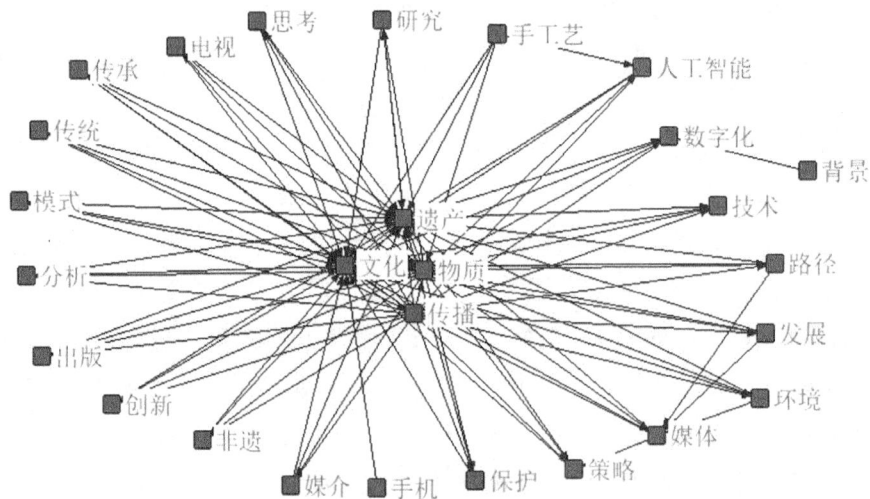

图 4　非物质文化遗产传播研究文献标题关键词的社会网络图

接着我们测量了社会化网络中这些关键词的点度中心度（Degree Centrality）、接近中心度（Closeness Centrality）和中介中心度（Betweenness Centrality），这三个指标可以用来发现网络中关键的节点，从而明确关键词的重要性强弱。首先从点度中心度来看，"媒体"（Degree Centrality=8）是最主要的标题关键词，传播涉及媒体特别是新媒体一直是非物质文化遗产传播的核心议题，其次包括"路径""策略""环境""数字化""人工智能"，可以看出传播要素研究和数字传播研究的两个重要方向；从接近中心度来看，"媒体"（Closeness Centrality=0.58）仍然是最主要的标题关键词，"数字化"紧随其后（Closeness Centrality=0.55），说明非物质文化遗产传播的媒体研究容易涉及"数字化"议题；从中介中心度来看，"数字化"是最主要的标题关键词（Betweenness Centrality=0.08），其他关键词的中介作用均不显著，说明探讨非物质文化遗产传播的各种议题中，数字化往往是新媒体时代该领域研究绕不过去的研究主题。

## 二、非物质文化遗产传播的研究路径

经过整理非物质文化遗产传播研究文献，可以分为两个主要的研究路径，一是研究某个特定或者某类非物质文化遗产的传播现状、策略、路径、方法等内容，这类研究往往以某个具体的非物质文化遗产为切入点，针对该类或该种非物质文化遗产的传播现状进行呈现并提出策略与完善的建议；二是研究主要探讨媒介在非物质文化遗产研究中的作用，包括以传统媒体为中心的非遗传播研究和非遗的新媒体传播研究两方面。这两类研究的切入点不同，前面一类研究的侧重点在某类特定的非物质文化遗产及其具体的传播策略；后一类研究的侧重点在某类媒介在非物质文化遗产传播上的作用与效果。在新闻传播学领域，后一类研究的比重较大，即围绕着媒介展开非物质文化遗产的传播研究。

### （一）特定非物质文化遗产的传播策略与传播路径研究

非物质文化遗产传播研究离不开对特定对象的探讨。从定义来看，非物质文化遗产是与属于地方性范畴中的社区、群体和个人息息相关的文化资源以及承载这些文化资源的载体，具有与生俱来的地域性特征。当前，在全国的非物质文化遗产保护工作中，大量实践活动并未超出特定社区、群体或个人的疆界[①]，因而在学界对非物质文化遗产传播的研究中，针对某个地域性或民族性的、具体的非物质文化遗产项目的个案研究，是较为普遍的研究主题。

---

① 李牧：《阿兰·邓迪斯的"宏大理论"建构与非物质文化遗产跨文化传播之实践理性》，《民俗研究》2019 年第 2 期。

　　已有文献有很多针对特定的非遗项目进行的案例分析，具体的类别和名称整理如表 2 所示。如表 2 所示，目前已有的非物质文化遗产传播研究涉及多种非遗类别，根据国家级非物质文化遗产代表性项目名录，这些研究涉及的非遗类别包括传统音乐类、曲艺类、传统戏剧类、传统舞蹈类、传统技艺类、民俗类和传统体育类，其中传统音乐、曲艺、传统戏剧、舞蹈和传统美术类非遗是最主要的非物质文化遗产传播研究的对象，这也与图 3 非物质文化遗产传播的论文主题分布中音乐类非遗为主要的研究主题相验证，但以传统体育、民间文学、传统医药类非遗为研究对象的传播研究仍较少见，是未来该领域研究可拓展的研究对象。

表 2　非物质文化遗产传播研究涉及的非遗类别

| 非遗类别 | 非遗名称 |
| --- | --- |
| 传统音乐、曲艺 | 洞庭渔歌、南音、潮州音乐、马氏口弦、八音坐唱、南阳鼓词、潮汕英歌、武威"贤孝"口传、资源河灯歌 |
| 传统戏剧、舞蹈 | 沈阳评剧、安徽马派皮影戏、华阴老腔、南部傩戏、豫剧、柳琴戏、昆曲、赣南采茶戏、大奏鼓、 |
| 传统美术 | 滩头木版年画、和林格尔剪纸、惠山泥人、花瑶挑花、雷州石狗、发绣、彝族刺绣、留青竹刻、潮州木雕、后塍竹编 |
| 传统技艺 | 陶瓷、蚕桑丝织技艺、海派漆器、湖南石鼓油纸伞 |
| 民俗类 | 朝鲜族花甲礼、节气文化、水书习俗、泼水节 |
| 传统体育 | 孟村八极拳、武汉杂技 |

　　这些案例研究具有鲜明的地域性与民族性。如冯晶、陈丽娟通过分析流传于甘肃省武威地区"贤孝"口传艺术的传播环境的变迁，探讨传播环境对非物质文化遗产保护及传承的重要性[①]。王语抒等人研究了宁夏灵武市"马氏口弦"的传承现状及问题，指出需要利用新媒体来提高马氏口弦的知名度，拓宽其传播渠道[②]。许昊、柳集文通过田野调查研究了湖南岳阳洞庭渔歌，介绍洞庭渔歌的发展现状及当前面临的主要问题，指出媒介融合语境下洞庭渔歌的整合传播策略[③]。赵梓汐等人以马派皮影戏在安徽合肥的宣传现状为例，对马派皮影戏在新媒体方面的传

---

　　① 冯晶，陈丽娟：《传播环境变迁与非物质文化遗产保护——以甘肃武威"贤孝"口传艺术为研究个案》，《东南传播》2011 年第 6 期。

　　② 王语抒，陈安琪，纪娇，印珠拉·叶思波拉提：《新媒体时代国家非物质文化遗产传播路径研究——以宁夏灵武市"马氏口弦"为例》，《新闻前哨》2018 年第 8 期。

　　③ 许昊，柳集文：《传统音乐类非物质文化遗产的生存现状与整合传播——基于湖南岳阳洞庭渔歌的考察》，《新媒体研究》2020 年第 7 期。

播策略与路径进行调查与探索①。此外，诸如潮汕英歌、潮州音乐、沈阳评剧等知名城市的非物质文化遗产，以及如石鼓油纸伞、华阴老腔、南部傩戏、赣南采茶戏、滩头木版年画、和林格尔剪纸、惠山泥人等县级、区级更小范围的非物质文化遗产的研究对象都具有非常浓厚的地方特色。

围绕这些具体的非物质文化遗产，学者们提出了各种有针对性的传播策略，例如刘建结合上海西郊农民画的非遗项目，指出应搭建多种平台，注重立体传播；参与互动体验，注重分享传播；突破内容形式，多元创新推广等传播策略②。具体的传播策略方面，王德胜更系统地将非物质文化遗产的传播策略分为两类，一类为媒体传播策略，指出利用电视、电影、新媒体进行非遗的传播，另一类为实体传播策略，提出可以开展多种形式的展演传播，立足区域文化策划产业传播以及体验式传播、教育传播、偶像传播、对外传播等创新传播策略③。同时数字媒体的传播策略也是学者们提出的重点，例如李丹以鞍山非遗为例，提出利用传媒技术优势，客观真实记录；建立网络博物馆，线上线下对接；融合数字技术，开发自媒平台；利用可移媒体、3D影像传播的传播策略④。而李晓莉以朝鲜族花甲礼为例，提出加强数字平台建设、充分利用移动客户端、打造虚拟博物馆的传播策略⑤。除此之外，也有研究提出了专门的传播内容创新策略，如非物质文化遗产的 IP 形象开发⑥⑦、动漫传播⑧⑨以及动画传播⑩⑪等策略。这些传播策略和传播路径的研究，虽然均围绕具体的非物质文化遗产展开，且各类非物质遗产的发展现状和保护现状有所不同，但从具体的传播策略与路径上看，存在较强的相互借鉴意义。

---

① 赵梓汐，吴思娴，胡蕴文：《新媒体语境下非物质文化遗产传播策略探究——以安徽省马派皮影戏为例》，《新媒体研究》2020 年第 7 期。

② 刘建：《文化记忆视角下的公共图书馆与非物质文化遗产传播策略研究》，《东南传播》2017年第 8 期。

③ 王德胜：《非物质文化遗产的多元化传播策略》，《新闻爱好者》2018 年第 6 期。

④ 李丹：《大众媒介对非物质文化遗产传播的作用与策略——以鞍山"非遗"为例》，《传媒》2016 年第 16 期。

⑤ 李晓莉：《民俗类非物质文化遗产的新媒体传播策略研究——以朝鲜族花甲礼为例》，《传媒论坛》2021 年第 21 期。

⑥ 徐慧婷，傅蓉蓉：《非物质文化遗产的 IP 形象设计与传播策略探析——以海派漆器为例》，《新媒体研究》2019 年第 19 期。

⑦ 陈旺：《非物质文化遗产的 IP 形象设计与传播策略探析》，《新闻传播》2020 年第 21 期。

⑧ 张万仪：《国家非物质文化遗产"走马民间故事"的动漫传播与传承》，《湖北民族学院学报（哲学社会科学版）》2015 年第 6 期。

⑨ 李娟：《非物质文化遗产"刘三姐歌谣"的动漫传播策略》，《传媒》2018 年第 22 期。

⑩ 夏兆冬：《新媒体时代下微动画对非物质文化遗产的传播》，《新闻研究导刊》2017 年第 4 期。

⑪ 王芳雷，孟醒：《蒙古族非物质文化遗产动画传播的美学意涵》，《当代电影》2018 年第 8 期。

## （二）新媒体时代下的非物质文化遗产传播

在互联网还没成为非物质文化遗产的主流媒体之前，传统媒体对非物质文化遗产的传播作用是不言而喻的。学界也存在着传统媒体非遗传播的相关研究，例如有学者探讨当地报纸对非物质文化遗产的传播[1]，但报纸对非遗传播的作用相对有限，较多学者探讨的是电视对特定非物质文化遗产的传播[2][3]，这些研究同时也指出了电视媒体在传播非遗的问题与局限。但也由于传统媒体在非遗传播上的局限性，相关的研究并不多。

非物质文化遗产传播研究主要兴起于 2011 年之后，其不可回避的一个重要的研究背景就是以互联网为代表的新媒体时代的到来。随着网络媒体的发展，更多的非遗传播研究将重心放在了网络媒体、媒介融合、移动媒体、智能媒体上，逐渐开启了非物质文化遗产的新媒体传播研究方向，可以说新媒体的出现，兴起了非物质文化遗产传播研究的新热潮。基于新媒体如何传播非物质文化遗产，学者们提出了许多有价值的新媒体传播渠道，例如，非物质文化遗产的数字出版手机出版[4]、微信公众号传播[5]、微电影传播[6]、数字出版[7]、H5 传播[8]，以及近年来兴起的以抖音为代表的短视频传播[9][10][11]。相对于有着明确物质载体的物质文化遗产，非物质文化遗产的内容更为抽象与复杂，基于能够形成多种感官刺激的新型媒体自然能够更加生动形象地展现非物质文化遗产的魅力并突出保护的价值，因此各种新兴的新媒体为非物质文化遗产传播研究提供了新的切入点，该领域的研究快速积累。

---

[1]　王怀东：《如何讲好河南故事——基于〈河南日报〉对本地非物质文化遗产传播的研究》，《新闻爱好者》2018 年第 3 期。

[2]　叶德敏：《非物质文化遗产天津时调的电视传播模式》，《中国广播电视学刊》2017 年第 8 期。

[3]　张允，周晶：《浅论非物质文化遗产在电视媒体中的传播》，《中国电视》2018 年第 7 期。

[4]　杨青山，钱晓燕：《非物质文化遗产的手机出版传播路径探析》，《传媒》2016 年第 15 期。

[5]　裴张龙：《微信公众号在非物质文化遗产传播中的发展态势及对策建议》，《传播与版权》2016 年第 12 期。

[6]　权玺：《社会化媒体对非物质文化遗产传承的适用性——以微电影传播为例》，《青年记者》2016 年第 9 期。

[7]　蔡梦虹：《非物质文化遗产的数字化传播研究——以数字出版为视角》，《中国传媒科技》2017 年第 3 期。

[8]　伍丹：《融媒体时代基于 HTML5 的非物质文化遗产传播研究——以中山市为例》，《新闻研究导刊》2020 年第 24 期。

[9]　王留群：《论非物质文化遗产的短视频传播》，《出版广角》2021 年第 16 期。

[10]　冉红艳，陈实：《全媒体语境下非物质文化遗产短视频的生产与传播》，《中国出版》2021 年第 19 期。

[11]　苏艳：《利用抖音带动广西非物质文化遗产传播和推广研究》，《新闻研究导刊》2021 年第 2 期。

除了对新媒体传播渠道的关注外，学者们也开始探究新媒介技术对非物质文化遗产传播所带来的变革。基于网络的非物质文化遗产传播研究普遍认为，非遗的数字影像化不仅能够真实直观地呈现非遗文化形态，还能将其现实的文化场域结构在网络虚拟场域中重建 [1][2]，而增强现实（AR）、虚拟现实（VR）等新媒体技术延伸了非遗的展示空间，拓宽其渠道选择 [3]。此外正在到来的人工智能时代，必将带来新的技术变革。研究者们开始探讨智能媒体在传播非物质文化遗产上的优势以及未来智能化传播的可能方向 [4][5][6]。这些技术驱动的研究代表了未来非物质文化遗产传播研究的新方向，虽然媒介技术的发展与普及受到受众需求乃至政治、经济、文化等多方面的影响，但对非物质文化遗产传播形式与策略带来的变革也将是巨大的，这同时意味着今后的非物质文化遗产传播研究更需要工科视角的融入，目前如计算机软件与应用、互联网技术、自动化技术方向虽有少量的相关研究，但媒介技术方面的探讨将不断推动非物质文化遗产传播研究走向深入。

## 三、非物质文化遗产传播的研究方法

大量的非物质文化遗产传播研究使用案例分析、参与式观察、访谈等民俗学研究方法，对所研究的某项非物质文化遗产传播现状进行探讨。由于非物质文化遗产具有鲜明的特色，且非遗传播研究处于初期探索阶段，这种质化的研究方法与当前非遗传播的大多数研究问题具有较好的匹配性，拓展了非物质文化遗产传播的外延。但与此同时质化的方法也使得最后的研究结果往往具有较强的主观色彩，其最终提出的观点和策略的深度与厚度取决于研究者对研究对象的深入了解与体验。

随着对非遗传播效果的日益重视，一些传播学领域的研究者开始采用结合深访的问卷调查方法，以受众为测量对象测量非物质文化遗产的传播效果，并尝试开发有效的测量工具 [7]。然而到目前为止，由于非遗传播研究领域缺乏系统的理论

① 牛金梁：《非物质文化遗产智能化传播的数字技术赋权逻辑》，《湖南师范大学社会科学学报》2020 年第 5 期。

② 周子渊：《非物质文化遗产的数字化传播研究》，《青年记者》2012 年第 26 期。

③ 崔晋：《增强现实技术在非物质文化遗产中的传播应用——以"太平泥叫叫"交互展示为例》，《传媒》2017 年第 22 期。

④ 樊传果，孙梓萍：《人工智能赋能下的传统手工艺非物质文化遗产传播》，《传媒观察》2021 年第 8 期。

⑤ 李腾巍：《智媒体助力非物质文化遗产活态传播》，《出版广角》2021 年第 1 期。

⑥ 贾菁：《人工智能背景下非物质文化遗产数字化传播的进阶路向》，《当代传播》2020 年第 1 期。

⑦ 谭宏：《关于非物质文化遗产传播的思考——基于"拉斯韦尔 5W 模型"的分析》，《新闻爱好者》2009 年第 6 期。

指导，尚未有学者提出明确的、受到广泛认可的非遗传播效果评价指标体系，具体的操作化量表和测量维度的开发仍处于初步阶段。且不同媒介对非遗传播的效果测量往往存在不同的测量维度和指标体系，针对特定的非遗对象也需要进行调整，因此在非遗传播的定量研究中很难有通用的指标体系来衡量传播效果。在实证研究方法方面，除了问卷调查的方法之外，也有学者从媒介内容入手，对非物质文化遗产的传播文本进行内容分析，洞察传播现状，并间接呈现非遗的传播效果[①]。

　　除了常见的民俗学与传播学方法外，也有一些创新型的研究方法。例如在资料分析上，孙传明和李浩（2020）在非遗传播中引入社会学研究中的模糊集定性比较分析法，该方法将案例视为"由各个条件结合产生的结果"，以此研究不同"条件"的组合对"结果"产生的影响，为研究非遗传播效果的影响因素提供可行的研究思路[②]。非物质文化遗产有着浓厚的地域性，刘畅和冯雨乔（2020）则采用地理学研究中的全局空间自相关、标准差椭圆分析、核密度分析等方法将非遗传播信息与地理基础要素关联，对非遗传播的时空分布特征进行分析[③]。由于非遗传播是一个跨学科的研究领域，各个学科的学者们更倾向于围绕研究问题和对象选择本学科下较为合适的研究方法，但非物质文化遗产传播研究也不能仅局限于各个研究学科的已有方法，应基于多元学科背景进行方法的创新，更需要吸收有结合质化与量化的研究思路。

### 四、总结与展望

　　非物质文化遗产传播是一个新近的、亟待开拓的研究领域，在上述就当前国内非遗传播研究现状的基础上，反思现有研究，可以看到若干尚待深入的方面。

　　首先，非物质文化遗产传播的研究议题仍然需要进一步拓展。不断发展的、日新月异的媒体技术对非物质文化遗产传播的影响仍然是未来的研究重点之一，今后的研究将继续沿着针对个性化案例进行传播策略与路径研究和基于媒介技术赋权进行的传播效果探讨两条路径继续深入下去。但值得注意的是，目前的研究还主要重视个案的探讨，缺乏对传播机制中的因果关系、作用机制的深入调查与实证。

---

[①]　赵路平，吕颜婉倩，黄琰秋：《基于报纸和网络文本的非物质文化遗产传播研究》，《图书情报工作》2015 年第 14 期。

[②]　孙传明，李浩：《影响非物质文化遗产新媒体传播力的因素与提升策略——基于微信公众号的模糊集定性比较分析》，《湖北民族大学学报（哲学社会科学版）》2020 年第 4 期。

[③]　刘畅，冯雨乔：《中国非物质文化遗产在欧洲传播空间分布特征研究——以皮影戏为例》，《世界地理研究》2020 年第 4 期。

其次，从研究方法看，基于实证的非物质文化遗产传播效果的量化研究仍非常稀缺，科学、系统的研究方法和测量工具有待开发。当前，无论是基于受众认知的量表开发，还是基于媒体监测技术的影响力数据描述，目前都尚未有一个架构科学、受到广泛认可的成功参考。只有对非遗传播影响因素与受众心理变量有准确的、可操作化的界定，完成具有良好信效度的量表开发，才能借助实证调查进一步探讨影响非遗传播的因素，构建作用机制模型。同时，非物质文化遗产研究是交叉学科议题，需要结合各个学科的成熟研究方法，基于各研究选题进行方法创新，逐渐形成具有该领域特色的研究方法。

最后，非物质文化遗产传播的理论建构仍然是一个任重道远的过程。所有实证研究的设计均需要一定的理论作为指导。当前非遗传播的研究实践在广泛借鉴各学科理论范式的基础上，学者们尝试从各个学科领域建构非遗传播理论，但仍较为分散难以相互借鉴。当然理论建构不是一蹴而就的，在继续进行经验性研究的基础上，广泛汲取多学科的养分，深化对非物质文化遗产传播现状的把握和认识，探索非物质文化遗产传播和普遍传播模式之间的联系和差异，对非物质文化遗产传播过程进行探索性和实证性研究，才能更好地构建非遗传播自身的理论体系。

非物质文化遗产传播的目的是让非物质文化遗产真正进入群众生活的方方面面，提高群众的非物质文化遗产保护意识，从而为非物质文化遗产的传承提供肥沃的社会土壤。报纸、电视、纪录片等传统媒体由于媒介技术等方面的限制，在传播效果上存在局限，如今随着互联网的快速发展，数字孪生、元宇宙、NFT等概念技术的不断发展，在非物质文化遗产的传播上多了许多的途径，也为生动、具象、双向的非物质文化遗产传播提供了新形式。与此同时，非物质文化遗产的传承对象是我们年轻一代，他们既是非物质文化遗产传播的重要受众，也是成长在新媒体时代的核心群体，进一步探讨各种新媒体及新技术在非物质文化遗产传播上的运用策略及其效果是未来传播学研究领域的重要课题。

# 华夏传播课程思政案例

主持人：杜恺健

# 从祭祀法器到权力象征：青铜鼎的媒介化考察*

# From Sacred instrument to symbol of power: the Mediated Inspection of Ding

曹培鑫　梁欣宸**

Cao Peixin　Liang Xinchen

**摘　要：** 鼎是中国青铜时代中最典型的青铜器。历经上古三代，鼎在铸造、装饰、使用场景等面向上具有鲜明而浓厚的宗教与政治色彩。本文将青铜鼎视为一种传播媒介，以媒介的三重隐喻为讨论范畴，考察鼎在早期人类社会的国家政治生活中所扮演的多重角色，及其在特定历史时空中的政治与文化功能。本文发现，从社会环境、传播渠道和语言三种常用的媒介隐喻出发，青铜鼎从沟通鬼神的祭祀法器到彰显世俗权威的政治工具，以其极具时间偏向的稳定特质持续为历代帝王彰显功绩，最终建构并维护了封建宗法礼制的等级制度。

**Abstract**: Ding is the most typical bronze ware in the Bronze Age of China. Through three generations of ancient times, Ding has a distinct and strong religious and political color in casting, decoration, use scene and other aspects. This paper regards Ding as a kind of communication media, taking the triple metaphor of media as the discussion category, and investigates the multiple roles played by the Ding in the national political life of early human society, as well as its political and cultural functions in specific historical time and space. This paper found that, starting from three commonly used media metaphors—social environment, communication channels and language, Ding continued to reveal merits for every emperor from a

---

* 基金项目：本研究系中国传媒大学本科教育教学改革课程思政建设项目"华夏传播研究"（项目编号：JG22203）的阶段性成果。

** 作者简介：曹培鑫，男，中国传媒大学新闻学院副院长，教授，博士生导师，研究方向：传播理论，视觉传播等；梁欣宸，女，广西桂林人，中国传媒大学新闻学院传播学系本科生。

sacred instrument used for communicating with god and ghosts to a political tool for demonstrating secular authority with its time-oriented stability, finally constructed and maintained the hierarchy of the feudal patriarchal system.

**关键词：** 青铜鼎、媒介、政治

**Key words:** Ding, Media, Politics

根据历史学考察，青铜器是人类最早制造和使用的金属器具之一，也是推动人类文明中心形成的重要因素之一。人类历史上诸多繁荣的奴隶制国家和地区都曾经历青铜时代。自夏朝始，古代中国实现了从原始社会到奴隶制社会的转型，开始具备了文明社会的特征，中国最早的青铜文化也起源于此。根据历史学家的共识，中国的青铜时代历经夏、商、周三朝更迭，青铜铸造业与青铜工艺在千年间达到顶峰并留下了器型多样、用途各异、工艺精湛的青铜器作为时代的标志。在品类繁复的青铜器中，青铜鼎在很多面向上具有典型性，主要以礼器和祭器的形式活跃在早期国家宗教和政治生活中。

在关于青铜鼎的研究中，历代学者在器型、纹饰、铭文、功能以及工艺方面均有涉猎，并与多种学科交叉融合，研究成果丰富多样。然而，青铜鼎作为一种物质性媒介，其所承载的传递信息、沟通社会与意义建构的多元功能仍缺乏学术讨论。媒介环境学派强调一切人为、人造、受人干扰的技术都能够成为人与世界之间的媒介。而历史上，青铜鼎的铸造技术一直为统治阶级所垄断，设有专属机构管理生产过程，其造型、纹饰、功能集中展现了统治阶级与贵族阶层的宗教信仰、价值取向与艺术审美。[①] 因此，将青铜鼎视为一种特定的传播媒介进行考察，可以在考古学、历史学以及宗教与艺术研究等视野之外，增进人们对这一历史器物的理解。

谢清果认为，任何一种媒介都具有实体的联系功能和意义阐发的功能，它不只是结构功能主义上的传递信息的工具，而是一个可以"容纳人、技术、权力、资本、文化等不同传播要素"的"行动场域"[②]。即媒介具有流动性与生成性，能够动态地"制导"人们的社会关系，影响人们的认知与意义建构。[③] 在这个意义上，青铜鼎作为早期国家统治阶级频繁使用的一种象征性意义的物质载体，与国家政

---

[①] 李先登：《浅析商周青铜器动物纹饰的社会功能——以晚商周初兽面纹为例》，《中原文物》2009 年第 5 期。

[②] 钱家湧：《"行动的场域"："媒介"意义的非现代阐释》，《新闻与传播研究》2018 年第 3 期。

[③] 谢清果：《华夏传播研究：媒介学的视角》，北京：社会科学文献出版社，2019 年，"绪论"，第 8 页。

治生活以及宗教政治观念有着紧密的关系，其文化意义的内涵也在历史变迁与政权更替中不断更新，愈加丰富。

青铜鼎不仅在沟通上下、宣扬权威、巩固统治、昭示功绩、贯通古今等方面发挥了重要的作用，实现了实体媒介、观念媒介以及精神媒介的贯通；还反客为主，一度成为国家社稷和政治权力的象征，以及"明贵贱、辨等列"（《左传·隐公五年》）的一种等级制度的标的物，积极参与建构和调整社会关系结构的过程，深刻影响了古人对宗法礼制的认知和意义获取。在《娱乐至死》中，波茨曼将媒介描述为一种隐藏的形塑世界的环境，它"将这个世界进行着分类、排序、建构、放大、缩小、着色，并且证明一切存在的理由"。而青铜鼎的命运与夏商周三朝的政权兴衰息息相关，在历史变迁中深刻地形塑着不同朝代的政治观念与权力秩序。因此，将青铜鼎视为一种政治性的传播媒介，并借由媒介学的理论视野观照作为政治传播媒介的运行逻辑与深层结构，将是一种有益的历史分析的尝试。媒介环境学派学者梅洛维茨提出，任何一种媒介都同时具有渠道、语言和社会环境三重隐喻。据此，本文将从社会环境、渠道和语言隐喻三个维度入手，结合具体的历史语境分析鼎的政治性功用及其背后的文化意涵。

## 一、作为社会环境的媒介隐喻：沟通鬼神与彰显权威

梅洛维茨区分了将媒介作为社会环境与在社会环境中观察媒体的差异性。将媒介作为社会情境可以在微观和宏观两个面向上考察媒介的意义。微观面向的社会情境隐喻主要处理具体的媒介选择的问题；而宏观面向上，则关注媒体环境对人的思维方式的影响，区隔公与私的边界，重新为物理世界赋予意义等。

从微观视角观察作为社会环境媒介的青铜鼎，它可以被选择成为一种沟通已知与未知世界的媒介本身，反映了在生产力相对低下的上古时期，可供选择的媒体在类型与功能上的局限性。由于受到"尊神重巫"思想的影响，古代王朝统治者试图通过祭祀与鬼神沟通、祈求福祉，来达到稳固统治的目的。经过统治者身份权力与宗教仪式行为的强化，祭祀被赋予了至高的神圣性和权威性。因而，铸造工序繁复、成本高昂，一旦完成却又质地坚固、可以长久保存的鼎，便在这个过程中作为一种"神圣媒介"，地位不断攀升，并且在服务于政治的过程中逐渐成为社稷与王权的象征物。

而在宏观面向上，鼎作为一种宗教仪式得以"表演"的重要媒介在祭祀活动中具有极其重要的地位，并对宗教信仰、社会观念以及日常生活产生了深远影响。祭祀活动在古代社会生活中始终占据重要地位，并具有丰富而特殊的文化意义。现代社会的清明祭祖多以纪念先人、传承历史为目的，而古代中国讲求的是"国

之大事，在祀与戎"（《春秋左传正义》卷二）。《左传·昭公七年》中便明确了祭祀对于国家社稷的重要性，"侯主社稷，临祭祀，奉民人、事鬼神，从会朝，又焉得居"？意思是君主治理天下，亲临祭祀，奉养百姓，侍奉鬼神，参加会见朝觐不得空闲。显然，祭祀已被视为是国家政治治理的关键要素。《墨子·明鬼》也有言证："故古圣王治天下也，故必先鬼神而后人者，此也。"说的是古时候的明君治理天下，必要先敬鬼神而后人民。古人认为祭祀是与天地鬼神沟通的方式，如若能得到庇佑，不仅王朝的统治能"万年其有之"，天下人亦可享太平长安。在上古三代，作为古人祭祀最常用的祭器，青铜鼎充当着沟通鬼神、彰显权力与威严的重要媒介。

据现有历史考证，在青铜鼎出现之前，以新石器时代的裴李岗文化中出土的陶鼎为最早，是各族人民共同使用的一种炊具和食器，还未有贵贱之别，更无祭器一说。东汉许慎在《说文解字》中也指出，"鼎，三足，两耳，和五味之宝器也。象析木以炊。"另据《玉篇》中说，"鼎"的用途是"所以熟食器也"[1]。足见得在成为祭器之前，炊具与盛食之器具是鼎的主要用途。而至青铜铸造业初兴之时，作为一种全新的冶炼技术自然为统治阶层所垄断，非平民百姓所能使用，再加上所铸青铜器以鼎为重，青铜鼎比其他品类的青铜器更能显示王族的气派与尊贵，自然逐渐占据了青铜器中最尊贵的地位，而后逐渐成为重要的祭祀用器也不足为奇。

据载，夏朝初立时，大禹第一次铸造青铜鼎并用于祭祀。"昔夏之方有德也，远方图物，贡金九牧，铸鼎象物，百物而为之备，使民知神奸。"（《左传·宣公三年》）《史记·封禅书》亦说："禹收九牧之金，铸九鼎，皆尝亨鬺上帝、鬼神。"夏朝去古未远，知识与技术的发展水平还处在相当初级的阶段，怪力乱神实乃常态，于是古人对超自然的神灵往往心存敬畏，相信生死荣辱皆取决于上帝，一切都需听从上天安排，不能以人力相抗。出于这种心理，夏禹作为九州天下共主为天下太平、万民不受外邪侵扰，铸成九鼎，因九鼎体重而华美，还能比以往使用的陶器烹煮更多的牺牲，充分地表达了人们对神灵的无上崇敬。早期的人类社会，敬畏鬼神的思想具有十分稳定的传承性。《诗经·商颂·殷武》如是说："天命降监，下民有严。不僭不滥，不敢怠遑。命于下国，封建厥福。"商人的宗教观念是帝祖合一，极为重视祖先崇拜。加之商人迷信卜筮，"凡国之大事，先筮而后卜"[2]，并以此推测吉凶。关于祖先神的卜辞，凶则有"害王""害年""害雨""降祸"等，吉则有"保王""受年""宁风""宁雨""宁秋"等。于是祖先神就成了商人祭祀

①　朱凤瀚：《中国青铜器综论》，上海：上海古籍出版社，2009 年，第 87 页。
②　陈戍国点校：《周礼·仪礼·礼记》，长沙：岳麓书社，2006 年，第 55 页。

中最重要的对象，祭祀在殷商国家政治生活频繁出现，不仅所用牺牲数量大，祭典的规模也相当隆重。武王伐纣立周之后，周人也承继了祭祀的传统，此时陶鼎几乎消弭，而青铜鼎依旧稳坐神坛。

祭祀本是一种宗教行为，但是经由王朝统治者推行的宗教，其本身也被政治化了，与其说政治带有神学色彩，不如说神学在为政治目的服务更为贴切。主持祭祀的统治者不只是国家的政治首脑，同时也是早期的宗教领袖。他们通过铸造体型更大、分量更重、造型雄伟、纹饰精巧的青铜鼎以示虔诚，若求得风调雨顺，便既是上天之恩德，也是君主之精诚；反之若未果，亦是上天注定，非人之祸，统治者无需为此担责。如此一来，"崇神信鬼"的观念经过祭祀行为的强化，也逐渐成为人们心中的一套思维定式，统治阶级就能以此控制人们的精神世界，来获取和维护政治权力，巩固政治地位。

青铜鼎在人神沟通的过程中充当了传播政治性信息的媒介，向上天传达祈愿。从这个意义上说，它就不再是单纯的宗教祭祀圣器，更是一种政治工具，同时具备了宗教功能与政治传播功能，正所谓"礼之所去，刑之所取，失礼则入刑，相为表里"（《汉书·陈宠传》）。而也正是因为这样，青铜鼎才进一步走上了庙堂，成为国家政权的象征。

夏王朝统治时期虽已开始将青铜鼎作为重要的祭器使用，但并未有现在的"鼎祚"一说，历史文献中也难考其详。但《左传·宣公三年》有载："桀有昏德，鼎迁于商，载祀六百；商纣暴虐，鼎迁于周。"似乎商汤推翻夏朝之前，已窥见王权与鼎的密切关系，意图兼得鼎与王权。而周人似与商人有相同的想法，对鼎也是势在必得。《逸周书·克殷解》第三十六中记载了武王克殷的经过以及善后处置："乃命南宫百达、史佚迁九鼎三巫。"《史记》中的记载也大致如此："封比干墓，释箕子囚。迁九鼎，修周政，与天下更始。"（《史记·齐太公世家》）夏禹以九州共主的身份铸九鼎后，九鼎与王权便相依相存，随着王朝更迭由夏入商，而后入周，虽然政权族姓一再更改，但九鼎始终没远离王权中心。春秋时期礼崩乐坏，历经三朝的奴隶制政治秩序土崩瓦解，后来之人对于九鼎的觊觎之情仍旧炽烈，向往王权的人，必向往九鼎。楚庄王伐陆浑之戎，至洛水，向周大夫王孙满问鼎之大小轻重，是为"楚王问鼎"，"问鼎中原"一词也源出于此。在诸多关于各诸侯国觊觎九鼎的文献中，多将九鼎视作王朝政权的等值词，而所谓"迁鼎"，便是政权更替的委婉表达。

"一种媒介经过长期使用之后，可能会在一定程度上决定它传播的知识的特征。"① 青铜鼎作为奴隶制王朝宗教祭祀行为的衍生品，在朝代更迭中被赋予了深刻的内涵，被视为"国之重器"，象征着王室宗庙、国家政权。潘祥辉认为："九鼎代表着一种特定的社会结构性特征，对九鼎的占有既赋予占有者以特殊身份，也起到证明权力占有和权力格局的作用。"② 因此，在夏、商、周三朝的政权更替中，鼎有着特殊的政治象征意义和媒介作用。无论是旧王朝倾败覆灭，还是新王朝宣示正统，都要借助鼎来向天下人证明政治权力获得的合法性。当鼎成为衡量政权合法性的尺度，它就能反过来建构新的政治秩序，影响政治运作。这也就不难理解为什么新王朝对于"迁鼎"总有一套冠冕堂皇的说辞，重点却落在"鼎"上，而随着周王室的衰落，周鼎便成了各诸侯国觊觎的对象。秦后，鼎虽沦没，不再作为一种传播媒介发挥政治功能，中国的青铜时代也就此宣告结束，但后世亦不乏热衷夺鼎、寻鼎、造鼎之君王。究其根本，还是源自对鼎所象征的无上王权的渴望。③

二、作为渠道的媒介隐喻：昭示功绩、贯通古今的时间偏向

媒介作为一种渠道，能够跨越时空将符号和信息从发送者传输给接收者。因此，对媒介的渠道隐喻的考察，以"内容是什么""内容有什么影响"等问题为主。④ 依照英尼斯关于媒介的时空偏向的理论，青铜鼎质地重且耐久性强，能被长久保存，因而属于时间偏向的媒介，这也恰恰契合了古人崇尚"亘古不变""万古流芳"的内心诉求。

人类历史的发展终究是一个革故鼎新的过程，已故的祖先与其后人之间的信息传播是单向的，他们建立的伟业对于后来者而言是遥不可及的。作为一代君王，自然不甘于祖先或自己的功绩湮没在历史长流中，于是迫切需要能够延续功德的工具。因此，青铜鼎以其自然属性的笨重、耐蚀成为"永恒"的象征，并传承和发扬了古代王朝"大一统"的时间观念。青铜鼎作为渠道的媒介，通过鼎身上篆刻的鼎铭承载信息，实现了时间偏向的信息传播。如果说墓葬石刻让生者与死者得以共鸣，那么青铜鼎则凭借鼎铭在过去、现在和未来之间搭起了桥梁，成为一

---

① [加拿大] 哈罗德·英尼斯：《传播的偏向》，何道宽译，北京：中国人民大学出版社，2003年，第39页。

② 潘祥辉：《传播史上的青铜时代殷周青铜器的文化与政治传播功能考》，《新闻与传播研究》2015年第22卷第2期。

③ 许志刚：《铸鼎象物：艺术想象与政治指向》，辽宁大学学报（哲学社会科学版）2010年第1期。

④ Meyrowitz, J., Images of Media: Hidden Ferment–and Harmony–in the Field, *Journal of Communication*, vol.43, no.3, 1993, pp.55-66.

个贯通古今的双向交流的传播媒介。

除了在时间轴上的象征意义与沟通功用外，青铜鼎还发展出了政治宣传和教化功能，具体表现为商周时期鼎铭的变化。虽然上古三代都有祭祀的传统，但到了周朝，祭祀活动中"崇神信鬼"的色彩明显减弱。《礼记·表记》中有记述，"殷人尊神，率民以事神，先鬼而后礼"，而"周人尊礼尚施，事鬼敬神而远之，近人而忠焉"①。周人开始从被动的接受神灵与祖先赐福转变为主动积极的追求人生理想，融入了更多的理性智慧和伦理价值。这一变化最为明显的表征便是商周青铜鼎鼎铭的变化。殷商早期的青铜鼎，鼎铭大多短而精，只有三四个字，作标名之用；少数铭文较长的，内容也以记录祭祀活动、军事战争或宗族等为主。西周时期开始大量出现长铭青铜鼎，内容与商时期又大不相同，主要记述了祖先的功绩、美德以及获得的赏赐等，撰写鼎铭的目的在于对祖先的表彰和敬奉，如《礼记·祭义》中云："显扬先祖所以崇孝，身比也，顺也。明示后世，教也。"想必，青铜鼎和鼎上铭文在周人心中应当有着重要的传播学意义，它帮助传达了后人对祖先的缅怀和崇敬之情，以示孝顺，满足了古人的精神需求；同时又能将先祖的美名与功德传世，化为不朽，达到了政治宣传和道德教化的目的，通过伦理和道德教化来确立和强化了宗法礼制和王室政权的崇高地位，并以此维系社会秩序。

### 三、作为语言的媒介隐喻：建构维护宗法礼制的等级制度

媒介的语言隐喻指向的问题是：作为一种媒介，哪些变量是可以在媒介内部作出调整的，而这些调整又是怎样影响了内容的接受、理解、情感以及行为反应；媒介的物理属性、文化属性、以及生产习惯又如何影响了媒介语言的"语法规范"。②简单而言，不同的媒介能够形塑不同的社会文化。一个文明的生长发展和衰落所经历的意义创造和秩序建构过程，本身就伴随着人的价值和祈望的表达和传播。③这也与英尼斯关于媒介与文明演进的观点相合。青铜鼎作为媒介的语言隐喻指向的是：以鼎为核心建立一套忠实于权力秩序、等级观念和血缘亲疏的制度，进而影响古代社会人们对宗法礼制的认知和意义建构，达到维护宗法礼制、巩固君权统治的目的。

梅洛维茨认为，媒介的语言隐喻专注于只在特定媒介或者特定类型的媒介中

---

① 潘祥辉：《传播史上的青铜时代殷周青铜器的文化与政治传播功能考》，《新闻与传播研究》2015 年第 2 期。

② Meyrowitz, J., Images of Media: Hidden Ferment–and Harmony–in the Field, *Journal of Communication*, vol.43, no.3, 1993, pp.55-66.

③ 张广生：《媒介与文明：伊尼斯传播理论的政治视野》，《中国人民大学学报》2007 年第 3 期。

起作用的变量上。青铜鼎作为上古三代最具代表性的典型政治传播媒介，之所以呈现为后世所见之形状，显然经历过相当审慎的考量。它从器型、纹饰、鼎铭到数量和功能都严格遵循相应的规制，既符合不同朝代的社会历史背景，还反映了特定的社会观念与意识形态，发挥着特定的政治性功用。据史料考证，殷商时期的用鼎制度孕育于二里岗上层时期，到殷墟时期，其在用鼎资格、数量、功用与鼎实上都已形成相当的规制。商代考古工作也发现，青铜鼎是商代墓葬制度的重要组成部分，根据墓主社会地位的不同，随葬的青铜鼎的数量、大小也不相同。商人在祭祀中使用的青铜鼎多为"圆方共用"①，其中圆鼎用于祭祀父辈祖先，而大型方鼎多用于祭祀女性先祖，如殷墟妇好墓中出土的司母辛大方鼎和后母戊大方鼎，这与古人信仰的"天圆地方""天为皇地为后"不谋而合。西周早期，周人承继了商代的用鼎制度，直至西周中期，周代鼎制正式形成，史称"列鼎"。作为周代一项重要的礼制，列鼎制度被用以"明贵贱，辨等列"（《左传·隐公五年》），它规定了上至天子、诸侯，下至大夫与士在祭祀、宴请、丧葬等各项仪式中可使用的青铜鼎的规制。足以见得，在不同的历史时期，由于政治性和意识形态因素的影响，人们会根据各项重要活动的实际需要铸造和使用青铜鼎，以便实现特定内容的表达、传播、接受和理解，进而影响不同受众的情感、认知、意义建构和行为反应。譬如，夏禹铸鼎象物，使民知神奸；又如，周人以鼎铭显扬先祖、明示后世。但此二者尤不如西周等级森严的列鼎制度更具代表性。

古人云："信以受器，器以藏礼。"（《左传·成公二年》）西周以前，青铜鼎已经成为主要的礼器和祭器，承载了丰富的历史、社会、政治和文化内涵，为初现雏形的礼制奠定了基础。西周的社会基础是宗法制的统治制度，反映了"家天下"的政治观念。宗法制的核心是"封建亲戚，以藩屏周"②，在分封制的作用下，周与四方藩国形成了以血缘关系维系的统治网络，自周天子往下的各个阶级依据血缘的亲疏远近依次排列，形如"金字塔"。为了稳固这种政治架构，则需要制定一套缜密而完备的制度，以及划分的标准物。如前所述，青铜鼎兼具宗教地位与政治象征意义、坚固恒久的物理属性，以及代表统治阶级意志与祈望的文化属性，加之其铸造技艺也为统治阶级所垄断，于是周人选择了青铜鼎作为这套制度的关键内容。由此，以宗法礼制为基石的列鼎制度应运而生，成为一种重要的统治工具。从某种程度上说，列鼎制度就是西周礼制的具象化，它自施行以来，逐渐渗入周人的社会生活中，成为一种约定俗成的社会规范和等级制度。在这个过程中，"家

---

① 张国硕，周剑：《商代鼎制初探》，《华夏考古》2018 年第 2 期。
② 陈春会：《西周青铜礼器演变与宗教政治观之变革》，西北大学学报（哲学社会科学版）2013年第 6 期。

天下"的政治观念和宗法制的正统性在无形之中得到强化，整个社会形成了对宗法礼制的认知和相应的等级观念，然后反过来支撑列鼎制度的合理性与合法性。

在这样的循环下，宗法礼制已经深刻地刻入了人们的记忆中，即便是周朝覆灭后，也依旧能得到拥护。《左传·昭公二十九年》中记载，春秋时晋国的赵鞅和荀寅向百姓征收四百八十斤铁，用来铸造刑鼎，在鼎身刻上范宣子制定的刑书。孔子大呼："晋其亡乎！失其度矣。"孔子认为，晋国应当传承和遵循"贵贱不愆"的法度，并将其作为百姓的准则。卿大夫按照地位次序维护法度，百姓才能尊敬贵人，贵人才得以保有自己的家业。而"今弃是度也，而为刑鼎，民在鼎矣，何以尊贵？"（《左传·昭公二十九年》）《礼记·曲礼上》有言："礼不下庶人，刑不上大夫。"可见，以礼辨等列是长期得到社会公认的一种逻辑和机制。从孔子对铸造刑鼎的抗议中也可窥见，鼎是贯彻这种区分阶级的礼制的关键要素。鼎向来为统治者与贵族阶级所独享，是等级与社会地位的象征，同时也作为一种社会性规范制导社会关系、稳固阶级统治。《孔子家语·五刑解》中还就此形成了一套解释，"所谓礼不下庶人者，以庶人遽其事而不能充礼，故不责之以备礼也"。而刑鼎的出现，打破了阶级的限制，赋予了民众使用和观赏鼎的权力。孔子认为这是对宗法礼制的破坏，动摇了统治阶级与贵族阶层的地位，不利于社会治理，故而持强烈反对意见。后世对于宗法礼制的维护，实际上也反证了列鼎制度的成功。

归根结底，列鼎制度本质上是西周宗法制的延伸，借由青铜鼎自上而下地传递鲜明的"等级意识"，形塑宗法制社会独有的政治文化。鼎作为一种社会规范和等级制度的象征，建立和维护社会的阶级秩序，影响着人们的认知和意义建构，进而巩固王权。

四、媒介的政治属性与时代政治观念的变革

将鼎视为一种政治性的传播媒介能够提供一种观察这一历史留存物新的视角。青铜鼎是在特定的历史时期，统治阶级用以实现沟通鬼神、联结上下、贯通古今的媒介。首先，作为社会环境的鼎，在古代统治者主持的祭祀仪式中充当了与鬼神沟通的中介，反映了古人"尊神重巫"的思想以及政治诉求；在祭祀仪式与统治者身份的双重加持下，鼎被赋予了更多政治内涵和更高的政治地位，成为国家社稷与王室政权的象征。其次，青铜鼎是具有鲜明时间偏向的媒介，它质地厚重、经久耐蚀的特性使它能跨越时间的阻隔，贯通古今；鼎铭的变化反映了古人思想观念的转变，它不仅记录和昭示前人的功绩，具有重要的纪念碑意义，还为后世研究者提供了真实详尽的史料素材。最后，鼎是承载了丰富社会历史与政治文化意蕴的政治性传播媒介，它充分显示了在政治性与意识形态因素的影响下，人们可以通过调整关键的内容变量形成强有力的"说服性语言"，在社会范围内影响大多数人的认知与意义建构，并且这种影响力是极为深刻而长久的。

青铜鼎是在一定历史社会条件下被选择用于实现政治功能的特定媒介，代表着统治阶级的意志和利益，并以其神圣性和权威性在全社会范围内建构和传播相应的政治观念。青铜鼎在古代社会生活中内涵、地位、用途等方面的变化相当直观地反映了上古三代宗教与政治观念的变革；而宗教思想和宗教仪式都是统治者为了达成政治目的所利用的手段。归根结底，政治属性是其最鲜明、最根本的特征。虽然青铜鼎随着西周的覆灭跌落神坛，但它所蕴含的政治文化内涵以及在国家政治生活中发挥的重要作用，都在历史上留下了浓墨重彩的印迹。简言之，青铜鼎的媒介化考察对于其他历史时期特定媒介的政治属性及时代政治观念变革研究具有重要的借鉴意义。

# "家丑不可外扬"：中国传统家庭传播规训之诠释 *

## "Domestic shame should not be made public ": An interpretation of traditional Chinese family communication rules

金梦玉　李偲廷 **

Jin Mengyu　Lee Szuting

**摘　要：** 家文化传播深刻地型塑着中国传统社会家庭与社会之间的伦理范式。在华夏文化土壤的孕育下，中国的家庭拥有着一套特有的传播规范。其中，"家丑不可外扬"是从家庭立场出发、对于家庭内部负面信息进行有意阻拦的传播规范，其深度内嵌于"家国同构"的古代中国政治结构中，体现了对宗法制以及家庭伦理关系的遵循与延伸。它要求家庭成员为追求集体"积极面子"、维护家庭和谐表象而做出有目的的忍耐。本文基于华夏传播的视角，通过对"家丑不可外扬"在塑造家庭隐私边界和规范家庭传播规训这两方面的作用进行研究，探讨传统中国宗法制度和家庭制度如何共同维系家庭内部负面信息的流动。作为前人未曾涉及过的一个研究方向，本文对于我国传统家庭传播规范领域的研究具有一定的开创性意义。

**Abstract:** The dissemination of family culture has profoundly shaped the ethical paradigm between family and society in traditional Chinese society. Under the breeding of Chinese culture, Chinese families have a set of unique communication norms. Among them, "Domestic shame should not be made public" is a norm to prevent the spread of negative information within the family from the standpoint of the family. It is deeply embedded in the ancient Chinese political structure of "the same

---

*　基金项目：本研究系中国传媒大学本科教育教学改革课程思政建设项目"华夏传播研究"（项目编号：JG22203）的阶段性成果。

**　作者简介：金梦玉，男，中国传媒大学新闻学院教授，博士生导师，研究方向：中共党报研究、中医传播与文明比较等；李偲廷，女，中国传媒大学新闻学院学生。

structure of the family and the country", reflecting the following and extension of the patriarchal clan system and family ethical relations. It requires family members to pursue the collective "positive face" and maintain the appearance of family harmony to make a purposeful endurance. Based on the perspective of Huaxia communication, this paper studies the effects of "Domestic shame should not be made public" in shaping family privacy boundaries and regulating family communication rules and regulations, and discusses how traditional Chinese patriarchal clan system and family system maintain the flow of negative information within families together. As a research direction that has not been involved before, this paper has a certain ground-breaking significance for the study of Chinese traditional family communication norms.

**关键词：**"家丑不可外扬"；家庭传播；家庭规训；家庭隐私；面子维系

**Key words:** "Domestic shame should not be made public"; Family communication; Family rules; Family privacy; Maintenance of face

## 绪论

### （一）研究缘起

家是我国传统社会治理和文化传承的基本单位，也是传统社会交往的节点。一方面，传统家庭对于"家庭面子"的追求牵制着家庭成员有意识地把控家庭内部信息的流动方向，从而造成家庭信息的传播产生明显的传播边界；另一方面，在宗法观念的长期熏陶下，以"人情"来定夺家庭内部信息传播范围的传统蔚然成风，家庭传播规范呈现出明显的伦理化特征。作为一句耳熟能详的谚语，"家丑不可外扬"折射出的是有关家庭负面信息的有意隐瞒与自我消化，其观念早已嵌入到传统家庭传播的规范之中。本文将着重分析"家丑不可外扬"背后的华夏家庭文化背景，从华夏传播理论的角度解读其背后的传播逻辑。

### （二）研究回顾

在华夏文化古籍中，有不少文本谈及了"家丑不可外扬"的思想，其中以宋代各家禅宗的灯录为甚。一如释守卓在《世尊指天地》中提到"周行七步便称尊，家丑那堪放出门"；"家丑不外扬，已德不自谈"出自释文准的《自赞 其二》；释梵琮的作品《送浙翁禅师住径山》中则发出了"家丑向外扬，生铁被虫蠹"的感慨。除灯录以外，元明清时期的部分戏曲、小说作品中也有涉及。例如以《水浒传》武松打虎为原型的明代昆曲作品《义侠记》的尾声中，潘金莲企图勾引武松不成，饰演武松的生角唱道"这回家丑堪羞杀"，表达了武松对潘氏企图乱伦、不守妇道行为的羞愤；明末文学家冯梦龙撰写的白话短篇小说集《醒世恒言》也提道："家丑不可外扬，倘若传互外边，被人耻笑，事已至此，且再作区处。"以上作品虽然创作于不同时期，但在对于"家丑外扬"的认知上，人们有关"羞""耻"的感悟是较为一致的。

虽然"家丑不可外扬"的说法自古有之，但目前我国社会科学领域内尚未出现专门探讨"家丑不可外扬"的学术论文。不过鉴于与"家"相关的问题在我国的社会科学领域属于重要论题，因此来自不同学科背景的国内学者为"家"这个论题提供了多维度的思考和解读方式，有关家庭和家庭传播的研究也已经有了一定的成果。在社会学领域内，费孝通在《乡土中国》中提出了著名的"差序格局"概念。这一概念在家庭层面体现为"家并没有严格的团体界线，这社群里的分子可以依需要，沿亲属差序向外扩大"。①我国的家族是糅合了生育、政治、经济、宗教等多种社会功能的复杂集合体，结构上具有稳定性和长期性，因此费老将我国的家比作"绵续性的事业社群"。关于我国家族所承担的复杂功能，在人类学家林耀华2000年出版的著作《义序的宗族研究》中以案例研究的方式得到了较为完整的展现。林选择了福建省义序村作为田野调查对象，结合西方结构—功能主义的研究理论范式，从宗族—家庭、家庭—个人、个人—个人这三个关系层面上论述宗族在我国传统社会中发挥的功用②。费和林结合了西方社会学和人类学等多学科的视角，对我国传统社会里"家"的形成原因、特点和功能进行了学术上的分析与阐述，是我国较早一批将西方学术理论与中国本土实际情况相结合的学者。在此之后，有更多的学者投入到我国传统家庭的研究之中，近年来传播学学科内也出现了涉及家庭传播的专著和论文。我国传播学学者谢清果在其著作《华夏传播研究——媒介学的视角》中，将家视为中华文化传播的"媒介域"，从其包含的物态媒介（房屋建筑、祠堂、家书家训等）和精神情感媒介（思乡之情、家国情怀等）两个方面阐述了我国家庭传播的华夏文明特色③。王卫明、诸慧岚使用文献分析法，从《女诫》、儒家经典、蒙学读物、古代法律和古代家训之中寻找了大量与家庭传播规范相关的选段，补充了我国家庭传播规范研究的古代文献资料④。罗

① 费孝通：《乡土中国》，北京：北京大学出版社，2012年，第63页。
② 林耀华：《义序的宗族研究》，北京：生活·读书·新知三联书店，2000年，第71—98页。
③ 谢清果：《华夏传播研究：媒介学的视角》，北京：社会科学文献出版社，2019年，第31—33页。
④ 王卫明，诸慧岚：《古代中国的家庭传播规范》，《华夏传播研究》2020年第2期。

俊敏则是立足于对国外家庭传播研究成果进行梳理，阐明国外家庭传播的基本语境，并着重关注了家庭危机这一特殊情境的研究，为研究我国家庭传播规范提供了西方的对比视角[1]。

通过对以上的文献进行梳理后发现，前人对于我国传统家庭的结构特点和历史文化根基已经有了详尽的研究和阐述，极大地丰富了本文有关"家庭"和"家庭传播"论述方面的理论和案例，尤其是家庭"面子"观的提出，对本文进一步挖掘"家丑不可外扬"之下的底层逻辑提供了探索路径。作为一种家庭传播规范，"家丑不可外扬"涉及的是对家庭负面信息的处理手段，什么样的文化观念催生了这种心理？该行为指向的最终目的是什么？本文着眼于华夏文化的根基，通过跨领域的寻找，为"家丑不可外扬"的家庭传播规范提供华夏传播理论依据。

### （三）"家丑不可外扬"的意指内涵

狭义上的"家丑不可外扬"最早出自宋代高僧释普济汇编的佛教禅宗史书《五灯会元》："僧问：'化城鉴如何是各尚家风？'曰：'不欲说。'曰：'为甚如此？'曰：'家丑不外扬。'"除《五灯会元》外，同时期的许多禅宗灯录也收录了类似的话语。这一情况的出现并非偶然，恰是体现了作为我国独立发展的本土佛教宗派的禅宗与我国传统社会、传统思想流派的交融。有学者指出，禅宗点化了我国本土儒道两家之学，并催生出明末理学和宋元新教派[2]。南宋孝宗在《原道辩》中提到，中国文化是以佛治心，以道治身，以儒治世[3]。因此"家丑不可外扬"这句话最早出自禅宗之口，可以看出有关家庭传播规范的思考不再停留于各个家庭的行为层面，它已经是中国古代传统社会语境下约定俗成的一种家庭传播规范，而禅宗们做的便是对普遍现象的归纳总结，进而将自己的感悟传达给后世。

"家丑不可外扬"从字面意思上来理解，指的是家庭内部的问题不应当向外传播。虽然这句俗语一直到宋代才出现，但实际上此类思想已是由来已久。我国古代第一部诗歌总集《诗经》中，创作于周代的《鄘风·墙有茨》，就用隐喻的手法讽刺了卫宣公夫人宣姜和庶子的奸情以及家中丑事不堪向外言说的无奈——

> 墙有茨，不可埽也。中冓之言，不可道也。所可道也，言之丑也。
> 墙有茨，不可襄也。中冓之言，不可详也。所可详也，言之长也。
> 墙有茨，不可束也。中冓之言，不可读也。所可读也，言之辱也。

① 罗俊敏：《家庭传播的研究路径与理论表达》，《中华文化与传播研究》2021 年第 1 期。
② 李光钦：《禅宗的基本常识》，北京：社会科学文献出版社，2019 年，第 24—26 页。
③ 杨文笔：《中国传统文化导论》，银川：宁夏人民出版社 2020 年，第 61 页。

由于文艺作品是对当时社会思想的勘寻与社会现实的艺术化表达，因此将我国古代的文艺作品作为古代社会思想文化的载体进行研究，不难发现"家丑不可外扬"以一种家庭传播规范的形态在长达两三千年的时间跨度里代代流传。有关"家丑"的具体内涵，对此一直缺乏明确的定义。不过在儒家经典中，有"五伦""十义"等涉及家庭伦理关系与道德规范的主张，尽管这些理念没有正面对"家丑"进行解释，但一定程度上可以作为划定"家丑"大致范围的依据。家庭作为一个集合概念，存在于家庭中的信息具有集体持有的特征。当一个家庭成员决定将自己的私人信息在家庭范围内公开，那就意味着这个信息的归属从个人持有转变为集体共有的隐私[1]。因此"家丑"与其说是"家庭的丑事"，不如将其理解为是将成员的"私丑"向家庭公开后，通过家庭内部共同达成的对该信息高度保密的一致协商，即"不外扬"；"家丑"一词体现了家庭成员负面隐私的最大扩散范围。除此之外，有关"外扬"一词中的"外"如何界定，也存在着模糊性，这是我国古代的"家"没有严格的边界限制导致的。按照费孝通提出的"差序格局"的概念，家的大小可以依据需要沿着单系的亲属差序向外扩大，因此"家丑"可以指"家庭之丑"，也可以指"家族之丑"、"氏族之丑"，与之相对的"外"的边界会随着"家"这个组织的大小而改变。

## 一、家庭隐私传播的边界：集体化隐私塑造与控制

家庭是中国传统社会的基本雏形[2]。有学者指出，在传统的中国社会中，存在着两种社会力量：一种是以皇权为中心，自上而下形成等级分明的梯形结构的"管制"秩序或国家力量；另一种则是以家族（宗族）为中心，结成"蜂窝状结构"自治体的乡土秩序或民间力量[3]。在第二种社会力量中，每一个家庭都是其成员个人的集合体，个人的力量只有寄生于家庭之中才能得以整合与发挥实质性作用，家庭包办了成员的个体生活。当涉及由家庭内部向外传播的信息时，往往会受到以家庭为单位的对传播行为的审视，其中便包括了对负面信息的控制。

中国传统家庭在对"家丑"的处理上，信息的流动具有很明显的边界壁垒。一般来说，只有家庭内部成员享有知情权，其保密程度极高。费孝通教授曾指出，

---

① Sandra Petronio, "Communication Privacy Management Theory: What Do We Know About Family Privacy Regulation?", *Journal of Family Theory & Review* 2 (September 2010).

② 林语堂：《吾国与吾民》，黄嘉德译，长沙：岳麓出版社，2021 年，第 38 页。

③ 陈文玲：《村庄的记忆、舆论与秩序》，北京：北京大学出版社，2016 年，第 1 页，转引自 Vivienne Shue, "The Reach of the State: Sketches of the Chinese Body Politic", Standford University Press, 1988.

我国的传统社会具有"乡土性"的特征，其特点有三：一是靠农业来谋生；二是人和空间关系上的不流动性，安土重迁、聚村而居；三是熟人社会，村民们相互熟识，且这个关系网具有稳定性，终老是乡①。在笔者看来，这三层关系具有递进的关系。自给自足的小农经济将劳动者固定在了生产场所之中，因而劳动者不会随意更改住址，人长时间地处于同一空间里，随着聚集者的增多进而形成村落，村民之间彼此来往，相互熟识，"家"是这张关系网上的基本节点。村落中每个家庭的大小家事通过村民间的日常交往产生流动，进而扩大传播范围；事件的影响力在这张关系网中得到强化。村民们关于一个家庭的印象会随着新的事件的发生而不断刷新，同时先前与此有关的记忆也会因为新事件的出现而被传承下来②。因此如果一个家庭的"家丑"被传了出去，便很有可能在家庭以外的关系网中反复流传成为外人眼中难以擦除的负面形象；若是不巧在此之后还有类似的事件发生，就会进一步演变成一种类别记忆，形成累加的记忆存储③。如此一来，外人可能对这个家庭内的成员都普遍持有偏见，正所谓"鸡窝里飞不出金凤凰"；再加上"好事不出门，坏事传千里"的传播偏向，我国传统家庭都十分爱惜自己的羽毛，所以就算家中犯了丑事，也要"胳膊折了往袖子里藏④"，争取处理得滴水不漏；至于对外言说，更是犯了家里的大忌。

作为一种带有明显文化特征的普遍现象⑤，隐私的表现形式和具体内涵在不同文化中具有差异性。西方的文化语境下更强调个人隐私，而在我国的传统社会语境中，个人隐私包含在集体隐私之内。我国传统观念认为"人"不是指独立的个体，而是家庭这个"分母"中的一个"分子"，具有明显的群体化特征，孤立的个人不成人⑥。家庭中不存在绝对的个人隐私，成员们对于家庭内部的隐私是共通共享的。"在大家庭中，即掩闼密谈，亦未免有忤逆之嫌，故绝无个人回旋之余地⑦。"家庭内部私人领域的缺乏导致成员难以从居住空间的分隔上来保护个人隐私。有学者指出，中国人的群体隐私观集中体现在使用围墙来保护家庭或群体的领域，从而来维护群体的隐私⑧。而笔者认为，我国古代社会对于集体隐私的保护除了修建围墙这种在空间上的隔离之外，还存在着诸如"家丑不可外扬"这类在

① 费孝通：《乡土中国》，第9—16页。
② 陈文玲：《村庄的记忆、舆论与秩序》，第74页。
③ 陈文玲：《村庄的记忆、舆论与秩序》，第76页。
④ 曹雪芹：《红楼梦》，无名氏续，北京：人民文学出版社，2012年，第114—115页。
⑤ 蔡芳：《中西方隐私观探析》，《江苏工业学院学报（社会科学版）》2007年第2期。
⑥ 魏光奇：《中西文化观念比较》，北京：经济科学出版社，2012年，第191页。
⑦ 林语堂：《吾国与吾民》，第39页。
⑧ 蔡芳：《中西方隐私观探析》，《江苏工业学院学报（社会科学版）》2007年第2期。

家庭成员思想意识层面的观念软控制。

由于手写传播时代人们有关"公"与"私"的界线还不明晰，因此在这个时期相比"隐私"更贴切的词语是具有一定羞耻感意味的"阴私"①。《菜根谭》有言："不责人小过，不发人阴私，不念人旧恶，三者可以养德，亦可以远害。"其中的"阴私"指的是不希望别人知道的私事，通常是指不光彩的事，一旦外传出去是有失脸面的；而"隐私"虽然也同样强调了事情的保密性，但并没有涉及事件的性质。所以从概念界定上来看，"阴私"是"隐私"在外延上涵盖的一部分。在"家丑不可外扬"这条家庭传播规范中，"家丑"被划分到了"阴私"的范畴内，是一个家庭不愿意向外人展示的阴暗面。集体隐私控制的前提是内部成员对隐私的知晓以及对于该事件应该成为隐私的一致认同，这种共识便体现了传播观念在成员意识层面上的约束，其特征是不限于具体时空，针对集体而不是个人②。从隐私归属权的转换到对集体隐私的保护，集体成员在此之中都发挥着自己的能动性，所以"家丑不可外扬"的传播规范并不是强迫家庭成员遵守的生硬原则，更多是个体出于集体认同下的主动维护。

二、家庭利益传播的规训：面子维系与制造共识

我国传统家庭为了维护家庭利益和家庭荣誉，在交往的各个方面都体现了对"面子"理论的遵循③，集体面子对于家庭隐私传播存在外在约束力。在我国的文化语境中，人们非常重视集体面子的塑造，这一点在"家庭"这个范围上便体现为对家庭荣誉、家庭名声的追求。一个家庭有了面子，便会为外人所尊重与认可，进而获得精神上的满足感，家庭内部成员的凝聚力和归属感也会因此得到强化；个人的面子只有融入集体的面子中，才能发挥应有的价值④。

我国传统社会中，"面子"的运作以熟人社会为基础，以"家"为基本单位。一如林语堂先生所说，统治着中国的三位女神是"面子、命运和恩惠"⑤。在熟人社会中，"面子"除了承担对外的家庭形象展示、赢得外人尊重的功能之外，对家庭内部成员也存在规训、教化的作用。作为衡量家庭对外传播效果的重要考量因素，"面子"影响着家庭成员在人际交往方面的价值判断标准⑥。在古人看来，"家

---

① 姜辉：《概念、边界与权利》，硕士学位论文，南京大学，2014 年。

② 谢清果，王皓然：《以"训"传家：作为一种传播控制实践的家训》，《新闻与传播研究》，2021 年 9 月刊。

③ 谢清果：《华夏传播研究：媒介学的视角》，第 46 页。

④ 刘建金：《面子文化与中国家庭道德教育审视》，《中国德育》2017 年第 3 期。

⑤ 林语堂：《吾国与吾民》，第 159 页。

⑥ 谢清果：《华夏传播研究：媒介学的视角》，第 47 页。

丑外扬"无疑是对家庭形象的损毁，有辱祖宗和家门。所以，《义侠记》中的武松察觉到嫂子潘氏图谋不轨时，第一反应是为这件"家丑"感到羞耻，而《水浒传》原著中兄长武大郎在知晓此事后的反应更是体现了维护家庭形象在处理家庭负面信息时的极高优先级——

> 妇人道："情知是有谁！争奈武二那厮，我见他大雪里归来，连忙安排酒请他吃；他见前后没人，便把言语来调戏我。"武大道："我的兄弟不是这等人，从来老实。休要高作声，吃邻舍家笑话！"[①]

在这里，家庭成员追求"面子"的压力转换为家庭内部对于"丑事"的处理上的强大行动力和忍受力，"面子"在处理家庭矛盾的过程中起到了预防事态进一步扩大的平衡作用。林语堂指出，忍耐的特性是我国社会环境，尤其是家庭制度的结果，而这种忍耐是带有目的性的[②]。家庭成员对自己身在群体中的角色具有主观层面的认识，这种"我们"为导向的个体意识将使成员们有意地会去维护家庭这一群体的整体利益，即使很多时候这种对于家丑的"忍"是无奈之举。古人有云，"小不忍则乱大谋"，所以对家丑的"忍"是为了保证家庭集体面子不会因负面信息而受损。相较于当事人忍耐家丑所受的委屈，让家庭丢失颜面所带来的代价更甚，因为它代表着一个家庭将要面对外人无尽的轻视、指责，让其内部的家庭成员暴露于外界"危险的空气之中"。一旦家庭不再拥有着属于自己的封闭信息圈，家庭成员将失去在集体中的安全感，原本构建的集体意识面临瓦解的危机。

虽然"家丑不可外扬"的传播观念普遍存在于中国传统家庭之中，但具体到每个家庭又存在差异。家庭传播规范规定了家庭成员在特定的传播空间中所扮演的角色和相应的责任，这些规范在物质世界的延伸体现为家训的书写。作为我国悠久的文化传统，家训的作者以长辈的身份对后代进行行为指导，在家庭成员的个人教养、为人处世原则等方面都有着重要的规范作用，树立了超越时空限制的不在场权威[③]，体现"规训—渗透"的权力机制。

按照福柯的理论，"规训"是"权力—知识"的结合物，即"为了实现某种社会而进行巧妙强制的设计"[④]；它既指称一种特殊的权力形式，又是不断制造知识、

---

① 曹雪芹：《红楼梦》，第 114—115 页。

② 林语堂：《吾国与吾民》，第 39 页。

③ 谢清果，王皓然：《以"训"传家：作为一种传播控制实践的家训》《新闻与传播研究》2021年 9 月刊。

④ [美]米歇尔·福柯：《规训与惩罚》，刘北成、杨远婴译，北京：生活·读书·新知三联书店，2012 年，第 235 页。

形成话语共识的控制手段。而在传统中国社会，家规家训的根本目的是"整齐门内，提撕子孙"（《颜氏家训》），训导对象有明显的界线。由于家训仅对家庭成员适用，因而其具体的思想观点往往因家而异。无一例外的是，目前现世上能翻阅到的古代家规家训里，几乎都提及了对自家亲人的保护，此类思想可以被视为"家丑不可外扬"传播规范的出发点所在。例如我国的第一部家训《诫伯禽书》中，周公旦言："故旧无大故则不弃也，无求备于一人。"明末清初理学家张履祥的家训著作《训子语》写道："一族之人有贤有不肖，正如一体之中有心志耳目，即有足趾爪发。在贤者，当体祖宗均爱之心，曲加扶持保护，不使一人至于失所。[①]"正因为将"护亲"看得如此之重，所以对于成员的过错也能有所包庇。朱熹所著的《朱子家训》劝诫后世："人有恶，则掩之；人有善，则扬之。"相反，如果家庭里的丑事被成员对外公布，那将会被视为有辱家门的行为，这个家也有面临失控的危险。如《颜氏家训》中提到了江东一带让妾媵主持家事的家庭里，丈夫去世后，家中亲人相互诬陷，将先人的丑事公之于众的混乱场面："身没之后，辞讼盈公门，谤辱彰道路，子诬母为妾，弟黜兄为佣，播扬先人之辞迹，暴露祖考之长短，以求直己者，往往而有，悲夫！"对"家丑"保密程度的好坏反映了一个家庭的运转状况，能做到"家丑不外扬"的家庭，从侧面可以体现出家庭成员对家庭内部隐私管理一致的认可和遵守。家规家训的书写将这些规范以成文的方式流传下来以约束、教导后人，进而提高家庭内部的凝聚力和成员的归属感。

祠堂内的惩罚行为是"家丑不可外扬"嵌入于家庭规范之中的另一种体现。房屋建筑作为区分各家各户的实体存在，为保护家庭集体隐私提供了空间基础。当家庭成员犯错或者出现纠纷的时候，可以选择在屋内自行解决，避免为外人所知。由于我国古代家庭观念深受宗法制的影响，祠堂作为宗族的象征，为家庭成员祭祀、供奉祖先等宗族活动提供了场所，是一个家族最为庄严神圣的地方，也是"家庭伦理"和"家庭责任感"的生发之地[②]。祠堂具有家庭的宗法治理功能，如果有家庭成员犯了错，情节较为严重的可能会被要求到祠堂内接受惩罚，族众都要去旁听，引以为戒[③]。"不孝不悌者，众执于祠，切责之，痛责之。[④]"一般这类处罚行为视情节轻重，分为杖责、罚跪、记过、锁禁等[⑤]；但如果当事人的行为已经严重违反了族规，就有可能被逐出族门，剥夺家族成员的身份。除了逐出族门

---

① 张履祥：《训子语译注》，张天杰，余荣军增编译注，上海：上海古籍出版社，2020 年，第 64 页。

② 谢清果：《华夏传播研究：媒介学的视角》，第 36 页。

③ 谢清果：《华夏传播研究：媒介学的视角》，第 87 页。

④ 李小兵：《祠堂的教化功能研究》，硕士学位论文，西南大学，2009 年，第 33 页。

⑤ 高丙中：《中国民俗概论》，北京：北京大学出版社，2009 年，第 152—153 页。

外，前面提到的几种祠堂内的处罚方式，虽然当事人有错在身，但家族对其的惩罚还是局限在家庭内部处理的层面，并没有扩散到邻里皆知的地步，更不会轻易向官府提起诉讼。正因如此，祠堂内的惩治可以视作是让家丑止于家内的重要惩治手段，一方面借助祠堂的威严性让当事人在忏悔中深刻体悟到自己行为对家族造成的负面影响；另一方面也警告了其他族人，同时禁止在更大的场合里去传播此事。

无论是家规家训的书写还是祠堂内的惩罚行为，都可以看出"家丑不可外扬"在家庭规范中的深度嵌入。作为一个双向的概念，"嵌入"代表了两种关系的共存①。家庭规范中需要有诸如"家丑不可外扬"这样的思想来维护"家"的稳定性和权威性，而"家丑不可外扬"被当作一种家庭规范而教喻成员时，其背后的价值意义和执行力也大为提升，内化为成员们在处理家庭事务时习焉不察的传播规范。

### 三、亲亲相隐：宗法观念与家庭隐私传播的伦理化

"家丑不可外扬"传播规范的形成并非空穴来风，而是我国古代社会结构的产物。以父系血缘关系为纽带的家庭作为我国古代社会最基层的社会组织形式，对家庭伦理关系和道德规范的约束一直为历朝历代的统治者所重视，并以此扩展上升到家庭与国家同构再造的家国伦理观。正如孟子所言："天下之本在国，国之本在家，家之本在身。"人民组织范型的接续阶段自家直接上升于国②，国以下便是家，每个家庭的沉浮升降又牵动着成员个体的人生轨迹。

在封建礼教所奉行的"三纲"中，有两对指向了家庭内部关系，可见统治阶级对家庭稳定的重视。我国的家庭传播也将家庭和谐作为最终目的③，体现了华夏传播观中对于"和—合"的追求，正所谓"家和万事兴"。家庭和谐对内表现为"父慈子孝、兄友弟恭、夫妇和睦"；对外表现为君臣关系和朋友关系，君臣是父子关系的扩大，移孝到忠④。因此，有关家庭和睦的解读，仍应该置于以传统的宗法制为基础、父系血缘关系为主轴，君父同伦、家国同构的宏大社会结构下来理解。

我国传统家庭是"承担着复杂功能的长期绵续性的事业组织"⑤，家庭制度的存

---

① 杜恺健：《媒介嵌入与佛教的现代转型——以新佛教运动中的〈海潮音〉为例》，《新闻界》2017 年第 10 期。

② 林语堂：《吾国与吾民》，第 140 页。

③ 谢清果：《华夏传播研究：媒介学的视角》，第 43 页。

④ 谢清果：《华夏传播研究：媒介学的视角》，第 43 页。

⑤ 费孝通：《乡土中国》，第 65 页。

在让个人以分子的身份生活在社会关系中①。林语堂指出，家族制度以"近乎代替宗教的作用而给予人们以社会长存与家庭永续的意识，因以满足人类巴求永生的愿望②"。国学大师钱穆也曾表示，我国家庭的终极目的是父母子女之永恒连属，使人生绵延不绝，将短生命融入长生命，家庭的传袭几乎是中国人的宗教安慰③。《周易·系辞传》有言："天地之大德曰生，生生之为易。"这种对万物"生生"的深刻体悟，体现了我国传统文化中对于祖先的尊崇与对后代生命延续的期待。如此一来，中国人将"世代之间"的关系看得尤为重要，有关"生生"之生命连续性的预设，在宗法制中又演化为"亲亲"的需求。《礼记·大传》曰："人道亲亲也。亲亲故尊祖，尊祖故敬宗，敬宗故收族，收族故宗庙严，宗庙严故重社稷……"《礼记》将亲人之间的亲近归为是人性的基本层面，亲人互相帮助、扶持，家庭才能延续下去；家族之中"分子与分子的互助，发展到很高的程度，盖受着一种道德意识和家族光荣的鼓励④"。这种将个人归属于家庭中之中，以家庭为基本单位的生存论思想，赋予了"家"极大的意义；对家庭成员来说，一荣俱荣，一损俱损，唯有保证了家庭的整体意义，个体的生存才有可能得到保障。

家庭成员对于家庭的强烈归属感，在积极层面上体现为"光宗耀祖""显亲扬名"的追求；在消极层面上则表现为"亲亲相隐"的包庇行为。关于"亲亲相隐"的解读，大部分学者都同意将"隐"解读为"隐晦"之意，即出于人情的考量，对自己的亲人的过错有所袒护、隐瞒。我国许多朝代的立法给予了"亲亲相隐"法律层面的合理性，其中唐朝的《唐律疏议》明文规定："告祖父母、父母者，绞。"在唐朝将"孝治天下"作为立国原则的背景下，晚辈告发长辈被认为是不孝的行为，理应受到严峻的刑罚。

"亲亲相隐"虽然以包庇的方式保护家庭成员免于责罚，但其模糊了个体在家庭内部的反抗意识，也不利于法理社会的建构，这些劣点至今仍然存在。秦晖强调，"国权不下县，县下惟宗族，宗族皆自治，自治靠伦理，伦理造乡绅。⑤"在家庭内部，理让之于情，伦理是家庭在进行自我管理时所奉行的最高准则。从这个层面上来看，"家丑不可外扬"可以视为是"亲亲相隐"思想的一种流变。"扬"作为一种主动告知的姿态，违背了"亲亲相隐"的意愿。虽然"家丑"必有其理亏之处，但出于"亲亲"的原则，成员仍应该共同帮其隐瞒，一方面是出于对家

　① 林语堂：《吾国与吾民》，第 39 页。
　② 林语堂：《吾国与吾民》，第 144 页。
　③ 谢清果：《华夏传播研究：媒介学的视角》，第 43 页。
　④ 林语堂：《吾国与吾民》，第 148 页。
　⑤ 秦晖：《传统中华帝国的乡村基层控制：汉唐间的乡村组织》，载秦晖主编：《农民中国：历史反思与现实选择》，郑州：河南人民出版社，2003 年，第 220 页。

庭利益的维护，另一方面是宗法观念熏陶下的不得不为。

在许多家族的家规中，都列有"息讼"一条，体现了家族以内部事务自决为荣的特点。清代王士晋在其撰写的《宗规》中指出："盖讼事有害无利：要盘缠，要奔走；若造机关，又坏心术……理直犹可，理曲到底吃亏；受笞杖，受罪罚，甚至破家。忘身辱亲，冤冤相报害及子孙。"当家庭内部事务需要外力介入处理时，该家庭在外人眼中一团和气的局面被打破，凸显的是家庭秩序的失控；而当事人也会被视为对亲人的不敬，违背了"亲亲相隐"的原则。在传统的礼俗社会中，"情"优先于"理"，给予了"家丑不可外扬"在伦理层面的强制性。家庭隐私传播的边界由家庭内部的复杂伦理关系决定；在越亲密的关系里，伦理的约束越强，隐私的边界相对地会变得更加严实，信息的渗透度也越低。

## 结语

"家丑不可外扬"实质上是家庭内部以控制负面信息为直接目的的传播规范，其根本目的在于维护家庭在社会中的集体利益，进而保护集体内的个体成员，在我国古代家国同构的社会结构下具有高度的适生价值。作为一种家庭主动适应社会环境后形成的传播规范，"家丑不可外扬"的传播途径包含了既对家庭成员思想层面的软控制，也有例如家训、祠堂等物质层面的传播实践。从积极角度来看，"家丑不可外扬"的家庭传播规范支持家庭内部事务自决，"国有国法，家有家规"，减少了家庭和社会的摩擦；同时也涉及对家庭隐私的重视，为家庭成员在个人与社会之间提供了犯错的缓冲区，在一定程度上保护了家庭成员。从消极角度来看，"家丑不可外扬"使得家庭内部事务与社会脱节，不利于社会关系的发展，家庭和家庭之间彼此割裂。"一个家族，加以朋友，构成铜墙铁壁的堡垒。在内部为最高的结合体，且彼此互助，对于外界则取冷淡的消极抵抗的态度。"①亲人之间相互包庇，伦理关系凌驾于法律之上；家庭内部纠纷的受害者往往被迫三缄其口，含冤受屈，难以寻求外界帮助。作为传统中国宗法制度和家庭制度共同维系的家庭传播规范，"家丑不可外扬"的思想肇源于古代社会宗法观念下"家庭面子"的意义之网，嵌入于家庭规范之中而代代流传，不论其积极的或消极的意义，都在深刻地形塑着华夏传播视域里传统家庭与传统社会间的伦理型传播范式。

---

① 林语堂：《吾国与吾民》，第 147—148 页。

# "落叶归根也有期":文化创伤、移民传说与想象重构*

## ——洪洞大槐树传说的历史记忆研究

# Cultural Trauma, Migrant Legends and Imaginative Reconstructions
## —— A Study of the Historical Memory of the Legend of the Hongdong big locust tree

杜恺健　蔺晨羿　吴一帆**

Du Kaijian　Lin Chenyi　Wu Yifan

**摘　要**：作为中华民族历史上影响最深远的移民创伤事件，山西洪洞大槐树传说在全国各地特别是北方地区广泛流传。后世的人们通过建构大槐树意象、书写民谣传说与史志族谱以及进行纪念仪式，将洪洞大槐树传说塑造成了共同体认的集体记忆。在这一过程中，人们有意打造想象中的故土，寻求共同的族群认同代际更迭下存续的寻根祭祖，反映了根植于中华民族文化土壤的"落叶归根"的传统。

**Abstract**: As the most far-reaching migratory trauma in the history of the Chinese nation, the legend of the Hongdong big locust tree, Shanxi Province, has been widely circulated throughout the country, especially in the northern regions. By constructing the imagery of the tree, writing folklore and genealogy, and performing commemorative rituals, later generations have shaped the legend of Hongdong

---

* 基金项目：本研究系中国传媒大学本科教育教学改革课程思政建设项目"华夏传播研究"（项目编号：JG22203）的阶段性成果。

** 作者简介：杜恺健，男，厦门人，中国传媒大学新闻学院讲师，研究方向：华夏传播、中国新闻传播史；蔺晨羿，男，德州人，中国传媒大学新闻学院，本科在读，研究方向：国际传播、华夏传播；吴一帆，女，临汾人，中国传媒大学新闻学院，本科在读，研究方向：华夏传播、计算传播。

big locust tree into a collective memory of community identity. In this process, people intentionally create an imaginary homeland, seek a common ethnic identity, and search for their roots and pay homage to their ancestors under the change of generations, reflecting the tradition of "returning to one's roots" rooted in the soil of Chinese culture.

**关键词：** 洪洞大槐树；集体记忆；移民创伤；媒介建构；数字记忆

**Key word:** Hongdong Dahuaishu Migrants; Collective Memory; Cultural Trauma; Historical Memory; Imaginary Reconstruction

"物本乎天，人本乎祖"，认祖归根的思想风尚根植于中华民族的精神血脉，"寻根祭祖"也是一代代中国人割舍不掉的思念。全国各地长期流传着洪洞大槐树的传说，"问我祖先何处来，山西洪洞大槐树"这一民谣在我国可谓家喻户晓。作为中华根祖文化的发祥地之一，山西洪洞每年吸引着 20 余万人前往寻根祭祖。尽管学术界对移民史实的研究仍存有困惑，但在现实社会中，歌谣传说的广泛流传、地方志等历史文字的浓墨重彩以及跨越千里的"寻根祭祖热"都反映出来，目前洪洞大槐树移民的传说故事已经在移民后代心中形成了稳定的集体记忆。这一历史创伤事件的集体记忆形成于历史长河之中，镌刻着广大中华民族共同的家园想象和族群认同。目前，学术界对洪洞大槐树移民的研究主要集中在历史学和社会学方面，多为针对移民史实问题的考究、文化内涵的解读等，而对于这一事件集体记忆的建构及其原理却少有探讨。本文将在已有研究的基础之上，对洪洞大槐树传说的集体记忆建构过程进行探赜。

## 一、移民创伤：基于媒介建构的历史记忆

（一）概念界定：集体记忆与历史记忆

"集体记忆"（collective memory）的概念由哈布瓦赫（Maurice Halbwachs）于 1925 年首次明确提出。在他的论述中，记忆的集体框架是个体记忆的汇总，用以重建关于过去的意象①。在哈布瓦赫的论述中，集体记忆不是一个既定的概念，也不是某种神秘的群体思想，而是一个社会建构的概念。②其明确性地提出了集体记忆的"群体性"和"建构性"——与个人记忆不同，集体记忆为群体或社会所

---

① ［法］莫里斯·哈布瓦赫：《论集体记忆》，毕然、郭金华译，上海：上海人民出版社，2002年，第 71 页。

② ［法］莫里斯·哈布瓦赫：《论集体记忆》，第 39 页。

共同享有，且并不是客观存在，而是不断地进行建构。也就是说，集体记忆会依据当下的情境和需要不断地经历着重构。其他学者遵循着集体记忆的社会建构性，将集体记忆深入界定为社会记忆。保罗·康纳顿（Paul Connerton）将研究转向社会记忆的保存和传承，提出了传承和保持社会记忆的两种重要方式——"纪念仪式"（commemorative ceremonies）和"身体实践"（bodily practices）。① 扬·阿斯曼（Jan Assmann）也将集体记忆扩展到社会交往的层面，并提出了"文化记忆"这一概念，指代人类记忆的外在维度，强调仪式与文化的社会实践。② 此外，他指出建构并不是对过去历史纯粹的还原，"过去"本身并不能被完全保留，留存下来的只是其中为"社会在每一个时期中，借助这个时期的参照框架所能重构的"部分。③

对集体记忆和社会记忆进一步细分，哈布瓦赫提出了"历史记忆"，即"只能通过书写记录和其他类型的记录（比如照片）才能触及社会行动者，但是却能通过纪念活动、法定节日诸如此类的东西存续下来"的记忆类型④。这一定义实际上是对哈布瓦赫对集体记忆建构性和群体性的规范的确认，一定程度上指出了历史记忆区别于其他类型集体记忆的独特之处。随着集体记忆研究进入 21 世纪，王明珂从史学研究出发，以华夏民族起源与形成为例指出以社会所认定的"历史"形态呈现与流传"集体记忆"中，即是这一社会的历史记忆。他强调历史记忆的功能，即人们借此追溯社会群体的共同起源 ( 起源记忆 ) 及其历史流变，以诠释当前该社会人群各层次的认同与区分⑤。按照王明珂的定义，山西洪洞大槐树的集体记忆讲述的是中华民族中许多族群共同起源的故事，"以神话、传说或被视为学术的'历史'与'考古'论述等形式流传"，是一种典型的历史记忆。从哈布瓦赫的观点来看，洪洞大槐树移民的历史不是由个人回忆的，而是由人们书写的、聚合在一起共同回忆出来的，即过去是由各代社会机制存储和解释的。

（二）理论视角：文化创伤与移民传说

杰弗里·亚历山大 (Jeffrey C. Alexander) 认为，"当个人和群体觉得他们经历了可怕的事件，在群体意识上留下难以磨灭的痕迹，成为永久的记忆，根本且无可逆转地改变了他们的未来，文化创伤 (cultural trauma) 就发生了"。从概念界定

---

① [美]保罗·康纳顿：《社会如何记忆》，纳日碧力戈译，上海：上海人民出版社，2000 年。

② [德]扬·阿斯曼：《文化记忆》，金寿福、黄晓晨译，北京：北京大学出版社，2015 年，第 10 页。

③ [德]扬·阿斯曼：《文化记忆》，第 33 页。

④ [法]莫里斯·哈布瓦赫：《论集体记忆》，2002 年，第 42 页。

⑤ 王明珂：《历史事实、历史记忆与历史心性》，《历史研究》2001 年第 5 期。

中，我们可以发现，文化创伤是群体性的、是记忆层面的、是一种对群体造成了深刻影响的结果。此外，文化的必然是社会的，就必然是群体的：正如扬·阿斯曼的文化记忆，文化记忆是一种社会记忆，更是一种群体记忆；与之相似，文化创伤也是一种社会创伤，更是一种群体创伤。当群体对创伤进行重构、再现和努力的过程，产生了重要的纪念、仪式和国族认同重建，就形成了一种特定的集体创伤记忆。在过往的集体创伤记忆研究中，学界已经针对大屠杀等战争事件[①]、恐怖主义袭击[②]、自然灾害[③]和殖民[④⑤]等创伤事件展开了探讨。受限于移民的群体广度和社会影响力，尽管移民是一种典型的创伤事件，但对其创伤性的探讨局限于移民文学作品的创作与分析[⑥⑦]。目前，学界采用创伤视角对移民事件进行历史学、社会学的研究则少之又少。回溯中国历史上规模最大、影响最深远的移民事件山西洪洞大槐树移民，数以百万计的移民饱受明朝政府压迫，被迫背井离乡，如此典型的创伤事件为何会缺乏对其创伤性的探讨？

　　亚历山大在文化创伤理论中指出，事件本身不会创造集体创伤。事件并非本然具有创伤性质，创伤是社会中介的属性。这种属性可能会随着事件的展开而同步造成；它也可能在事件发生之前造成，成为一种预示，或是在事件完结之后，成为事后的重构。结合前文对集体记忆的探讨，可以认为多数的集体记忆是由事后重构的。或者说，随着语境变迁，人们所建构的集体记忆也在发生变化，而大多数创伤事件已经成为历史事件。当元灭宋、清军入关发生后，彼时的汉人会涌现出诸如屈辱、抗争的记忆，但随着中华民族的大团结，目前多数汉族后人已经不再受到过去被征服历史的心理影响。随着时间的流逝，人们更加重视大槐树传说事件所带来的认同感、归属感，纪念仪式的经济交流和社会文化价值，可能是这一移民记忆创伤性减弱的原因之一。另一方面，亚历山大指出，有时候引发深刻创伤的事件实际根本没有发生。不过，这种想象的事件和真实发生的事件一样能够造成创伤。想象是再现过程的内在部分。想象从生活里抓取了刚萌发的经验，

---

　　① 李红涛，黄顺铭：《"耻化"叙事与文化创伤的建构：〈人民日报〉南京大屠杀纪念文章（1949—2012）的内容分析》，《新闻与传播研究》2014 年第 1 期。

　　② 曾艳钰：《后"9·11"美国小说创伤叙事的功能及政治指向》，《当代外国文学》2014 第 2 期。

　　③ 聂思宇：《知乎社区"汶川大地震（2008）"话题下相关问答的集体记忆研究》，《新媒体研究》2017 年第 19 期。

　　④ 裴怡静：《创伤与记忆：民间化伪满历史叙事研究》，吉林大学，2022 年。

　　⑤ 李美慧：《创伤与想象：报纸中的都市上海》"传播与中国·复旦论坛"（2012）——可沟通城市：理论建构与中国实践论文集，2012 年。

　　⑥ 胡铂，张慧敏，吴振军：《严歌苓小说〈扶桑〉中的早期华人移民形象分析——以异域环境下的创伤性事件为切入点》，《南昌航空大学学报（社会科学版）》2016 年第 2 期。

　　⑦ 池雷鸣：《故土创伤与西方魅惑——论加拿大新移民华文小说的"八十年代"》，《江西师范大学学报（哲学社会科学版）》2020 年第 5 期。

借由联想、凝缩和美学创造等，加以形塑为某种特殊形状。无论指涉的是真实发生的事件，或是并未真实发生的事件，想象同样支撑了创伤的建构。周祥森指出，洪洞大槐树移民的原因之一可能是当时山西洪洞及周边地区发生了大地震，但这一创伤事件并没有留下深刻的历史记忆①，这是很奇怪的现象。此外，国内学者特别是历史学学者们对许多洪洞大槐树的相关传说、族谱记载等都持有怀疑态度②。

### （三）研究取向：历史记忆与媒介建构

一如前文中所提及，哈布瓦赫提出的群体性和建构性特征近乎框定了集体记忆的研究框架，后来的学者大多延续其脉络进行研究。而近年来，高度互动、无远弗届、互为传受者的互联网环境下集体记忆的生产、传播和消费的过程、影响的关注，为集体记忆研究提供了更广阔的空间③，传播学界也更广泛地进行集体记忆研究。实际上，"媒介是人体的延伸，媒介记忆是个体记忆的放大和拓展"④直接说明了媒介和记忆的关系，在集体记忆的媒介研究中，学者不必局限于传统和现代的大众媒介，各类媒介都可以是记忆建构的中介。由此，历史记忆研究也可以借鉴媒介建构这一研究范式。

在集体记忆的承载媒介中，可以大致划分为两大类，分别是作为传播媒介的人以和外在于人的媒介。首先，作为媒介的人可以通过将身体与意识结合，在特定场域中接收信息、传递信息，例如捎话传信、眼神交流等。哈布瓦赫所说的"一个人亲身经历事件的记忆比只是读到或听说的事件具有更为深刻的影响力"⑤，就彰显了作为媒介的人在信息传递中的作用。扬·阿斯曼在"文化记忆"研究中指出，仪式作为文化记忆的传承展现了对一个文化意义的传承和现时化形式⑥。在仪式这一特定场域中，人作为仪式的群体成员在其中也能够通过身体媒介习得群体的集体记忆。通过具身性的仪式，原有成员的集体记忆不断得到强化；通过周期性的仪式，集体记忆在代际间得到保存和传承。

哈布瓦赫认为，集体记忆具有双重性质，既是一种物质客体、物质现实，比如一尊塑像、一座纪念碑、空间中的一个地点，又是一种象征符号，或某种具有

---

① 周祥森：《创伤经验的符号化与假设性历史的多重建构——关于华北移民社会祖根传说研究的思考》，《史学月刊》2019 年第 12 期。

② 申红星：《明清时期豫北地区移民问题探析——以山西洪洞大槐树移民传说为中心》，《求是学刊》2010 年第 2 期。

③ 周海燕：《媒介与集体记忆研究：检讨与反思》，《新闻与传播研究》2014 年第 9 期。

④ 邵鹏：《媒介作为人类记忆的研究》，博士学位论文，浙江大学，2014 年，第 2 页。

⑤ 张庆园：《传播视野下的集体记忆建构》，北京：中国社会科学出版社，2016 年，第 121 页。

⑥ [德] 扬·阿斯曼：《文化记忆》，金寿福、黄晓晨译，北京：北京大学出版社，2015 年，第 12 页。

精神含义的东西、某种附着于并被强加在这种物质现实之上的为群体共享的东西 [1]。事实上，这里所说的物质和符号就是外在于人保存和传承集体记忆的两种媒介形态，是记忆的载体而非记忆本身。有些集体记忆是通过实在的物质得以承载和保存的，比如城市、乡村等生活空间，又如陶器、雕塑等器物。而有些集体记忆虽然也有物质载体，但主要是通过符号来承载和保存，如方言、传说等语言，又如族谱、地方志、影像等。这些外在于人的传承媒介一般是由集体记忆的群体行动者建构的，承载着群体与集体记忆相关的信息，并且记录与传承。在大槐树移民的集体记忆研究中，已经有学者通过解读传说故事以及家族族谱，提出百姓通过创作与嫁接传说的方式记忆和传承，从而创造大槐树这一家园象征的意象，为集体记忆中传说故事和族谱这一语言文本符号的媒介研究指明了方向。

## 二、想象重构：以意象、话语和仪式为媒介

前文中，我们认识到洪洞大槐树传说是由后世人们所建构的历史记忆。而与其他类型创伤事件不同的是，洪洞大槐树传说较少的体现出创伤性。针对这一现象，前文提出了其历史久远、部分传说真实性存疑等猜想。这一部分将从媒介建构这一视角出发对大槐树传说的历史记忆进行研究，以求印证猜想，探索移民传说历史记忆更多的特殊性，发现其所根植的文化土壤。

### （一）意象符号：作为想象客体的槐树

《洪洞县志》记载，"大槐树在城北广济寺左，按《续文献通考》，明洪武、永乐年间，屡移山西民于滁、和、北平、山东、河南、保定等处，树下为荟萃之所。"明初迁民时，政府在广济寺与大槐树下设局驻员，集中移民队伍并发给"凭照川资"。[2] 民间歌谣中提及的"大槐树"和"老鹳窝"，相传就是移民队伍启程时，依依不舍，频频回望出发之地，只能看到那棵大槐树和书上的老鹳窝，因而两物成为移民者怀念家乡的承载物。山东菏泽袁固堆袁家祠堂的石碑上所刻《望槐思乡诗》曾写："昔日从戎驱鞑虏，今朝屯田太行东。洪洞分支老门第，曹州安居旧家风。古岗植槐三五株，铭记山西父老情。"[3] 发源于对家园的思念，移民者在迁至他处后将大槐树和老鹳窝等意象作为思念的对象，将槐树栽植在庭院。这些大槐树被视为吉祥树，还有移民者对其进行供奉或借由大槐树进行家族私祭等。可见，大槐树已然成为移民者对于故乡与祖先的最原始的记忆和象征。

---

① ［法］莫里斯·哈布瓦赫：《论集体记忆》，2002 年，第 335 页。
② 张青：《洪洞大槐树移民志》，太原：山西古籍出版社，2000 年，第 1 页。
③ 张青：《洪洞大槐树移民考》，《中国地方志》2003 年第 S1 期。

从代际更替来看，作为留存集体记忆和寄托精神情感的场所，大槐树成为所有移民后代在空间上与过去历史的联系。这样的思乡情结与"根"的情感寄托代代相传，老槐树与先祖、故乡之间的指代关系也不断强化。此外，仅凭家族的传承并不足以形成如此大规模的对于大槐树象征的认可，在这一过程中发挥重要作用的是地方士绅对大槐树的遗址重建。民国三年，洪洞地方士绅在此基础上对大槐树进行了遗址重建，目的为"微特保存古迹，俾来者生亲慕之感，而由今视昔，实有御灾捍患之功焉。"① 这一事件的主体是洪洞的地方士绅，也就是当时的社会精英，他们为塑造地方形象、构建地域认同所做的努力，在一定程度上提高了大众对于大槐树这一家园象征符号的认可，同时也为移民后代的"寻根"指明了方向。当移民者后代欲"寻根"时，则会回到大槐树，这也为后续人们接触与重构集体记忆的感性实践活动提供了空间场所。

回溯大槐树历史相关研究的诸多疑问，例如赵世瑜曾指出，在七版《洪洞县志》中，仅有一版提到了洪洞大槐树，这是很值得怀疑的②。如果在明初移民中，洪洞大槐树并不是一个真实发生的历史事件，那么值得我们深入思考的是，为什么后人在集体记忆建构中将"大槐树"作为一个认识的意象符号（如前文县志、诗歌中所表达的，以及后人的遗址建设等）？在瑶族的移民传说研究中，就有学者指出，瑶族的"千家峒"传说或许并不一定真实存在，但对一个迁徙性民族来说，漂泊是为了更好地寻求永恒，越是迁徙就越需要认同③。在洪洞大槐树移民中也是如此，移民者追求的是一种家园想象和族群认同，而非历史真实。周祥森则从大槐树的角度说明了大槐树是如何成为一个"合格"的认识对象的：一方面，槐树作为一种食物资源在人们日常生活中的意义非凡，特别是在北方人的日常生活中。另一方面，槐树的民俗意蕴丰富，指代着土地和祖母、对应着北方、成为功名的象征等④。简言之，洪洞大槐树在移民者的心中本是一个想象的精神客体，又由后来的人们塑造了真正的物质客体。

---

① 柴汝桢，柳容：《增广山西洪洞古大槐树志·县志·古迹》，太原：山西人民出版社，2000年，第11页。
② 赵世瑜：《传说·历史·历史记忆——从20世纪的新史学到后现代史学》，《中国社会科学》2003年第2期。
③ 屈中正，陈敬胜：《想象中的精神家园——瑶族"千家峒传说"的文化阐释》，《贵州民族研究》2011年第3期。
④ 周祥森：《创伤经验的符号化与假设性历史的多重建构——关于华北移民社会祖根传说研究的思考》，《史学月刊》2019年第12期。

（二）历史话语：民谣传说与史志族谱

人们通过将集体记忆物质化和符号化的过程，使集体记忆能够长久地保存下来。前文中提到的大槐树，既是空间场所，也是物质客体的象征，而语言文本是符号化的传承。物质客体得以代代相传需要借助语言文本符号的表达，只有借助"被言说"或者"被表述"的过程才能够完成记忆的传播和传承，为人们所认识。从事实层面来说，大槐树这一空间客体根本"不存在任何真实的回忆"。在大槐树移民的过程中，这些所谓的"移民后裔"是不在场的，大槐树只是作为可被记忆的形式，作为一个"回忆形象"留存。而这一"回忆形象"的传承与重构则需要借助语言文本符号。对于大槐树移民事件来说，文献记载史实较为简约，但在民俗记忆中却以丰富生动的形式广泛存在，比如口头故事传承和广泛的民间家谱记载。

最初的记忆传承是以大槐树移民这一传说事件为基础进行口耳相传。语言符号是集体记忆的重要载体，语言承载的是整个文化的灵魂，是集体记忆进行思维建构的门槛与基础。[1] 哈布瓦赫所说的"没有记忆能够在生活于社会中的人们用来确定和恢复其记忆的框架之外存在……失语者记忆的领地变得狭小"[2]，就意在强调口语在记忆建构与传承中的作用。由于口耳相传的非固定性，在长时间的多辈流传中，不同的讲述者难免有着不同的讲述方式和记忆叠加，记忆也就随时间不断地重构。在传说故事口耳相传的过程中，大槐树也相应地被构建，进而成为人们记忆中的物质象征符号与纪念性的空间，建立起民间信仰。当传说故事所构建的集体记忆传播愈加广泛时，一些代表者会借此将家族传说传统改造为文字传统，也就是将故事和记忆写进家谱、族谱乃至地方志，通过文本的书写记录完成进一步的固化和传承。如长垣《赵氏家谱》记载赵氏先世相传"自明洪武年间由山西洪洞县迁居长垣城南枣科村，迄今已十三世，族姓繁衍达千余口，而转迁徙迁流他方遂成土著者，尚实繁有徒，谱牒散逸，非第洪洞先世无可稽考，即自迁居长垣以来，五百余年间，世系相传亦浸遗失，数典忘祖，耻孰甚焉"。[3] 还有其他许多作为记录与大槐树移民、家族迁徙有关的族谱文本，通过文字的保存传承，使后人通过接触文字就能理解文字所承载的集体记忆，从而实现对集体记忆的复现。同时，语言文本符号由于其世代传承的群体特性，成为大槐树移民在时间向度上传承集体记忆的重要渠道。

---

① 龙柏林：《集体记忆构建之当代变迁的哲学思考》，《内蒙古社会科学（汉文版）》2018年第1期。

② [法]莫里斯·哈布瓦赫：《论集体记忆》，毕然、郭金华译，上海：上海人民出版社，2002年，第76页。

③ 张青：《洪洞大槐树移民志》，太原：山西古籍出版社，2000年，第122页。

康纳顿认为，历史重构的实践可以在主要方面从社会群体的记忆获得指导性动力，也可以显著地塑造他们的记忆①。因此在历史记忆的建构和传承过程中，为了能够更好地实现记忆的代代相传，移民者在讲述时常常会创造性地丰富故事情节与内涵，即进行重构。比如迁民缘起的传说中，在河南、山东省一代流传着《胡大海复仇》的故事，相传元朝末年，胡大海在河南地区讨饭遭人羞辱，便暗暗立誓要报仇。后来他投入朱元璋率领的农民军作战，立了汗马功劳，当问及赏赐时，他提出想要去河南报仇雪恨，朱元璋踌躇再三，答应他一箭之地。胡大海刚到河南地界，恰逢一行鸿雁飞来，胡大海飞箭离弦，正中最后一只雁的后尾，那雁带箭向前飞去，胡大海也统兵向前杀去，那雁飞过河南，又飞向山东，造成了河南、山东尸积如山。朱元璋后来只好下令从山西洪洞大槐树下往没人的地方迁民。②这个故事中可以明显看出，其实胡大海复仇一事与大槐树移民并无密切联系，可以说是相互独立的两部分，而百姓在讲述时大多是为了使故事更加生动而创造情节，用重构历史的方式来进行记忆的传承。不仅是胡大海的故事，几百年来以文人为代表的社会精英往往会通过史实增添为移民故事和史志族谱提供背景知识，对历史记忆进行想象重构。

（三）纪念仪式：记忆复现的实践空间

时间的流动必然带来个人与集体对记忆事件的不断遗忘，记忆也就有了延续和传承的内在诉求，而实现传承的方式则是记忆的不断复现。③复现总是要依赖于特定的方式和载体，它们构成了集体记忆的复现机制，在大槐树移民传说中，组成集体的移民者散播了持续的社会事件，过去、现在和未来的象征再现（例如塑造了大槐树等特质和各种文字记载）。但文本本身必须要借助主动接触这一过程才得以复现，也就是说只有当人们去主动浏览与传播时，文本的意义才具有现时性，一旦停止使用，就变成一座"记忆的坟墓"。因此，真正通过主观能动性完成集体记忆复现，且具有周期性和群体性的方式是纪念仪式。康纳顿指出，纪念仪式是对集体记忆的传承与维持，为把握集体记忆的时空直观感性提供了场域④。

① ［美］保罗·康纳顿：《社会如何记忆》，纳日碧力戈译，上海：上海人民出版社，2000年，第10页。
② 赵世瑜：《祖先记忆、家园象征与族群历史——山西洪洞大槐树传说解析》，《历史研究》2006年第1期。
③ 郑宇：《集体记忆的构建与演化——箐口村哈尼族"集体失忆"的阐释》，《思想战线》2008年第3期。
④ 龙柏林：《集体记忆构建之当代变迁的哲学思考》，《内蒙古社会科学（汉文版）》2018年第1期。

扬·阿斯曼也认为在仪式和节日中，"集体成员的共同参与"是其中最为重要的一环。①"共同参与"代表着人的"在场"，越来越多的成员在周期性的仪式中感知统一的记忆，集体记忆得以稳定的传承，保持着鲜活性。另一方面，"仪式是一种形式化的操演语言"，语言文本符号在仪式中举足轻重，在仪式中往往需要固定可重复的特定言语进行操演，例如誓词、祭文的宣读，它们代表了某种态度和俗成的意义，通过系统性的编排能够达到更明显的记忆效果，传递背后的意义。

大槐树移民的集体记忆中，仪式贯穿着整个建构过程。前文提到，最初洪洞移民到达新的定居地后，就通过栽种槐树进行供奉与私祭。兖州张氏家谱曾记载"张氏自山西洪洞县迁山东滋阳县三百余年矣……清初，建茔于村南永康池，修祠于舍东朝阳地，祠堂地基或买或捐三大分有余，其后买地十一亩有奇，又买地亩半，以供春秋祭祀。"②可见，移民者通过修建祠堂、家族私祭等祭祖仪式寄托对故乡和先祖的怀念，初代成员在身体力行中自觉或不自觉地遵守习俗习惯，而新的成员在潜移默化中习得祭祖仪式，因而在家族中代代相传，频繁地进行着"体化实践"，从而形成记忆的不断复现与传承。这一时期，家族中对于槐树、故乡、先祖等意象的指代教化，为后续社会的仪式记忆奠定了基础。但是以家族为单位的私祭规模较小，既没有统一认可的场域，且祭祖仪式也并无统一而严格的规定，只是根据自身情况祭拜先祖，具有许多的不确定性，很有可能在剧烈的社会变迁中不得不被淘汰。

在讲述大槐树作为物质客体进行记忆承载时，民国三年的遗址重建发挥了重要作用，也成为祭祖仪式从家族到社会过渡的关键转折，大槐树祭祖仪式开始得到全国各地人们的认可。这一时期，移民们开始陆续从他乡返回洪洞大槐树"寻根"，由此，纪念仪式有了广为认可的场所地点，开始由社会精英组织的"非正式祭祖"时期。直到新中国成立后，人民政府对文物古迹保护更为重视，政府曾多次拨款修葺，其中修建的"寻根祭祖堂"中分列了554个姓氏的祖先神位，以供神州各地的槐乡游子祭拜祖先。1991年，洪洞县委、县政府根据广大槐树移民后裔的意愿，决定主办"洪洞大槐树寻根祭祖节"，开始了由政府主导的正式公祭，规定每年的祭祖会期为4月1日至10日，主祭日为清明节。并规定了统一的祭祖议程，包括奏乐、恭读碑文、行鞠躬礼等等。由此，大槐树移民的纪念仪式具备了统一固定的时间地点与议程，形成了特定的时空场域：以大槐树为代表空间场所，通过每年祭祖节周期性的言语（恭读碑文）和形式（奏乐、鞠躬等）操演，

① ［德］扬·阿斯曼：《文化记忆》，金寿福、黄晓晨译，北京：北京大学出版社，2015年，第52页。

② 石菊红：《信仰、仪式与象征》，硕士学位论文，西北农林科技大学，2010年，第24页。

不断地将过去的集体记忆复现与重构，连接起过去、现在与未来。同时，在仪式标准化的过程中，记忆的群体性也逐渐扩大。但是，伴随着仪式的规范化、受众群体的扩张和政治力量的介入，大槐树祭祖仪式也逐渐成为官方特定的意义生产空间。

### 三、从"背井离乡"到"落叶归根"的文化思考

大槐树移民传说集体记忆的建构与传承离不开媒介的作用，外在于人的媒介包括大槐树这一物质客体象征以及传说族谱等语言文本符号，前者是空间上的物质与场所，后者则是通过语言文本代代相传，实现时间向度上的记忆传承。而人作为承载媒介，则是置身于仪式这一场域中，既需要"在场"，也具备一定的周期性，是在时空结合的仪式操演进行感知和记忆。大槐树的"寻根祭祖"热从最初移民者以家庭和家族为单位的族谱记录和私祭等方式，到今天政府进行正式公祭的寻根祭祖大典，完成了从民间信仰到政府主导的自下而上演变。大槐树的集体记忆也由初代移民者的个人、家族记忆到今天政府所主导建构的历史记忆。

对于移民传说的解读，有学者立足于民众安土重迁的心理传统进行解读，指出《燕王扫碑》和《三洗怀庆府》等民间传说的流行，不仅为洪洞大槐树与南雄珠玑巷的民众离开家园提供了合理的民间解释，而且在一定程度上也反映了两地民众在面临迁徙时的无可奈何与心理恐慌①，这也是一种主流看法。周祥森在探讨华北移民社会祖根传说的主题问题时则指出，人们书写民间故事和传说的最初心态并非移民心态或是根祖心态，而是传达了明初北方人对朱明政权的极度不信任和无奈的"非暴力反抗"的历史信息，反映了当时北方广大的社会弱势群体与现实国家政权之间的一种严重紧张、对立的关系②。这时候所建构的集体记忆，仍是一种"背井离乡"式的，带有文化创伤意义的记忆类型。伴随着时间的流逝，大槐树移民逐渐成为一个符号化的共同想象，其移民事件本身的创伤性也大大削弱了。但是，即使人们逐渐认识到了传说故事并不完全真实，但当人们听到洪洞大槐树的移民故事、走到寻根祭祖园中，仍能感受到不能割舍的乡愁，体会到落叶归根的欣慰。在热泪横流和欢庆相聚中，人们共话血脉、共赏文化，凝聚的是族群认同和家园的归属感。

① 冀满红：《民众迁徙、家园符号与地方认同——以洪洞大槐树和南雄珠玑巷移民为中心的探讨》，《史学理论研究》2011年第2期。
② 周祥森：《创伤经验的符号化与假设性历史的多重建构——关于华北移民社会祖根传说研究的思考》，《史学月刊》2019年第12期。

# 华夏传播学术动态

主持人：王婕

# 从人到众、由人及物的媒介圣贤

## ——兼评《作为媒介的圣贤：中华文化理想人格的传播学研究》

## Media Sages from People to People and from People to Things
### ——Comment on *Sage as Media: A Study on the Communication of the Ideal Personality of Chinese Culture*

王 笋*

Wang Sun

**摘 要:** 将华夏圣贤作为媒介，并以此出发点展开讨论，正是对传承语境下华夏文明传承的探索。从人到众、由人及物，华夏圣贤的媒介体现的是人与人、人与社会间的互动，体现的是人与社会环境、自然环境间的关系，体现的是"天人合一""和谐共生"的中国传统思想的基本概念与内核。《作为媒介的圣贤：中华文化理想人格的传播学研究》一书，从作为媒介的圣贤入手，探讨了圣贤何以成为媒介，总结了以圣贤为媒介的传播范式及构建了现代圣贤文化传播新模式。

**Abstract:** Taking the Chinese sages as the media and starting point at the same time, this essay discusses the exploration of the inheritance of Chinese civilization in the context of inheritance.From people to people, from people to things, using Chinese sages as media embodies the interaction between people, people and society, the relationship between people and social environment and natural environment, and the basic concept and core of the Chinese traditional thought of "unity of heaven and man" and "harmonious coexistence".The book *Sages as Media: A Study on the Communication of the Ideal Personality*

---

\* 作者简介：王笋，男，淄博职业学院讲师，主要研究方向为华夏传播与影视传播。

*of Chinese Culture* starts with sages as media, continues to discuss why sages become media, summarizes the communication paradigm with sages as media and constructs a new mode of modern sages' cultural communication.

关键词：圣贤；媒介；华夏传播；《作为媒介的圣贤：中华文化理想人格的传播学研究》

**Key words:** sages; media; Chinese Communication; *Sages as Media: A Study on the Communication of the Ideal Personality of Chinese Culture*

《作为媒介的圣贤：中华文化理想人格的传播学研究》（以下简称《圣贤》），意在于建构以理想人格为媒介的传播范式及探讨如何充分发挥其传播效果。该书正文共分十讲、二十六章，根据介绍，该书共从三个部分展开讨论：第一，探讨以"圣贤"作为媒介何以成为可能。结合文字学考古，以思想史中的几个重要时期为主要背景，考察圣贤内涵的变迁及其与时代背景、传播环境等之间的关系。第二，探讨并总结以"圣贤"为媒介的传播范式。在知识阶层的传播历史上可分道统、学统与政统三个层面，现代则对应文化传播、教育传播和政治传播。第三，构建现代圣贤文化传播新模式。一部分参照已形成研究成果的中国传统理想人格的传播范式，对当代理想人格的传播范式进行探讨和理论建构；另一部分对新乡贤文化进行重点探讨，历史上"乡贤"传播的空间经历了从先贤祠到乡贤祠的演变，侧面反映着古代市民社会的兴起。

## 一、圣贤何以成为媒介

现代所说的媒介被分为两个范畴：（1）"在两种程度、数量、质量、阶段之间起着调节作用的东西"；（2）"中间人或中间物"，它可以是交易的象征，一种艺术表现的材料，一种"大众通信的渠道"，"一种用来记录或复制数据、形象或声音的物理材料"，"一种物质"（包括"生命组织能在其中得以生存的物质"），或某种能力，它能通过它对远处的物体产生作用，通过它，印象得以传递而被人感知，或是能与死者进行交流的通灵人。①圣贤能够作为媒介，首先要将人纳入媒介研究，其实就是在探讨人与媒介的关系，而"人与媒介的关系，实为人与物、我与物等的传统明天的延伸"②，焦点也就主要集中在"媒介工具论""媒介人的延伸""人即

---

① ［美］W.T.T. 米歇尔，马克·B.N. 汉森主编：《导言》，《媒介研究批判术语集》，肖腊梅、胡晓华译，南京：南京大学出版社，2019年，第4页。

② 杨柏岭：《作为文化的传播：人、媒介与社会关系的形上之思》，《现代传播（中国传媒大学学报）》2020年第8期，第9—15页。

媒介"这三个论断上。

显然，将圣贤作为一种媒介，其实就是在"人即媒介"这种媒介文化论的基础上展开的。杨柏岭在分析"人即媒介"说与传播角色论之间的关系时指出，"人也是一种媒介，意在强调人作为媒介的地位与责任。当然，作为媒介的人，即传承信息或言说的人'人'，已非自然的个人，而是某种'角色'，是被'话语结构'所设定的'角色'"①。《圣贤》一书在序言中也说明，"本书的最大特色是把圣贤文化传播放置在一个个具体的场域和场景中去，从而使得圣贤精神传承显得真实可信"。无论是杨柏岭论及的"传承"还是谢清果提及的"场域"，其实都与"媒介学"提出者法国的德布雷有着密切关系。德布雷相对更加关注实践维度跟历史维度，从文化或象征传递维度理解媒介，并提出了"媒介域"的概念，他还特地分析了传承与传播间的关系：在"传承"这一术语语境中，包括所有表现集体记忆的词语；而在"传播"这一术语语境中，则表现的是一定时间内的信息流通。传播是在空间中传递信息，也就是说在同一个时空范围内进行的。而传承指的是在时间中传递信息，确切地说，是在不同的时空范围内进行的。② 他也直接写到，人是可以作为媒介的：知识分子是一个混合体，他们介于天地之间，时隐时现，通过各种力量关系将他所代表的含义表达出来。政治家（或演讲家、传教士等）同他们结成同盟，形成一个社会等级，并有权接纳或者拒绝知识分子的加入。③ 这种知识分子显然也与《圣贤》所要谈论的"圣贤"有着共通的特点，都是将人纳入了历史的维度，从时空关系中探索人的中介作用。

《圣贤》在《序》中也论述了"圣贤"作为媒介何以成为可能，并在总结其传播方式时指出："借助彼得斯在《奇云》一书提出的概念，圣贤文化是一种基础设施性或元素型媒介，因为她塑造了'中国精神'，演绎出博大精深的中华文明。"在彼得斯的观点里，"媒介"意指"那些处于中间位置的东西"，可见其定义与其所处的位置相关；如果其所在的位置（position）改变了，它所具有的地位（status）同样会改变。④ 彼得斯提出 Understanding Media，它既是"理解媒介"，也是"基础设施性媒介"，及那些立于表面之下的 (under-standing) 媒介。⑤ 在《奇云》开篇

———————
① 杨柏岭：《作为文化的传播：人、媒介与社会关系的形上之思》，《现代传播（中国传媒大学学报）》2020 年第 8 期，第 9—15 页。
② [法] 雷吉斯·德布雷：《媒介学引论》，刘文玲译，陈卫星审译，北京：中国传媒大学出版社，2014 年，第 5 页。
③ [法] 雷吉斯·德布雷：《媒介学引论》，第 128 页。
④ [美] 约翰·杜海姆·彼得斯：《奇云：媒介即存有》，邓建国译，上海：复旦大学出版社，2021 年，第 34 页。
⑤ [美] 约翰·杜海姆·彼得斯：《奇云：媒介即存有》，第 39 页。

绪论，彼得斯就提出了元素媒介型哲学（a philosophy of elemental media）。该作中文译者邓建国在导读中指出，彼得斯的"元素型媒介"中的元素，既是实指（指某些具体的元素），但又是虚指（强调其基础性和构成性作用）。[①] 媒介不仅是"表征性货物"（symbolic freight）的承运者（carriers），而且也是一种容器或环境，是人类存在的塑造者（crafters）；它们不仅是关于这个世界之物，它们就是这个世界本身。[②]《圣贤》认为，"圣贤"是沟通天人的媒介，中国传统思想中的"圣贤"是中国古代知识分子对价值之终极依据的人格化。圣贤文化的传播有别于"榜样传播"，不专指某个或某些特定的人，而是华夏文明体系中"天人合一"思想结构的关键性环节。就此不难发现，《圣贤》的媒介思想与彼得斯的媒介思想有着一致性。《圣贤》一书正是在将"圣贤"作为一个切入文化研究的阿基米德原点，以"圣贤"为基础，展开对圣贤、圣贤典籍及圣贤观念等的研究论述。故圣贤是构建文化的基础设施性媒介、是构成中华文明的元素型媒介。因此《圣贤》为受众提供了一个研究文化新的视角，这亦跟彼得斯的媒介研究观有着不谋而合的一致性。彼得斯亦认为，媒介研究作为一个领域提供的是一种看待世界的视角，而不是一个对象领域。[③]

简言之，人是可以作为媒介进行展开研究的。《圣贤》正是将圣贤作为媒介为出发点展开讨论，是在历史与文化的场域内，将圣贤作为一个中介，以一个新的视角研究传承的问题，以期最终构建以"圣贤"理想人格为媒介的传播范式、以时代理想人格为轴心的传播模式。《圣贤》所持的媒介观对华夏传播的研究是具有建设性与启发性作用的。

## 二、从人到天的圣贤媒介功能

圣贤作为一种理想人格的最高追求，体现的是人与人、人与物间的关系。《圣贤》对"圣"与"贤"进行了梳理，其中第十七章《无我无他：作为传播贤者的纵横家》指出：圣贤又要分开而言，圣指的是最高道德和智慧，贤则指的是德才兼备的有才学的人，从这个意义上来说，贤是要比圣低一级的。贤是接地气、通俗化意义上的。但需要指出的是，圣贤从人中来，是或自发或官方营造的人格的正向引导结果，体现了人与人间的关系。另外，圣贤还体现人与物间的关系。在

---

① 邓建国：《译者导读》，《奇云：媒介即存有》，邓建国译，上海：复旦大学出版社，2021年，第5页。

② 邓建国：《从认识论到本体论：彼得斯〈奇云〉中的"媒介道说"》，《新闻记者》2019年第11期。

③ [美]约翰·杜海姆·彼得斯：《奇云：媒介即存有》，第31页。

《序言》里，谢清果等总结得好：举凡归之于"天人"的命题都渗透着"圣""圣人"之色彩，"贤"成为通达终极目标"圣"之前的可见目标，圣贤成为天道与人道的中介点，作为媒介，"圣贤"这一人格理想的合理性、合法性与正当性来源于"天道"；同时，"圣贤"又是普通人可以理解与企及的、可以通过学而达之的人格理想，即下学而上达的人生理想境界。因此可以看出，圣贤沟通的是"人"与"天"，即"天人合一"这一中国传统思想的基本概念和基本精神，体现的是圣贤在"人"与"物"之间的中介关系。德布雷指出：有人与人的关系史，还有人与物的关系史。前者是一种可逆反的强度，一种不分前后的重复空间；后者是一种积累性的延伸，一种发明与发现的开放空间。我们与物的关系由人调节，我们与其他人的关系由物调节。① 《圣贤》正是从圣贤与圣贤之物出发，将圣贤的中介性作用进行了不同方向的论述。

（一）从人到众的传承

圣贤的媒介作用是在人类社会不同的传播类型中进行作用的。可以说传播是传承中一个个环节，该作前三章正是从传承出发，对圣贤在华夏内向传播、华夏人际传播、华夏大众传播中的媒介作用展开的研究，这其实就是在论述了圣贤在人类传播中的基础性媒介作用，圣贤成了各传播类型的阿基米德原点。

1. 圣贤的内向传播

人内传播，也称内向传播、内在传播或自我传播，指的是个人接受外部信息并在人体内部进行信息处理的活动。人内传播也是一切社会传播活动的基础。② 人的内向传播、与自我的互动是人成之为社会人的基础，圣贤通过著书立传、撰写墓志铭等物质化呈现方式，展现了自我的内向传播观念、个人立世之道，向世人展现了个人能成为圣贤的根本所在。中国人所谓道即是文化，即是文化中之有价值意义者。中国文化之内倾性，正在其把文化传统精神表现寄托在各个人之身与心，乃以各个人为中心出发点，由此推去，到人皆可以为尧舜，到各自身修而家齐国治而天下平。乃以天下平与世界大同为道之极限。③ 从人到圣的信念其实就是人内互动的结果。

《无待逍遥：庄子〈逍遥游〉的圣贤内向传播观》《修身日记：阳明后学成圣的内向传播实践》《向死而生：晚明文人自传墓志铭的精神通贤之路》三章，由圣

① ［法］雷吉斯·德布雷：《普通媒介学教程》，陈卫星，王杨译，北京：清华大学出版社，2014年，第35页。
② 郭庆光：《传播学教程》，北京：中国人民大学出版社，2006年，第73页。
③ 钱穆：《中国历史精神》，贵阳：贵州人民出版社，2019年，第187页。

到贤，对个人生死间的个人内心互动进行的探究。庄子的人生哲学体现在"无待"上，不依靠外物，通过"心斋""坐忘""无己"等方式消化主体性，通过"吾丧我"这一内向交流的逻辑，"齐物""逍遥游"，实现"天人合一"。《无待逍遥》指出，庄子哲学的特别之处就在于，西方对内向传播的研究强调自我对外部的信息处理和消化，某种程度上更像人际传播角度的研究，强调的是内向传播的社会性。但庄子强调的是不受外物干扰的自我升华，这是一种高度理想的状态。这一点与李红所持的"庄子的内向交流趋近于世界传播"①的观点是一致的。庄子提供了"凡人皆可入圣的普世价值"，这是庄子成圣的根本意义所在。王阳明的"知行合一"则为世人提供了一个内向传播实践方式。《向死而生》主要从修身日记为切入，分析阳明后学成为圣贤的实践之路，探索媒介中介化的内向传播智慧。宋明理学的文化主题，只有彼此相关的"本体"和"工夫"两项，即道德作为本体如何可能及其在道德本体观念支配之下的自由之道德人格与生命精神的时间与践行。②无论是格物致知，还是心即理也，都在试图探讨成圣的实现方式，体现了华夏内向传播的思考与行动，值得注意的是道德本体与工夫的实现与践行在理论上也是困难的。修身日记作为阳明后学内向传播的媒介呈现，体现了其内省思考的方式，但这种方式也面临"形式大于内容"的质疑，这也是知行难合一的自我交流的无奈。《向死而生》所体现了华夏文化的特殊内向传播形态：其主我彰显自身的主体性，回首一生，捕捉记忆，其客我则更多地以后世与未来的期望为规范和标准，主我与客我相会对话、互动，形成自撰墓志铭中向死向生的自我审思，形成独特的面向未来的内向传播机制。生死作为个人必须面对的议题，通过墓志铭体现自我对生死的态度，自我互动总结个人的一生。这其实不是一个成圣的过程，更多的是对照圣贤，检验自己与圣贤的差距，体现自己对成贤的期盼。人类的美德，如其所是，极度依赖我们自己所设计的各种"立足点"（footings），而正是依靠这些立足点我们才能"立身"于天地之间。③圣人的内向传播观，一方面体现的是个人的自我互动，另一方面将其内向传播观致于穿越时空的传承中，个人才能在成圣贤的路上找到成圣贤的理想人格目标，即立足点，进行自我交流。因此，华夏圣贤的内向传播观形成了一个自我交流的体系，体现由理想到践行的全流程，成贤体现的是一个传播到传承的过程。

2. 圣贤的人际传播

"人际传播"是个外来语词，对应于英语 interpersonal communication 的汉译

---

① 李红：《庄子的"吾丧我"：主体趋近世界的路径》，《西北师大学报（社会科学版）》2019年第2期，第24-31页。

② 王振复：《中国美学史教程》，上海：复旦大学出版社，2006年，第201页。

③ ［美］约翰·杜海姆·彼得斯：《奇云：媒介即存有》，第99页。

名至少有四种：人际传播、人际沟通、人际交往和人际交流。若将中西"人际传播"一词加以比较，汉语的形容词"人际"主要与他人相关联，也与"仁"的伦理关系含义相通。① 李泽厚认为，有关存在的哲学最终便不在思辨，不在信仰，不在神宠，而就在这人类化了的具有历史沉淀成果的流动着的情感本身。这种情感本身成了推动人际生成的本体力量。② 在历史的语境中，人与人间的华夏人际传播，不仅仅是个人之间信息的互动，更是华夏文明秩序的形成，体现了中国人与人间的社会关系。

《圣贤》中的《民胞物与：华夏人际交往观中的圣贤之风》《贤者之识："礼尚往来"中的人际传播理念与文化交往》《行成于内：孝文化影响下的中国人际传播》等三章对华夏人际传播展开了论述。《民胞物与》从"民胞物与"展开。宋儒张载在《西铭》中提出"民吾同胞，物吾与也"③，将人与物纳入平等的范畴，都是自己的兄弟与同类，这体现的是儒家的"仁"与"礼"的观点。《民胞物与》提出："民胞物与"是一种交往方式的价值理论，其中仁爱是构建人际传播的普遍之爱，和谐则是追求人际交往的本质价值。并认为"民胞物与"交往观作为包容一体之仁和宗法差序的理想范式，主张普遍之爱与血缘亲情间的统一性；又代表不以人为中心的环境伦理责任观，强调和谐至上的交往价值。"对于中国传统文化的阐释，都在沿着'天人合一'的思维原理来阐发其德治思想和中庸方略。"④ 简单来说，"民胞物与"所提体现的这种平等的人际关系围绕着"仁"与"礼"，就可构建华夏的社会协作关系，构建有序等级社会。《贤者之识》则进一步从"礼""乐"出发，将华夏人际传播理论体系中的"面子"和"关系""报"交织在一起，阐释"礼尚往来"的华夏人际交往观。该文提出了：作为文化交往的"礼尚往来"具有从对立走向共生的指导意义。其实，"礼尚往来"体现的正是人际交流适应人际交流环境并进行自我认知及相互认知的交流动机。《行成于内》则把人际传播致于家庭。人际传播具有"家庭相似性"，"人际"作为一个修饰词或限定词，更清楚地表明：此时的传播活动不是发生在家族之间、团体之间、组织之间、社会之间或国家之间，根本也不发生在其他生物和媒介之间，却有可能会发生在家庭成员、社会组织成员，包括朋友、熟人或陌生人之间。从该词的指称看，"人际"代表个体间关系交往的结构，"传播"指示交往行为的方式。⑤《行成于内》认为，"孝文化"成为人

① 王怡红：《论"人际传播"的定名与定义问题》，《新闻与传播研究》2015 年第 7 期。
② 李泽厚：《华夏美学》，武汉：长江文艺出版社，2019 年，第 72 页。
③ （宋）张载：《张载集·正蒙·乾称篇》，北京：中华书局，1978 年，第 62 页。
④ 韩经太：《诗情画意·民胞物与——中华传统美学的诗性精神内蕴》，《中国高校社会科学》2017 年第 4 期。
⑤ 王怡红：《论"人际传播"的定名与定义问题》2015 年第 7 期。

际交往方式的文化基石，形成了"亲亲""循礼""无我"的人际交往心态。华夏家族观念，一方面靠血缘的物质性构建，另一方面靠"孝"的文化性进行维护，从"孝"可以看出人与人之间的社会互动关系：人与家庭、人与家族、人与社会之间的互动关系，最终形成的是"修身、齐家、治国、平天下"的有序的圣贤观。

### 3. 圣贤的大众传播

华夏大众传播应是不借助"机器"的广义的大众传播观[①]，华夏大众传播在从历史语境、从传承角度展开的不同代际间的传播。要进入历史的话，一定要从现在跳进去，抓住现在的矛盾，从这个矛盾出发，追溯到以前的矛盾，才能进入历史，形成历史观。[②]也就是说，华夏大众传播研究其实是在古今的对话中，分析各种观念、思想、人物形象、事件等在时空中演变过程。而圣贤无疑就可以作为一种中介，通过圣贤以进入到历史的语境中，进而梳理华夏大众传播的过程。

《圣贤》具体用三章对华夏大众传播进行了研究，分别是：《重构圣贤：媒介视角下孔子的圣贤形象如何在变迁中重塑》《三畏四知：闽南地区关帝信仰的传播仪式观考察》《贤者衣襟：端午节的传播仪式与文化认同考察》，都从时空传承的角度，将圣贤符号化，探索圣贤所承载的意义。如果历史知识机械地重复过去，那么以往的任何转变都不能发生。[③]《重构圣贤》主要从影视入手，分析孔子形象的嬗变。孔子之所以取得这种历史地位是与他用理性主义精神来重新解释古代原始文化——"礼乐"分不开的。他把原始文化纳入实践理性的统辖之下。所谓"实践理性"，是说把理性引导和贯彻在日常现实世间生活、伦常感情和政治观念中，而不作抽象的玄思。[④]孔子形象之嬗变，其实是时代赋予其价值并通过媒介进行的展现。《三畏四知》和《贤者衣襟》都从传播仪式入手，将对关帝、屈原、伍子胥等古圣先贤信仰的共时性传播与历时性传播进行梳理，阐述其产生的文化认同意义。把时间凝冻起来的历史存在，这种存在是种心理形式的存在，这心理形式的存在才赋予已消逝的历史以真实的生命。[⑤]每个时代的民众将对圣贤的认同赋予到符号化的"圣贤"上，成为民众信仰的寄托与人格的表达，在这一过程中，作圣贤的中介性作用就呈现出来了。也就是说，从初始的圣贤到传播中的圣贤，其必然存在着嬗变性，在传承过程中作为媒介的圣贤所沟通的传者与受者都是民，体现的都是民的真实感受、认知与想象。这些感受、认知与想象无疑是意义重大的，

① 黄星民：《大众传播"广狭义辨》，《新闻与传播研究》1999 年第 1 期。

② 项飙，吴琦：《把自己作为方法——与项飙谈话》，上海：上海文艺出版社，2020 年，第 87 页。

③ [美] 基辛格：《论中国》，胡利评 [译]，北京：中信出版社，2015 年，第 518 页。

④ 李泽厚：《美的历程》，北京：生活·读书·新知 三联书店，2009 年，第 52 页。

⑤ 李泽厚：《华夏美学》，第 207 页。

就如周文所说：在决定人们的历史地位上起着更大作用的，不是他们的"真实"面目，而是后人们对他们的认识和感受。①

综合来说，圣贤作为华夏传播的媒介能够在不同华夏传播类型中起到中介作用，正是民众以圣贤为理想目标，将自己的圣贤观致于社会之中，实现的是民众对自我的认知、与他人的互动、在社会中的角色，最终欲实现天人合一、和谐共生。从根本上来说，圣贤的传播就是华夏文化在不同时代的文化传承。

（二）由人及物的传承

不可否认圣贤作为传承的中介，是其物质性的体现，但是这种物质性最终还要在具体"物"上体现，也就是圣贤与物间的关系。对我们而言，所谓自然（nature）永远都是我们通过人工（culture）而认识到的自然，但自然显然不是人工。"自然"相对于"文化"有着一种他者性（otherness），而这种他者性只有通过相关物种的"文化"才能揭示。②圣贤所中介的正是自然与文化的关系，是人的世界观的呈现。

1. 圣贤与文字的一体性

我们的语言即媒介，我们的媒介即隐喻，我们的隐喻创造了我们的文化的内容。词组、书、角色或历史都具有组织不同态度或经历的力量，并且可以赋予它们以意义。任何一种媒介都有共鸣，因为共鸣就是扩大隐喻。不管一种媒介原来的语境是怎样的，它都有能力越过这个语境并延伸到新的未知的语境中。由于它能够引导我们组织思想和总结生活经历，所以总是影响着我们的意识和不同的社会结构。它有时影响着我们对于真善美的看法，并且一直左右着我们理解真理和定义的方法。③文字作为语言的物质呈现方式，是圣贤思想得以被传承的主要介质，这些古圣先贤留下来文字典籍就构成华夏文明的物质史，文字所传达的思想就构成了华夏文明的精神内核。彼得斯在《交流的无奈》的中译本序中指出，作为人类历史上被尊为最具有影响力的道德先师孔子、苏格拉底及耶稣，他们对文字持有相同的态度：拒绝把自己的教诲写成文字。他们虽都十分熟悉文字及写作，但都坚持"述而不作"。④三位圣贤虽未直接著书，但是其弟子们却将其言行用文字

① 周文：《国家何以兴衰：历史与世界失业中的中国道路》，北京：中国人民大学出版社，2021年，第22页。

② ［美］约翰·杜海姆·彼得斯：《奇云：媒介即存有》，第125页。

③ ［美］尼尔·波兹曼：《娱乐至死》，邓建国译，南宁：广西师范大学出版社，2011年，第15—18页。

④ ［美］约翰·杜海姆·彼得斯：《中文本序》，《对空言说：传播的观念史》，邓建国译，上海：上海译文出版社，2021年，第1—3页。

记录，将圣贤的思想传达给了后人。文化是依赖象征体系和个人的记忆而维持着社会共同经验。[①] 而文字就成为了记忆与象征的中介。

苏格拉底对文字的论述深刻，在苏格拉底看来，书写好比一个思想的精子库，受精可以在两个不认识的人之间发生，可以跨越巨大的时空距离对他们之间的结合进行操控。[②] 文字作为一种基础性媒介，它与记忆是人类仅有的两种记录方式。"文字可以保存（作者的）思想，可以远距离控制他人（读者）的身体和声音，这就意味着它可以产生心灵之间的多婚制结合。有了文字，远方可以和近地说话，死者可以与生者交谈。"[③] 其实关于文字与思想的关系，柏拉图在《理想国》关于火的寓言也讲得好。洞中的人看似只能看到影子，但是看到的这些影子本身是有来源物；另外，洞中人也可通过影子形成自我的认知。所以作为思想的影子的"文字"，虽不是本体，也许不能产生"皮下注射"般的影响，但是文字断不可能否定文字所载思想对人类文明的影响。从文字看圣贤的传播，典籍本身就是圣贤与文字间的互动关系，这些典籍就是古圣先贤思想的呈现。彼得斯认为，一种媒介能揭示另外一种媒介，让后者的媒介属性显示出来。没有媒介的揭示，此媒介就不会是媒介。[④] 冯友兰也说，人可以感觉一个具体的东西，无论它是怎么样的微小，但是不可能感觉共相。中国哲学用有形或无形作为区别抽象或具体的标准。"形而上"的是"道"，这个道是"理"的意思；"形而下"的是"器"，也称形器。[⑤] 故本人大胆地提出，圣贤与文字间其实事在用思想进行中介，将物质的肉身与物质的文字能够沟通为一体，换句话说，这些典籍在一定程度上就是圣贤本身。

在《圣贤》中，谢清果等也多将典籍或文字记录等作为研究对象进行研究，例如：第一章《无待逍遥：庄子〈逍遥游〉的圣贤内向传播观》、第六章《守正如贤：〈周易〉中的人际传播角色观》、第二十二章《纵横捭阖：作为中西方修辞思想之联结的〈鬼谷子〉》等。将圣贤与典籍一体化，能够更好地体现圣贤的中介性，能将圣贤致于不同的时空中展开论述，实现时空对话，理顺传承价值。任何汉字，不管其发音如何，含义都是一样的。这种共同的书面语是为中国提供统一性和历史连续性的一种重要力量。[⑥] 而阐释经典的过程是一种建立世俗权威的过程，是一

---

① 费孝通：《乡土中国》，北京：人民出版社，2008年，第19页。

② [美]约翰·杜海姆·彼得斯：《对空言说：传播的观念史》，邓建国译，上海：上海译文出版社，2017年，第71页。

③ [美]约翰·杜海姆·彼得斯：《对空言说：传播的观念史》，第201页。

④ [美]约翰·杜海姆·彼得斯：《奇云：媒介即存有》，第125—126页。

⑤ 冯友兰：《冯友兰自述》，北京：中国人民大学出版社，2011年，第219页。

⑥ 周文：《国家何以兴衰：历史与世界失业中的中国道路》，第304页。

种理念的历史性再生产创造了这个理念的历史。[①]对典籍的解读,其实是一个发展的解读,一方面是对典籍精神的传承,另一方面又是对典籍的时代意义的深挖。

2. 圣贤作为环境的中介

圣贤是在社会与自然中起到了一个中介作用,将人与物间的关系最终统一为"天人一体"或"万物一体"。圣贤首先作为一个社会人,生活于社会环境之中。圣贤在历时与共时的进程中,形成了圣贤的形象符号,且该符号所载意义在不断再丰富,这体现了圣贤与不同时代间的互动关系以及在时代更替中的嬗变性。后人与历史产生认知,也往往以人物为突破口,介入到历史的进程中。后人常用今日的眼光去观察前人,于是一些前人的行为在今人看来是如此不合时宜,如此诡异,也附加了更多的阴谋论于其中。后人将历史复杂化了,每一个人,每一件事,都受到其时代影响,带有时代的烙印。[②]简言之,后人以圣贤为媒,与过去圣贤产生了互动,不仅仅体现的是后人对过去的认知,也体现了当代社会与历史社会的对话互动。在对话互动中就形成了一种延续,一种传承。历史时间有它的一种绵延性,在瞬息变化中,有它凝然常在的一种特性。[③]这种延续与传承的就是华夏文明的内核。圣贤与自然环境的关系,不仅仅是人用工具改造自然,更多的是人将自然"人化"了。"自然的人化"包括两个方面,一方面是外在自然的人化,即山河大地、日月星空的人化;另一方面是内在自然的人化。人类在内在自然的人化中创造了精神文明。所以自然的人化是物质文明与精神文明双向进展的结果。[④]在自然的人与人化自然的互动过程中,在历史的进程中,民族性就凸显出来了。民族并不是自然存在的,自然只能生育有人类,不能生育有民族。所谓民族精神,乃是自然人和文化意识融合而始有的一种精神,这始是文化精神,即是历史精神。历史与文化就是一个民族精神的表现。[⑤]圣贤与物,或者说圣贤与环境的关系,最终形成的是华夏文明,而华夏文明也通过"圣贤"之一媒介,得以了物质性的展现。

《圣贤》一书,其实就是将圣贤作为沟通社会与自然的中介,探索中华文化的赓续问题。因此,该作认为圣贤文化是中华文化的本质内容,礼乐与圣贤是中华文化的内核。

---

[①] 陈卫星:《传播与媒介域:另一种历史阐释》,《全球传媒学刊》,2015 年第 1 期。
[②] 袁灿兴:《中国乡贤》,北京:新星出版社,2015 年,第 22 页。
[③] 钱穆:《中国历史精神》,第 4 页。
[④] 李泽厚:《华夏美学》,第 34 页。
[⑤] 钱穆:《中国历史精神》,第 8—9 页。

### 三、乡贤与华夏文明传播关系研究当加强

该书在《序言》中提到了"乡贤"，指出：历史上"乡贤"传播的空间经历了从先贤祠到乡贤祠的演变，侧面反映了古代市民社会的兴起。乡贤是地域文化的重要组成部分，同时又体现出职业构成多元化、身份取向平民化、居住空间离地化等新特征。但是在具体章节的论述中，《圣贤》对乡贤的媒介作用论述并不是很多，略显遗憾。

古人云太上立德，其次立功，再次立言，建功立业，荣光乡梓，是谓乡贤。[①]乡贤是中国传统社会中的杰出人物。乡贤在乡村之中，以其个人卓越品行，对社会事务之担当，弥补了诸多社会治理领域的不足，维持了乡村秩序。[②]陈明认为：有关方面对乡贤的理解重视有一个从地方民间到社稷国家的整体文化 - 政治战略之构思，以及对其功能意义之认同接纳或利用的过程。[③]乡贤更多地展现的是血缘性跟地缘性，"血缘是身份社会的基础，而地缘确实契约社会的基础"[④]，因此乡贤的形象相对就更"接地气"，更有利于圣贤思想在本地域内的传播。乡贤在时空传承中的中介作用体现在两个方面矛盾：一是，乡贤传播的灵活性。乡贤祠所祭祀的人物不受时间限制，既有往昔贤达，也有当世俊杰。各地择乡贤的标准，不外立功、立德、立言，造福于一方者，[⑤]这是乡贤传播的优势所在。二个是，乡贤的受时空的限制，在传播地域的广度及时间的跨度上具有局限性，甚至出现断代性，所以很多乡贤传播就停留在了历史之中。但不管怎么说，乡贤传播都在华夏文明传播中起到了重要作用。《圣贤》对乡贤在华夏传播中的媒介性讨论相对较少，这对于整部书构成体系的完整性来说就略显遗憾。

### 结语

在华夏传播中，将圣贤作为媒介进行研究，其本质上是对华夏文明传承的研究。媒介既能操控时间，但是——正如船舶使海洋能航行——媒介也能揭示出时间的陌生性（alienness）。[⑥]以圣贤为媒，其实就是将圣贤作为一个锚点，通过这个锚点，就对时间进行锚定，实现古今对话，就可对空间进行锚定，实现中外交流。因此，对圣贤的媒介性研究，就不仅仅是工具论层面的研究，更是在本体论的层面展开的探索。

① 袁灿兴：《前言》，《中国乡贤》，袁灿兴著，陈明点评，北京：新星出版社，2015 年，第 1 页。
② 袁灿兴：《前言》，《中国乡贤》，第 4 页。
③ 陈明：《序》，《中国乡贤》，袁灿兴著，陈明点评，北京：新星出版社，2015 年，第 1 页。
④ 费孝通：《乡土中国》，第 94 页。
⑤ 袁灿兴：《中国乡贤》，第 2 页。
⑥ [美] 约翰·杜海姆·彼得斯：《奇云：媒介即存有》，第 338 页。

# 在返本开新中传承和传播中华文化

## ——第十二届世界华文传媒与华夏文明国际学术研讨会综述

# Inherit and spread Chinese culture in the process of returning to the original and opening up the new
## ——Summary of the 12th International Symposium on World Chinese Media and Chinese Civilization

高嘉潞　　顾星欣<sup>*</sup>

Gao Jialu　Gu Xingxin

**摘　要:** "文明因交流而多彩,文明因互鉴而丰富。文明交流互鉴,是推动人类文明进步和世界和平发展的重要动力。"在全球化和国际传播日益深入和频繁的今天,重新审视华夏文明的千年传承史和文明间交流互鉴的历史,对于我们理解当下华夏传播和国际传播的意义与内涵,对于推动中华优秀传统文化的复兴及"中国文化走出去"都具有重要的借鉴和参考作用。2022年11月5—6日,第十二届国际学术研讨会以"返本开新:华夏文明的历史传承与国际传播"为主题,在南京大学成功召开。上百位与会嘉宾围绕华夏文明的传播考古学、东西方文明的交流互鉴、中华文化的对外传播、华夏传播思想、中国本土传播学的理论建构等议题展开了深入的交流和讨论。"以史为鉴,返本开新",会议的召开对于进一步推动当下华夏传播学的研究及中国自主知识体系的构建都具有重大意义。

**Abstract:** "Civilizations are colorful because of exchanges, and rich because of mutual learning. Civilization exchanges and mutual learning are an important

---

* 作者简介:高嘉潞,女,南京大学新闻传播学院传播考古学研究中心博士生,研究方向:媒介与社会发展、华夏传播学媒介考古学等。顾星欣,女,南京大学新闻传播学院传播考古学研究中心博士生,研究方向:跨文化传播、华夏传播学、媒介考古学。

driving force for the progress of human civilization and the peaceful development of the world". In today's increasingly deepening and frequent globalization and international communication, re examining the millennium history of Chinese civilization and the history of exchanges and mutual learning among civilizations has an important reference role for us to understand the significance and connotation of current Chinese and international communication, and for promoting the revival of Chinese excellent traditional culture and "Chinese culture going global". From November 5 to 6, 2022, the 12th International Academic Seminar was successfully held in Nanjing University under the theme of "Returning to the Origin and Opening up a New Era: Historical Inheritance and International Communication of Chinese Civilization". Hundreds of guests had in-depth exchanges and discussions on topics such as the communication archaeology of Chinese civilization, the exchange and mutual learning of Eastern and Western civilizations, the external communication of Chinese culture, Chinese communication ideas, and the theoretical construction of Chinese local communication. "Taking history as a mirror, returning to the original and opening up new", the convening of the conference is of great significance to further promote the current research of Chinese communication and the construction of China's independent knowledge system.

关键词：华夏文明；传播考古；国际传播；跨文化交流；本土化

Key words: Chinese civilization; Dissemination of archaeology; International communication; Cross cultural communication; localization

2022 年 11 月 5 日至 11 月 6 日，由中国新闻史学会、华中科技大学、南京大学主办，南京大学新闻传播学院承办的第十二届世界华文传媒与华夏文明国际学术研讨会成功召开。本届研讨会为国家社科基金社团活动资助项目，论坛主题为"返本开新：华夏文明的历史传承与国际传播"。论坛议程包括开幕式、主旨演讲、五场平行分论坛、圆桌论坛以及闭幕式等环节。来自全国三十多所高校的一百多位学者及多家学术期刊负责人共同相聚云端，就华夏文明的历史传承与国际传播的学术话题展开跨学科深入研讨，贡献真知灼见。

一、会议议题多元，体现了跨学科对话

本次学术研讨会自发布论坛征稿通知以来，共收到中英文论文 120 篇，经资格审查、论文查重及专家评审，共录用 59 篇论文，论文集近 60 多万字。入选会议议题广泛，涉及青铜器、钱币、玺印、典籍、礼乐、山水画、外销画、口罩、民歌、谱牒、木铎、邸报、驿站、佛教、手游、龙等多种中国文化的标识或载体，论文将其纳入媒介史或传播史的视域中来研究。与会者学科背景多元，108 位与会人员除来自传播学外，还涉及考古学、艺术学、文学、外语、社会学、历史学、中国哲学、宗教学、博物馆学等多个学科，极大促进了学科之间的"交流互鉴"，充分调动了传播学与多学科学者和学生的研究积极性。

## 二、开幕式上"传播考古学研究中心"宣布成立

开幕式及主旨演讲于 5 日上午举行，南京大学新闻传播学院执行院长张红军教授担任主持。

开幕式上，南京大学副校长陆延青对研讨会的成功举办表示祝贺。他指出，党的十八大以来，习近平总书记围绕弘扬中华优秀传统文化作出一系列重要论述，为我们的学术研究指明了方向。五千年华夏文明光辉灿烂，这些文化遗产是我们中国人的根与魂，需要我们很好地进行传承，并在新时代背景下利用新媒介形式进行创造性转化和创新性发展。而今天"一带一路"倡议的提出和推行，也给我们的文化交流和文明互鉴，尤其是中国文化的国际传播提供了新的历史性的机遇。本届论坛以"返本开新：华夏文明的历史传承与国际传播"为主题，可以说回应了这样一种时代关切与时代课题。

中国新闻史学会会长、中国人民大学新闻学院副院长王润泽在线致辞表示，世界华文传媒与华夏文明国际学术研讨会是国内历史悠久、影响重大的学术平台，也是海内外关于新闻史、新闻学研究交流的重要学术论坛。在全球化和国际传播日益深入和频繁的今天，重新审视华夏文明的千年传承，以及其与不同文明间交流互鉴的历史，对于我们理解当下华夏传播和国际传播的意义内涵，对于推动中华民族文化复兴和中国文化走出去都具有重要的借鉴和参考作用。

开幕式现场，设立于南京大学新闻传播学院的传播考古学研究中心宣布成立。该中心致力于传播学和考古学以及中国传统金石学、考据学的跨学科研究，旨在综合考古学、文字学、民俗学、历史学、人类学以及艺术史等多学科视角、方法对华夏文明中的传播现象、传播媒介和传播观念进行知识考古，探索其背后的历史脉络和渊源流变。中心主任由教育部青年长江学者、南京大学新闻传播学院博士生导师潘祥辉教授担任。

张红军院长指出，传播考古学研究中心的成立宗旨，一是正本清源，二是通过跨文化比较揭示华夏传播特色，三是返本开新，致力于向海内外推广和传播华夏文明和中国传统文化，并在新时代和新媒介技术背景下，推动中华优秀传统文

化的创造性转化和创新性发展。

### 三、九位嘉宾围绕"增强中华文明传播力影响力"发表了主旨演讲

本次主旨演讲的嘉宾共有 9 位。在主旨演讲环节中，9 位来自国内高校的知名专家学者结合党的二十大报告中"增强中华文明传播力影响力"的要求，就如何挖掘中华文化精髓的主体性问题，如何增强中华传播力和影响力的理念、途径等问题各抒己见，激荡思想、汇聚共识。

中国社会科学院新闻与传播研究所所长、中国社会科学院大学新闻传播学院院长、《新闻与传播研究》主编胡正荣从二十大报告中关于增强中华文明传播力影响力的要求出发，指出中华文明的国际传播离不开系统性的价值发现和意义建构。胡教授通过列举 2008 年北京奥运会与 2022 年北京冬奥会两个开幕式等对外传播案例，指出要实现从本土性跨越到区域性，再跨越到全球性的升级。"讲好中国故事要从更多地只讲'我'、讲我们自己的国家形象中，迭代升级到学会讲'我们'、讲更多的全球公共品上。"

厦门理工学院副校长、厦门大学新闻传播学院教授赵振祥发表《内省与外传——关于文化经典的对外传播思考》演讲，从分析中华传统文化经典出发，强调以科学精神把中华优秀文化传播出去。赵教授认为，"回望中国的文化传播史，我们还没有完成社会学家马克思·韦伯所提出的'除魔化'（Disenchantment）进程，没有完成对'魔法''巫术'的祛魅"。内省与批判应当成为任何文化传播的前提，在此基础上，赵教授呼吁各位学者拨开巫文化的雾霾，还原文化的本来，向世界介绍科学的文化，让世界认识科学的中国。

中央民族大学新闻与传播学院特聘院长、华中科技大学国家战略传播研究院教授张昆基于《寰球民意指数 2020》，以实证研究的方法分析了南非公众对于中国形象的认知。他指出，在南非公众的心目中，中国是一个实力强大的国家，也是他们比较喜欢的一个国家。他们印象最深的中国文化符号，排在前五位的是长城、武术、中华料理、茶、中医。对此张昆表示，面向海外的文化传播还需要有更加精准。"要推进中国故事和中国声音的全球化表达、区域化表达、分众化表达，增强国际传播的亲和力和时效性。"

大连外国语大学特聘教授、中华文化海外传播研究中心首席研究员唐润华以三国系列 IP 为例，指出 IP 运营在中华文化海外传播是一条具有巨大潜力和较强可行性的路径。唐润华认为，以 IP 运营提升国际传播效能，首先要深度挖掘中华文化资源，打造国际传播的 IP 品牌，其次要充分发挥艺术想象力，加大内容创作和再创作的创新力度，同时还要开发适应各种媒体传播的系列产品，加强对外开放

和交流合作。

深圳大学传播学院教授吴予敏从理论研究的视角出发，重点关注中国传播学的研究和中外文化交流研究之间的比较。吴教授从理论研究的视角出发，指出可以通过跨学科借鉴加强传播研究，"中外文化交流研究将学术视野的矫正点放在超越'华夏中心史观'而走向'全球史观'。传播研究却需要从全球和现代视野回归文化主体本位，以实现两个维度的结合。"

南京师范大学新闻与传播学院教授倪延年从中国新闻史的视角切入，考证中国近代官报起源于《澳门新闻纸》的新闻史。倪教授认为，《澳门新闻纸》产生于中国广州已进入"近代"的社会环境中，且搜集传播的内容具有明显"近代特征"，这种"官方"+"近代"奠定了《澳门新闻纸》标志中国近代官报"起源"不可撼动的基石。其在中国近代官报孕育诞生历程留下的印记，充分表明《澳门新闻纸》在中国近代官报从孕育到诞生的历程上具有里程碑式的意义。

中国新闻史学会秘书长、中国人民大学马克思主义新闻观研究中心主任、《新闻春秋》执行主编邓绍根从对"书籍传教"的考证出发，论述了近代华文报刊的兴起。邓主编指出，学界在讨论新闻史议题时，会比较关注创办中文报刊的外国人。而当我们从文化史、文化交流的角度考察华文报刊时，可以有一些新的体悟。邓主编从宗教传播的角度，梳理了明末天主教耶稣会来华传教的关键人物，如沙勿略、罗明坚、范礼安和利玛窦、马礼逊、米怜等传教士，利用书籍传教的方式发挥书籍在信息传播中的优势，这也有力助推了近代华文报刊的兴起。

南京大学社会学院教授、江苏省社会心理学会理事长翟学伟以面子理论为例，阐述本土化研究如何成为可能，为传播学借鉴思路。翟教授指出，目前国内对于必要性、重要性、可行性的研究较多，但仍然比较缺乏真正浸入中国语境的本土化研究。翟教授提醒各位学者应当正视国外学者和国外的研究，比如，大家在研究中可能会遇到一个问题，即"中国的'概念'会走出去，但在西方学者的研究中可能会将其归纳为更具普遍意义的概念"。然而，这可能会导致一些中国本土性和特殊性视角的缺失，这需要中国的学者关注和努力。

最后，中国人民大学党委副书记、副校长，中国人民大学新闻学院教授胡百精呼吁，中国传播思想史要重返历史主场、重获完整理解、重返基源问题。胡教授指出中国的现代化不能以完全背离、完全抛弃甚至是完全伤害传统为前提。"因此我们今天讨论中国的传播思想，要重返历史主场，在古今中西'十字路口'关注传统传播交往。"面对当下传播学研究存在断章取义、直接照搬西方研究理论等问题。

### 四、五个平行分论坛体现了跨学科间的"交流互鉴"

11月5日下午，五场分论坛同时开展，主题分别为华夏文明的传播考古学研究，丝绸之路与文明互鉴研究，西学东渐、东学西渐及跨文化传播，中华优秀传统文化的"双创"及"出海"研究，政治与思想史视野下的华夏传播研究。期间，来自全国数十所高校的百名学者发表精彩观点，展开了热烈而深入的交流与讨论。大家纷纷畅所欲言，以不同专业背景与学科知识互相激荡生发，为华夏文明的传播提供跨学科借鉴。

分论坛一以"华夏文明的传播考古学研究"为主题。上半场由南京大学李晓愚教授主持会议。来自北京师范大学的吴明明分享了对春秋以来青铜器铭文的考察，从中透视边疆文化与中原华夏文化的关系；清华大学的陈亚琦从造型美学角度分析了青铜器纹饰的古今特殊转化；来自东南大学的吴泽艺从对玺印的考察中探寻中国古代政治权力架构；来自乌特勒支大学的曹华威从媒介间性视角入手分析了中国山水画的历史；来自南京大学的王明睿则梳理了古代青鸟的信使职能及其演变。来自中国人民大学的赵云泽教授和来自四川大学的胡易容教授在点评中，表达了对年轻学者们学术潜力的肯定，并就其研究还能继续深化与聚焦之处给出建议。

下半场由南京大学袁光锋副教授主持。来自厦门大学的王浩然带着与导师谢清果教授合作的文章做了分享，他们从一个案件入手分析明朝行政运行系统与过程；来自中国传媒大学的杜恺健关注了中国社会基层治理中的听觉传统与声音景观，探究了木铎、喇叭与广播三种声音媒介；来自广西大学的邢永川教授分享了谱牒序跋对中国谱牒传播史研究的意义与价值；来自莆田学院的吉峰副教授为我们呈现了先秦福文化观念的内涵及演变；上海博物馆的黄公达从传播符号学视角切入考察博物馆艺术展览的阐释过程；南京大学的顾星欣为我们梳理了"好一朵美丽的茉莉花"融入中华文化与走出国门的历程。华中科技大学的唐海江教授与河北师范大学的齐小艳教授就自己阅读这几篇研究的心得与建议做了分享。

分论坛二以"丝绸之路与文明互鉴研究"为主题。上半场由南京大学新闻传播学院副教授王蕾主持。来自河北师范大学的齐小艳、清华大学的吾提库尔·阿扎提、厦门大学的王婕，新疆大学的周英惠分别就丝绸之路上的古代粟特钱币、龟兹佛教以及文化融合和人类文明共同体展开深入的交流，并对中国古代的航海活动以及《钦定西域同文志》的中华视野进行考辨。中国社会科学院大学教授，《新闻与传播研究》执行主编朱鸿军、南京大学新闻传播学院教授封钰分别从如何实现与传播学相勾连，如何在时间维度和空间维度构建华夏文明历史传承和传播话语体系的理论根基等方面对学者的发言进行了点评。

下半场由南京大学新闻传播学院特聘研究员，江苏紫金传媒智库高级研究员金苗主持。来自南开大学的韦思主要探讨了东盟舞蹈审美共同体叙事话语、文化内涵。北京外国语学院的胡康主要以沃特·费希尔的叙事范式理论探讨"中国故事"的叙事。中央民族大学陈俊睿、毛湛文则从"粽子"这种食物在海外华文媒体《联合早报》中的叙事话语及民族认同建构，清华大学的王曦婧则是以研究设计的形成呈现了丝绸之路的传播项目设计，莆田学院的曹萌主要探讨了东南亚妈祖文明的传播及意义。复旦大学新闻学院教授、传播系主任邓建国，中国传媒大学教授，中国传媒大学出版社社长张毓强分别从基本概念、问题意识、研究范式、媒介勾连等方面对本组论文进行了精彩的点评。

分论坛三以"近代西学东渐视野中的文明传播"为主题。上半场论坛由南京大学新闻传播学院副教授王佳鹏主持。其中，来自浙大城市学院的方玲玲以媒介地理学为分析框架，将外销画作为近代中国社会的可视化传播样本，以审视绘画文本与地方的关系，探讨其传递地方感、塑造物质和非物质图景的过程；来自南京理工大学学报编辑部的李羣从历史学和新闻传播学相结合的角度，分析佛教报刊在东南亚的传播，尤其是《人间佛教》在宣传和传播中的重要作用；来自南京师范大学的孟宪震从媒介性的角度切入，认为中国教会医院是一种可移动的边界，生成和维持着传教士医生、近代医学生和国人之前的独特关系，推动着中国医学卫生观念的转换重构；来自黑龙江大学的杨悦对口罩的历史进行了分析，把口罩视为公共卫生治理的媒介，旨在分析口罩在人类社会文化系统中文化表征和中介传播意义；来自南京大学的杜颖卉以电视、电话、电报的传入尤其是译名的确定为例，分享了中西方文化的碰撞；来自华东师范大学的张啸男以泰国为例，从政治、经济、社会角度分析海外纸媒在泰国的建立。

下半场论坛由南京大学新闻传播学院助理研究员许媚媚主持。其中，来自天津师范大学的蔡觉敏从翻译中对"美丽的错误"视角，对早期《道德经》的英译本的经典化与大众化展开分析；来自贵州大学的赵成昊具体考察了《补江总白猿传》在日本近现代的传播情况，做了详尽的分析；来自河北大学的赵树旺从"双循环"背景出发，从五个角度讲述中国出版国际影响力建设路径，并提出了四点建设性意见；来自贵州大学的余俊鹏从域外视角研究《容斋随笔》在日本的馆藏、社会向度的传播；来自香港中文大学的朱珂以陶渊明诗歌英译为例，对其文献版本和翻译处理的具体分析来考察底本、译本之间的相互影响以及相互关系；来自北师大 - 香港浸会大学联合国际学院的刘勇考察鲁迅作品与大江健三郎的《个人体验》当中的叙事手法和模式，探讨《个人的体验》结尾是不是真正意义上的大团圆，并且给出了相当明确的结论。

　　分论坛四以"中华传统优秀文化的'双创'及'出海'研究"为主题。上半场论坛由南京大学新闻传播学院助理研究员林羽丰主持，6位老师、学生先后分享了精彩汇报。点评环节，郑州大学新闻与传播学院张兵娟教授赞同了来自平顶山学院的常民强教授在"元宇宙视阈下《典籍里的中国》"的一些讨论，如"心灵深处的对话"这一思考视角的创新性，同时结合自身对于该节目体验，谈论了"心灵深处的对话"的对外与对内的体现。对于来自浙江工业大学周琼副教授及学生的"媒介仪式、文化展演和身份认同：互联网公益中古籍的数字化传播路径"一文，张教授概括了论文探讨的媒介仪式到文化展演到身份认同的路径，同时指出从仪式的展演到认同的建构中间可以增加一些支撑性论据。对于来自黑龙江大学的张亚玲的"手游的情感叙事与中华文化的对外传播——以《原神》为例"一文，张教授认可了研究对象的新颖性，同时指出在情感叙事中"陶冶感"有商榷之地。南京大学新闻传播学院孙信茹教授对于另外三篇进行精彩点评，分别是来自南京职业技术学院的覃思源副教授的"互动仪式链视角下广西宾阳炮龙节的仪式传播探析"、来自南京大学的刘一醇的"从独白到对话：传统文化类节目的创新诠释与国际传播——以《遇鉴文明》为例"、来自华中科技大学的卢丹阳、刘锐的"视频新媒体出海与中国国家形象建构：以TIKTOK为例"。孙教授对于后三篇的整体研究概况做出概述，指出现有研究局限性，以及如何超越理论嵌套的研究桎梏，跳脱千篇一律的总体性思路。从具体出发，关注个案差异性，找到视角的创新之处、找到不同个案的具有特色的研究视点，对个案本身进行更深入的挖掘和呈现。其次，研究的更高价值不仅是描述现状性研究，不止步于现有的话语表述，而是往前推进一步、探索一步、前瞻一步，让研究具有未来性价值。最后，虽然研究需要小切口，但从小切口到重大问题的关注中需要多个阶段的转换，需要多个桥梁的搭建，需要逻辑上层层递进以及有迹可循、有理可依。如此一来，才有更丰富的讨论空间。

　　下半场由南京大学新闻传播学院助理研究员张青主持。来自华东师范大学传播学院的黄佶副教授带来了"译龙风云：双百年间'龙'与'Loong'的翻译史"、来自武汉大学新闻与传播学院的张琪云分享了"'文化冲突'到'共情、共意空间'——YouTube平台'刮痧'视频的跨文化传播"、来自西安工程大学新媒体艺术学院的马琳娜分析了"中国文化元素在好莱坞电影中的跨文化传播"、来自中国传媒大学戏剧影视学院的赵子墨阐释了"木兰形象的文化嬗变及国际化阐释"、来自暨南大学新闻与传播学院的彭伟步教授带来的是"流动的身份认同与特殊的双文化人：'润二代'的民间交往角色"。点评环节，复旦大学新闻学院朱春阳教授首先赞同了各研究相比于过去国际传播研究的宏大视角都具有了更细致入微的特质。

接着，朱教授指出，研究要具有规范性、理论性，不是反思、漫谈，更不是对已有理论的反复论证和描摹。问题则从现有实践与已有理论的冲突中来，进而探讨现有实践出现了怎样的革新。此外，研究的理论创新通常在于与既有研究和结论的对话之中产生，而不是自说自话。浙江大学城市学院传媒与人文学院方玲玲教授则对于各研究细节进行点评说明。提醒大家可以在研究主题方面与同主题的其他现象进行对话，发掘何种超越现象层面的共通之处；研究并非仅是对某一现象的描述，研究要聚焦于问题、论证和回答问题。而进一步挖掘现象的深层原因；与此同时，研究用语需要更加严谨，对概念的界定和研究对象的范围需要更加谨慎。

分论坛五以"华夏政治传播研究"为主题。上半场论坛由南京大学新闻传播学院助理研究员吴志远主持。其中，来自南京大学的学者张德懿、陈俊沂的研究《超验、仪式和精英话语权——〈左传〉政治事件中的谣言制造与破除》对谣言在先秦时代的政治价值进行了总结，提出谣言有时候是政治家完成自我形象塑造的手段，是知识群体建构话语体系的一种方式；来自西南政法大学的学者刘大明的研究《无声的诅咒：宋代灾害谣言的政治信息传播探析》以相对宏观的视角对宋代谣言政治传播、各种现象及治理管控过程进行了概括，对于了解宋代谣言传播的个整体情况具有学习参考价值；来自深圳大学的学者刘桦葳的研究《明末士人文社与社稿：主流邸报传播的社会化补充》分析了官方政情传递系统谍报衰落的原因，同时又论述了文社和社稿的新的传播形式，从传播视角让我们领会了晚明社会结构变迁的状况，对我们了解明末政治传播的新形式具有积极意义；来自伦敦大学的学者辛泽西的研究《明帝国晚期的驿递系统与政权衰亡——一个传播社会史视角的考察》以信息传播与媒介的视角来探讨明代驿递系统由盛转衰的情况，从中亦能窥见驿递盛衰与政治兴亡之间的联系；来自爱丁堡大学的学者王志威的研究《"中国人在线"——以互联网为媒介的中国族认同的话语（再）生产》分析了互联网上的各种政治行动者在日常情境中进行民族主义话语生产的过程，具有明确理论框架与研究方法。

下半场论坛由南京大学新闻传播学院教授胡翼青主持。其中，来自厦门大学的学者谢清果和曹书圆的研究《从德目到媒介：中国"信"的传播思想与媒介功能》基于一个日常生活媒介，提炼了中国语境里的"书信"这一在日常生活中被普遍运用的媒介；来自天津社会科学院舆情研究所的董向慧的研究《情深文明：礼乐传播中的情感文化结构及其社会功能——兼论中国本土传播学理论的构建》提出华夏传播研究具有推动和深化中国传播学研究，回应传播学基本问题的理论特质；来自厦门大学的学者王婷的研究《从文学修辞向思想修辞的跃迁：关于〈庄子）的传播修辞学考察》从传播学本土化视角来分析庄子的修辞特点和传播原理；来自山东大学的学者李承志的研究《传播存在论视域下的华夏传播研究再议——〈华夏研究刍议〉发表二十周年近思》研究思路清晰，从中可感受到华夏传播学在向前生动演进的一种脉络，研究极富思辨色彩；来自郑州大学的学者李阳的研究《典范传播：一种理解中国本土传播思想的视角》对典范的词源及其多重文化功能进行了溯源和梳理，并引用具体的案例进行补充，资料翔实；来自南京师范大学的学者石文强的研究《林语堂的中西媒介思想传播探究——基于媒介批评视角》从媒介批判的视角出发，分析了大量林语堂发表的文章著作等史料文本，遵循了一定时间逻辑，展现了林语堂的中心媒介思想，具有较强的可读性。

### 五、圆桌论坛共议中国本土传播学与自主知识体系建构

11 月 6 日上午，以《中国本土传播学探索与自主知识体系建构》为主题的圆桌论坛在云端热烈举行，论坛由南京大学新闻传播学院潘祥辉教授主持，数十位专家学者以学理的交流与思维的碰撞，对中国本土传播学学术话语体系的建设展开分享交流。

中国人民大学刘海龙教授从概念生产与本土化出发，阐述对当代本土传播学体系基础的辩证思考。中国社会科学院朱鸿军教授提出，建设中国自主传播知识体系建设需首先关注顶层思维。厦门大学谢清果教授从华夏传播视角出发，分析传播学自主知识体系建构的重点问题。复旦大学邓建国教授以本土与全球的视角，讨论传播何以成学与知识如何自主问题。南京大学胡翼青教授以《隐喻与传播学的想象力》为题，提倡深入反思本土传播学的理论框架。四川大学胡易容教授就符号学的中国化历史逻辑与学理路径展开论述。华东师范大学武志勇教授分享自己关于老子思想域外传播研究的心得。北京师范大学／香港浸会大学联合国际学院（UIC）中国语言文化中心董铁柱副教授独辟蹊径解读魏晋风度，将清谈作为一种传播途径进行研究。南京大学封钰教授分享自己关于大数据时代的数字人文与文化传播的研究与实践心得。中国社会科学院沙垚副研究员在基于传播学宏大学术实践的基础上，倡导本土化回归。南京大学孙信茹教授就媒介人类学如何"发现社会"展开分享。中国传媒大学白文刚教授强调要在研究中突破本土化，进一步扩展文明传播的学术视野。暨南大学姚锦云副教授提出了建构华夏传播理论的新路径。他们的讨论，引起与会者的强烈共鸣和热烈讨论，期间的互动交流，将研讨进一步引向深入。

### 六、闭幕总结：文明因交流互鉴而更显丰富多彩

闭幕式由南京大学新闻传播学院执行院长张红军教授主持。南京大学新闻传播学院教授、传播考古学研究中心主任潘祥辉作总结发言表示，文化因为交流互鉴而日趋丰富，传播学也需增加交流才更显生机。本次研讨会的与会者学科背景多元、议题广泛，论文涉及诸多中华文化的标识和载体，将它们纳入到媒介史与传播史的研究中来，非常有价值。会议达成了多项学术共识，大家一致同意，"华夏传播学的研究"或者说中国传播学的研究需要更多的立足本土，从中国国情出发，从中国文化出发，构建中国特色的传播学的"学术话语体系"。这也是未来学者们将要继续努力的方向。

最后，中国新闻史学会会长、中国人民大学新闻学院副院长王润泽宣布本次研讨会圆满结束。

为期两天的研讨会至此顺利落下帷幕，本次研讨会的会议主题、组织安排与学术成果得到与会学者的普遍认可及高度赞赏。会议成果卓著，很好地呈现了各位学者最新的学术成果及真知灼见，对于我们思考如何在新时代进一步做好华夏文明的历史传承与国际传播的相关研究和实践工作都具有重要的启示和借鉴意义。会议达成的共识对于构建中国自主传播知识体系，同样意义重大。

# 赓续精神 继往开来

## ——2022 年陈元光文化与中华文明传播学术研讨会综述

# Keep the Spirit of Carrying, Forward the Past and Opening the Future
## ——A Summary of the 2022 Symposium on Chen Yuanguang's Culture and the Spread of Chinese Civilization

许黄子仰 *

Xu Huangziyang

2022 年 9 月 2 日，由陈元光故居燕翼宫管委会、华夏传播研究会、四川大学老子研究院、台湾圣泽信仰联盟、台湾省台中市开漳圣王信仰协会、台湾省世界陈氏宗亲联谊总会、台湾省台北丙洲陈氏宗亲联谊总会、漳州开漳历史纪念馆主办，陈元光故居燕翼宫·开漳祖庙总祠承办的"陈元光文化与中华文明传播学术研讨会"在福建省云霄县顺利举行。来自海峡两岸的 80 多位专家学者、宗亲代表、青年学子共聚一堂，采用线上线下相结合的方式，共同切磋研讨陈元光文化与中华文明传播的相关议题，旨在汇聚众人智慧，推进陈元光文化发扬光大，创造性转化和创新性发展海峡两岸地域文化，构建好福建文化标识体系乃至中华文明标识体系。

陈元光文化作为福建省最具影响力的三大传统祖根文化之一，在中华文化传承创新和中华民族现代文明建设的重要性不言而喻。考察陈元光文化中蕴含着何种精神思想，这些精神思想是如何被传播和鼓舞人心的，它们与闽南地区的其他民俗文化和民间文化有何关联，在中华文明传播中又起着何种作用，如何推动它

---

　* 作者简介：许黄子仰（1997—），女，福建漳州人，厦门大学新闻传播学院 2021 级硕士研究生。研究方向：华夏传播。

们进一步发展，都是本次学术研讨会的重点讨论议题。诸位学者对此各抒己见，深入研讨，并产生了一些创新性成果。

一、开幕式：重温开漳史诗，开启学术盛宴

9月2日上午8：00，陈元光文化与中华文明传播学术研讨会正式开始。会议由漳州开漳历史纪念馆馆长汤毓贤主持。汤馆长首先对来到素有"开漳圣地"之称——云霄的广大学者表示热烈欢迎。他提到1300多年前，开漳鼻祖陈政、开漳圣王陈元光率领着中原87姓近万名将士在这里点燃圣火，开启了一段恢宏大气的开漳史诗；1300多年后，我们为传承和弘扬其精神文化而齐聚云霄，即将开启一场别开生面的学术盛宴。

中国贸易促进会福建省分会原巡视员潘金全为大会做开幕致辞。他认为开漳圣王文化彰显了海峡两岸及海外华侨华人血缘香缘的文化认同、传承与建设祖根文化的使命意识，更代表着为中华民族安定团结与伟大崛起、恪守华夏大一统而不懈奋斗的爱国奉献精神。因此，他强调，本次学术研讨会不仅是一场赓续精神信仰、传承优秀文化的学术活动，更是践行习近平总书记提出的"把中国文明历史研究引向深入，推动增强历史自觉、坚定文化自信"的一项富有意义的文化盛会。大会在潘金全会长激情澎湃的发言正式开幕。

四川大学老子研究院院长詹石窗教授为了表达对陈元光精神的敬重之意，以及与各位专家学者齐聚一堂共同推进中华文明传播的喜悦之情，特意为本次学术盛会赋诗《开漳圣王礼赞》："元声妙韵龙湖詠，光照城头社土灵；开拓泉潮基业大，漳和燕翼虎风铭；圣心化雨滋禾木，功力穿云点火星；启示由天成七唱，运筹帷幄唤雷霆。"詹石窗教授短短数语，便将自己对开漳圣王的敬意暗藏诗头。

厦门大学平潭研究院执行院长林凡教授提出，要更好地传播中国传统文化，使其入脑入心，需要树立文化自信和拓宽国际视野。他分享了四个思路来传播中华文化：其一，运用数字化技术手段"打通内外、上下传播"。其二，"文以载道"，即坚守中华文化核心思想，以"道"来指导"术"的文化传播。其三，从"高端"到"大众"。文化传播既要有专业性的交流和宣传，同时也要有面向普通大众的分享。其四，进一步构建基于中华文化指标评价体系和展现手段的标准。林凡教授认为，中华文明延续着我们国家和民族的精神血脉，既需要薪火相传、代代守护，也需要与时俱进、推陈出新。所以，他希望能借此会议与各位专家学者共同携手、共同研究，为复兴中华优秀传统文化而努力！

二、上午场：探寻文化渊源，挖掘现代启示

在本场会议中，专家学者立足于陈元光文化的发展现状，关照其精神智慧对人与社会的积极影响，从文化信仰、品牌构建、战略思维等多个视角挖掘现代启示。

（一）分论坛一：闽台陈元光文化与中华文明传承

詹石窗教授以《陈元光的文化信仰及其当代启示——以〈易经〉象数义理为核心的诗作诠释》为题做主旨演讲。他提出了"文化信仰"一词，即当文化作为鼓舞人们行动的精神力量而深植入人心时，这种文化就成为信仰。在陈元光写的《云龙》《风虎》《圣作物睹》三首诗中，都以《易经》的"乾坤"卦象为起笔，首言"成列"，继说"义气"，后出"正气"，可谓相继有序，步步递进，体现了圣王陈元光对《易经》象数义理的真切把握，寄托了深邃的文化信仰。詹石窗教授指出，他的这种文化信仰，不仅是天人合一精神的体现，而且是人间治道的表征，对我们以史鉴今，传承精神、培植社会正气，当有独到之神益。

汤毓贤馆长在会上分享了《海峡两岸开漳圣王文化祖地品牌探索》。他阐述了云霄县在对台交流的基础优势与交流情况，同时指出开漳圣王文化是维系海内外同胞亲情乡谊和民族感情的重要精神纽带。他认为以创建"海峡两岸交流基地"为契机，认真挖掘开漳圣王文化核心内涵和特色，积极开展对台文化交流活动，可以不断提升开漳圣王文化传播力和影响力，拉近两岸关系。但创建基地品牌任重道远，需要把握好以下四点：全力打造，推进交流基地建设；落实到位，提升下步工作重点；提高站位，把握创建工作方向；明确目标，调整部署发展规划。

四川大学特聘研究员张培高老师以《张载性二元论的思想渊源及其现代启示》为题进行主旨发言。他从性二元论的内涵、天地之性和气质之性的思想来源等内容展开，并从中得出两个结论：一是张载等思想家创造思想，都是从不同的思想体系乃至不同的文明中寻找资源的。这也意味着，思想文化或文明，只有在相互借鉴和学习当中，才能创新。二是文化自信是思想创新的根本保证。张载等思想家虽然受到诸多流派的影响，但他们的根本立场是十分坚定的，而这正是源于文化自信。

安庆师范大学人文学院教授丁希勤另辟蹊径，从《开漳圣王神话故事解析》入手。他讲道，民间流传的诸如本生神话、威惠庙显灵神话、将军庙灵异神话，以及燕翼宫、开漳八十七姓历史之谜等神话故事反映了陈元光生活的时代背景以及宋朝政权的变迁。但这种反映并不是直接的，而是通过字里行间曲折、隐晦地表现出来，秉承了古人作史微言大义的笔法。经过千百年的积淀，后世之人再也无法理解其中的真实奥义。所以，当我们今天去审视这些神话时，不能仅从字面意思来理解，而应从它们所处的时代背景出发，认真分析，才能得出近乎正确的认识。

厦门大学新闻传播学院谢清果教授将学习《习近平谈治国理政（第四卷）》与学习中华优秀传统文化相结合，分享了《论陈元光治漳的战略思维——以〈请建州县表〉为中心的考察》。他表示《请建州县表》等文献展现出陈元光难得的战略型领导者素养，而这一点正与习近平总书记教育领导干部应自觉增强战略领导能力的要求是相通的。谢教授以《请建州县表》为核心文本依据，从战略思维的高度加以剖析，既加深了对陈元光思想的研究，又增强了对"学史明理，学史增信，学史崇德，学史力行"党史学习活动重要意义的认识，也增进对领导干部应加强战略思维问题认识的双重学习效果。

## （二）分论坛二：中华文化智慧与陈元光精神

福建师范大学闽台区域研究中心吴巍巍副主任以《闽台地区传统宫庙的建筑装饰艺术与中华文化传承和认同》为题进行主旨发言。他通过多组照片生动形象地展示了闽台地区传统宫庙的建筑装饰艺术表现形态。这些闽台宫庙古建装饰艺术涵括着深厚的中华文化底蕴，宣扬着忠孝节义之精神，对社会具有很强的教化和启示作用。但目前它们存在着自然损毁和人为破坏等方面危机。因此，需要以历史的视野为轮廓、区域特征为框架，梳理建筑文化艺术表现，构建专题数据库，归纳作品制艺的演化与传承，进而探讨闽台古建装饰工艺保护与修复的举措。

作为中华民族最具代表性的传统体育项目，舞狮运动是闽台两岸具有影响力的民俗体育活动，至今仍然活跃于闽台各地村落与族群之中。北京体育大学中国武术学院张永宏副教授以《历史记忆·文化认同·精神共同体构建——基于闽南舞狮传播台湾的文化考察》为题，展开讲述了凝聚于舞狮文化之中的历史记忆。这种历史记忆在后代人持续不断的舞狮运动展演过程中，唤起记忆底层的族群向心力，强化、巩固并继续传递着文化认同。对此，张永宏副教授呼吁道，我们应当搭建闽南与台湾地区舞狮文化交流共享平台，深化舞狮符号象征，充盈舞狮身体展演内容，厚植团结互信土壤，助力两岸一家亲、中华民族多元一体的精神共同体意识。

福建师范大学张丽娟副教授分享了《陈元光的爱国主义精神》。她认为，爱国主义是中华民族精神的核心，是中华民族团结奋斗、自强不息的精神纽带。开漳圣王陈元光的一生是爱国奋斗、忠君惠民、自强不息、鞠躬尽瘁的一生，他的爱国主义精神在今天仍然闪耀着熠熠光芒，值得我们进一步研究、传承与发扬。考察陈元光的生平可以发现，爱国主义精神就是陈元光文化的核心精神，具体表现在以下几个方面：一、忠君惠民，始终以国家和百姓的利益为先；二、维护统一，五策并举促进民族团结与发展；三、勇于开拓，创建漳州郡治发展民生与文化；四、清廉为政，开启了廉洁奉公的家风和政风；五、鞠躬尽瘁，带领广大将士为国家奉献毕生。

漳州城市职业学院教师教育系教授郑晨寅教授在《"开漳"与"开台"——文化传播视域下陈元光与郑成功比较研究》中指出，陈元光与郑成功皆为闽南重要历史人物。"开漳圣王"陈元光开漳建州、传播中原文化，对闽南文化之形成居功至伟；"开台圣王"郑成功则自闽南东渡海峡，驱荷复台，对中原文化、闽南文化在台湾的传播影响极为深远，并将闽南文化中的海洋文化特征发展到一个新的高度。"郑成功信仰"与"开漳圣王信仰"共同构成两岸民众心灵世界的重要组成部分，其中蕴含的敬先追远、仰忠尚义、崇德报功之文化特性，成为两岸国人共同的价值追求。

厦门大学哲学系黄永锋教授以《弘扬开漳圣王信仰文化的若干思考》为题进行主旨演讲。他的发言内容围绕着文化保护的三张牌和文化传播的三种介质展开，直击重点，言简意赅，却发人深省。所谓文化保护的三张牌，即文物保护、涉台和非物质文化遗产。所谓文化传播的三种介质，即音视频、礼品书、自媒体。优化和协调好文化保护及文化传播这两条路径，必将为弘扬开漳圣王信仰文化提供有力支持。

### 三、下午场：追寻传播路径，赓续精神信仰

以陈元光为代表的开漳87姓将士爱国爱乡、护国佑民、勇于牺牲，其精神自公元669年绵延至今仍不断传承与熠熠生辉，鼓舞着众多后人。当本土化传播学研究根植于这段辉煌历史的沃土中，所产生的能量将进一步扩大华夏文明的影响力和传播力。

### （一）分论坛一：陈元光文化信仰与两岸社会

闽南师范大学历史地理学院讲师罗臻辉和漳州城市职业学院助教林珣如以《陈元光信仰传播与在地化——围绕安溪"三乡"调查展开》为发言题目。他们通过分析陈元光信仰的在地化情况，探寻陈元光信仰在不同地区传播中产生的文化差异性。罗臻辉老师表示，研讨陈元光信仰的地方传播史，有助于更好把握陈元光信仰兴衰嬗变的全貌。

江西师范大学马克思主义学院曾勇教授与研究生赖健萍分享了《从文化传承

到文明传播——以开漳圣王文化传衍为例》。他们从奠基、传承、传播三个层面阐述了"开漳圣王文化"中所蕴含的爱国、奉献、进取精神，并指出这些精神对于中国乃至世界在寻找未来出路时都具有指导意义。赖健萍同学还进一步强调，研究开漳圣王文化的意义不仅仅在于文化传承，更在于文明传播。因此，应该在文化研究，文化交流活动和载体建设，文艺、教育和文化建设等方面做好传播工作。

厦门大学人文学院哲学系陈立博士以《论陈元光文化在海峡两岸的传承》为题，发言内容主要围绕陈元光从功臣到神祇的文化演进，陈元光在历史、文化和科学方面的研究价值，陈元光以神庙、祠堂、族谱、地方志、诗歌辞赋为载体的传播特点展开。她表示，随漳州移民传入台湾的陈元光文化融合了海峡两岸人民深厚的民族感情，反映了民众对漳州建设功勋的缅怀，凝聚了中华民族先民开疆拓土的创业精神。所以两岸人民通过开漳圣王庙宇、海峡两岸"寻根"交流与开漳圣王学术研讨会等方式进行传承，已逐渐成为一种道德文化和民族遗产。

厦门大学电影学院戏剧与影视学周暐阂博士发言的《融合认同与创伤书写——从集体记忆视角分析闽台开漳圣王文化景观流动与嬗变》，首先从外显相关的言语表达、物象传递、群体仪式活动与日常生活行为传递四个方面来说明作为文化景观集体记忆的"开漳圣王"文化是如何建构的。接着，他谈到了媒介传播、族群流动中与闽台开漳圣王文化的保留与传承，以及如何解决强媒介带来的"掠夺碾压"和"单一并吞"记忆，正视创伤记忆是以创伤书写中实现心理认同和情感认同的结果。最后，他提出在解决族群流散中的集体记忆危机，增强和重构开漳圣王所带给民族集体记忆的同时，也要回头关照历史教训。

三明市文化和旅游局政策法规科科长林挺和湖南师范大学林舒展硕士的主旨发言题目为《浅谈开漳圣王文化与民间信仰》。他们从民间信仰崇拜、统治阶层封赠加冕、多元文化交汇融合、生产力低下民众生活不稳、人口流动生存方式变化五个角度来剖析开漳圣王民间信仰的产生背景及原因，并指出民间信仰不仅是开漳圣王文化诞生的基础，更是其文化发展的动力。二者相辅相成，致力于增强闽台地区和东南亚地区的文化认同、传承与建设祖根文化，使其更好地服务于文化漳州乃至文化福建建设。

厦门大学人文学院科学技术哲学硕士胡蝶就《陈元光文化政策对中华文化拓展和传播的启示》的主题，从物质、制度、精神三个传播层面来分析陈元光文化政策对文化扩展传播的影响。物质文化政策传播层面的启发主要表现在注重农业生产文化的开创与延续、强调技术工具的运用、鼓励商业文化的兴起与发展。制定文化政策传播层面的启发则围绕着民族融合制度、教育制度、宗教祭礼文化制度三个方面展开。精神文化政策传播层面则主要针对陈元光的开拓精神、忠孝精神和先进精神来说明。胡蝶同学指出，古代的政策思想对今天文化政策的制定与落实仍具有一定的启发意义，将来此研究领域的深入必将有利于文化事业的发展。

### （二）分论坛二：陈元光文化与中华文明传播

闽南师范大学张小琴副教授以《从魏妈到开漳圣王：闽南汉畲亲缘文化的构建研究》为发言主题。她从历史发展视角追溯了开漳圣王文化体系的缘起，挖掘以魏妈为先导所构建的闽南汉畲亲缘文化的深刻蕴涵。她认为，魏妈是闽南汉畲亲缘文化播种者、开漳圣王是闽南汉畲亲缘文化践行者。他们俩人的事迹和功绩在培养闽南人的宗亲族群观念，传播寻根文化，发扬儒家以人为本、慈悲为怀、以和为贵的道德礼仪思想，践行中华民族优秀传统美德，构建闽南和谐社会，促进华夏民族文化的融合、交流与认同等，具有积极的现实意义与独特的价值意义。

保护和传承非物质文化遗产是当前一大重要课题，具有重大的社会价值和经济价值。厦门大学新闻传播学院李海文博士的《廿年回顾：情感视域下中国非遗传播研究及其探索展望》从非遗传播与情感研究的内容切入，整理归纳出价值论、本体论和方法论三大板块。在价值层面，非遗传播与情感关系密切，相互影响，日渐成为一种共识。在本体层面，非遗传播不管是媒介上还是在传播类型上，都必须重视和合理利用情感机制。在方法层面，非遗传播广泛服务于其他学科研究和社会应用，情感何以可为值得深入探讨。李海文博士也强调，当前学术界亟须理清非遗传播与情感的关系，系统分析情感与非遗的互动，建构一套"非遗传播情感说"。

厦门大学新闻传播学院包文静博士以《尊圣敬贤：华夏传播的榜样观研究》为题做主旨演讲。她首先抛出三个问题："尊圣敬贤"的榜样观念如何形成与演变？"尊圣敬贤"的榜样观念对个人与社会有何作用？这一作用如何实现并影响着古代人们所展开的传播行为？包文静博士认为榜样观念的形成经历了道德因子逐渐赋予的过程，并逐渐融入礼乐传播的实践当中。作为理想榜样的"圣人"与作为现实效仿榜样的"贤人"，不仅是"榜样"在道德与实践层面上的代表，而且渗透进政治、社会、生活的方方面面。总之，"尊圣敬贤"的榜样观以制度化和生活化的方式，在传播之中勾连起整个中国社会生活的景观。

厦门大学新闻传播学院许黄子仰硕士在《礼尚往来：华夏传播的互惠观探析》中提出，"礼尚往来"是在华夏文化中孕育出来的互惠交往观念，它以"礼"建构起主体间的关系，解答中国传统社会何以可能、以何传播的问题。为了窥视"礼尚往来"的传播机理，明晰中国式的互惠传播之道，她从字源、词源出发，分析了因关系亲疏远近形成的以血缘、亲缘和地缘为基础的互惠传播形态和现代社会中"礼尚往来"的应用价值与嬗变形态，引导大家思考"礼尚往来"在未来如何平衡工具性和情感性，成为适应当代人的新的交往模式。

厦门大学哲学系国学专业的林秀芳博士分享了《清代〈太上感应篇〉流传考略》。她表示，《太上感应篇》注疏非常丰富，在清代的作注者涵盖统治阶级、儒家精英、宗教人士等群体，流传方式以图说、理说、经说、注训证、诗说、直讲、小说等为主，呈现出多样性。《太上感应篇》在清代得到广泛流传，不仅有助于在个体自我修为提升、消灾祛病、个人仕途及事业发展的需要，也在国家与社会层面上起到了社会伦理道德教化的作用、促进社会的稳定与和谐、维护统治者政权稳定等作用。

"象"符号是中华传统文化的一种典型样态。安徽大学的武家璇硕士以《"象"符号与中华传统文化传播的多元形态》为题，分别阐述了作为自然符号的"象"、作为文化符号的"象"以及作为格物致知的"象"三种符号内涵。在他看来，继承传统符号内涵的"象"既是见证中国历史变迁的"现象性媒介"，也是助力今日中国传播实践的"意象性媒介"，在华夏传播、国际传播以及跨文化传播等多种传播场域发挥重要作用，启发着当代中国的传播文化和传播理路，助力中国传统文化展现独特魅力。

厦门大学人文学院哲学系硕士王沅芷在《陈元光文化精神与茶文化研究》中提到，随着开漳圣王陈元光奉诏南下平"蛮獠"之乱，漳州府建，饮茶之风起，"漳州茶叶"才得以走进历史记录之中。开漳圣王陈元光等将士将中原特色的茶文化、茶品种带入闽南，落地生根，促进漳州茶产业的发展。直至今天，陈元光精神与中原茶文化也对漳州茶产业的品牌文化创新挖掘创造壁垒、乡村民俗旅游转型升级、促进两岸和谐祖国统一有着突出贡献和独特启发。

在本场会议尾声，谢清果教授主持了"开漳圣王文化与当代社会"座谈会环节。他邀请了粟菊、吴珊珊、黄嘉慧三位身处漳州求学的青年学子分享他们对陈元光文化在场化传播的感悟。她们从身体传播、城市传播、民俗传播等视角分析其开漳圣王在文化认同与传承中起到的重要作用，阐述了信仰在两岸民间社会薪火"香"传的现实价值，并对开漳圣王民俗文化的传承提出建设性建议，从而将会议推向了高潮。

### 四、闭幕式：贡献自身力量，传承中华文明

学术研讨会闭幕式由黄永峰教授主持，由谢清果教授做总结发言。谢清果教授首先对出席本次研讨会的专家和学者表达衷心感谢，也对燕翼宫祖祠的宗亲们长期弘扬开漳圣王文化的行为和承办此次会议的辛劳表示强烈认同。谢清果教授

指出，开漳圣王早已成为一种符号，连接着海内外中华儿女的真挚情感和文化认同，在推进中华文明进程和维护中华民族安定团结中起着不容忽视的作用。通过本次研讨会的成功举办，各地专家、学者、宗亲共同切磋研讨传统文化的现代化、数字化传承，将有力促进陈元光文化获得更深层次，更高维度、更为广泛的学术认知，有力促进海峡两岸地区文化创新发展与中华文明标识结构的进程。最后，谢清果教授以"持清净以临民，守无私以奉国"中蕴涵的陈元光精神和思想境界来呼吁大家凝聚海峡两岸和海外闽侨之力，为推进海峡两岸关系和平发展、构建福建文化标识体系、传播华夏文明贡献自身力量。